노인상담론

현외성 · 정정숙 · 김용환 · 윤은경 · 최금주 · 강환세
김원배 · 마은경 · 박선애 · 이은정 · 박은미 · 강명희 · 이현선

창지사

머리말

저출산 고령사회의 진전으로 한국 사회는 급속하게 변화해 가고 있다. 노인 인구의 증가는 비단 한국만이 아니라 21세기 전 지구촌의 보편적인 사회현상이 되었다. 전 세계는 고령화에 대응하는 전 지구적 개별 국가적인 대응책에 골몰하고 있다. 과연 '고령화 쇼크'라고 해도 가능할 것이며, 이는 개인이나 국가를 넘어 인류에 대한 새로운 도전으로 해석되어야 한다.

특히 한국은 다른 어느 나라에 비해서 고령화 속도가 빨라 그 대응이 쉽지 않다. 우리 정부는 저출산 고령화 현상에 대응한 범정부적인 종합대응책인 '새로마지플랜'의 제2기 계획을 2015년까지 발표하고 연차적으로 계획을 수립하고 실천하는 등 노력하고 있다. 또한 고령화 관련 각종 법률과 제도적 장치를 마련하는 한편 제반 정책적 · 행정적 노력을 다해오고 있는 실정이다.

그럼에도 불구하고 고령화문제는 국가 사회 전면에 대한 파급효과를 가지며, 개인이나 가족, 지역사회 및 기업에 영향을 미치는 문제이므로 그 체계적인 대응책 마련과 실천에 상당한 시간과 노력이 경주되어야 할 것으로 보인다. 새로운 시각에서 본다면 21세기에 불어닥친 고령화 쇼크는 개인, 기업 및 국가, 사회 모두가 새로운 인류사회의 도전이자 새로운 사회로 나아가는 전환기적인 계기를 제시하는 문제로 인식될 필요가 있다. 평균수명 80세 이상이란 개인의 건강장수는 분명 개인적 · 사회적으로 행운이자 재앙이 될 수 있다. 경제적으로나 건강상의 어려움이 없는 노인들에게 건강장수는 축복일 수 있으나, 빈곤과 질병을 가진 노인들에게 장수는 고통이자 가족에게는 큰 짐으로, 사회적으로는 일하는 젊은 계층에게 무거운 부담으로 다가올 수 있다. 일자리를 두고 연령계층 간 갈등의 요소가 될 수 있고 연금과 건강보험을 둘러싼 재정부담으로, 경제적 투자요인을 줄이고 불황의 늪으로 빠질 수 있는 장애물로 다가오기도 한다. 건강한 노인들이 여가를 건전하게 즐길 수 있는 기회를 갖지 못할 경우, 노후의 긴 여가시간은 오히려 노인들에게 고독과 소외를 안겨주는 독약이 되기도 한다.

어떻게 하면 긴 노후생활을 긍정적이고 건강하면서 행복하게 사회생활인으로 영위할 수 있을 것인가? 이 문제는 21세기 개인과 사회 전체에 던지는 새로운 도전이자 화두이다. 정치, 경제, 사회, 문화적으로는 말할 것도 없고 사회복지 분야, 특히 노인복지 분야에서 이 문제를 선도적으로 취급하고 있으나, 역부족이다. 기존의 노인복지는 노인문제 중심의 소극적인 문제해결 중심으로 학문적 · 실천적으로 무게 중심이 주어져 왔다. 하지만 21세기 저출산 고령사회에서는 인구 전체를 대상으로 한 노인문제 혹은 고령자문제가 일반교양 · 일반상식으로 교육되고 수용되어야 한다고 저자는 생각한다.

이러한 맥락에서 노인상담은 기존의 노인문제를 해결하는 노인복지의 방법론에만 한정되지 않고 광범위한 쟁점들, 즉 고령화 관련 쟁점을 긍정적 · 생산적으로 취급하는 패러다임의 전환이 요구된다고 본다. 예컨대 은퇴준비를 위한 상담, 전직 프로그램 연관 상담, 노인을 부양하고 있는 가족들에 대한 상담(특히 치매상담, 우울상담 등), 일반노인들인 건강하고 활력 있는 노인들을 위한 목회상담이나 여가, 레크리에이션상담, 일반적인 정보전달이나 일상생활 관련 노인전화상담 등은 대표적인 노인상담의 새로운 영역이고 향후 더욱 그 영역이 발전되고 넓혀질 것으로 보인다.

본서는 저자들이 1998년에 우리나라에서 최초로 출판하였던 『노인상담 : 이론과 실제』 이후 그동안 노인복지학을 대학에서 가르치고 연구하였던 교수들이 현장 경험을 하면서 획득하였던 지식과 경험을 되살리고 보완하는 한편 기존 노인상담 관련 교재들을 통해 학습하면서 미흡하였던 내용을 새롭게 첨가한 책이다. 저자들은 노인상담의 전반적인 내용을 반영하는 작업은 물론 노인복지현장에서 노인상담을 직접 수행할 수 있는 내용을 담기 위해 노력하였다. 노인상담의 다양한 측면과 영역을 포괄하였고 노인상담을 구체적으로 수행할 수 있도록 세세하게 내용을 적어 넣었다. 기존 노인상담론과는 다른 새로운 상담영역을 고심하면서 수록하였다.

이번에 본서를 집필하는데, 또 하나의 큰 특징은 여러 분야의 저자들이 노인상담의 세부영역을 집필하기 위하여 여러 차례의 집필회의와 교정작업을 거치고 서로 토의하면서 완성하였다는 점이다. 이 과정에서 집필에 참여한 저자들은 상호 이해의 폭을 넓히는 동시에 좋은 자극제가 되었음을 말할 수 있다. 이 자리를 빌려 함께 한 저자들에게 고마움을 전한다. 바쁜 시간을 쪼개어 집필에 참여하였고 자신들의 견해를 조금씩 양보하여 전체적으로 통일적인 노인상담론의 내용을 완성할 수 있도록 해준 배려에 집필책임자로서 감사드린다. 특히 집필간사로 많은 시간과 노력을 쏟은 마은경 교수에게도 감사를 전한다.

마지막으로 본서를 출판할 수 있도록 지원해 주신 창지사 김기섭 사장님께도 고마움을 전해 드리고 싶다.

2011년 8월
집필자들을 대표하여 월영동산에서
현외성

차 례

제1부

현대사회 노인의 특성과 상담

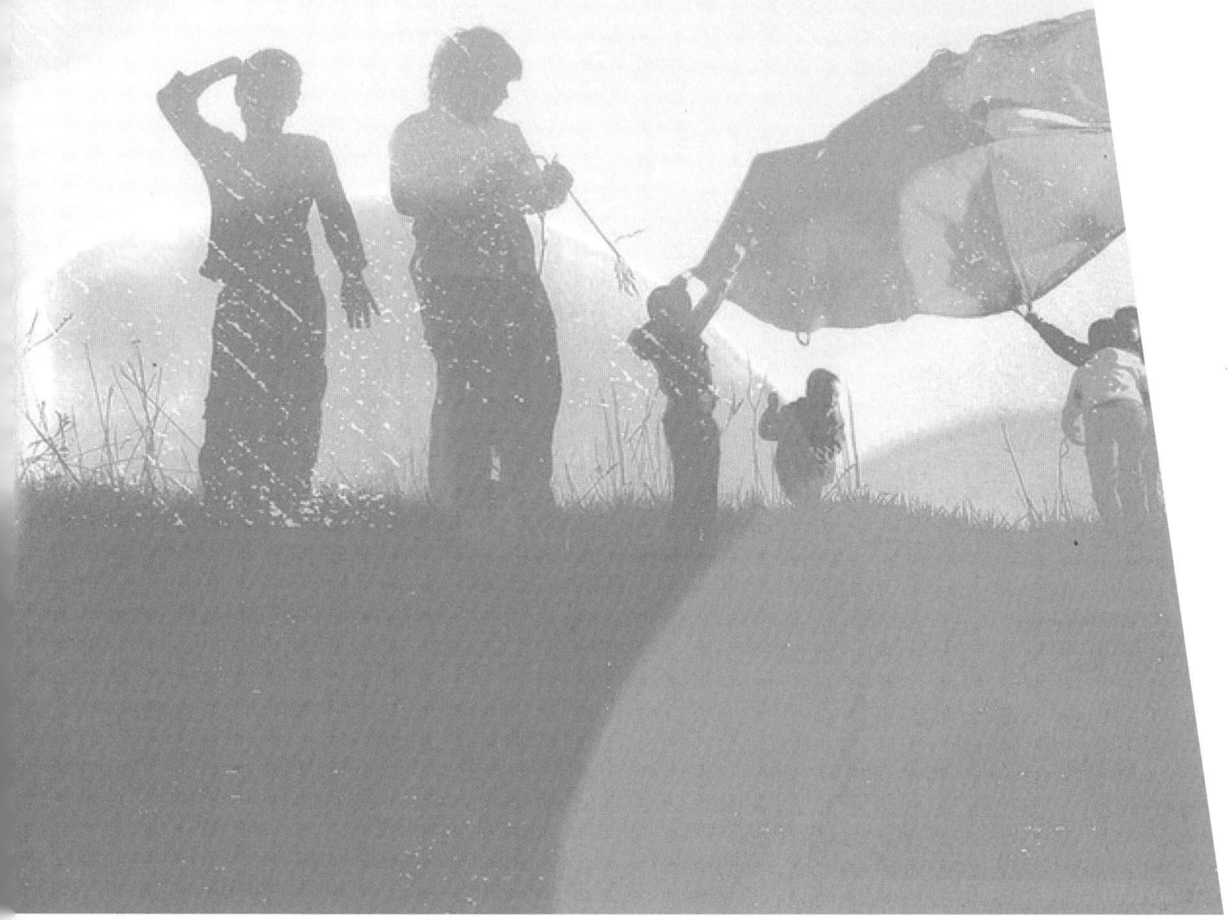

제 1 장

고령사회의 노인생활과 노년기 발달

1. 지구촌의 고령화와 대응

1. 지구촌의 고령화와 한국 동향

1) 지구촌 고령화의 특성 : 개관

20세기 중반 이후 전 세계적으로 '고령화 쇼크'를 경험하고 있다. 인류는 이제 평균수명의 연장과 함께 고령인구의 증가로 인하여 정치 · 경제 · 사회적으로 중대한 변화를 맞이하고 있다. UN 인구국에서는 1956년 이래 정기적으로 인구변동, 그 파급효과 및 추이를 조사, 연구해 오고 있다. 특히 고령인구의 변동, 규모, 특성 등을 연구해 오고 있다. 여기서 지난 1950년 이래 전 세계를 통틀어 지역별, 국가별로 특히 고령인구의 추이에 대하여 조사, 연구해 왔다. 2007년에 발표된 연구보고서에서 고령인구의 변동과 관련하여 네 가지 주요한 사실이 발견되었다(UN, 2007).

첫째, 고령인구의 증가는 전 세계 과거 어떤 역사에서도 찾아볼 수 없는, 유례가 없이 증가하여 오고 있다. 고령인구의 증가와 함께 15세 이하의 아동인구가 줄어들고 있으며 동시에 15세 이상 59세 이하의 노동활동 인구 역시 급격하게 감소하고 있다. 2047년에는 전 세계를 통틀어 60세 이상 노인인구가 아동인구를 처음으로 넘어서는 해가 될 것으로 전망된다.

둘째, 고령인구 증가는 전계적인 추세이다. 이는 출산율의 감소로 인한 것으로 이 현상 역시 전 세계적으로 공통적인 특성이 되고 있다. 이는 결국 연령계층 간 같은 연령집단 내에서의 형평과 유대감에 영향을 미치며, 그 결과로 사회 전체의 기반을 흔드는 파급효과를 야기하고 있다.

셋째, 고령인구 증가는 인류사회 전반에 중요한 영향을 미치고 심각한 시사점을 던져주고 있다. 고령인구의 증가는 경제성장, 저축, 투자, 소비, 노동시장, 연금, 세금 및 세대 간 이전 등에 심대한 영향을 미친다. 사회적 영역에서는 고령인구의 증가는 인구구성, 생활의 기구 및 장치, 주택수요, 이민형태, 질병 및 보건의료서비스 욕구 등에 영향을 미친다. 정치적 영역에서는 인구고령화는 투표양식, 정치적 표현 등에 중대한 파급효과를 가져온다.

넷째, 고령인구 증가는 지속적으로 계속되고 있다. 1950년 이래 고령인구 비율은 점진적으로 증가했으며, 1950년 8%에서 2007년 11%를 거쳐 2050년에는 22%에 이를 전망이다. 출산율과 사망률의 저하는 고령인구를 지속적으로 증가시킬 것이다.

2) 지구촌 고령화의 지역별 특성

다시 UN이 제시한 2009년 자료를 통해서 전 세계의 고령인구 상황을 좀 더 자세히 살펴보자. 2006년 현재 전 세계의 인구 중 65세 이상의 노인인구가 차지하는 비율이 7.4%로서 이미 전 세계는 '고령화 사회'에 돌입하였음을 알 수 있다. 특히 유럽 16%, 북미 12.4%, 오세아니아 10.4%를 보이고 있어, 유럽은 이미 '고령사회'를 지나 '초고령사회'에 접근하고 있다. 즉, 고령인구의 증가는 지역 간 차이를 보이지만 전 세계적으로는 이미 전반적으로 고령인구가 증가하고 있고 지구촌은 늙어가고 있다. 유럽지역 중 남서유럽이 가장 고령인구

비율이 높은 지역으로 손꼽히며 그 다음이 북아메리카, 오세아니아 등으로 고령인구가 많다. 반대로 아프리카가 가장 낮은 지역으로 드러났다.

반면에 15세 미만 인구 동향을 살펴보면 세계 전체는 28.0%이다. 상대적으로 아프리카가 41.2%로 가장 높고, 유럽이 15.7%로 가장 낮다. 그 다음이 북아메리카로 20.3%를 나타내고 있다. 15세 이상 64세 이하의 노동활동 인구 추이를 보면 〈표 1-1〉과 같다.

표 1-1 세계의 인구 동향

(단위 : 백만 명, %)

중요 지역	전체 인구	15세 미만 인구	15세~64세	65세 이상
세계	6,593 (100.0)	1,846(28.0)	4,260(64.6)	487(7.4)
아프리카	942(100.0)	389(41.2)	552(55.4)	32(3.4)
동아프리카	300(100.0)	133(44.2)	159(52.9)	9(2.9)
중앙아프리카	116(100.0)	53(45.6)	60(51.5)	3(2.8)
북아프리카	193(100.0)	63(32.7)	121(62.6)	9(4.7)
남아프리카	55(100.0)	18(32.7)	35(63.0)	2(4.3)
서아프리카	279(100.0)	122(43.7)	148(53.2)	9(3.1)
라틴아메리카와 카리브 연안국	565(100.0)	166(29.5)	363(64.2)	36(6.4)
카리브 연안국	41(100.0)	11(28.1)	26(64.0)	3(8.0)
중앙아메리카	146(100.0)	47(32.2)	91(62.2)	8(5.7)
남아메리카	379(100.0)	108(28.6)	246(64.9)	25(6.5)
북아메리카	336(100.0)	68(20.3)	226(67.3)	42(12.4)
아시아	3,984(100.0)	1,099(27.6)	2,628(66.0)	257(6.5)
동아시아	1.531(100.0)	312(20.4)	1,082(70.7)	137(8.9)
남아시아	1,672(100.0)	553(33.1)	1,040(62.2)	79(4.8)
동남아시아	565(100.0)	163(28.9)	371(65.6)	31(5.5)
서아시아	216(100.0)	71(32.7)	135(62.7)	10(4.6)
유럽	731(100.0)	115(15.7)	500(68.3)	117(16.0)
동유럽	296(100.0)	44(15.0)	210(70.7)	42(14.2)
북유럽	97(100.0)	17(17.8)	64(66.3)	15(15.9)
남유럽	151(100.0)	23(15.0)	102(67.3)	27(17.7)
서유럽	187(100.0)	30(16.2)	124(66.3)	33(17.5)
오세아니아	33.85(100.0)	8.35(24.7)	21.99(65.0)	3.51(10.4)
호주 및 뉴질랜드	24.67(100.0)	4.84(19.6)	16.60(67.3)	3.23(13.1)
멜라네시아	7.98(100.0)	3.12(39.1)	4.64(58.2)	0.22(2.8)
마이크로네시아	0.55(100.0)	0.17(31.7)	0.35(64.0)	0.02(4.3)
폴리네시아	0.65(100.0)	0.22(33.7)	0.40(61.0)	0.03(5.3)

출처 : http://unstats.un.org/unsd/demographic/products/dyb/dyb2006/Table02.pdf

3) 지구촌 고령화 순위

다음으로 60세 이상 연령집단의 비율을 지구촌 국가들 사이의 순위를 비교하여 보았는데, 제1순위는 일본으로 60세 이상 노인인구 비율이 27.9%에 달한다. 이미 일본은 초고령사회에 접어들어 전 세계적으로 새로운 경험을 앞서 하고 있다. 두 번째는 이태리로서 26.4%에 달하며, 3순위는 독일 25.3%, 4순위는 스웨덴 24.1%, 5순위는 그리스 23.1% 등으로 이루어져 있다. 한국은 14.6%로서 지구촌 전체의 52위를 차지하고 있다. 아래 표에 보다 자세하게 국가별 비율과 순위를 자세하게 적시하고 있어 참고하기 바란다. 전체 192순위까지 발표하고 있으나, 본서에서는 52위까지만 발췌하여 제시하였다.

표 1-2 2007년 현재 60세 이상 인구비율의 국가별 순위

국가	60세 이상	순위
Japan	27.9	1
Italy	26.4	2
Germany	25.3	3
Sweden	24.1	4
Greece	23.4	5
Austria	23.3	6
Bulgaria	22.9	7
Belgium	22.9	8
Lativa	22.8	9
Portugal	22.8	10
Slovenia	21.2	20
Serbia and Montenegro	18.8	30
Poland	17.4	40
Ireland	15.5	50
Republic of Korea	14.6	52

출처 : http://unstats.un.org/unsd/demographic

4) 한국의 상황

한국의 경우도 상당히 고령화가 진행되고 있다. 2008년 고령자통계에 의하면, 65세 이상 노인인구는 전인구 중 10.3%로 이미 '고령화 사회'를 넘어섰다. 2018년에는 14.3%로 성장하여 '고령사회'에 도달할 것으로 예측된다.

표 1-3 한국의 연령계층별 인구 및 구성비

(단위 : 천 명, %)

	1980	1990	1998	2000	2008	2010	2018	2026
총인구	38,124	42,869	46,287	47,008	48,607	48,875	49,340	49,039
0~14세	12,951	10,974	10,092	9,911	8,458	7,907	6,286	5,721
15~64세	23,717	29,701	33,126	33,702	35,133	35,611	35,979	33,099
65세 이상	1,456	2,195	3,069	3,395	5,016	5,357	7,075	10,218
구성비	100.0	100.0	100.0	100.0	100.0	100.2	100.0	100.0
0~14세	34.0	25.6	21.8	21.1	17.4	16.2	12.7	11.7
15~64세	62.2	69.3	71.6	71.7	72.3	72.9	72.9	67.5
65세 이상	3.8	5.1	6.6	7.2	10.3	11.0	14.3	20.8

출처 : 통계청(2009). 2008 고령자통계.

기대수명과 관련하여 한국의 경우, 1970년부터 2007년까지 그 추이를 보면, 1970년에 여자 65.6세, 남녀 전체 61.9세에서 점차적으로 기대수명이 길어져, 2007년에는 79.6세에 이르고 있다. 남녀의 기대수명 차이는 이 기간 중 8세에서 6세 사이의 차이를 보이고 있다.

표 1-4 한국의 기대수명 추이 1970~2007

(단위 : 년)

연도		남녀 전체	남자(A)	여자(B)	남녀차이(B-A)
1970		61.9	58.7	65.6	6.9
1980		65.7	61.8	70.0	8.3
1997		74.4	70.6	78.1	7.6
2006		79.2	75.7	82.4	6.6
2007		79.6	76.1	82.7	6.6
증감	(2007-2006)	0.4	0.4	0.4	0.0
	(2007-1997)	5.2	5.6	4.6	-1.0
	(2007-1970)	17.6	17.5	17.2	-0.3

출처 : 통계청(2007). 「생명표」, 보건복지가족부(2009: 809, 재구성).

5) 고령화 속도

인구의 고령화 속도는 역시 매우 빨라지고 있다. 주요국가의 고령화 속도를 보면 다음과 같다. 즉, 고령화 사회에서 고령사회에 도달하는 데 필요한 기간 및 고령사회에서 초고령사회에 도달하는 데 소요되는 기간을 각각 주요 국가별로 보면, 프랑스는 115년과 39년이고, 미국은 73년과 21년, 독일은 40년과 37년, 그리고 일본이 24년과 12년인데 비하여 한국은 18년과 8년으로 매우 빠른 속도를 보이고 있다. 이는 그만큼 21세기 현대에 오면서 고령화가 급속하게 진행되고 있음을 단적으로 보여주는 내용이다. 다시 말하면, 그만큼 고령인구가 늘어가고 있다는 사실을 알려준다.

표 1-5 주요국가의 고령화 속도

구 분	도달년도			소요연수	
	고령화 사회 (7%)	고령사회 (14%)	초고령사회 (20%)	고령사회 도달	초고령사회 도달
한 국	2000	2018	2026	18	8
일 본	1970	1994	2006	24	12
독 일	1932	1972	2009	40	37
미 국	1948	2015	2036	73	21
프랑스	1864	1979	2018	115	39

출처 : 보건복지가족부(2009: 809). 2009 노인보건복지사업 안내.

2. 지구촌 고령화의 대응과 한국의 동향

1) UN의 고령화 대응활동

(1) 1948년 노인의 권리선언

유엔에서는 2차대전 중인 1945년 10월 24일에 유엔헌장을 발효하여 유엔이 성립하고, 1948년 12월 10일 제3회 유엔총회에서 세계인권선언을 발표함으로써 인권에 대한 관심을 표명하였다. 같은 해 1948년 11월 26일에 유엔에서 '노인의 권리선언'을 하였고, 이 선언에서는 사회권이 중심이 된 신체적 · 정신적 건강과 안전 · 안심에 대한 권리, 존경받을 권리 등 열 가지의 권리가 포함되어 있다. 열 가지 원리의 기본바탕에는 빈곤자에 대한 국가의 보호를 명확하게 제시하고 있으나, 가족의 보호를 근본으로 하고 있는 점에서 반세기 전 제1차 세계대전 직후라는 시대적 배경을 반영하고 있다.

(2) 국제고령화 행동계획

고령화 문제가 전 지구촌으로 확대되면서 1980년대에 인구고령화에 대한 관심이 전 세계적으로 확대되어갔다. 이러한 배경에서 세계 각국이 고령화 문제에 대응하여 정책과 법제를 만들 수 있는 기준을 제시하기 위하여 1982년 오스트리아의 비엔나에서 개최되었던 '고령화에 관한 세계총회'(World Assembly on Ageing)에서 채택된 문서를 유엔총회에서 비준한 것이 바로 '국제고령화 행동계획'(International Plan of Action on Ageing, 1982)이다. 이는 1948년의 '노인의 권리선언'이 강령적 권고의 수준이었던 것에서 한걸음 나아가 국제사회에서 고령화 정책에 관한 최초의 국제기준으로서 일종의 국제법상 관습법적인 효력을 가진 것으로 이해된다.

흔히 '비엔나 계획'이라고 불리는 국제고령화 행동계획은 건강과 영양, 노인소비자의 보호, 주거와 환경, 가족, 사회복지, 소득보장과 고용, 교육 등의 일곱 가지 분야를 구분하여 제시하면서, 그 하위분야에 따라 취해져야 할 정책 방향을 예순두 가지로 권고하고 있다.

(3) 노인을 위한 유엔원칙

1991년 12월 16일 유엔총회는 점차 세계적으로 확산되어 지구촌의 공통적인 관심사가 된 고령화에 대응하기 위하여 '노인을 위한 유엔의 원칙'(United Nations Principles for Older Persons)을 결의하기에 이른다. 유엔총회는 특히 1982년 12월 3일 고령화에 관한 세계회의에서 채택되고, 유엔총회에서 결의한 '국제고령화 행동계획'을 이행하기 위해서 국가들 · 개인들 사이의 다양성과 특성을 인정하면서 이 원칙을 채택하였다. 노인을 위한 유엔원칙은 독립, 참여, 보살핌, 자아실현, 존엄 등의 다섯 가지 주요원칙을 제시하면서 각각의 원칙의 내용을 열여덟 가지로 상세하면서 명확하게 서술하고 있다.

(4) 세계노인의 해

유엔총회는 1999년을 '세계노인의 해' (International Year of Older Persons)로 선정하였다. 유엔은 세계노인의 해를 선포하면서, '모든 연령을 위한 사회를 향하여(Towards a society for all ages)' 라는 기본 원칙 아래에 세대 간의 연대를 강조하였다. 노인이 가정이나 사회로부터 격리되거나 소외되지 않고 젊은 세대와 상호의존적인 관계 속에서 통합적인 노후생활을 영위하고 자신의 잠재능력을 개발하고, 기본 욕구를 충족할 수 있도록 사회구조와 정책 등이 조정되어야 한다는 것이 그 목표이다.

여기에는 노인을 바라보는 새로운 시각이 반영되어 있다. 즉, 노인은 의존적인(dependent) 상황에 놓인 존재이지만, 동시에 지속적으로 개발의 과정에 참여해야 할 주체이자 개발의 혜택을 함께 누려야 할 존재라는 생각이 바로 그것이다. 따라서 노인의 자립과 독립성에 초점을 맞추어 전 생애에 걸친 발달을 지원해야 하며, 모든 연령집단이 똑같이 가치 있는 존재로서 사회적으로 차별받아서는 안 된다는 원칙 아래에서 모든 정책을 입안하고 새로운 사회질서를 만들어나가야 한다는 것이다.

(5) 마드리드 국제고령화 행동계획

깊어가는 지구촌의 고령화 현상에 대응하여 2002년 유엔이 스페인의 마드리드에서 제2차 세계고령화 회의를 개최하였는데, 여기서 일명 마드리드 '국제고령화 행동계획' 을 채택하였다. 이 행동계획의 목적은 모든 사람들이 존엄성을 갖고 안전하게 노후를 보내며 완전한 권리를 가진 시민으로서 사회에 계속적으로 참여하도록 보장하는 것이다. 이 계획은 서문, 행동을 위한 권고, 이행과 후속조치라는 3개의 장 132개의 문항으로 구성되어 있으며, 노인과 발전, 노년까지의 건강과 안녕 증진, 능력을 부여하고 지원하는 환경확보 등 세 가지 주요방향을 설정하고 그 아래 18개 분야의 과제를 제시하면서 분야별로 다양한 행동지침을 권고하고 있다(보건복지부, 2002).

2) 미국과 일본의 고령화 대응

미국의 경우 고령화 대응책을 다양한 제도와 민간조직을 통하여 수립하고 실행하고 있다. 그중에서 핵심적인 법안인 「노인복지법」을 1965년에 제정하여 고령화에 대응해 오고 있다. 또 비슷한 시기인 1961년 이래 '고령화에 관한 백악관 회의'를 개최하여 고령화에 총체적으로 대응하고 있다. 백악관 회의는 연방노인청장(Assistant Secretary for Aging)의 주도로 진행되며, 연방노인연구소 소장, 건강케어재정부장, 사회보장청장(Social Security Administrator), 연방 노인관련 부처 부처장들이 참석한다.

가장 최근에 개최되었던 고령화에 관한 백악관 회의는 2005년이었는데, 여기서는 2005년 이전 2년 동안 고령화에 관하여 조사연구하고, 관계자들과 면담하며, 각종 청원서 및 보고서들을 검토하여 최종보고서를 작성하여 제출하였다. 미국사회는 고령화와 관련하여 많은 도전에 직면하고 있으며, 이러한 도전과 상황을 기반으로 하여 2005년 백악관 회의는 수많은 고령화 문제들 중에서 우선적으로 해결해야 할 급선무로서, 핵심적인 내용 50개(Top 50) 결의안(Resolutions)을 선정하여 합의하였다(2005 White House Conference on Aging final report, 2005: 12.; www. whcoa. gov.; 현외성, 2010, 재인용).

일본의 경우 세계 최장수국으로서 고령화 문제 역시 그만큼 사회에 미치는 파장이 크다. 일본은 고령화에 대응하여 1963년 7월에 생활보호법에서 노인복지법을 분리하여 노인복지법을 제정하였고, 1973년에는 노인복지법을 개정하여 노인의료비 무료화를 시행하였다. 1982년에는 노인보건법을 제정하였고, 1989년에는 '고령자 보건복지 추진 10개년 전략'(일명 골드플랜(gold plan)으로 약칭)의 책정, 그리고 1994년 신골드플랜의 수정, 1997년 제정하여 2000년부터 시행되고 있는 개호보험 등이 일본의 고령화 대응책으로 간주된다(임춘식 외, 2007).

1995년 11월에 법안이 통과되고 12월부터 시행된 고령사회대책 기본법은 그동안 시행되었던 일본의 고령사회대책을 종합적으로 계획하여 추진하고 경제사회의 건전한 발전과 국민생활의 안전향상을 도모하는 것을 목적으로 하고 있다. 고령사회대책의 기본이념으로써 공정하고 활력 있는 지역사회가 자립과 연대의 정신에 입각하여 형성되는 풍요로운 사회구축을 내세우고 있다. 또한 국민 지방공공단체는 각각의 기본이념에 따라 고령사회대책을 책정하고 실시할 책무가 있다고 하고 있으며, 국민의 노력에 대해서도 규정하고 있다.

국가가 강구해야 할 고령사회대책의 기본적인 시책으로써 취업 및 소득, 건강 및 복지, 학습 및 사회참여, 생활환경 등의 시책에 대해 밝히고 있다. 이와 함께 정부가 기본적이고 종합적인 고령사회대책의 대강령을 정할 것, 정부가 국회에 고령사회대책에 관한 연차보고서를 제출할 것과 내각부에 특별기관으로서 '고령사회대책 회의'를 설치할 것을 정하고 있다(저출산고령사회위원회, 2006: 75).

3) 한국의 고령화 대응

(1) 고령화 대응 관련 법률 및 정책 개요

한국의 고령화에 대한 대응책은 1981년 노인복지법의 제정 이래 고령화와 관련된 여러 법률과 정책을 진전시켜오고 있다. 1992년 고용상연령차별금지및고령자고용촉진에 관한 법률, 2005년에는 저출산 · 고령사회기본법, 2007년에는 고령친화산업진흥법, 그리고 2008년에는 노인장기요양보험법 등을 제정하여 고령화에 대처해 오고 있다. 그 주요 내용을 간략하게 제시하면 다음과 같다.

표 1-6 노인복지 관련법의 주요내용 개관

	노인복지법	고용상연령차별 금지및고령자고용 촉진에관한법률	저출산 · 고령사회 기본법	고령친화산업 진흥법	노인장기요양 보험법
제정 연도	1981. 6. 5.	1992. 7. 11.	2005. 9. 1.	2007. 6. 29.	2008. 7. 1.
목적	• 노인질환 사전 예방, 조기발견 • 질환상태에 따른 적절한 치료 · 요양 서비스	• 연령에 따른 고용차별을 금지 • 고령자 능력에 맞는 직업 지원, 촉진	• 저출산 · 고령사회정책의 기본방향과 그 수립 및 추진체계에 관한 사항을 규정함	• 고령친화산업을 지원 · 육성하고 그 발전기반을 조성함	• 노인성 질병 등의 사유로 일상생활을 혼자서 수행하기 어려운 노인 등에게 장기요양급여 제공 • 가족의 부양부담을 경감시킴
적용 대상	65세 이상 관련 노인	• 준고령자 : 50세 이상 55세 미만 • 고령자 : 55세 이상인 사람	모자, 노인	고령친화사업자 고령친화제품 등의 소비자	65세 이상의 노인 65세 미만의 자로서 치매, 뇌혈관성 질환 등 노인성질병을 가진 자 그 가족 장기요양기관 등

출처 : 현외성(2010).

(2) 저출산 고령사회 기본계획(제2차 새로마지플랜)

이 중에서 저출산 고령사회 기본계획(새로마지플랜)은 한국에서 저출산 고령사회의 진전에 대비하기 위하여 2005년 11월 저출산고령사회위원회 운영위원회에서 '기본계획 수립'을 보고하고, 관계부처 소관분야별로 기본계획안을 작성하여 제출하도록 하였다. 그 후 이와 관련하여 연구용역을 시작하여 학계 전문가, 관련 부서, 민간위원 간담회 등의 연구, 협의 등을 거쳐 2006년 제1차 저출산 고령사회 기본계획안(새로마지플랜 2010, 2006-2010)을 내어놓았다.

이어 제2차 저출산 고령사회 기본계획안(새로마지플랜 2015, 2011-2015)을 2010년 11월 8일에 수립을 확정, 공포하였다. 제2차 기본계획의 비전은 '저출산 고령사회 성공적 대응으로 활력 있는 선진국가로 도착'을 설정하고 정책목표로서 '2011~15년은 점진적 출산율 회복 및 고령사회 대응체계 확립과 2016~30 OECD 평균수준 출산율 회복 및 고령사회 효과적 대응'을 두고 있다.

이들 정책목표를 달성하기 위한 추진과제를 세 가지로 설정하였다. 첫째, 출산과 양육에 유리한 환경조성인데, 여기에는 ① 일과 가정의 양립 일상화, ② 결혼, 출산, 양육, 부담 경감, ③ 아동 청소년의 건전한 성장환경 조성 등이 포함되었다. 둘째, 고령사회 삶의 질적 향상 기반조성으로서, ① 베이비붐 세대 고령화 대응체계 구축, ② 안정되고 활기찬 노후생활 보장, ③ 고령친화 사회환경 조성 등이 포함되었다. 셋째, 성장 동력 확보 및 분야별 제도개선으로서 ① 잠재인력 활용기반 구축 및 인적 자원 경쟁력 제고, ② 인구구조 변화에 대응한 경제사회제도 개선, ③ 고령친화산업 육성 등이 포함되어 있다.

그 추진기반으로서 교육홍보 강화 및 민간부분의 적극적 참여 유도, 그리고 법적 · 제도적 · 재정적 기반 강화 등을 제시하였다(대한민국정부, 2010).

2. 노화와 노인생활의 특성변화 : 건강장수생활

1. 노화의 의미와 특성

1) 노화의 개념과 의미

노화(Aging)란 '시간의 흐름에 따라 유기체의 세포, 조직, 기관이나 유기체의 전체에 일어나는 점진적인 변화'(Beaver, 1983)라고 정의할 수 있다. 백과사전에 노화의 개념을 찾아보면, '나이가 먹어감에 따라 신체적 · 정신적 기능이 쇠약해짐'이라고 되어 있다. 결국 노화란 인간이 태어나고 성장하고 나이 들어감에 따라 발생하는 자연스런 변화이다.

이 세상에서 변화하지 않는 것은 존재하지 않고 변화 자체가 존재의 본질인지도 모른다. 문제는 이러한 변화 과정에서 생겨나는 것 중에서 인간 유기체에 관한 관심이 특별히 노화라는 개념일 것이다. 더불어 노화 과정에서 발생하는 다양한 생활문제와 욕구의 불만족 상태를 해결함으로써 인간다운 삶을 영위하게 하려는 노력에서 노화에 대한 관심이 증대되었다(현외성 외, 1998: 24).

2) 노화의 구분

노화는 학자들에 따라서 여러 가지 측면으로 분류되는데, 일반적으로 생물학적 측면, 심리학적 측면, 사회학적 측면으로 구분된다(Birren, 1959: 3-42). 생물학적 노화는 신체의 기관과 체계의 구조 및 기능이 시간의 경과에 따라서 변화하는 것을 말한다. 심리학적 노화는 축적된 경험에 의한 행동, 감각, 지각 기능, 자아에 대한 인식 등이 시간의 경과에 따라 변화하는 것을 의미한다. 사회학적 노화는 생활주기 속에서 일어나는 사회규범, 역할기대, 사회적 지위 등의 변화 등을 의미한다(최성재, 2002: 45).

생물학적 노화, 심리학적 노화 및 사회학적 노화는 노화의 제반 측면이면서 상호영향을 미치는 긴밀한 관계를 가진다. 한 개인의 생물학적 특성이 심리사회적 활동과 특성에 영향을 미치듯이, 노화의 각각의 측면은 상호영향을 미치고 상호관계를 유지한다고 볼 수 있다. 예컨대, 심리학적 노화는 개인의 생물학적 노화에 깊은 영향을 미치며, 이는 더 나아가 사회학적 노화에 영향을 끼치는 것으로 보인다. 그 반대 역시 마찬가지이다. 특히 사회학적 노화현상이 어떠한가에 따라 생물학적 · 심리학적 노화에 영향을 미친다고 볼 수 있다. 이 세 가지 노화의 측면은 각기 유기적으로 연관되어 있다.

2. 노화현상

1) 생물학적 노화의 특징

(1) 신체기능의 노화현상

생물학적 노화는 신체적인 변화와 신체적인 능력의 쇠퇴, 유기체의 기관이나 조직, 세포, 근육 등의 변화를 의미한다. 생물학적 노화는 가장 대표적인 노화의 개념으로서 인간의 생명이 시작되는 태아기부터 사망에 이르는 전 생애 동안 신체적 · 생리적으로 변화가 축적되어 나타나는 과정을 의미하며 관찰이 가능하다(Hamptom, 1991). 생물학적 노화의 특징으로 스트렐러(Strehler)는 다음과 같이 제시하고 있다(Atchley, 2000).

첫째, 보편성이다. 생물학적 노화는 모든 사람에게 보편적으로 일어나는 것이다. 단, 그 시기나 진행속도에 있어서는 어느 정도의 차이가 있을 수 있으나 결국은 모든 사람에게 일반적으로 일어나는 변화인 것이다.

둘째, 내재성이다. 생물학적 노화의 주원인은 환경적인, 물리적인 외적 요인보다는 신체의 내적 요인에 의해 일어난다는 것이다.

셋째, 유해성이다. 늙는다는 것은 신체적인 기능이나 조직에 해로운 영향을 끼쳐 생명의 종식에 기여한다는 것이다. 암의 유병률이 젊은 층에서보다 노년층에 2~3배 정도 높게 나타난 것이 그 예라고 할 수 있다.

넷째, 진행성이다. 노화는 출생 이후에 장기간에 걸쳐 서서히 점진적으로 일어난다는 것이다. 시력, 청력, 호흡기의 기능은 20대부터 이미 노화현상이 시작된다.

생물학적 노화는 이 네 가지 특징을 갖고 변화하는 과정으로서 개인적인 차이뿐만 아니라 개인의 신체기관이나 기능 간에도 차이가 있다.

(2) 현상

유기체는 생존 과정에서 변화하는 것이 불가피하다. 신체의 노화는 언제, 어떻게 나타나며 어떠한 증상이 노화현상인지 이해하는 것이 필요하다.

생물학적 노화현상은 신체 구조적인 면과 신체내부의 기능적인 면으로 구분하여 살펴볼 수 있다(최성재 · 장인협, 2002: 60-68).

① 신체구조

가. 신체 구성성분

신체는 크게 지방(fat), 조직(tissue), 뼈(bone), 수분(fluid) 등으로 구성되어 있으며, 이 구성성분은 연령이 증가함에 따라 성분비율이 변화되는데, 〈표 1-7〉와 같이 지방은 크게 증가하고 조직은 줄며 뼈는 양은 줄지 않으나 기능적으로 매우 약화되고 수분은 상당히 많이 감소하게 된다.

표 1-7 연령과 신체구성 성분의 비교

성 분 \ 연 령	25세	75세
지 방	15%	30%
조 직	17%	12%
뼈	6%	5%
수 분	62%	53%

출처 : 최성재 · 장인협(2002).

나. 골격(bone)

골격은 생활상의 과정 속에서 뼈 속의 칼슘이 고갈됨으로써 매우 가벼워지고 밀도도 낮아지게 된다. 이로 인해서 연령이 증가하면 골절상을 많이 입게 되고 관절 접합부의 활액낭 윤활유가 감소되어 관절의 통증과 움직임의 저하 현상이 나타난다.

다. 피부(skin)

피부는 연령이 증가할수록 수분과 피하지방의 감소로 인해 거칠고 건조하고 탄력성도 저하되며 주름살이 생긴다. 혈액순환의 저하로 인해 온도조절기능이 약화되어 추위와 더위도 민감하게 된다. 또 멜라닌 색소의 부분적인 축적으로 노인의 상징인 얼룩반점이 생긴다.

라. 근육(muscle)

뼈나 장기를 보호하고 있는 근육은 수축력이 약해져서 소멸되고 대체물질로 축적이 가능한 곳, 특히 장기의 벽에 체지방이 증가한다. 근육의 강도는 50세가 되면 25세 때의 약 절반 정도로 감소하게 된다.

마. 신장(height)

신장(키)은 연령이 증가하면서 줄게 되는데 30~90세 사이에 2~5cm 정도 단축된다고 한다. 이 현상은 척추 추간판(spinal disc)의 간격이 좁아짐으로써 나타난다.

바. 체중(body weight)

체중은 40~50대에는 증가하지만 대체적으로 60세 이후에는 감소된다. 이는 성인병의 원인이 되기 때문에 특히 관리가 요구된다.

사. 모발(hair)

모발은 중년기부터 색의 변화가 시작되나 유전적인 소인이 크게 좌우한다. 또 연령이 증가하면 남녀 모두 모낭이 약화되어 탈모현상이 나타난다.

아. 치아(teeth)

치아는 연령이 증가함에 따라 감소하는데, 45세를 경계로 현저히 나타난다. 일반적으로 치아의 남은 수는 60대에 14개, 70대에 11개, 80대에 6개 정도로 알려져 있다.

자. 장기의 무게

장기의 무게는 출생 후 계속 증가하다가 노화현상이 나타나는 40대부터 감소한다. 모든 장기는 노화와 함께 감소하나 심장의 무게는 동맥경화나 심근경색증, 당뇨병, 고혈압 등으로 증가하는 특징이 있다(최성재 · 장인협, 2002: 63).

장기의 무게를 연령별로 비교해 보면 〈표 1-8〉과 같다.

표 1-8 연령별 장기의 무게 비교

장기 / 연령	뇌	비 장	간 장	신 장	심 장
25세	1,333g	140g	1,230g	130g	250g
75세	1,260g	63g	830g	105g	350g

출처 : 최성재 · 장인협(2002).

② 신체기능

신체기능은 각 장기나 신체 조직이 유기체의 생존을 위해서 정해진 역할을 말하는 데 중요하고 대표적인 신체기능을 소개하면 다음과 같다.

가. 소화기능

소화기관은 구강에서부터 항문까지를 포함한다. 그러므로 노년기의 소화기능은 치아의 결손, 침 분비의 감소, 위벽의 탄력성 저하, 위산분비의 감소, 근육의 약화, 장운동의 저하 등으로 인하여 감소되며 변비를 초래하기도 한다.

나. 기초대사 기능

기초대사율은 휴식상태에서의 산소소모량을 말하는데, 이것은 연령이 증가함에 따라 감소한다. 그러나 혈액 속의 당분분포율을 나타내는 탄수화물 대사율은 연령증가와 함께 증가하게 된다. 따라서 노년기 이후에는 당뇨병의 발생률이 높아진다.

다. 세포 및 장기의 기능

세포는 연령이 증가함에 따라 사멸하거나 분열이 정지되는 현상이 나타나서 그 수가 감소한다. 따라서 장기를 구성하고 있는 세포의 노화현상은 장기의 기능저하를 초래하게 된다.

라. 호흡기능

일반적으로 호흡기능은 20대 이후부터 감소하기 시작하는데, 공기를 최대한 들이마실 수 있는 전 폐용량과 들이마신 공기를 교환하여 밖으로 방출하는 폐활량은 20세 이후부터 연령증가에 따라 감소한다. 그러나 방출하지 못하고 폐에 남아 있는 잔기량은 70세에 이르면 35~40% 정도가 증가하게 된다. 그러므로 노년기의 호흡기능은 감퇴하며 호흡기 질환의 발병률이 높다(최성재 · 장인협, 2002: 64).

마. 혈액순환 기능

혈액순환은 50대부터 둔화되는 현상을 보이는데 심장에서 1회에 방출하는 혈액의 양인 심박출량이 상당히 감소하며 혈액이 전신을 순환하는 데 소요되는 시간 역시 증가한다. 혈관의 상태는 연령이 증가함에 따라 그 벽이 두꺼워지고 딱딱하게 굳어져서 순환을 방해하는 동맥경화 현상이 나타난다. 동맥경화는 고혈압의 요인이 되며 동맥경화 현상은 조직의 영양공급과 세포의 기능을 저하시킴으로써 특히, 뇌경색이나 심근경색증과 같은 치명적인 질병을 유발한다.

이와 같은 요인으로 혈액순환과 같이 혈압도 연령이 증가하면 상승한다. 세계보건기구(WHO)에 의하면 140(수축기압)mmHg/90(이완기압)mmHg 이상을 고혈압으로 규정하고 있으나 노인의 경우는 160/90mmHg 이상을 고혈압으로 정의한다(윤형진 · 안규리, 1997: 365-400).

바. 수면

수면은 연령증가와 함께 감소하는 것이 일반적이나 20세부터 55세까지는 약간씩 감소하나 55세 이후에는 급격하게 감소되어 60세 이상 노인의 하루 수면시간은 5~6시간 정도이다. 수면은 건강의 중요한 지표가 되는데 노인들은 수면장애를 호소하는 경우가 많다. 수면장애에는 잠을 취하지 못하는 취면장애와 깊은 잠을 못 이루는 숙면장애, 잠에서 일찍 깨는 조기각성과 질병의 증상으로 밤과 낮이 바뀌는 주야역행 등이 있다. 노년기 수면장애의 원인으로는 불안, 가족갈등, 통증, 실내온도, 체온, 소음, 질병의 증상 등으로 볼 수 있다.

사. 배설기능

배설은 크게 배뇨와 배변으로 구분할 수 있는데, 이는 노년기의 중요한 건강지표가 된다. 연령이 증가하면 방광벽이 비후하게 되어 소변의 보유량이 1/2로 감소하면서 뇨의를 자주 느끼게 되어 빈뇨현상이 나타나게 된다. 특히 남자노인은 전립선의 비대증상으로 소변을 충분히 배설하지 못하여 빈뇨를 호소하며 여자노인의 경우는 임신과 출산으로 인해 요실금 증상을 호소하는 등 배설기능 저하로 인한 문제가 많이 발생한다. 이러한 배뇨문제는 야간에 더 많은 불편감을 주며 수면에도 영향을 미친다.

배변은 노년기의 위장기능 저하로 변비증상을 초래하게 되는데, 식사습관이나 배변습관, 규칙적인 운동, 충분한 수분 등으로 극복할 수 있다.

아. 생식기능

연령이 증가하면 생식기능은 당연히 감소한다. 생식기능이 상실되는 것을 갱년기 현상(climacterium)이라고 하는데, 여자의 경우는 보통 46~50세 사이에 나타나며(menopause), 남자는 50대에서 60대 사이에 일어난다(andropause).

2) 심리학적 노화의 특징

(1) 특징

심리적 노화는 감각기능, 인지기능, 정서기능, 정신기능, 성격 등의 내용을 포함하는 것으로서, 나이가 들어감에 따라 이러한 인간내면의 변화를 말한다. 심리적 노화는 개인의 생물학적 노화는 물론 그를 둘러싸고 싸고 있는 사회환경, 특히 사회적 노화와 밀접하게 연관되어 있다. 또한 심리적 노화의 제반 양상은 서로 영향을 끼치고 있기도 하다. 예컨대, 감각기능의 노화 정도는 결국 정서와 성격 등에 지대한 파급효과를 가져올 것이다.

(2) 현상

① 감각기능

신체적인 건강상태가 지속적으로 유지된다고 하더라도 감각기능은 대부분 저하되기 마련이다. 감각기능은 신체의 내적 · 외적인 변화와 상황에 대한 정보를 수집하여 뇌에 전달하는 기능을 말하며 정보수집의 수단은 시각, 청각, 미각, 후각, 촉각 등이다. 감각기능은 개인차가 많으며 감각기능별로 노화시기도 차이가 많다.

가. 시각

시각은 빛의 질을 조절하는 수정체와 빛의 양을 조절하는 홍채의 작용이 주기능이다. 연령이 증가하면 수정체의 조절기능이 저하되어 근거리에 물체의 상을 맺을 수 없게 되어 원시현상을 보이게 되며 수정체에 섬유질이 증가하여 비후해짐에 따라 시력이 저하되는 백내장 현상이 나타나게 된다. 백내장은 일반적으로 60대에 70%, 70대에 93%, 80대에는 모든 노인에게서 나타나는 현상이다(김명한, 1983: 149-155). 또 안압이 증가하여 녹내장으로 실명하는 경우도 많아진다. 뿐만 아니라 수정체의 색채가 노란색으로 변하는 황화현상(yellowing)이 나타나는데, 이는 노랑, 주황, 빨간색 계통의 색을 더 잘 구별하게 되는 현상이다. 또 빛의 양을 조절하는 홍채의 기능이 30% 저하되어 시야가 어둡다고 호소하게 된다. 시력의 저하는 40대 이후에 약해지기 시작하여

70세 정도에는 돋보기 없이는 정상시력의 유지가 어렵다.

나. 청각

청각기능은 시각기능 다음으로 중요한 기능으로서 소리의 고저와 강도 및 간격을 식별하는 것이다. 소리는 높고 낮은 소리(htz)와 크고 작은 소리(db)로 구분하는데, 청력의 저하는 50세 이후부터 시작되며 고음과 작은 소리에 대한 감지능력이 상당히 저하된다. 따라서 노년기가 되면 낮은 음일수록 그리고 크기가 큰 소리일수록 잘 들을 수 있고 높은 음일수록 그리고 작은 소리일수록 듣기 어렵게 된다. 노인성 난청은 신체적인 노화현상으로 볼 수 있는데, 50세 이후에 많으며 여성노인보다 남성노인에게 많이 볼 수 있다. 청력장애가 있는 노인들과 대화할 때는 노인과 눈을 마주보고 눈높이를 같게 하여 말할 것, 가까이 앉아서 말할 것, 천천히, 분명히, 입을 크게 하여 말할 것, 저음과 큰소리로 말할 것, 조용한 곳에서 말할 것, 중요한 내용은 반복해서 말할 것, 가능한 평소 사용하는 단어를 사용할 것 등과 같은 방법을 활용하면 도움이 될 수 있을 것이다(Kiyak, 1996).

다. 미각

미각은 단맛, 신맛, 짠맛, 쓴맛으로 구분하는데, 연령이 증가하면 혀를 구성하고 있는 미뢰의 민감도에 변화가 나타난다. 노년기가 되면 단맛이나 짠맛에는 무뎌져서 식성이 짜거나 달게 변화되는 것을 볼 수 있다. 반면에 신맛에는 매우 민감한 반응을 보인다.

라. 후각

후각기능의 저하는 자연적인 노화현상이다(Hooyman & Kiyak, 1999). 후각의 저하는 식욕상실이나 영양실조 등의 문제를 유발할 수 있으며 더 나아가서는 가스누출이나 화재와 같은 사고의 위험이나 신체의 위생관리 문제도 초래할 수 있다.

마. 촉각

신체접촉의 민감성은 45세까지는 증가하나 그 이후에는 현저히 감퇴한다(Atchley, 2000). 그러므로 노인들과는 접촉의 강도가 높아야 한다. 또 통증에 대한 민감성은 연령이 증가함에 따라 약화된다고 하지만 촉각은 개인적, 문화적 요소가 우세하다고 볼 수 있다.

② 정신기능

정신기능은 외부자극을 인지하여 뇌에 전달하고 뇌의 지시를 근육에 전달함으로써 행동으로 표현하는 기능을 말한다. 정신기능은 감각기능이나 지각기능이 생물학적 유기체에 역동적으로 작용하여 나타나는 현상으로서 지능, 학습능력, 기억력, 사고능력, 문제해결 능력, 창의성, 동기, 정서, 본능적 욕구 등의 다양한 요소들로 구성되어 있다(최성재 · 장인협, 2002: 75-76).

가. 지능

지능은 '새로운 것을 학습하는 능력' 또는 '환경에 적응할 수 있는 인지능력'이라고 할 수 있다. 지능에는 추리력이나 기억력과 관련되어 새로운 것을 학습할 수 있는 능력인 유동적 지능과 경험이나 훈련과 관련되어 환경에 적응하는 능력인 결정화 지능으로 구분할 수 있다(Hom & Cattell, 1967).

두 가지 지능은 연령증가에 따라 다른 양상을 보인다. 따라서 노년기에는 새로운 것을 학습하는 유동적 지능은 저하되지만 반면에 경험이나 훈련과 연관된 결정화 지능은 상승하는 양상을 보인다. 따라서 지능은 연령보다 교육의 정도가 더 큰 영향을 미친다고 볼 수 있다(Botwinick, 1978).

나. 학습능력

학습능력은 연습이나 경험을 통하여 정보나 기술을 습득하는 것을 말하며 과업수행의 결과로써 측정할 수 있는 것이다. 이 능력은 연령이 증가함에 따라 저하된다고는 하지만 다른 요인들도 복합적으로 영향을 미치고 있기 때문에 절대적이라고 볼 수는 없다. 만약 노년기에도 충분한 시간이 주어지거나 학습목표가 분명하고 학습내용이 구체적이거나 학습결과에 대한 보상이 주어지는 과제인 경우에는 학습능력이 향상될 수 있을 것이다(최성재 · 장인협, 2002: 80-81).

다. 기억력

기억력은 감각기관을 통해서 받아들여진 정보를 부호화해서 저장해 두었다가 다시 인출해내는 능력을 말한다. 기억의 구조는 감각기억 → 단기기억 → 장기기억으로 이루어지며 감각기억은 감각기관을 통해 입수된 정보로서 짧은 시간 동안(1초 이내)에 인식되어 머물러 있는 것이며, 그 정보에 의식적 관심이나 주의를 기울이면 단기기억으로 머물러 있다가 부호화되어 장기기억으로 전환되어 저장된다. 기억력의 감퇴는 뇌세포의 수가 큰 영향을 미치는데, 인간의 뇌세포는 35세 전후부터 하루 10~30만 개씩 파괴되기 때문에 자연적인 노화현상이라고 볼 수 있다.

라. 사고능력

사고능력은 학습과 지각에 의해서 받아들인 상황을 구별하는 능력을 말하는데, 일반적으로 연령이 증가함에 따라 저하된다고 본다. 그러나 사고능력은 연령보다는 교육수준이나 지능에 의해서 크게 영향을 받는다.

마. 문제해결 능력

문제해결 능력은 사고 과정을 통해서 도출된 논리적인 추리력에서 결정을 내리는 능력을 말하는데, 연령이 증가하면 저하되는 것이 일반적이지만 이 능력도 교육수준이나 지능, 직업, 동년배집단의 효과 등에 의해서 크게 영향을 받는다.

바. 창의성

창의성은 개인의 독특하고 발전적인 문제해결 능력이라고 할 수 있다. 창의성은 분야별로 노화현상의 시기가 다르게 나타나고 있다. 데니스(Dennis, 1966)의 연구에 의하면 인문학분야는 70대까지도 40대와 별 차이 없이 활발하였고 과학분야는 60세 이후에 상당히 저하되었으며 예술분야는 40대 이후부터 70대까지 지속적으로 저하되었다고 하였다. 따라서 창의성은 동기나 압박감, 노력이나 보상 등과 같은 요인에 의해서 크게 영향을 받으므로 분야별 개인차가 크다고 볼 수 있다.

사. 동기

동기는 목적을 추구하는 행위의 추진력을 말하는데, 연령의 영향보다는 확고한 목표나 구체성, 보상의 크기에 따라 좌우된다고 할 수 있다(Kuhlem, 1964).

아. 정서

감정은 주로 신체 외적인 상황에 대한 반응이나 때로는 소화기관이나 순환기관의 생리적인 변화까지도 수반하는 강한 정신적 상태로서 불안, 격노, 슬픔, 기쁨, 놀라움 등을 포함한다. 감정은 늙어가면서 표출능력이 저하되지만(Dean, 1962) 연령보다는 사회 문화적인 요인이 더 크게 작용하는 것으로 본다.

자. 본능적 욕구

본능적 욕구는 학습되지 않은 신체적 에너지로써 사람으로 하여금 어떤 행동을 하고 싶도록 만드는 힘이다. 연령 증가와 관련된 기본적인 본능적 욕구는 식욕, 성욕 및 활동욕 등이 있다. 노년기의 식욕감퇴는 자연적인 노화현상으로 볼 수 있으나 식생활의 습관이 좌우하므로 개인차가 크다고 볼 수 있다. 노년기의 성욕은 남녀를 불문하고 감소하는 것이 일반적이지만 없어지는 것은 아니다. 성욕은 능력이나 배우자의 연령이나 건강상태 및 사회 심리적인 요인에 의해 영향을 받는다. 활동욕은 연령증가에 따라 다소 감소할 수는 있으나 연령보다는 신체적, 심리적, 사회적, 경제적 여건의 영향을 더 크게 받는다.

이와 같은 신체기능과 감각기능 및 정신적 기능의 노화현상은 노인을 이해하고 노인을 위한 서비스를 계획하고 실행하는 데 꼭 필요한 지식이라고 할 수 있다.

③ 성격

따라서 노인의 성격변화를 반증하는 윤진(1985 : 181-189)의 심리적 특성을 요약해 보면 다음과 같다.

가. 우울증성향의 증가

노년기에는 다양한 요인들이 노인의 우울 성향을 증폭시킨다. 예를 들면,

신체적 질병, 배우자나 친구의 죽음, 경제적 어려움, 사회와 가족으로부터의 소외 및 고립, 일상생활 수행능력의 저하, 과거에 대한 회한 등이 노년기 우울증의 요인이라고 볼 수 있다. 노년기의 우울증은 불면증, 체중감소, 무감동, 증오심, 강박관념, 식욕부진 등의 증상을 유발한다. 그러나 이러한 특성은 개인적인 적응능력에 따라 다르게 나타날 수 있다.

나. 내향성의 증가

노년기가 되면 관심이나 주의를 외부의 사물이나 행동보다는 자기 자신에게로 돌리는 성향 때문에 자신의 사고나 감정에 의해서 판단하려는 경향이 있다. 뿐만 아니라 사고나 감정을 표출하기보다는 억누르는 경향이 증가하는데, 이는 사회 심리적인 요인이 크게 좌우한다.

다. 성 역할 지각의 변화

노년기에는 성인기까지의 성 역할이 변화된다. 여성노인은 며느리의 등장과 함께 나타나고 남성노인은 퇴직이나 배우자의 변화와 함께 나타난다. 행동특징으로는 남성노인이 과거의 권위적, 지배적 특성에서 의존적, 관계 지향적, 친화적인 성향이 증가하는 반면, 여성노인은 과거의 순종적·희생적 특성에서 공격적, 자기중심적, 권위적 성향이 증가함으로써 역할의 반전현상이 나타난다.

라. 경직성의 증가

사람은 연령이 증가함에 따라 자신의 사고나 습관이나 행동을 고수하려는 성향이 있다. 특히 노년기가 되면 모든 면에 자신감이 없기 때문에 자존감을 유지하기 위해서 사고나 습관, 행동을 지속하려는 것이다. 이러한 특성은 노년기의 학습능력이나 문제해결 능력을 저해하는 요인이 될 수도 있다(Botwinick, 1978).

마. 조심성의 증가

노년기가 되면 신체적, 사회적, 심리적인 여건으로 자신감의 부족을 보완하기 위해서 모든 일상생활에서 조심성이 증가한다. 이 특성은 반복적인 질문이나 강박적인 행동 및 사고의 집착 등으로 나타난다.

바. 생에 대한 회상의 경향

노년기가 되면 생의 시간이 얼마 남지 않음과 죽음이 가까이 다가옴을 지각하면서 과거를 회상하는 경향이 증가한다(Butler, 1975). 가까운 과거부터 시작하여 먼 과거로 거슬러 올라가면서 해결되지 않은 갈등문제를 새롭게 해결하려는 시도를 하거나 과거를 후회하고 반성함으로써 자아통합을 이루려는 시도를 하게 된다.

사. 친근한 사물에 대한 애착

노인이 되면 오랫동안 사용해 온 물건에 대한 애착심이 증가한다. 애착을 갖는 물건으로는 자신이 구입한 집이나 가재도구, 오래된 사진, 추억이 담긴 골동품, 일용품 등이다. 이러한 특성은 이 물건들을 통해서 과거를 회상할 수 있고 변하지 않는 모습 속에서 마음의 안락과 만족을 느끼기 때문이다.

아. 유산을 남기려는 경향

노년기가 되면 죽기 전에 무엇인가 남기고 죽으려는 특성을 나타낸다. 남기고 싶어 하는 것들 중에는 자녀, 예술작품이나 문학작품, 장인기술이나 지식, 교훈, 재산, 돈, 아름다운 기억 등이다. 현재 우리나라 노인들의 대부분은 이러한 성향이 강하게 나타나고 있다.

자. 의존성의 증가

노년기에는 모든 여건이 열악하여 독립적인 기능을 할 수 없기 때문에 의존성이 증가하는 특성을 보인다. 노인의 의존성은 병리적인 현상이 아니라 정상적인 노화현상이며 경제적 의존성과 신체적 의존성, 정신적 의존성, 사회적 의존성 및 심리적 의존성 등으로 나타난다.

3) 사회학적 노화의 특징

(1) 특징

사회적 노화는 개인이 사회생활을 하는 동안 가족, 집단, 지역사회 등의 사회적 관계망 속에서 나이가 들어감에 따라 변화하는 생활과 관련된다. 즉, 사회적 노화란 노화 과정에서 겪게 되는 사회적 관계의 내용인 지위와 역할 등

사회적 관계에서의 제반 측면의 변화를 말한다.

(2) 현상

① 사회적 노화의 특징

인간은 살아서 움직이는 생물학적인 존재이며, 느끼고 판단하고 생각하는 심리학적인 존재일 뿐만 아니라, 다른 사람들과의 상호작용을 통해서 살아가는 사회학적인 존재이다. 사람은 가족과 이웃, 지역사회 및 국가의 집단 속에서 성장함에 따라 지위를 획득하고 역할을 수행하는 사회적 관계를 유지하고 있다. 그러므로 노화현상도 노인의 사회적 관계나 활동을 떠나서는 설명할 수 없다.

가. 노년기 역할의 변화

노년기에 접어들면 사회화 과정에서 소외와 고립이 증가하고 수입이 감소함과 동시에 의존성이 증가하고 사기의 저하로 인해 노년기의 지위와 역할의 전환이 방해를 받는다. 노년기의 역할로는 제도적 역할과 희박한 역할, 비공식적 역할 및 무역할이 있다. 제도적 역할은 지위와 역할이 분명히 있는 것으로 직장, 가족, 사회, 종교 등에서 공식적인 지위를 맡고 그 지위에 따른 규범적인 역할기대가 있는 것을 말하는데, 노년기가 되면 역할의 중요성이 급격하게 저하된다. 희박한 역할은 지위는 있으나 역할이 유명무실하거나 명목상의 역할 또는 정해진 역할이 없이 애매한 업무만 주어지는 역할을 말하는데, 중년기 후반부터 높아지기 시작하여 노년기가 되면 중요성이 더욱 높아지는 경향이 있다. 비공식적 역할은 공식적인 지위는 없으나 계속되는 행동 자체를 유형화하여 역할 행동만 하고 있는 것을 말하는데, 노년기에 어느 정도 낮아지기 시작하는 경향이 보이나 제도적 역할이나 희박한 역할보다는 그 중요성의 변화가 크지 않다. 무역할은 지위도 역할도 없는 상태로서 사회적인 존재적 의미가 별로 없는 것을 말한다(Rosow, 1976). 따라서 노년기로의 전이에서 역할의 단절이 생기게 되며 특히 경제적, 신체적 역할의 연속성이 단절된다.

나. 사회적 관련 상황

노화는 생물학적, 심리학적인 요인으로만 나타나는 것이 아니라 사회학적 관련 상황의 변화로 인해서 초래되기도 한다. 관련 상황으로는 지위와 역할의 변화, 자녀의 진수, 퇴직, 경제적 의존성, 신체적 의존성, 생활환경의 변화 등이 있다.

① 지위와 역할의 변화

노년기에 가장 뚜렷한 변화는 지위와 역할의 변화이다. 지위와 역할의 변화에는 상실과 취득, 중요성의 변화, 역할의 종류와 규모 및 수행방법의 변화로 구분할 수 있다. 지위와 역할의 상실과 취득에 있어서는 직업적인 면에서 직업인의 역할을 상실하고 퇴직인으로서의 역할을 취득한다. 가족적인 면에서는 가장의 역할을 상실하고 배우자의 사망으로 인해 남편이나 아내의 역할이 상실되는 반면에 의존자나 조부모의 역할을 획득하게 된다. 역할의 중요성에서는 제도적 역할의 중요성은 감소하고 희박한 역할의 중요성은 증가하게 된다. 역할활동의 종류와 규모에 있어서는 1차집단(가족)과의 관련 역할은 큰 변화가 없으나 2차집단(사회)과의 관련 역할과 자발적인 참여활동은 일반적으로 감소하는 경향이 있다. 역할수행 방법에 있어서도 지위에는 변화가 없어도 주도자적인 역할에서 조언자나 지지자 정도로 역할의 내용이 달라지는 경향을 보인다.

② 자녀의 진수

진수라는 의미는 사람을 독립시켜 떠나보내는 행동을 뜻하는 것으로 모든 자녀는 진학이나 취업, 결혼 등을 이유로 부모의 곁을 떠나게 되는데 이러한 상태를 '빈 둥우리'(empty)라고 한다. 노년기가 되면 모든 부모들이 이러한 상황을 경험함으로써 노인이 되었음을 인식하게 된다. 자녀가 진수한 후에는 부모나 부부의 역할이나 부모-자녀와의 관계에 변화가 나타나는데, 부모와 자녀 간의 애정적 밀착 정도, 부모 자신의 자아성취적인 활동에 대한 관심의 정도, 생의 목표 등에 따라 부모의 노년기는 긍정적 또는 부정적으로 변화될 수 있다.

③ 퇴직

퇴직은 직업적 역할의 상실이라는 면에서 보면 부정적인 자아상을 형성하는 문제점을 유발하게 된다. 퇴직은 모든 사람에게 같은 의미로 이해되는 것이 아니라 자발적이었는지, 강제적이었는지, 정년퇴직이었는지에 따라 또 개인의 인생관이나 생활목표에 따라 다른 의미를 갖는다. 퇴직은 지금까지 해오던 일에서 물러서는 것(retire from)으로 끝나는 것이 아니라 지금까지 하고 싶었던 것을 하기 위해서 하던 일에서 물러서는 것(retire to)으로 그 의미를 수용해야 할 것이다.

④ 경제적 의존성

노인의 경제적 의존성은 퇴직 이후에 나타나는 양상이다. 일반적으로 퇴직 후에는 수입이 절반 이하로 감소하기 때문에 노년기의 경제적 의존성은 대부분의 경우 불가피한 상황이다. 현재 우리나라 노인들의 노후생활보장은 반 수 이상이 자녀들의 원조에 의존하고 있다.

⑤ 신체적 의존성

연령이 증가함에 따라 신체적 및 정신적 건강은 약화되는 것이 일반적인 현상이다. 그러므로 노년기에는 개인생활은 물론 사회생활에도 타인의 도움을 받아야 가능하며 신체적 의존성이 높아질수록 사회적 역할수행도 어렵게 되어 결국은 모든 역할수행을 중단해야 하는 상태에 이른다. 신체적 의존성은 가족의 보호를 필요로 하게 되며 자녀들의 부양부담을 가중시키는 가족문제를 유발하게 된다.

⑥ 생활환경의 변화

퇴직을 기점으로 직장생활을 하던 사람들이 낮 시간을 보내는 장소가 직장에서 가정으로 바뀌게 된다. 가정에 머무는 시간이 길어짐에 따라 가정 내에서의 새로운 역할수행이 필요하게 되고 이 과정에서 역할갈등을 빚게 된다. 또 퇴직이나 자녀의 진수기는 경제적, 신체적, 문화적, 사회적 여건에 적응하기 위해서 주거환경에 변화를 주는 현상이 나타난다.

이와 같은 노년기의 변화와 사회적 관련 상황들이 사회적 노화를 유발시키는 요인이 되고 있다.

3. 21세기 한국 노인생활의 특성변화 : 건강장수생활

최근 우리나라의 노인들은 평균수명이 급속하게 늘어나고 2008년부터 국민연금의 수급대상 노인이 늘어나고, 국민건강보험제도와 노인장기요양보험제도 등의 사회복지제도 등에 힘입어 전반적으로 노인들의 생활상이 변화하고 있다. 여러 가지 변화들 중에 손꼽을 수 있는 몇 가지는 다음과 같다.

첫째, 사회복지제도의 성장과 함께 노인복지도 발전하여 노후보장이 착실하게 진전되어왔음에도 불구하고 여전히 일부 노인들은 어려운 생활에 직면하고 있다. OECD에 따르면 우리나라 노령인구 소득 빈곤율은 45.1%로 OECD 국가들 가운데 가장 높다. 빈곤노인을 위한 노인상담활동이 일차적으로 중요한 의미를 가지고 있다는 것이다.

둘째, 우리나라 65세 이상 노인들 가운데 혼자 사는 노인은 1백만 명을 넘어섰고 이 가운데 자녀들에게 버림받은 노인도 상당수인 것으로 추정되고 있다. 독거노인을 위한 노인상담활동이 특히 중요하다는 것으로 풀이된다. 현재 정부에서 시행하고 있는 독거노인 안부전화나 돌봄 활동이 중요한 노인복지서비스의 하나로 지적되고 있는 이유이다. 독거노인들 중 상당수는 자녀들이 있음에도 불구하고 현실적으로 경제적 · 심리적 돌봄을 받지 못하는 버림받은 노인들이다. 정부에서는 이러한 근거에서 경제적으로 궁핍하지만 법적으로 부양의무자들인 자녀들이 존재한다는 사실만으로 사회복지 수혜자집단에서 배제되어 독거노인의 생활문제가 쟁점이 되고 있다. 이와 관련하여 노인상담활동 역시 중요한 활동으로 보인다.

셋째, 일반노인들의 경우, 경제 사회적 생활이 향상되어 건강하고 활력 있는 노후생활을 영위하는 경우가 전반적인 추세이다. 노인들을 대상으로 한 건강증진활동, 영양개선활동, 레크리에이션, 건강스포츠활동, 관광, 노인교육 등이 활발하게 이루어지고 있다. 노인들을 위한 의생활, 식생활 및 주생활 부문의 산업인 이른바 실버산업 혹은 고령친화산업이 중산층 이상의 노인들 수요에 따라 촉진되고 있다. 평균수명의 증대와 경제 사회적 수준의 향상으로 중산층 이상의 노인세대들이 새로운 고령친화산업 및 서비스에 대한 수요를 가지게 되어, 이 부문에 관한 새로운 시장이 열리고 있다. 이에 따라 노인상담 역시 그 내용과 대상이 일반노인들이 필요로 하는 새로운 영역으로 이동되어 가는 현상을 발견할 수 있다. 향후, 노인상담은 건강장수사회에서 일반노인들이 필요로 하는 다양한 서비스와 상품에 대한 정보제공, 사용법 소개, 소비자 불만해소 등 일상생활 관련 상담이 다양하고 넓게 전개되어 그 수도 늘어날 것으로 보인다.

3. 노년기 발달과 노인상담

1. 노년기 발달

흔히 사람은 시간의 흐름에 따라 변화되는데, 이처럼 시간에 따라 일어나는 신체구조, 사고 행동의 변화를 인간의 발달(development)이라 한다. 이러한 변화는 점진적으로 진행되고 축적되며, 그 결과로 신체의 확장, 복잡한 활동수행 능력의 증가 등을 가져온다(이인정 · 최해경, 2000).

인간의 발달을 체계적으로 이해하고 분석하기 위하여 학자들에 따라 여러 단계로 구분하는 경향이 있다. 말하자면 인간 발달단계는 각기 고유한 특징이 있어서 그 이전 단계나 이후 단계로 구분되며 그러면서도 발달을 위한 방향이 있고 새로운 단계는 그 이전 단계까지 이루어진 발달을 통합한다고 알려져 있다.

또한 각 발달단계에는 발달과제(developmental tasks)가 있는데, 이는 인간 환경에 대한 지배를 증가시키는 기술과 능력으로 구성된다. 다시 말해서, 신체적, 인지적, 사회적, 정서적 기술의 획득을 반영한다. 하비거스트(Havighurst)는 인간발달이란 사람들이 사회에 의해서 그들에게 부과된 과제를 배우는 과정이라고 주장하였다. 발달과제는 대개 연령에 따라 변화하는데, 이것은 각 사회가 연령에 부합하는 발달이나 행동에 대한 기대를 갖고 있기 때문이다. 이러한 과제를 잘 배우는 사람은 만족과 보상을 얻지만 잘 배우지 못하는 사람은 불행과 사회적 부인을 경험하게 되며, 이는 상담이나 사회복지 등의 사회적 대응책에 의하여 해결이 요청되기도 한다(이인정 · 최해경, 2000).

에릭슨(Erikson, 1976)은 인간의 전 생애를 8단계로 나누어, 각 단계마다 당면하는 발달과제를 제시하고 그것을 어떻게 수행하느냐에 따라 개인의 자아는 양극적으로 발달한다고 하였다. 또한 그는 후성설(後成說 : epigenesis)을 주장하고 있는데, 즉 발달이란 먼저 발달된 부분을 바탕으로 그 이후의 발달이 이루어진다는 것이다. 그러나 각 시기마다 직면하는 새로운 과제가 있기 때문에, 이전의 발달은 이후 발달을 위한 필요조건일 뿐 충분조건은 되지 못한다고 하였다. 이것은 전 생애의 발달에 연속성과 변화가 공존하고 있음을 말하고 있다. 또한 그는 전 생애의 발달은 개인 내적 성숙과 사회 문화적 세계와의 상호작용에 의해 이루어진다고 하고 있다(김애순, 2004).

표 1-9 Erikson의 인생 후반부 4단계

시기	상반된 발달과제	출현한 자질
5. 청 년 기	정체감 대 역할혼란	성실성
6. 성인초기	친밀감 대 고립감	사랑
7. 중 년 기	생성감 대 침체감	보살핌
8. 노 년 기	자아통합 대 절망	지혜

출처 : 김애순(2004, 재구성).

결혼과 취업을 통해 성인세계로 입문하면, 이제 젊은이들은 타인들과 친밀감(intimacy)을 형성하는 것이 중요해진다. 여기서 친밀감이란 '자신의 무엇을 상실한다는 두려움 없이 자신의 정체를 타인의 정체와 연합시키는 능력'이다. 이것은 성적인 것 이상의 넓은 의미에서 타인에 대한 관여로, 성공적인 결혼생활의 필수조건이기도 하다. 여기에서는 상당한 희생과 양보가 요구되고 자아상실의 두려움이 따를 수 있음에도, 상호 꾸준한 개입을 통해 친밀감을 형성했을 때 사랑하는 능력이 생기게 된다. 그러나 자아상실의 두려움으로 자신과 타인의 정체를 융화하지 못하면 고립감(isolation)에 빠져서 인간관계가 피상적이 되고, 누구도 사랑할 수 없는 외로운 사람이 된다.

신체 · 생리적 감퇴가 서서히 드러나고 외적인 한계가 피부로 느껴지는 중년기에는 생성감(生成感; generativity)과 침체감(沈滯感; stagnation) 사이의 균형을 이루는 것이 중요한 발달과제로 등장한다. 여기서 생성감이란 '자신의 내적 자원을 생성적 목적을 위해 끌어내며 후세대를 배려하고 보살피는 미덕을 터득하는 것' 이다. 이러한 생성감은 인생의 중턱에서 자신의 삶을 재평가하고 진솔한 자아성찰을 해볼 수 있는 사람들이 얻을 수 있는 혜택이다. 생성감에 이르지 못하면, 결국 침체감의 늪에 빠지게 되는데, 이때는 자아탐닉에 몰두하여 누구에게도 관심이 없으며 오로지 자신의 욕구충족에만 여념이 없다.

마지막으로 노년기에는 일생의 노력과 성취를 되돌아보고 자신의 삶을 평가하면서 자아통합(ego integrity) – 인생과 자아의 완성감, 일체감, 만족감 – 에 도달하는 것이 주요과제이다. 자아통합이란 성공과 실패에 순응하면서 이전의 일곱 단계를 성공적으로 거쳐 온 사람들이 거둘 수 있는 인생의 결실이며, 여기서 지혜가 생긴다. 이들에겐 과거에 대한 후회나 미래에 대한 두려움이 없다. 자아통합에 이르지 못한 사람들은 절망감(despair)을 느끼게 되는데, 이것은 결국 자신의 삶을 수용하지 못하는 데서 비롯될 수 있다(이훈구 역, 1984; 윤진 · 김인경 역, 1988; 김애순 역, 1996).

김종서 · 남정걸 · 정지웅 · 이용환(1982)은 한국인들의 전 생애를 다음과 같이 7단계로 구분하고 있다. ① 유아기(0~5, 6세), ② 아동기(6~11, 12세), ③ 청년전기(12~18, 19세), ④ 청년후기(19~24, 25세), ⑤ 성인전기(25~35세), ⑥ 성인중기(35~60세), ⑦ 노년기(60세~) 등이다. 이들은 각 단계마다 지적, 정의적, 사회적, 신체적 영역으로 나누어 평생 교육적 측면에서 발달과제들을 제시하고 있다. 이 중에서 청년후기에서 노년기의 과제들을 요약하면 〈표 1-10〉과 같다(김애순, 2004, 재인용).

표 1-10 한국인의 인생주기와 발달과제

	지적 영역	정의적 영역	사회적 영역	신체적 영역
청년후기	① 결혼 및 직업생활 준비 ② 사회적 지식, 견문 넓히기 ③ 국내 · 외 관계에 대한 식견 갖기	① 독립적 생활태도, 건전한 생활관 확립 ② 전통적 가치관 생활에 조화 ③ 도덕적 판단력과 행동 함양	① 적절한 결혼대상 찾아 교제 ② 가정의 문화적 차이 이해 ③ 가정과 사회의 책임과 역할 수행	① 건강한 생활습관 익히기 ② 음주, 흡연, 약물 남용 바로 알기 ③ 성에 대한 바른 태도 갖기
성인전기	① 합리적 가정관리 ② 부부생활을 위한 성 지식 습득 ③ 경력과 사회생활을 위한 지식, 기능, 식견 넓히기	① 배우자와 원만한 관계 유지 ② 성공적 자녀교육 ③ 직장에서 원만한 인간관계	① 성공적 부모 역할 ② 만족스런 직무수행 ③ 풍부한 사회생활 영위하기	① 건강한 신체유지 ② 규칙적 생활과 운동 ③ 과로, 과음, 흡연 삼가기
성인중기	① 경제적 생활수준 유지하기 ② 청소년 자녀교육 ③ 직무에 필요한 새로운 지식과 능력 ④ 사회변천에 적응할 수 있는 지식	① 배우자/자녀와 인격적 관계 유지 ② 새로운 가족 맞아 융화하기 ③ 취미와 여가활용 ④ 젊은 층 이해하기	① 부모 역할과 책임 수행하기 ② 연로한 부모 봉양 ③ 사회 연장자로서 역할과 처신 ④ 사회발전을 위한 참여, 미풍양속 실천	① 생리적 변화 수용하고 적응하기 ② 적당한 섭생과 휴식, 운동으로 체력보전 ③ 질병에 대한 지식과 가족건강보호
노년기	① 세대 차이와 사회변화 이해하기 ② 은퇴생활에 필요한 지식과 생활 익히기	① 적극적인 생활태도 ② 취미와 여가생활 ③ 소외감을 극복하고 삶의 의미 찾기 ④ 죽음 수용하고 준비하기	① 친구관계 유지 ② 일/책임 물려주기 ③ 가정과 사회에서 연장자 역할하기 ④ 자녀/손자들과 원만한 관계 유지	① 체력감퇴에 대비한 적절한 운동과 섭생 ② 지병에 대한 바른 처방

출처 : 김종서 외(1982).

2. 노년기 발달과 노인상담

노인상담은 결국 노년기 발달과 연관된 문제나 사항을 다루게 된다. 물론 노인상담이 전부 노년기의 발달단계와 연계된 내적인 문제만을 대상으로 하고 있지는 않다. 노인이 생활하는 가정이나 지역사회 및 국가 사회에 대한 문제와 사항을 대상으로 하는 노인상담도 있다. 단순한 노인복지나 생활 관련 정보제공이나 안부를 묻는 상담도 있을 수 있다.

그럼에도 불구하고 노인상담의 대부분은 노년기 발달과 연관한 사항이나 문제, 혹은 노년기 발달과업과 관련된 문제들이 대부분이고, 또 노인상담의 문제의 기반에는 어느 정도 노년기 발달과 직접 간접으로 연관된 내용이 존재하고 있음을 전제로 하고자 한다.

바로 위에서 본 바와 같이, 김종서 등이 한국인의 인생주기와 발달과제를 지적, 정의적, 사회적, 신체적 영역으로 구분하고 각각의 단계에서 영역별로 부딪힐 수 있는 대표적인 과제를 제시하였다. 이러한 발달과제 혹은 과업을 성공적으로 달성하는 노인들은 그렇게 많지 않을 것으로 생각한다. 일반노인들은 대부분 이러한 발달과제에 직면하면서 생활하고 있다. 그러므로 노인상담은 문제해결도 중요하지만 문제발생의 씨앗을 품은 노년기의 발달과제를 적절하게 달성할 수 있도록 돕는 작업 역시 노인상담의 중요한 기능이라고 판단한다. 이러한 판단 하에서 노인상담의 대상과 영역을 살펴보면 그 범위는 매우 넓다고 할 것이다.

제 2 장

노인복지정책과 노인생활 문제

1. 노인복지정책

1. 노인복지정책의 개념

노인복지정책은 노인복지(the aged welfare)와 정책(policy)의 합성어이다. 산업화와 도시화에 따른 산업구조와 노동수요의 급속한 변화에 따른 노인의 경제적, 사회적 지위 저하는 노인이 독립적인 사회구성원으로서 살아갈 수 있는 여지를 좁히고 있고, 이에 따라 여가시간의 증가 및 역할상실의 문제, 수입 감소에 따른 경제적 의존문제, 건강보호 문제, 그리고 사회적 소외와 심리적 고립의 문제를 직접적 또는 간접적으로 초래하고 있다(김원배, 2009). 이와 같은 노인의 생활을 둘러싸고 있는 제반 여건들이 불가피하게 노인문제를 야기하고 있다.

노인복지는 많은 분야의 사회문제 중에서 특히 노인에게 일어나는 사회문제를 해결하고, 노인들이 인간다운 생활을 영위하면서 자신이 속한 가족과 사회에 적응하고 통합될 수 있도록 필요한 자원과 서비스를 제공하는 데 관련된 공적 · 사적 차원에서의 조직적 제반활동이라고 할 수 있다. 한편 정책이란 이러한 목적을 실현하기 위한 방책을 말한다.

따라서 노인복지정책은 노인들의 경제적 · 심리적 · 사회적 욕구에 대응하여 노인의 빈곤, 질병, 소외 등의 노인문제를 해결하기 위한 원조활동과 프로그램 등의 제반 사회적 대책이라고 정의할 수 있다.

노인복지정책에 대한 접근은 이러한 노인문제 발생의 원인이 노인 개인에게 있다기보다는 사회 구조적 모순에 있다는 인식에서부터 시작된다고 할 수 있다. 따라서 노인복지정책에 대한 주체는 국가나 사회이며, 국가가 주체가 되어 노인문제에 대한 대응책을 강구하는 것을 말한다. 즉, 노인이 가지고 있는 개별적 욕구에 대응하여 사후 대책적 복지기능을 수행하거나 사전 예방적 복지기능을 국가의 책임하에 수행하는 것을 의미한다.

테일러 구비(Taylor Gooby)는 후기 산업사회로 접어들면서 경제 사회적 구조가 변화하게 되고 이러한 변화에 적응하기 힘든 사람들이 처한 상황을 새로운 사회적 위험(new social risk)이라고 하였다(김성천 외, 2009, 재인용). 그는 노령화로 인한 사회적 보호의 수요 증가, 연금과 건강서비스의 비용 증가 등으로 인해 노인들은 새로운 사회적 위험에 처하게 되었다고 지적하였다. 오늘날과 같은 고령화 사회(aging society)에서 노인들의 새로운 사회적 위험에 대응한 노인복지정책은 노인일자리 창출과 정보교육 등의 사회적 투자가 이루어지는 방향으로 나아가야 할 것이다. 특히 이러한 사회투자에 앞서 선행되어야 할 노인복지정책은 노인들에 대한 소득보장정책이 확실하게 이루어져야 한다는 것이다. 이를 통해 노인들의 절대빈곤과 양극화 문제가 해소되어야 할 것이다.

아울러 현대사회의 노인문제 중에서 소외의 문제는 사회적 역할상실과 심리적 고립으로 이어진다. 이러한 소외의 문제에 대응하여 노인상담과 같은 노인복지서비스에 대한 노인복지정책이 이루어져야 할 필요가 있다는 것이다.

2. 노인복지정책의 목표와 원리

마셜(Marshall, 1972)에 의하면 사회복지의 결정은 시장에서 개인 선호의 총체적 집합 혹은 투표의 다수적 결과가 아니라 자율적 윤리체계에 의해 구체화된 가치기준에 근거해야 한다고 하였다(김성천 외, 2009, 재인용). 노인복지정책의 결정 또한 국가의 정치 · 경제 · 행정, 그리고 시민 · 사회적 환경과 정책철학에 영향을 받아 결정된다. 노인복지정책의 이념과 관련된 목표, 타당성, 원리 등을 알아보고자 한다.

1) 노인복지정책의 목표

노인복지정책의 목표는 국민적 최저수준의 생활유지 원칙, 사회적 통합의 원칙, 개인의 성장욕구 충족의 원칙이라는 세 가지로 정리할 수 있다(장인협 · 최성재, 2009).

① 국민적 최저수준의 원칙은 노인도 국민으로서 인간다운 생활을 유지할 수 있는 최저수준의 생활유지를 할 수 있는 보상을 받아야 한다는 것이다. 여기서 최저수준의 생활유지는 빈곤선(poverty line) 수준 이상을 의미한다.

② 사회적 통합의 원칙은 노인이 은퇴나 사회적 역할상실로 인한 자기상실과 고독감, 소외감으로 인하여 가족, 이웃, 지역주민으로부터 사회적 유대가 떨어질 수 있으므로 이를 강화하여 노인도 사회적 통합을 이루는 방향으로 노인복지정책이 이루어질 필요가 있다는 것이다.

③ 개인의 성장욕구 충족의 원칙이란 노인도 인생의 주기상 인간발달의 한 단계에 해당하고 자기완성과 자기실현의 최종 성장단계에 있다는 것을 인식하고, 노인의 시기에 맞는 성장욕구를 충족시키는 방향으로 노인복지정책이 이루어져야 한다는 것이다.

2) 노인복지정책이 추진되어야 할 타당성

노인복지정책이 추진되어야 할 타당성은 경제적 타당성, 심리 · 사회적 타당성, 윤리적 타당성 등의 세 가지 타당성이 있다.

① 경제적 타당성은 현대 산업사회에서 고령자는 정보와 기술의 빠른 변화에 적응하지 못하고 해고 혹은 조기퇴직으로 말미암아 경제적 자립이 어렵게 되고 이로 인해 기본적인 생활유지능력이 저하된다는 관점에서 경제적 타당성의 논리를 찾을 수 있다. 이는 노인의 취업욕구나 직업안정 욕구에 대응한 노인복지정책이 이루어져야 하는 타당성을 말해 준다.

② 심리 · 사회적 타당성은 우선 심리적으로 노인은 젊은 세대로부터 그들의 희생에 대한 보답을 받고자 하는 욕구가 있다는 것이다. 이는 노인들이 그들의 청 · 장년기에는 그들의 부모세대를 부양했다는 것을 바탕으로 하고 있다. 또 다른 측면의 심리는 보상심리인데, 노인들은 현대화된 사회로부터 받는 불이익으로 인하여 손해를 받게 되었기 때문에 그들에 대한 사회복지적 대책은 당연하다는 것이다.

③ 윤리적 타당성은 노인의 사회적 기여도에 기초하는 것으로서, 일생을 통해 가족과 사회를 위해 공헌한 것을 인정하여 정부가 사회복지적 대책을 시행하는 것은 윤리적으로도 타당하다는 것이다.

3) 노인복지정책의 원리

위에서 언급한 노인복지정책의 목표와 타당성에 근거하여 노인복지정책의 프로그램과 원조활동이 견지해야 할 노인복지정책의 원리를 제시하면 다음과 같다(Randolph Hills Nursing Center, 1994: 박귀영 외, 2010, 재인용).

(1) 존엄성 및 개성존중 원리

인간은 인간인 것만으로도 존엄한 존재이고 각 개인은 누구나 타인과 구별되는 개성이 있으며 현재의 상태, 즉 인간 자체로서 존중받아야 한다. 따라서 노인복지정책의 원리로써 가장 먼저 노인도 인간으로서의 존엄성과 개성이 존중되어야 한다는 원리이다. 이 원리는 한국의 전통사상에서도 찾아볼 수 있다. 고조선 시대 홍익인간의 이념이나 불교나 유교의 인간존중 사상과 동학의 인내천 사상에서도 찾아볼 수 있는 중요한 덕목이다.

「대한민국 헌법」 제10조에는 '모든 국민은 인간으로서 존엄과 가치를 가지며, 행복을 추구할 권리를 가진다.' 라고 하고 있다. 이는 당연히 노인에게도 차별 없이 적용되는 법조항이며 원리이다.

(2) 자기선택 원리

노인에게 존엄성과 개성존중의 원리가 적용되어야 한다는 관점에서 노인도 한 인격체라는 것이다. 따라서 노인은 존엄성과 개성을 가진 인격체로서 노인복지에 대한 원조나 프로그램을 스스로 선택할 수 있어야 한다는 원리이다. 이것은 사회복지사가 클라이언트를 면담하고 케어할 때, 최종적인 결정권은 클라이언트 자신에게 있다는 자기결정권의 원리와 일맥상통한다. 현대생활에서 노인은 정보에 대한 접근이 어렵고 여러 가지 능력도 쇠퇴하다는 이유로 사회복지사나 자녀, 또는 이해관계자가 결정을 대신해 줌으로써 자기선택의 원리가 적용되지 않을 가능성이 있기 때문에 특히 중요한 원리라고 할 수 있다.

(3) 권리와 책임부여 원리

노인복지정책이 노인에게 보호받고 보장받을 권리만 주는 것이 아니라, 스스로 자신의 생활에 대해 자신이 책임질 수 있는 방향으로 노인복지정책이 이루어져야 한다는 것이다. 영양의 향상과 의학의 발달에 따라 노인이라도 나이에 따라서는 경제적 활동이나 사회적 활동을 할 수 있다는 전제하에 정부도 노인을 단순히 보호해야 할 대상으로만 간주하는 것이 아니라, 노인들의 경험과 지식을 활용하여 사회발전에 공헌할 수 있도록 하는 방향으로 노인복지정책이 이루어져야 한다는 것이다.

(4) 총체적 서비스 원리

노인은 신체적 · 정서적 · 지적 · 사회적 · 심리적 등 총체적 노화 과정을 겪고 있으므로 어느 특정한 측면만을 강조한 노인정책의 수행보다는 총체적 서비스(comprehensive service)를 전개할 필요가 있다는 원리이다. 예를 들어, 빈곤한 노인은 신체적으로도 허약하여 질병에 걸리기 쉽고, 심리적으로도 더 우울할 것이며, 사회적으로도 소외될 가능성이 있으므로 여러 측면에서 총체적으로 접근해야 한다는 것이다.

(5) 시대적 욕구반영 원리

전통사회의 노인과 현대사회의 노인은 시대의 변화에 따라 그 욕구도 다르다. 또한 노인의 연령 차이에 따라서도 욕구는 달라질 수 있다. 따라서 노인복지정책의 수행에 있어서 시대적 욕구변화를 반영할 필요가 있다. 이는 보다 효과적으로 노인복지정책을 수행하기 위해서이다. 이를 위해 시대의 변화에 따른 욕구조사에 의해 노인복지정책이 수립되어야 한다.

3. 노인복지정책의 영역

노인복지정책은 노인의 경제 · 사회 심리적 욕구에 대응한 정부의 정책이다. 또한 국가는 이러한 정책을 하나의 구체화된 법으로 제정하거나 일정한 원칙에 따라서 수행하는 각각의 영역이 있다. 사회보험 · 공공부조 · 사회복시서비스와 복지 관련 제도 등은 노인복지 체계를 구성하는 독자적 영역을 차지하고 있다. 특히 소득보장정책, 의료보장정책, 사회복지서비스정책은 노인복지정책의 핵심 영역이다.

표 2-1 기본적 욕구로 본 일반적 노인정책 체계

노인의 기본권 욕구	일반적 노인정책
경제적 안정	연금 등 소득보장대책
직업적 안정	중고령자 직업안정시책
의료 · 위생 · 영양의 보장	의료보장, 공중위생
가족적 안정 및 주택보장	가족 근대화 시책, 비영리적 주택정책
사회적 협동의 기회	지역 · 지역단체의 참가
교육의 기회	사회교육시책
문화 · 오락의 기회	비영리적 레크리에이션 시책

출처 : 고수현(1990: 85, 재구성).

오카무라시게오(岡村重夫)가 지적한 바 있는 고령자의 사회생활에서 곤란에 대응하는 사회복지활동으로서 기본욕구에 따른 노인복지정책을 살펴보면 〈표 2-1〉과 같다. 또한 노인복지정책체계를 영역별로 살펴보면 〈표 2-2〉와 같다(고수현, 1990: 85-87; 박귀영 외, 2010, 재인용).

표 2-2 노인복지정책의 영역

노인복지 부문	세부적 정책
사회복지 부문	• 연금(경제적 인정 욕구) • 의료보장, 공중위생(의료, 위생, 영양보장 욕구) • 주택정책, 가족정책(가족적 인정 욕구) • 사회교육시책(교육의 기회 욕구) • 레크리에이션 시책(문화, 오락의 기회 욕구)
노동력 활용 부문	• 취업 부문 활용(직업적 인정 욕구) • 사회활동 부문 활용(사회적 협동 욕구)

출처 : 고수현(1990: 87, 재구성).

사회복지정책은 접근방법 면에서 보면 사회보장정책이라고 해도 될 정도로 사회보장의 영역과 일치한다. 또한 사회복지는 사회변동과 함께 변화하는 사회적 가치에 민감한 만큼 시대에 따라, 또는 학자에 따라 다양한 여러 가지 견해가 있을 수 있다. 베버리지(Beveridge)는 1942년 「사회보험 관련 서비스」라는 이른바 베버리지 보고서를 발표하면서 사회보험(social insurance)을 주요한 방법으로 본 반면, 국가부조(national assistance)와 임의보험(voluntary insurance)을 사회보험의 보조적인 방법으로 보고 국가는 임의보험도 장려해야 한다고 주장하였다(Beveridge, 1958: 120-121; 박귀영 외, 2010, 재인용).

그리고 1993년에 피터스(Pieters, 1993: 5-7)는 사회보장 방법을 사회보험(social insurance), 사회부조(social assistance), 사회수당(demo-grant), 사회보상(social compensation) 등 네 가지로 구분하였다. 피터스의 사회보장 방법 중 사회보험과 사회부조는 현대국가에서 많이 사용되는 방법이지만 사회수당은 아동수당이나 노령수당 등을 일부 국가에서만 사용하고 있다. 또한 사회보상은 사회적 희생자에 대해 본인 또는 유족에게 보상금을 지급하는 제도로써 사회보장제도에 포함시키는 것은 적절하지 않다.

한국의 「사회보장기본법」 제3조(정의)에서는 사회보장을 사회보험, 공공부조, 사회복지서비스, 관련 복지 제도로 구분하고 있다. 여기서 관련 복지 제도란 보건 · 주거 · 교육 · 고용 등 인간다운 생활을 보장하기 위해 지원하는 각종 복지제도를 말하고 있으나 이러한 범주는 너무 광범위하여 구체적인 범주를 정하기 힘들다.

위의 논의를 바탕으로 한국 노인복지정책의 구체적 영역을 범주화하면 다음과 같다(박귀영 외, 2010).

첫째, 사회보험을 기초로 하는 소득보장정책 영역과 의료보장정책 영역이 주된 방법이다.

둘째, 공공부조에 의한 기초생활보장과 의료급여 영역이 보조적인 방법이다.

셋째, 사회복지서비스 성격의 재가 · 시설 · 지역사회복지정책 영역이 있다.

그리고 노인인력의 활용 영역은 크게 두 가지 영역으로 범주화할 수 있다.

첫째, 노인의 직업적 안정 욕구에 대응하여 중고령자 취업정책과 고용안정정책의 영역이 있다.

둘째, 노인의 사회적 협동 욕구에 대응하여 사회참여정책과 자원봉사활동정책의 영역이 있다.

또한 노인의 문화 · 오락에 대한 욕구에 대응하여 레크리에이션 정책과 교육의 기회욕구에 대응한 평생교육정책이 광의의 노인복지정책으로 시행되고 있으나 현재의 노인복지 전달체계에서는 직접적으로 다루지 않고 있으며, 향후의 고령사회(aged society)에서는 충분히 고려되어야 할 영역이다.

마지막으로 기존의 노인복지정책에서 미미하게 다루어졌던 노인, 죽음과 관련한 정책이 더 강화되어야 할 것이다. 임종과 관련한 호스피스 활동, 장례와 관련하여 매 · 화장 서비스정책 등도 중요한 노인복지정책의 영역으로 다루어져야 할 것이다.

4. 최근 우리나라의 노인복지정책

저출산 고령화 사회에 대응하여 최근의 노인복지정책도 많은 변화를 가져오고 있다. 노인일자리 창출과 관련된 정책을 비롯해서 노인자원봉사활동 지원정책, 돌봄이 필요한 어르신에 대한 지원정책, 노인건강과 관련하여 건강보험에 대한 보장성 확대정책, 농지연금의 시행 등 새로운 위험사회(new risk society)에 대비한 새로운 정책들을 시행하고 있다. 따라서 이러한 정보에 대한 접근성을 높이기 위해서도 노인상담은 매우 중요한 노인복지서비스로 인식된다. 2011년도 보건복지부가 제시한 새로운 노인복지정책을 구체적으로 살펴보면 다음과 같다.

1) 노인일자리 창출정책

민간이 일자리 창출에 적극적으로 참여할 수 있도록 하고 민관 공동투자를 통한 '일할 기회'를 확대하는 등 시장형 노인일자리 창출을 도모하고자 한다. 노인의 '제2의 인생'을 돕는 사회참여 및 일자리 확대정책을 실시한다. 60세 이상 중·고령자를 대상으로 '시니어 인턴십 제도'를 처음으로 실시한다. 보건복지부는 이 사업에 54억 원의 예산을 편성하여 인턴기간 동안 채용기업에 현장교육비용 일부를 지원하고 노인을 위한 직무개발 및 실습훈련도 지원한다.

또한 시장 친화적 고령자 특화사업을 발굴하고 시니어 창업지원을 위해 고령자에게 적합한 직종을 선별, 노인일자리 제공을 위해 설립된 전문기업을 뜻하는 '고령자 친화형 전문기업'도 설립할 계획이다.

베이비붐 세대의 은퇴를 대비해, 다층적 일자리 안전망도 구축된다. 우선, 민간자원을 활용한 다양한 시장형 일자리를 2010년 2만 개에서 2011년 2만 4,000개로 확대한다. 직능시니어클럽 활성화, 시니어 인턴십 도입에 신규 예산 54억 원, 고령자 친화형 전문기업 설립 지원에 14억 원의 예산이 지원된다. 또, 베이비붐 세대의 사회참여 활성화 지원에 15억 원이 투입된다.

또한 퇴직자들의 경륜과 전문지식을 활용한 공익형 전문일자리 개발과 연계도 정부주도 사업의 하나로 추진한다.

2) 노인자원봉사 활성화 정책

노인자원봉사 활성화를 위해 '노인자원봉사클럽' 500개가 육성된다. 42억 원의 예산을 투입해 노인들의 자발적인 봉사활동 참여를 유도한다는 계획이다. 더불어 노인자원봉사 지도자 양성도 함께 진행된다. 또한 30개 노인자원봉사 사업단을 운영해 6대 전문분야인 금융, 의료, 교육, 언론, 문화예술, 법조 등에서 노인자원봉사 프로그램을 확대 실시할 방침이다.

3) 돌봄이 필요한 어르신 지원정책

홀몸노인과 민관기구를 연결하는 '독거노인 사랑 잇기 프로젝트'가 새해 노인복지사업의 핵심정책으로 추진된다. 이를 위해 '독거노인 사랑 잇기 사업', '독거노인 안전확인서비스' 등이 실시되며, 민관협력을 통해 33개 지역에서 5만 가구(2010년 18개 지역, 3만 가구)의 홀몸노인들이 돌봄 서비스를 받게 된다.

또한 응급안전 돌보미서비스, 노인돌봄기본서비스, 독거노인종합지원센터도 서비스를 강화해 확대 실시한다. 홀몸노인 지원 확대에 410억 원, 응급안전 돌보미서비스에 44억 원, 노인돌봄기본서비스에 359억 원, 독거노인종합지원센터에 7억 원이 각각 지원된다. 이에 따라 '응급안전 도우미' 서비스를 받는 노인은 지난해 17만 명에서 올해 20만 명으로 늘게 된다.

또한 노인학대 예방을 위한 '노인전용쉼터'도 각 시도에 1개소 이상 설치될 계획이다. 또 노인학대 사후관리를 위한 노인지킴이단도 지난해 500명에서 올해 2,000명으로 확대 운영된다.

4) 건강보험 보장성 확대정책

건강보험 보장성 확대를 통해 일부 질병에 대한 본인부담금이 크게 줄어들게 된다. 2011년 3월부터 결핵환자 진료비 중 본인부담금의 50%가 지원된다. 또한 장기요양기관과 의료기관을 연계하는 시범사업을 실시해 요양서비스를 받는 노인들의 건강지원정책도 마련된다.

한편 치매진단 검사대상을 확대해 2011년에는 4만 명(2010년 3만2000명)의 노인들이 혜택을 받는다. 동시에 치매예방 관리법 제정도 함께 추진된다. 노인틀니 건강보험급여화가 2012년부터 단계적으로 시행되며, 노인 · 아동용 연금보험도 2012년 상반기 실시된다.

5) 의료기관 인증제도정책

2011년 1월 24일부터 시행되는 의료법으로 병원급 의료기관의 의료서비스 수준 등을 평가해 인증하는 제도가 시행된다. 이에 따라 의료기관이 서비스의 질과 환자의 안전수준을 자체 평가하면서 자연스럽게 의료서비스의 질이 높아질 것으로 기대된다. 또한 인증결과를 외부에 공표함으로써 노인들이 어느 병원의 서비스 질이 좋은지 판단해 병원을 고를 수 있다.

6) 안정적인 노후자금 지원정책

기초노령연금 지급대상이 확대된다. 기초노령연금 선정 기준액이 2010년도에 70만 원에서 2011년에는 74만 원으로 인상된다. 따라서 2011년에는 월 소득 74만 원(부부 118만 4000원) 이하의 어르신들이 기초노령연금을 지급받게 된다. 기초노령연금 지급 대상자는 지난해보다 12만 명 늘어난 387만 명이며, 지급액은 2조 8,000억 원에 이를 것으로 예상된다. 또 국민기초생활보장수급자 급여는 올해 136만 3,091원(4인 가구 기준)에서 내년 143만 9,413원으로 인상된다.

또한 농지연금이 시행된다. 소유농지를 담보로 노후생활안정자금을 매월 연금형태로 지급받는 농지연금제도가 실시된다. 농지연금 신청 자격은 부부 모두 만 65세 이상이면서 영농경력 5년 이상, 소유농지 총면적이 3만㎡(약 9,075평) 이하인 농업인이다. 농지연금은 연금을 지급받으면서 농지를 직접 경작하거나 임대할 수 있으며 부부 모두에게 종신지급을 보장한다.

또한 노후긴급자금대여정책을 실시한다. 국민연금수급자가 의료비 등 긴급한 자금이 필요한 경우를 대비해 '노후긴급자금 대여' 사업을 추진한다. 국민연금수급자를 대상으로 의료비, 배우자 장제비 등 노후에 긴급한 필수자금을 연금기금에서 대여하는 방안도 추진된다. 연금수령액, 수급 · 상환기간 등을 고려하여 기금운용위원회 심의 · 의결을 거쳐 대상, 대여한도, 사업예산, 금리 등 사업방안을 결정할 예정이다.

7) 노인전용 스마트폰 정액제 도입

노인들을 위한 스마트폰 정액요금제가 도입된다. 통화량과 데이터 이용량이 적은 고령자들의 사용패턴을 고려한 할인요금제를 출시, 노인들의 스마트폰 이용 문턱을 낮춘다. 노인전용 정액요금은 기존 휴대전화 기본요금과 사용요금을 더한 수준인 월 2만 5,000원 안팎이 될 전망이다. 월 2만 5,000원만 내면 일정량의 무료 음성통화와 인터넷을 쓸 수 있다.

8) 경로당 난방비 지원 및 '노인전용쉼터' 운영

정부 예산안에서 전액 삭감돼 논란을 일으켰던 경로당 난방비 지원예산이 436억 원으로 확정돼 전국 6만여 개 경로당에 월 30만 원의 난방비가 지원된다.

이 밖에도 최근의 노인복지 욕구에 부응하여 다양한 노인복지정책이 이루어지고 있으며 이러한 최근의 노인복지정책을 정책명, 담당부서, 정책내용별로 정리하면 〈표 2-3〉과 같다.

표 2-3 최근 우리나라의 노인복지정책

정책명	담당부서	정책내용
노인 의치보철사업	구강가족건강과	저소득층 노인에게 무료로 틀니 제공
노인 불소도포, 스케일링	구강가족건강과	불소도포 및 스케일링 시행
임금피크제 보전수당	고용노동부	일정나이, 근속기간을 기준으로 임금감소
고령자 특화형 직업훈련 취업지원	고용노동부	심층상담 등을 통해 맞춤형 취업알선
저소득 중 · 고령층 취업성공 패키지	고용노동부	저소득층의 일자리 희망 프로젝트
중 · 고령자 유아교육 인력 풀 구축	교육과학기술부	세대 간 지혜나눔 사업
시니어 창업지원	중소기업청	시니어 창업코칭, 사후관리 등 지원사업
퇴직인력 장려금제도	고용노동부	퇴직인력을 고용하면 기업에 장려금 지원
고용상 연령차별금지제도의 정착	고용노동부	고용상 연령차별금지 관련 법률 제정
농어업인 연금보험료 지원	국민연금정책과	농어업인 연금보험료를 지원하는 정책

정책명	담당부서	정책내용
퇴직연금	고용노동부	기업도산에 따른 지급불능 사태에 대응
기초노령연금 내실화	국민연금관리공단	전체노인의 70%에게 매월 일정액의 연금
농어촌 고령자 소득보장	한국농어촌공사	고령은퇴 농업인에게 직불금을 지급
농지연금	한국농어촌공사	고령농업인에게 농지를 담보로 매월 생활비를 연금형식으로 지급
문화바우처 지원	문화체육관광부	노인을 대상으로 문화 프로그램 지원 사업
노인장기요양보험제도	요양보험제도과	일상생활 수행이 어려운 노인에게 신체활동 · 가사 지원 등의 서비스 제공, 생활안정 및 가족부담 경감
노인주거복지시설	요양보험제도과	양로시설 · 노인공동생활가정, 노인복지주택 등 입소복지시설
노인의료복지시설	요양보험제도과	노인요양시설 · 노인요양공동생활가정 · 소규모요양시설(입소시설), 노인전문병원
재가노인복지시설	요양보험제도과	방문요양서비스, 주 · 야간보호서비스, 단기보호서비스, 방문목욕서비스 등의 서비스를 제공하는 시설
치매 조기검진, 치료비지원사업	노인정책과	치매 조기검진을 실시, 치료비를 지원하여 치매환자 및 그 가족들의 삶의 질 제고
노인 안 검진 및 개안수술	노인정책과	무료 안 검진은 60세 이상 모든 노인
노인일자리사업	노인지원과	노인특성에 맞는 노인일자리를 창출 · 보급
노인돌봄서비스사업	노인정책과	혼자 힘으로 일상생활이 어려운 노인에게 안전확인, 생활교육, 서비스 연계, 가사활동 지원 및 주간보호 등 맞춤형 복지서비스 제공
노인자원봉사 활성화 정책	노인지원과	노인의 경륜을 살리고 노인자원봉사를 활성화하여 노인의 사회참여 및 인적자원 활용 극대화 정책

출처 : 보건복지부 홈페이지(2011).

2. 노인생활 문제와 상담

노인문제들이 다양한 만큼 노인문제의 특성에 따라 상담기법도 다양하게 적용된다. 생애주기별 발달단계마다 적용되는 상담기법이 다른 것과 같이 노인상담에서도 다양한 기법이 적용된다. 노인문제의 유형별로 어떤 상담기법들이 적용되는지를 알아본다.

1. 노인문제와 상담의 관계

앞에서 언급한 바와 같이 현대사회에서는 전통적인 사회보다 더 다양하고 복잡한 노인문제가 존재한다. 또한 변화의 속도도 급속하며, 정보의 양도 엄청나다. 따라서 노인들이 다양하고 복잡한 노인문제에 접해 있으면서도 정보에 대한 접근이 어렵기 때문에 전문가와의 상담을 통하여 적절하게 노인문제를 해결할 수 있고, 정보도 제공받을 수 있기 때문에 현대사회에서 상담은 더욱 중요한 노인문제 해결의 수단이 될 수 있다.

노인문제에 대한 상담이 다른 발달단계의 상담만큼 활발하게 연구되지 못하고 있었다. 그러나 노인인구의 증가와 함께 노인문제에 대한 관심이 고조되면서 노인상담의 필요성을 지각하게 되었다. 이제까지는 정서적 측면의 상담이 주를 이루었다면, 최근에는 광범위하게 상담의 영역이 확대되고 있다. 통계청(2005a) 자료에 의하면, 우리나라에서 가장 큰 노인문제는 경제적 문제이며 건강, 소외, 소일, 무직 등의 순으로 나타났다.

노인문제는 개인적 문제에서부터 사회적 문제까지 다양하다. 그러므로 노인이나 노인의 가족문제를 보다 더 효율적으로 상담하기 위해서는 상담 전문가와 노인상담을 지원할 수 있는 적절한 제도적 · 법적 대책이 필요하다.

노인이 겪는 문제는 〈표 2-4〉와 같다.

표 2-4 노인이 겪는 문제

(단위 : %)

구분	경제	건강	소외	소일	무직	시설	불효	경로
전체	44.6	30.1	6.4	6.3	4.9	4.2	1.6	1.8
남	46.4	25.9	4.6	7.1	7.0	4.9	1.4	2.6
여	43.3	33.0	7.5	5.8	3.4	3.7	1.7	1.3

출처 : 통계청(2005). 사회통계조사.

노인상담에서는 노인의 우울증 · 고독 · 소외 · 자살 등의 심리적 문제, 가족 구성원 간의 관계에서 생기는 가족문제, 가정 혹은 시설에서 발생하는 노인학대 문제, 노인성 치매문제, 은퇴 전후의 재정관리 문제, 노인의 교육 · 여가 · 복지 등과 관련한 노후설계 문제, 그리고 기타 일상생활과 관련한 여러 문제들을 주요 노인문제로 다루고 있다.

이와 같이 노인문제들이 다양하기 때문에 이에 따른 상담유형도 다양한 형태를 띠고 있다. 특히 노인심리상담, 노인가족상담, 노인학대상담, 노인치매상담 등은 매우 중요한 노인상담의 영역이다. 여기서는 노인문제에 따른 노인상담의 영역을 살펴보고자 한다.

2. 노인문제와 상담의 영역

2009년도 통계청의 사회조사(복지, 문화와 여가, 소득과 소비, 노동, 사회참여) 결과에 따르면, 60세 이상 노인들이 겪고 있는 가장 어려운 점은 '경제적인 어려움' 이 42.6%, '건강문제' 가 37.2%이며, 정부 등으로부터 가장 받고 싶은 복지서비스는 '건강검진' 이 35.6%, 그리고 '간병서비스' 가 23.5%로 조사되었다(통계청, 2009, 사회조사). 이 외에도 정서적 고독과 소외감 등의 어려움을 겪고 있는 것으로 나타났다. 이러한 통계자료는 곧 노인이 겪고 있는 문제들이 경제문제와 건강문제, 그리고 정서적 문제가 노인문제 중에서도 중요한 문제임을 보여주고 있으며 이러한 영역에 대한 상담이 필요함을 보여주고 있다.

아울러 이러한 노인문제와 더불어 재산분할 문제, 거취문제, 기타 법률적 지원이 필요한 문제 또한 사회·법률적 영역으로서 중요한 영역에 속한다.

이러한 내용을 바탕으로 노인상담의 주요 영역을 정서적 영역, 신체적 영역, 경제적 영역 및 사회·법률적 영역으로 구분하여 살펴보고자 한다.

1) 정서적 영역

가정은 노인에게 있어서 가장 중요한 삶의 원천이자 동력이다. 그런데 오히려 정서적 영역에서의 노인상담은 가족관계와 가정 내에서 발생하는 여러 가지 문제로 인한 고독, 소외문제 등에 관한 것이 많다. 노년기에는 사회적 활동이 감소하고 가정에서 보내는 시간이 늘어나면서 가족과의 접촉이 이전 발달단계보다 훨씬 빈번해지기 때문이다.

남성노인은 은퇴로 인해 사회적 관계가 축소되는 만큼 가족과의 접촉이 늘어나게 되며, 가족 간의 상호작용은 더욱 확대된다. 한편, 여성노인은 자녀의 독립과 더불어 남편 또한 가정에서 보내는 시간이 늘어나면서 가족과 함께 보내는 시간이 늘어나게 된다. 함께 보내는 시간이 늘어나면서 가족 간 갈등도 늘어날 가능성이 많아지고 결국 정서적 문제를 겪게 되는 것이다.

산업사회로 인한 핵가족화와 도시화는 노인들의 사회적응을 어렵게 만들었다. 전통적 가치관을 가진 노인세대는 현대적 가치관을 가진 젊은 세대와 가치관의 차이를 극복하기 힘들다. 젊은 세대는 충효사상(忠孝思想)보다는 개인적 성취와 이익에 더 관심을 기울인다. 따라서 노인세대가 바라는 효는 옛말이 되었고, 노인은 실망과 정체성 혼란을 경험하면서 과거에 대한 후회와 체념을 경험하게 된다. 한편, 젊은 세대의 가족은 노인의 바람에는 관심이 없다.

결국, 노인은 고립감과 소외감, 정체성 혼란 등의 정서적 문제를 야기하게 되고 이에 대한 상담의 필요성이 생기게 되는 것이다.

고독과 소외와 같은 정서적인 문제는 이성교제와도 관련이 있다. 노인이 이성교제를 원하는 것은 '노후의 외로움과 고독 때문에', '활기찬 노후생활을 영위하고 싶어서', '결혼생활을 유지하고 싶어서(성생활 포함)' 그리고 '수발과 부양을 위한 보조자를 위해서'라는 내용이 대부분이었다. 이성교제에 대한 상담의 대부분은 소외와 고독과 같은 정서적인 문제와 연관되어 있으며, 이는 곧 정서적 문제가 노인에게 중요한 문제임을 보여준다(김희수 외, 2009).

2) 신체적 영역

건강한 사람은 배우자와의 사별이나 은퇴, 경제적 어려움, 대인관계의 축소, 역할긴장의 증가와 같은 생활사건을 극복해 낼 수 있는 의지와 능력을 보유하고 있기도 한다(Krause, 1986). 반대로 건강치 못한 사람은 정신적, 심리적으로 위축되어 사회적 관계가 제한을 받고, 우울증과 같은 정신병리 현상을 보이기도 한다(김원배, 2009). 노인에게 있어서 건강문제는 가장 일차적인 문제이다.

한국노인은 대부분 만성 질병에 시달리고 있다. 2008년도 전국노인 생활실태 및 복지욕구 조사결과 보고서에 따르면, 60세 이상 노인 중 82.2%(65세 이상 기준은 84.9%)가 의사로부터 진단받은 1개 이상의 질병을 가지고 있었으며, 현재 의사로부터 1개 이상의 진단을 받고 3개월 이상이 된 만성 질병을 가지고 있는 노인은 78.8%(65세 이상 기준 81.3%)로 나타났다. 이 중 1개의 의사진단 질병을 가진 노인은 27.0%, 2개의 의사진단 질병을 가진 노인은 24.7%이며 3개 이상의 의사진단 질병을 가진 노인은 30.5%인 것으로 나타났다(2008년도 전국노인 생활실태 및 복지욕구 조사결과 보고서, 2009).

이는 전체적으로 한국노인의 건강상태가 좋지 못함을 유추할 수 있으며, 질병예방 프로그램이나 치료 프로그램이 필요하다는 것을 보여주는 결과라 하겠다(김원배, 2009).

노인빈곤과 관련하여 가장 시급하면서도 근본적으로 해결해야 할 문제는 경제적 어려움과 건강상의 어려움이 동시에 얽혀 이중고에 시달리고 있다는 점이다(박홍순, 2000). 빈곤한 노인들의 경우 장애나 만성질환을 함께 가지고 있을 가능성은 더욱 커서 건강수준뿐 아니라, 소득저하로 인한 빈곤의 악순환을 경험한다. 초고령노인의 경우에도 그 정도가 더욱 심각하다(김희수 외, 2009).

최근에는 치매와 같은 정신계 질환에 대한 관심이 크게 늘어나면서 질병의 치료와 예방 및 질병요인과 관련하여 요양보호나 병원진단 및 입원절차, 요양원과 같은 시설정보를 요구하는 상담도 늘어나는 추세이다.

노년기 삶의 질에 중요한 영향 요인인 신체적 건강, 자존감, 사회적 지지 등은 소외, 우울 정도와 밀접한 관련이 있으며, 이러한 노인의 정서적 문제는 결국 신체적 노화를 촉진시키는 요인이 된다. 또한 노인의 신체적 · 정신적 · 사회적 건강은 서로 밀접한 상호 관련성을 가지며 이러한 요인들이 노인의 건강상태를 결정한다(유수정 외, 2002).

이상의 논의에 의하면 신체적 영역에 대한 노인상담의 경우, 노인의 정신적 · 사회적 건강을 동시에 살펴야 하며 노인의 심리적 요인에 의한 건강변화에도 관심을 가져야 한다.

3) 경제적 영역

현대화 · 도시화 · 정보화의 결과와 노인인구 증가, 특히 노인 단독세대가 증가하면서 노인의 경제적 어려움은 심각한 수준에 이르고 있다. 또한 노인의 소득보장이 완전하지 못하기 때문에 노인들 대부분은 경제적 어려움에 처해 있는 것이 현실이다.

2008년도 전국노인 생활실태 및 복지욕구 조사결과 보고서에 따르면, 노인들의 가장 심각한 욕구는 건강문제에 이어 경제문제였다. 노인들은 노후의 기초적 소득보장을 가장 중요하게 생각하였으며, 일자리를 통한 사회참여가 필요하다고 보았다. 현재 시행되고 있는 기초노령연금이 생활에 도움이 된다고 응답한 노인이 대부분이고 일자리사업에 대한 만족도도 대체로 높은 편이었다. 기본적 소득보장 및 일자리지원 정책이 이를 필요로 하는 노인들에게 적절하게 제공될 수 있도록 정책대상을 적극 확대할 필요가 있을 것이다.

60세 이상 전체노인의 월평균 소득액은 69만 원(65세 이상 기준으로는 58.4만 원)으로 나타났다. 또한 구간별 분포로 살펴보면, 20만 원 미만이 33.4%로 가장 높게 나타났고, 20~40만 원 미만이 17.6%, 40~60만 원 미만이 13.4%, 150만 원 이상이 11.8%로 나타났다(전국노인 생활실태 및 복지욕구 조사결과 보고서, 2009).

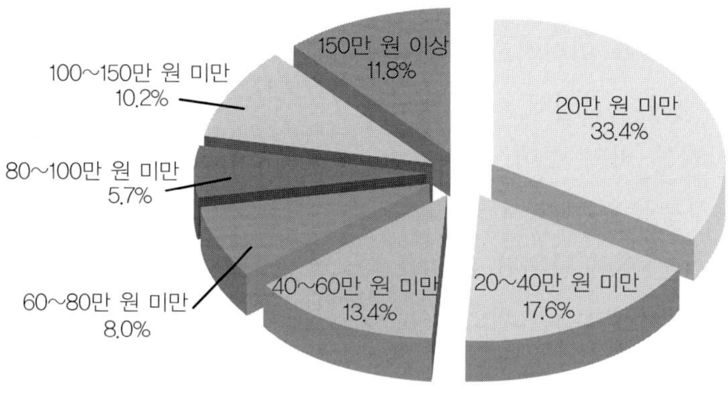

출처 : 2008년도 전국노인 생활실태 및 복지욕구 조사결과 보고서(2009: 255).

〈그림 2-1〉 노인 개인의 월평균소득 분포

이 통계는 경제적 빈곤이 노년기에 심각하다는 것을 보여주고 있다. 현재 우리나라에서 고령자가 처한 환경적 요소는 열악하고 이를 해결하거나 극복하기 위한 정책적 · 행정적 대안은 기대 수준에 크게 못 미치고 있는 실정이다. 또 정부정책뿐 아니라 민간기관도 고령자의 소득보장체계를 충분히 안전하게 구축하지 못하고 있다(황진수 외, 2001; 김희수 외, 2009, 재인용).

노인의 생활만족도 측면에서 살펴보면, 한국노인의 생활만족도에 가장 큰 영향력을 미치는 결정요인은 경제력인 것으로 나타났다. 직업활동을 하는 이유도 돈이 필요해서가 절반 이상으로 높게 나타났고, 전체 연구대상자의 76.3%가 월 20만 원 미만의 낮은 수준의 월평균 용돈으로 생활하는 등 한국노인들 대부분이 경제적 어려움을 겪고 있음을 확인할 수 있다. 또한 직업활동을 하는 노인일수록 생활만족도가 높은 것으로 나타났으나, 직업활동을 하는 노인은 전체 연구대상자의 30.8%에 불과하였으며, 경제생활이 어려운 노인들에게 선별적으로 지급하는 경로연금은 수령경험이 있는 노인일수록 생활만족도는 낮다는 것이 확인되었다. 따라서 노인들의 경제수준을 향상시킬 수 있는 노인고용창출 지원사업과 함께 과거의 경험을 살릴 수 있도록 함과 동시에 현실적 직업세계에 적응할 수 있도록 체계적인 직업능력교육도 실시해야 할 것이다. 또한 노인소득지원정책을 활성화하고 기초노령연금을 인상하는 등 경제력 요인의 중요성을 인식하고, 구체적인 노인복지정책과 프로그램의 방향을 설정해야 할 것이다(김원배, 2009).

앞에서 살펴본 바와 같이, 노년기에 노인에 대한 경제적 지원은 노인들의 기본적인 욕구충족을 위한 시급하고도 절실한 문제이다. 이는 노인상담에서도 노인의 경제적 문제와 관련한 상담이 중요하게 다루어져야 함을 보여주고 있다. 따라서 상담기관에서는 취업상담을 위한 방안을 모색해야 할 것이며, 아울러 일자리창출과 관련하여 고용업체 및 정부기관의 체계적이고 적극적인 홍보와 정보제공이 이루어져야 할 것이다.

4) 사회적 · 법률적 영역

노인인구의 증가와 함께 노인의 사회활동 참여욕구는 증가하고 있다. 경제력과 학력을 갖춘 새로운 노인세대의 진입에 대비하여, 여가활동 프로그램 개발, 문화공간 제공 등 노인들의 욕구에 맞는 활동을 할 수 있도록 인프라를 구축해야 할 것이다. 각 지역의 자원봉사센터와 노인복지관 등의 기관에서 노인의 참여를 확대할 뿐만 아니라 노인대학과 같은 민간자원을 개발하고 지원하는 등 활동 관련 정책방안을 모색해야 한다.

그러나 우리나라의 경우, 노인의 사회참여나 활동과 관련한 사회적 인프라, 즉 노인의 문화학습 활동, 운동활동, 봉사활동, 사교활동 등을 할 수 있는 사회적 인프라가 구축되어 있지 않다는 것이다. 앞으로 '실버세대(Silver age)'에서 '황금세대(Golden age)'로 바뀌어 가면서 '베이비붐 세대' 노인 혹은 신세대노인들과 같은 학력과 경제력을 갖춘 노인들의 세대가 등장하는 것에 대해 준비하는 차원에서도 사회활동 관련 사회적 인프라를 구축할 필요가 있다고 할 것이다(김원배, 2009).

이러한 노인의 사회활동 참여의 증가추세와 함께 노인상담 영역 중에서도 사회적 · 법률적 영역에 대한 상담이 증가하고 있다. 즉, 노인의 사회활동 참여를 위한 구체적인 정보제공, 사회참여기관 알선과 이에 따른 원조 등 노인의 사회활동 참여욕구 증가와 함께 사회 법률적 영역의 상담은 노인상담에서 중요한 상담영역이 될 것이다.

사회적 영역의 상담은 주로 노인관련 시설이나 활동의 영역 등에 대한 것이다. 노인의 이용시설은 크게 교육과 여가를 위한 사회시설에 대한 상담과 평생교육과 관련한 노인대학, 노인복지회관, 노인교실 등 학업에 관련된 상담과 함께 노인취업에 대한 상담도 있다. 또한 경로당, 노인휴양소, 노인취미교육시설 같은 대인관계 및 취미생활 관련 시설에 대한 구체적인 상담이 주를 이룬다.

사회적 영역의 상담은 노년기의 소외를 감소시키고 취미활동이나 친구교제 등 대인관계에 대한 욕구 혹은 지적 욕구에 대한 시설이용 관련 상담이다. 특히 최근에는 은퇴 이후에 정규대학이나 대학원에 진학하여 새로운 도전을 희망하는 상담도 증가하는 추세이다. 그 밖에도 매장 및 장례에 관한 상담, 사회적 일자리나 경험을 살린 일자리 등 취업 관련한 상담도 이루어지고 있다.

노인의 일상생활 중 법률적인 문제에 대한 상담도 증가하고 있다. 즉, 재산과 관련하여 상속, 분가, 문서의 작성 및 발송, 법률가 알선 등이 있으며 최근에는 노인의 정체성과 독립적 사고의 확산으로 황혼이혼에 대한 법률적 상담도 많지는 않지만 증가하는 추세이다. 현대사회의 복잡성과 노인인구의 증가, 이로 인한 사회적 참여활동의 증가로 인하여 노인의 사회 · 법률적 영역의 상담은 계속 증가할 것으로 예상된다.

제 3 장

노인상담의 의미와 구성체계

1. 노인상담의 정의와 필요성

1. 노인상담의 정의

노인상담이란 도움을 필요로 하는 노인이 전문적 훈련을 받은 상담자와의 대면관계[1]를 통해 자신의 개인적 · 가족적 · 신체적 · 경제적 문제를 해결함과 더불어 감정, 사고 · 행동측면의 인간적 성장을 통해 효과적으로 노후생활을 영위하도록 돕는 과정을 의미한다. 즉, 상담 과정을 통해 노인들이 문제를 보다 쉽게 해결하여 노인들로 하여금 편안한 노년의 생활을 영위하는 것을 돕는 활동이 노인상담의 핵심이다(Burlingame, 1995). 노인복지실천에서 노인상담은 노인이 직면한 심리 사회적 문제를 직접 해결하는 치료적 기능뿐만 아니라

1) 최근 대면관계의 범위는 내담자와 상담자가 직접 만나서 상담을 하는 면접상담뿐만 아니라, 전화 및 컴퓨터통신 등을 통한 전화 및 사이버 상담도 포함된다.

노인문제 해결을 위한 다른 서비스나 원조의 매개체로서의 기능도 지니고 있다(McDonald, 1996).

현대사회는 자녀들이 직장을 위해, 자녀교육을 위해 도시로 떠나 노인 홀로 혹은 노인 부부만이 생활하는 경우가 증가하였다. 이는 노인들이 정서적 · 사회적으로 소외되고 고립되는 원인이 된다. 이와 같은 상황에서 가족 구성원과 친구, 친척, 이웃과 같은 비공식적인 관계망을 통한 지원의 양과 질이 떨어질 수밖에 없어(현외성 외, 1998) 자연스럽게 전문상담가와 같은 공식적 관계망을 통한 지지와 지원의 필요성이 증가하게 되었다. 현대사회를 사는 노인이 당면한 욕구와 문제는 노년기의 성공적인 삶을 영위할 수 없게 하므로 이러한 장애요인을 살펴 제거하는 일련의 과정이 상담(이호선, 2006)이 될 수 있다. 노인상담은 문제의 중심에 있는 노인들을 정서적으로 지지하여 변화한 사회에 적응할 수 있도록 하고, 노인문제와 관련하여 어려움을 겪고 있는 가족 구성원의 지지를 도모하는 총체적인 보살핌의 역할을 한다.

이에 노인상담은 '노인문제에 대한 전문적인 지식과 훈련을 받은 상담자가 도움을 구하는 노인 및 가족과의 전문적 대면관계를 통하여 일상생활의 부적응 문제를 해결 또는 예방하기 위하여 도움을 주는 과정'이라고 정의할 수 있다.

2. 노인상담의 필요성

노인상담은 산업화, 도시화, 핵가족화와 같은 사회적 변화 속에서 소외와 가치갈등, 그리고 세대차이, 욕구 좌절감 등을 느끼면서 불안하게 살아갈 수밖에 없는 노인들과의 적절한 공적관계를 모색하는 것으로 가족과 사회의 변화에 따라 그 필요성이 점점 증대되고 있다.

맥도날드와 하니(McDonald & Haney, 2003; 이호선, 2006, 재인용)는 다음과 같은 이유로 노인이 상담을 받는다고 하였다.

- 개인적인 문제를 해결하기 위해서
- 중요한 결정을 하는 데 도움을 받기 위해서
- 그들이 행복하지 못하고 어디로 가야 할지 모르기 때문에

- 어려운 상황을 다루는 법을 배우기 위해서
- 위기를 겪는 동안에 도움과 위로, 지지를 받기 위해서
- 공감적이고 지지적인 누군가와 대화를 하기 위해서
- 그들 자신에 대해 더 잘 알기 위해서

현외성 외(1998)는 오늘날 상담은 문제의 해결과 치료를 목적으로 하는 치료적 모형에서 문제의 예방과 전인적 발달과업의 성공적인 성취를 위한 실질적인 도움을 제공하는 것으로 그 목적과 역할이 전환되고 있다고 하면서 노인상담의 필요성을 고령화 사회의 구조적인 특성과 관점을 배경으로 다음과 같이 정의하고 있다.

첫째, 노인상담은 종래에 가족과 친척, 가까운 친구들에 의해 이루어지던 정서적 지지와 지원, 문제해결과 예방의 역할을 객관적으로 대행하여 줌으로써 현대사회에서 고립되고 소외된 많은 노인들에게 제1차적 사회관계망의 역할을 해준다.

둘째, 노인상담은 노인들로 하여금 현대사회의 변화에 기능적으로 잘 대처할 수 있도록 새로운 정보를 제공하여 줌으로써 복잡한 현대인의 생활양식에 잘 적응할 수 있도록 해주는 정보제공자 역할을 한다.

셋째, 노인상담은 노인뿐 아니라 노인을 부양하는 가족원들로 하여금 노인들에 대한 이해를 돕고, 서로 더불어 잘 지낼 수 있는 정서적 지지와 정보를 제공한다. 즉, 가족이 노인의 성공적인 노후생활을 할 수 있도록 돕는 사회관계망의 역할을 잘할 수 있도록 가족원들을 돕는 역할을 한다.

넷째, 노인상담은 노인의 숨은 욕구와 필요에 대한 실증적 탐색을 가능하게 한다.

현대사회에서 노인은 가족과 사회로부터 소외감과 고독감, 상대적 박탈감 등을 느끼고 갈등을 경험하게 된다. 한국노인의 상대적 박탈감은 가족관계뿐만 아니라 조기 퇴직과 사회참여 프로그램의 미비 등으로 국가와 사회로부터 소외되었다는 느낌과 더불어 역할상실감도 같이 포함되어 있다고 말할 수 있다. 그 이유는 이미 국가에서 시행하고 있거나 시행할 노인 관련 여러 정책들

이 노인의 의 · 식 · 주 부분에 있어 많은 도움들을 주고 있지만, 인간으로서 기본적인 심리 사회적 욕구를 충족시켜주기에는 매우 어려운 현실이기 때문이다. 그러므로 사회적으로 나타나는 많은 노인문제들이 다양한 정서적 영역인 부분에서 발생하고 있다. 이와 같은 상황에서 1차 집단의 비공식적인 관계망을 통한 지지는 양과 질이 떨어질 수밖에 없으며, 자연히 전문상담원과 같은 공식적 관계망을 통한 지지와 지원의 필요성이 증대하고 있다(현외성 외, 1998).

2. 노인상담의 구성체계

1. 노인상담 법적체계

1990년 이후 우리나라는 급속한 고령화 사회로의 진전으로 「노인복지법」이 개정되었으며, 노인복지법(제7조)에 따르면, 노인복지를 위한 상담 및 지도업무를 담당하기 위하여 시 · 군 · 구에 노인상담원(사회사업복지법시행령, 제11조)에서 노인상담원의 자격을 사회복지사 3급 이상의 자격증 소지자로 규정하고 있다)을 두도록 되어 있다. 그러나 노인복지법 제28조(상담, 입소 등의 조치)에 노인상담에 관한 규정은 있으나 상담소 설치규정은 없다.

그리고 노인복지법 제29조의2(치매상담센터의 설치)에는 시 · 군 · 구의 관할보건소에 치매예방 및 치매환자 관리를 위한 치매상담센터를 설치하도록 되어 있다.

2004년에는 노인학대 문제를 해결하기 위하여 긴급전화 설치와 노인보호전문기관의 설치 운영을 위한 법적 근거를 마련하였다(현외성, 2010). 2011년 개정한 노인복지법 제39조의5(노인보호전문기관의 설치 등)의 규정을 보면 지역노인보호전문기관을 특별시 · 광역시 · 도 · 특별자치도에 두며, 학대받는 노인의 발견 · 보호 · 치료 등을 신속히 처리하고 노인학대를 예방하기 위하여 다음 각 호의 업무를 담당하도록 하는데, 노인상담과 관련한 항목은 ①-6 지역노인보호전문기관 상담원의 심화교육, ②-3 피해노인 및 노인학대자에 대한 상담, ②-4 피해노인 가족 관련자와 관련 기관에 대한 상담, ②-5 상담 및 서비스 제공에 따른 기록과 보관〈개정 2011. 6. 7〉이 있다.

국민연금법의 제3장 국민연금공단의 제25조(공단의 업무)를 살펴보면 공단은 가입자, 가입자였던 자 및 제50조에 따른 수급권자를 위한 노후설계상담 업무〈개정 2008. 2. 29, 2009. 1. 30, 2009. 5. 21, 2010. 1. 18〉를 하게 되어 있다. 이에 국민연금공단은 체계적인 상담서비스 제공을 위해 지난 2008년부터 노후설계상담사를 양성해 왔다.

고용상 연령차별금지 및 고령자고용촉진에 관한 법률에는 제2장 정부의 고령자 취업지원〈개정 2008. 3. 21〉에 노인상담과 관련한 항목이 제시되어 있는데, 제9조(고령자의 취업알선 기능 강화)에 ① 정부는 고령자가 그 능력에 맞는 직업에 취업할 수 있도록 고령자에 대한 직업상담, 직업적성검사 등 적절한 직업지도와 취업알선 등을 하여야 한다고 제시되어 있으며 제10조(고령자 고용정보센터의 운영)를 살펴보면, ②-3 정년연장과 고령자 고용에 관한 인사 · 노무관리와 작업환경 개선 등에 관한 기술적 상담 · 교육 및 지도를 실시하여야 한다고 규정되어 있다.

노인장기요양보험법의 제9장 제48조(관리운영기관 등)에는 ②-7 수급자에 대한 정보제공 · 안내 · 상담 등 장기요양급여 관련 이용지원에 관한 사항을 국민건강보험공단이 업무 관장하여야 한다고 규정되어 있다.〈개정 2010. 3. 17〉

다문화가족지원법의 노인상담과 관련한 사항을 살펴보면, 제12조(다문화가족지원센터의 지정 등)에 ②-1 다문화가족을 위한 교육 · 상담 등 지원사업을 실시〈개정 2011. 4. 4〉하도록 제시되어 있다. 이에 따라 건강가정지원센터에서는 다문화가족에 해당되는 노인을 대상으로 상담 프로그램을 운영하고 있다.

2. 노인상담 조직

급속한 고령화 사회로의 진입을 앞두고 있는 우리나라의 노인문제는 고도로 복잡하고 다양하게 전개될 것이며 기존의 노인문제뿐만 아니라 다양한 영역에서 예측하지 못했던 분야에 대한 전문상담의 필요도가 높아질 것이다. 즉,

경제적 · 신체적 · 정서적 · 사회 참여적 영역에서의 각종 문제해결을 위한 욕구가 양적으로 확대되고 미래의 상담영역인 노인 성 문제, 재혼, 자살, 알코올 중독 및 건강관리나 평생교육 등 삶의 질을 높이는 성공적인 노화에 관계된 영역들이 필수적 상담영역으로 자리 잡게 됨에 따라 이에 대한 대책이 필요하게 되었다(박차상 외, 2005).

이러한 필요에 발맞추어 노인의 상담기관을 기능에 따라 시 · 군 · 구의 사회복지과, 노인복지기관, 노인보호전문기관, 노인상담소, 노인전화상담소 등으로 분류하여 상담업무를 실시하고 있다.

노인복지법에 의하면 노인의 복지를 위한 상담 및 신고의무 담당을 위해 시 · 군 · 구에 노인복지상담원을 두어 노인 및 가족을 위한 상담, 노인복지에 필요한 환경조사, 노인복지시설 입소상담, 노인 단체 활동 및 취업에 관한 상담 등을 하도록 되어 있다. 그러나 기초생활보장, 복지시설 입소 등의 행정업무 위주로 이루어지고 있어 종합적인 상담서비스는 이루어지지 않고 있다.

또한 시 · 군 · 구의 관할보건소에 치매예방 및 치매환자관리를 위한 치매상담센터를 설치하고 치매와 관련한 상담을 노인과 그 가족을 대상으로 실시하고 있다.

시 · 군 · 구가 설치한 노인복지관은 지역노인의 다양한 욕구를 충족시키기 위해 건강, 여가, 교육 복지적 기능을 수행하는 통합된 서비스를 제공하고 있다. 즉, 상담사업을 바탕으로 독립생활이 가능한 노인에 대해서는 건강 · 교육사업 · 취미 · 여가사업, 복리후생사업, 고령자 취업알선 사업 등을 실시하고 있다.

노인보호전문기관은 특별시 · 광역시 · 도 · 특별자치도에 두며, 노인학대를 예방하기 위한 노인상담 업무로는 상담원의 심화교육, 피해노인 및 노인학대자에 대한 상담, 피해노인 가족 관련자와 관련 기관에 대한 상담, 상담 및 서비스 제공에 따른 기록과 보관 등의 사업을 수행하고 있다.

노인상담소는 사회복지법인이나 민간기업체, 개인이 시 · 도지사의 허가를 받아 설치 · 운영할 수 있다. 인력 및 조직 구조는 소장 1인, 전임상담원 1인, 선임봉사상담원 3인, 자원봉사 30인을 기본적으로 구성하되, 조직의 능력이나 사업규모에 따라 조정할 수 있다. 노인상담소는 노인상담서비스의 효과적인 실천을 위해 노인전화상담서비스, 전화방문서비스 및 가정봉사원서비스를 연계시키며, 특히 신체적 · 정서적 장애로 인해 일상생활을 영위하기 어려운 노인을 대상으로 한 재가복지서비스를 제공한다.

노인전화상담소는 전화상담서비스와 전화방문서비스를 양대 축으로 하여 추가적인 재가복지서비스를 제공한다. 현재 '한국노인의 전화'가 전국적인 조직망을 갖추고 상담서비스 제공뿐만 아니라 교육연구, 출판홍보, 대외협력분야에서도 노인복지서비스를 진행하고 있다.

3. 노인상담 인력

현재 노인상담을 담당하고 있는 담당자는 상담전공자부터 자원봉사자에 이르기까지 다양하지만, 이들의 전문성은 차이가 크다. 가족의 문제를 다룬 청소년, 가정폭력, 아동학대 등의 분야에서는 전문상담원 교육과 관련된 제도적 틀이 현행법에 규정되어 있지만, 점차 심각한 문제로 대두되고 있는 노인상담분야의 전문상담원 교육이 법적인 틀 내에서 아직 마련되지 못하였다는 것은 노인문제에 대한 사회적 인식이 아직도 일천한 수준에 머물고 있다는 것을 보여주는 단적인 예라 하겠다.

현행 노인복지법상 노인복지상담원의 역할은 동법 시행령 제13조 상담원의 직무에 규정되어 있는데, 노인복지상담원은 사회복지, 사회문제에 관한 전문지식을 바탕으로 상담기술을 매개로 하여 노인들에게 적절한 노인복지서비스를 제공함으로써 그들의 복지증진에 기여하려는 전문가라고 할 수 있다(현외성, 2010). 노인복지법에 제시되어 있는 노인복지상담원의 역할은 다음과 같다.

- 노인 및 그 가족 또는 관계인에 대한 상담 및 지도
- 노인복지에 필요한 가정환경 및 생활실태에 관한 조사
- 노인복지법상 규정되어 있는 상담, 시설입소 복지조치 등에 필요한 상담 및 지도
- 노인의 단체활동 및 취업의 상담

- 기타 노인의 복지증진에 관한 사항

국민연금공단은 체계적인 상담서비스 제공을 위해 지난 2008년부터 2011년 현재 약 2,300명의 노후설계상담사를 양성해 왔다. 노후설계전문상담사는 개인별 맞춤형 노후재무 및 생활 상담을 해준다.

또한 노인보호전문기관에는 기관의 장과 상담원을 배치시키도록 하였는데, 기관의 장은 노인보호전문기관을 운영하는 노인복지시설의 장이 이를 대신할 수 있도록 규정하고 있다. 상담원은 노인보호전문기관에서 상시 근무하는 자로서 3인 이상을 배치하여야 하며, 이 경우 노인복지시설의 직원은 이를 겸직할 수 있다. 그리고 상담원은 보건복지가족부 장관이 정하는 바에 따라 노인학대예방프로그램 등 전문교육을 이수하여야 하도록 규정되어 있다(현외성, 2010).

보건소 산하 치매상담센터에서는 전문치매상담원이 치매예방 및 치매환자 관리를 위한 치매상담을 노인과 그 가족을 대상으로 실시하고 있다.

인구보건복지협회가 위탁 운영하고 있는 노인 성 상담실에서는 노인 성교육 · 성 상담전문가를 양성하여 지역 내 노인복지관, 노인대학, 경로당 등을 대상으로 상담 및 교육요원으로 활동케 하고 있다.

노인복지관, 노인교실 및 노인휴양소 등 노인여가복지시설에는 사회복지사의 배치기준은 존재하지 않으며 상담지도원이 노인상담 인력으로 활동하게 된다.

지역봉사지도원과 노인복지명예지도원은 일종의 자원봉사자로서 노인복지 분야에 활동하는 인력으로 볼 수 있는데, 노인복지법 제24조(지역봉사지도원의 위촉 및 업무)에 의하면, ② 제1항의 규정에 의한 지역봉사지도원의 업무 중 '국가 또는 지방자치단체가 행하는 업무 중 민원인에 대한 상담 및 조언'의 업무를 수행하도록 되어 있다. 또한 동법 제51조(노인복지명예지도원)의 규정에 따르면, 복지실시기관은 양로시설, 노인공동생활가정, 노인복지주택, 노인요양시설 및 노인요양공동생활가정의 입소노인 보호를 위하여 노인복지명예지도원을 둘 수 있게 되어 있다. 복지실시기관은 노인복지명예지도원을 위촉

하는 때에는 당해 지역사회의 실정에 밝고 노인복지에 관한 학식과 경험이 풍부한 자 중에서 위촉하여야 한다. 노인복지명예지도원의 노인상담과 관련한 업무는 '양로시설 · 노인공동생활가정 · 노인복지주택 · 노인요양시설 및 노인요양공동생활가정 입소노인의 의견수렴 및 수렴된 의견의 복지실시기관에의 건의' 에 대한 항목을 들 수 있다.

경기도노인복지시설연합회 부설 경기도노인복지상담실은 경기도노인종합상담센터 한국노인상담연구소를 운영하면서 노인전문상담사를 양성하여 경로당 노인교육 및 활성화를 위한 사업을 진행하였다.

한국고령사회교육원에서 배출하는 노인상담전문가는 홀몸 노인, 경로당 및 노인복지시설을 방문하여 심리적 어려움을 겪고 있는 노인들을 대상으로 소외감, 우울증, 자살 등을 예방하는 맞춤형 상담서비스를 제공하고 있다. 또한 노인 성 상담지도사는 노인의 성(性)에 대한 올바른 이해와 지식을 돕는 성 문제해결 및 성범죄를 예방하고 건강하고 아름다운 성을 가꾸는 노인상담 업무를 수행하고 있다.

경기도노인종합상담센터 부설 한국노인상담연구소에서 교육 · 양성하는 노인복지상담사는 노인과 그 가족들 삶의 질적인 향상을 위한 통합적인 복지서비스를 제공하는 역할을 하게 되며, 노인상담전문가는 심리적 부적응을 겪는 노인에 대한 심리평가 및 심리상담을 실시한다. 노인집단상담사는 노인의 심리적 어려움을 해결하고 삶을 긍정적으로 변화시키기 위한 집단상담을 실시하고, 노인생애진로상담사는 건강하고 활기찬 노후를 위하여 노인의 사회참여를 지원할 수 있다. 자살예방상담사는 자살위험이 있는 노인에 대한 심리평가 및 위기상담을 실시하고 있다.

전국에 설치되어 있는 노인종합사회복지관 혹은 종합사회복지관의 노인상담 업무는 대부분 사회복지사들이 담당하고 있으나, 이를 담당하는 사회복지사들 대부분이 노인상담에 대한 체계적이고 전문적인 교육을 받지 못하고 있는 것이 현실이다.

노인상담자는 노인 개인 차원에서는 이들의 욕구와 문제를 적시하고 해결방안을 제시하며, 가족과 사회의 적응도를 높여주고, 제2의 인생설계를 통하여 알찬 노후를 보낼 수 있도록 지지와 격려를 해준다. 또한 노인가족 차원에서는 이들에게 노화 과정에 대한 이해도와 수용성을 높여주고 사회 · 국가적으로 물질적 · 정신적 지지를 통하여 부양부담을 덜어준다는 점과 사회 · 국가 차원에서는 지역노인의 자활의지 격려와 수혜자중심의 상담활동을 통하여 사회의 활력과 복지재원의 배분 효율성을 제고시키고 노인자살, 노인학대, 노인유기 등과 같은 사회적 범죄를 미연에 방지할 수 있다는 점에서 노인상담자의 중요성은 여타 복지서비스 기능에 비해 높다고 하겠다(김태식, 2007).

최근 노인문제의 폭증으로 인하여 노인상담의 영역과 활동이 확장되어야 한다는 입장이 제기되고 있다. 특히 노인범죄 문제에 대응하여 노인상담 활동이 강화되어야 한다는 주장이 있다. 예컨대, 경찰, 검찰, 법정 및 교도소 등지에서 노인상담원의 역할이 필요하고, 또한 노인범죄인 살인, 강도, 성폭력, 방화, 절도, 폭력, 지능범죄, 마약범죄에 대한 상담이 필요하다는 것이다(현외성, 2010).

4. 노인상담 재정

노인상담서비스 예산은 총 연간 예산액 자체가 빈약한 상태이며, 국가보조금의 형태로 중앙정부에서 지방정부로 배정된다. 따라서 정부의 보조금 지원의 합리화를 기해야 한다(박차상 외, 2005). 또한 민간재원 모금을 위한 다양한 접근방법 동원과 후원회의 조직화와 활성화, 조세감면을 통한 기부금 확대 방안의 모색, 언론의 적극적인 활동 등이 고려되어야 한다.

우선 시 · 군 · 구의 사회복지과 노인복지상담원의 처우에 관해 개정된 노인복지법 제14조는 노인복지상담원(공무원인 상담원과 보수 없이 봉사할 것을 자원한 상담원은 제외)에 대하여는 예산의 범위 안에서 지방 공무원 중 일반직 8급 공무원에 상당하는 보수(직무수당 · 기말수당 · 정근수당 및 기타수당을 포함한다.)를 지급하도록 하고 있다. 그리고 시 · 군 · 구가 설치한 노인복지회관은 위탁운영의 경우 운영예산의 일부를 자부담할 수 있는 공익법인 및 비영리법인에 의해 운용하도록 하고 있으며, 직영의 경우에는 활발한 프로그램 진행이 되지 못하고 있어 그에 따라 비용도 별로 발생하지 않고 있다. 국가 또는 지방자치단체 외의 자가 노인복지기관을 설치할 경우, 설치 운영에 소요되는 비용은 대통령령이 정하는 바에 따라 국가 또는 지방자치단체가 부담한다.[2]

또한 노인상담소나 노인전화상담소는 보통 비영리단체이므로 영리단체와는 다르게 운영비를 회비, 기증, 기금조성 등을 통해서 충당시키며, 무보수로 봉사를 하는 자원봉사자를 최대한 활용하고 있다. 다만 회원 및 일반인을 대상으로 한 교육 프로그램은 보통 수익자 부담을 원칙으로 하고 있다.

각 행정조직의 재정부담과 관련하여 살펴보면, 기본적으로 중앙정부, 광역자치단체, 기초자치단체의 순으로 재정부담이 이루어지고 있다. 물론 중앙정부가 재정부담의 대부분을 차지하고 있지만, 사업(급여 및 서비스)의 내용과 성격에 따라 각 행정조직의 비용부담률이 다르기 때문에 이를 일반화시키기는 어렵다(김태식, 2007).

5. 노인상담서비스 전달체계

노인상담서비스 전달체계의 구조는 크게 공공부분과 민간부분으로 구분할 수 있다. 현행 우리나라 노인상담 공적전달체계는 보건복지부에 의하여 국가의 사회복지시책에 따른 각 부서별 사업의 기본방향 및 정책이 수립된 후, 서울특별시, 광역시, 도에 시달되고, 시 · 도에서 기본방향 및 정책에 따라 시행계획을 수립하여 시 · 군 · 구에 하달되면 시 · 군 · 구에서 자체 행정계획을 수립, 직접 또는 읍 · 면 · 동을 통하여 클라이언트에게 전달하는 전달 과정으로 되어 있다. 하지만 보건복지부가 별도의 서비스 전달체계를 가지고 있지 않고, 행정안전부의 행정조직체계인 시 · 군 · 구, 읍 · 면 · 동의 지자체조직을 활용

2) 국가 또는 지방자치단체 외의 자가 노인여가복지시설(노인복지회관 등)을 설치하고자 하는 경우에는 시장 · 군수 · 구청장에게 신고하여야 한다(제37조 제2항). 노인복지시설의 설치 · 운영에 소요되는 비용은 대통령령이 정하는 바에 의하여 국가 또는 지방자치단체가 부담한다(노인복지법 제45조 제2항).

하고 있어 우리나라 노인상담서비스 전달체계는 수직적이고 이원화된 전달체계를 가지고 있다는 특색이 있다(김태식, 2007).

중앙정부의 상담서비스 조직에 관해 살펴보면, 중앙의 행정체제 중 대표적인 기관은 보건복지부로서 이곳에서는 노인복지정책의 입안과 노인복지사업의 방향을 결정하며, 노인복지 관련 법령과 규정을 제정 또는 개정하고 노인복지예산의 편성과 배정을 담당한다(황진수, 2005). 시 · 군 · 구의 경우는 사회복지과에서 주로 중앙에서 결정된 공적부조나 노인복지시설 등을 담당하고 있다. 읍 · 면 · 동의 경우에는 보통 1~2명의 사회복지담당자가 다른 업무와 함께 노인상담 업무도 겸하여 수행하고 있다.

노인상담서비스 전달체계의 기본 모형은 다음 〈그림 3-1〉과 같다. 주로 사회 · 환경적 요인으로 노인문제가 발생하고 이를 해결하기 위하여 조직 · 인력 · 재정이 투입되어 서비스 전달체계를 형성하며, 이러한 전달체계를 통한 상담서비스가 생산되어 클라이언트에게 전달된다.

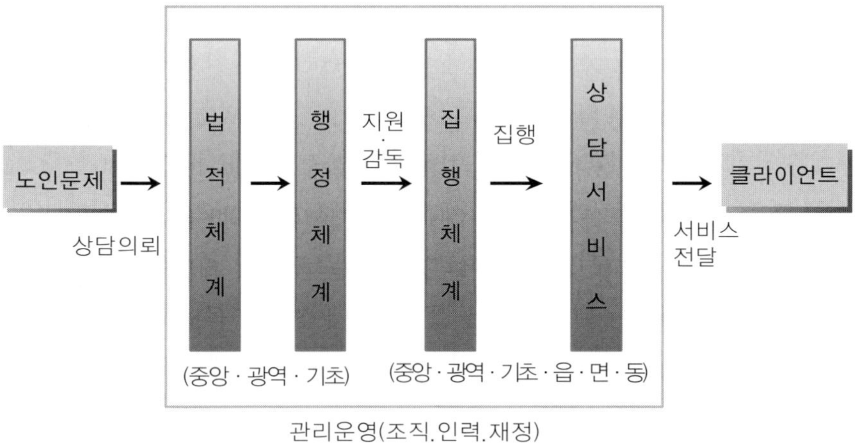

출처 : 김태식(2007: 49). 재구성.

〈그림 3-1〉 노인상담서비스 전달체계

3. 노인상담의 현장

1. 노인상담기관의 역할과 활동

1) 노인상담기관의 역할

노인복지법에 의하면, 노인복지를 위한 상담 및 신고의무 담당을 위해 시·군·구에 노인상담원을 두어 노인 및 그 가족을 위한 상담, 노인복지에 필요한 환경조사, 시설입소 상담, 노인 단체활동 및 취업에 관한 상담 등을 하도록 되어 있다. 즉, 노인복지법에서 말하는 노인상담기관의 역할은 '노인 및 가족에 대한 상담, 노인복지에 필요한 가정환경 조사, 노인복지시설 입소에 관한 상담, 노인 단체활동 및 취업에 대한 상담' 이라고 풀이할 수 있다.

노인들은 나이가 들어가면서 점차 미래에 대한 희망에 관심을 두지 않게 된다. 오히려 과거에 집착하여 고통스러워하거나 반대로 과거의 업적을 통해 위로를 받는다. 이는 노인상담이 현재의 문제에 집중하고 과거의 미해결 과제에 역점을 두는 이유이기도 하다. 노인에 대한 편견은 사회적인 편견과 개인적인 편견이 함께 작용하면서 노인 스스로가 자신을 희망 없는 존재로 여기도록 만들고 있다. 이러한 희망 없는 현실, 무가치한 삶, 내일에 대한 기대가 없는 삶을 살고 있는 이들에게는 우울증이나 심한 자책감, 무가치감 등이 지배적일 수밖에 없다. 노인들이 남은 삶을 만족스럽고 성공적으로 영위하기 위해서는 현실에 대한 수용·적응과 남은 시간들을 위한 희망적인 준비가 중요하다. 이러한 의미에서 노인들에게 현실적인 적응을 돕고 미래에 대한 가능성과 희망을 제공하는 희망상담이 필요하다(이호선, 2006).

위에서 열거한 상담 내용들을 충족시킬 수 있어야만 바람직한 노인상담기관의 역할이라고 할 수 있다.

2) 노인상담기관의 활동

노인상담기관은 운영주체에 따라서 공공주체와 민간주체로 분류할 수 있다. 공공주체는 중앙정부 → 광역시 · 도 → 시 · 군 · 구 → 읍 · 면 · 동으로 연계된 조직체계로 되어 있으며, 민간주체는 사회복지재단, 사회봉사단체, 기업체, 후원회, 지역사회협의회 등의 조직들이 클라이언트에게 직접 상담서비스를 제공하기도 하고, 상담서비스기관을 통해 클라이언트에게 간접 상담서비스를 제공하기도 한다. 그리고 국가 및 민간의 혼합주체로 볼 수 있는 노인복지관, 노인보호전문기관 등은 정부와 민간의 지원을 받아 클라이언트에게 직접 상담서비스를 제공한다. 그러나 민간주체는 상호 독립적으로 운영되고 있어 유기적인 업무 연락 및 협조가 이루어지고 있지 않다. 또한 노인상담서비스는 노인복지관 및 노인보호전문기관, 노인상담소 등을 제외하고 대체로 별도의 노인상담인력이나 시설이 마련되어 있지 않아 현업에 종사하는 직원들에 의해 부분적으로 행해지고 있다.

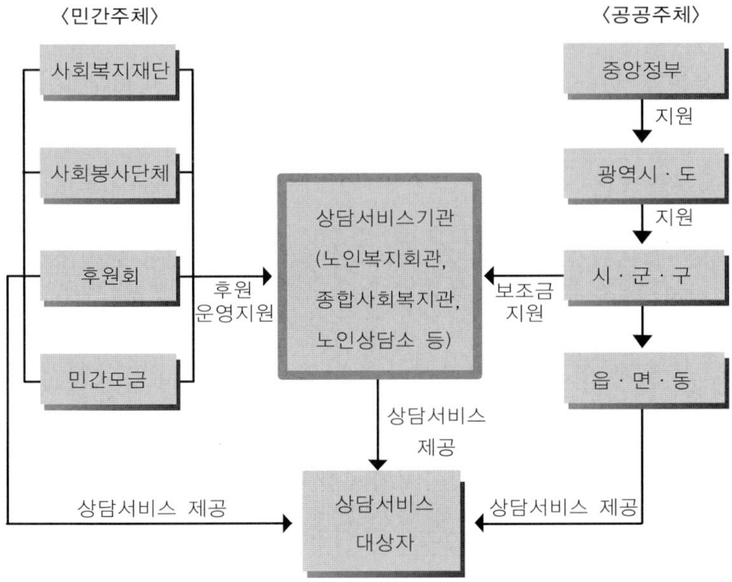

출처 : 김태식(2007: 39, 재구성).

〈그림 3-2〉 상담서비스의 주체

(1) 공공주체와 혼합(공공+민간)주체 노인상담사업

1 보건복지부

① **노인보호전문기관** : 노인학대를 예방하기 위하한 노인상담 업무로는 상담원의 심화교육, 피해노인 및 노인학대자에 대한 상담, 피해노인 가족 관련자와 관련 기관에 대한 상담, 상담 및 서비스 제공에 따른 기록과 보관 등의 사업을 수행하고 있다. 노인보호전문기관은 1389의 단일 서비스망을 갖추고 24시간 신고 및 상담 전화서비스, 현장출동, 피해자보호 및 가해자상담, 가족중재상담 등 위기상담에 기초한 다양한 상담을 제공한다.

② **치매상담센터** : 시 · 군 · 구의 관할보건소에 치매예방 및 치매환자관리를 위한 치매상담센터를 설치하고 치매와 관련한 상담을 노인과 그 가족을 대상으로 실시하고 있다. 치매상담센터는 고령화 사회와 더불어 증가하고 있는 치매노인과 부양자들의 육체적 · 정신적 고통을 경감시키기 위해 치매 관련 정보와 서비스를 포괄적으로 지원하기 위해 설치되었다. 치매상담, 상담원교육, 전문인력 양성교육 등의 사업이 진행되고 있으며, 지역사회 주민을 대상으로 치매예방 교육과 시설방문 홍보 등의 사업이 실시되고 있다.

③ **독거노인종합지원센터** : 보건복지 콜센터(희망의 전화 129)와 보건복지부 산하 3개 기관(국민건강보험공단, 국민연금공단, 건강보험심사평가원), 대한적십자사와 한국노인복지관협회가 자원봉사자들을 연결하여 독거노인 보살핌사업에 노인상담 업무를 수행하고 있다. 콜센터 운영 민간기업도 보건복지부와 업무협약을 체결하여 독거노인을 대상으로 전화상담 및 자원봉사 업무를 실시하고 있다. 독거노인종합지원센터는 한국노인복지관협회 내에 설치 · 운영되고 있다.

④ **노인 성 상담실** : 인구보건복지협회가 위탁 운영하고 있으며, 노인을 대상으로 성에 대한 사회적 편견을 해소하고, 행복한 성생활을 돕는 등 노인의 성 권리회복과 삶의 질 향상을 위한 서비스를 제공한다. 2011년 현재 전국 13개소에서 노인 성 상담실을 개소하여 운영하고 있다. 전화상

담, 내방상담, 집단상담 등의 프로그램으로 구성되어 있으며, 노인 성교육 · 성 상담전문가를 양성하여 지역 내 노인복지관, 노인대학, 경로당 등을 대상으로 상담 및 교육요원으로 활동케 하고 있다.

⑤ **노인자살예방센터** : 민 · 관 협력기관인 노인자살예방센터는 노인전문상담기관으로 사회적 · 정서적으로 고립되어 우울과 불안, 절망과 무기력함, 위기의식 등으로 자살문제나 자살충동에 갈등하고 있는 노인들을 대상으로 상담 및 치료 서비스를 제공하고 있다. 응급전화로 위기상담을 할 수 있으며, 온라인으로 사이버상담도 실시하고 있다. 또한 대상자의 가정이나 경로당을 방문하는 방문상담도 실시하고 있다.

2 여성가족부

2005년부터 전국에 설치되기 시작한 여성가족부의 건강가정지원센터에서도 노인집단상담 프로그램을 운영하고 있다. 그러나 가족이 잘 기능하도록 가족 구성원으로서의 노인 역할을 다루고 있으며, 화목한 가정을 이룰 수 있도록 할 때 노인 역할에 대한 프로그램 위주로 진행을 하고 있다. 이러한 까닭에 노인 개인의 발달이나 변화 등 심리내적인 적용을 이끌어내기에는 미흡하다고 할 수 있다.

3 국민연금공단

국민연금공단 내 행복노후설계센터는 노후준비가 미흡한 노인들을 대상으로 노후설계서비스를 제공하기 위해 마련되었다. 이제까지의 노후설계가 대부분 재무상담에 국한되어 있던 기본 틀을 벗어나 일자리 · 건강 · 여가 등의 생활전반으로 그 영역을 확대해 서비스를 제공하고 있다. 행복노후설계센터는 국민연금공단 전국 140개 지사의 상담센터에 설치되어 있으며, 국민연금공단은 체계적인 상담서비스 제공을 위해 지난 2008년부터 2011년 현재 약 2,300명의 노후설계상담사를 양성해 왔다. 노후설계전문상담사는 개인별 맞춤형 노후재무 및 생활 상담을 해준다.

④ 고용노동부

고용노동부에서는 중고령자를 활용한 취업상담서비스를 제공하고 있다. 중고령자 고용정책 사업으로 임금피크제 보전수당, 고령자 고용촉진 장려금, 고령자 특화형 직업훈련 · 취업지원, 저소득 중고령층 취업성공 패키지 등 노인일자리와 관련한 취업상담을 상담전화 1350에서 실시하고 있다. 워크넷(www.work.go.kr)에서 고령자지원정책의 일환으로 노인일자리 지원 사이버 상담실을 운영하고 있다.

⑤ 국민건강보험공단

국민건강보험공단은 장기요양 수급자를 대상으로 최초 · 정기 · 미이용자 · 수시상담 등 다양한 형태의 상담을 실시하고 있다. 최초상담은 장기요양등급 판정 결과 수급자로 판정받은 전체 어르신을 대상으로 14일 이내에 장기요양기관 관련 정보, 본인에게 맞는 급여이용 계획수립, 급여계약 등을 안내한다. 정기상담은 급여이용 지원 시 불편사항 상담, 급여계약 지원, 기능상태 및 생활환경 개선 등을 정기적으로 안내하는 상담이다. 또한 미이용자도 함께 상담하는데, 미이용 사유를 분석하여 상담에 임하고 있으며 필요한 경우에는 수급자에게 수시로 상담하는 등 맞춤형 상담체계를 구축 · 운영하고 있다.

⑥ 교육과학기술부

중고령자를 활용한 취업상담서비스를 상담전화 02-6222-6060에서 제공하고 있다.

(2) 민간주체 노인상담사업

① 노인종합복지관

노인종합복지관에서의 노인상담은 이용문의상담을 비롯한 접수(Intake)상담이 주를 이루며 복지관에 따라서는 요일에 따라 가족관계상담, 성 상담, 학대상담 등 각기 다른 주제의 심층상담을 진행하고 있으며, 자체 사회복지사가 상담을 하는 경우도 있지만 외부 전문상담기관으로부터 전문상담원이 나와서 상담을 진행하는 경우도 있다.

표 3-1 서울시에 소재한 A노인종합복지관의 상담사업 내용

상담분야	상담내용
이용상담	복지관 및 프로그램 이용 안내
생활심리상담	가족, 경제 문제 등 생활제반 문제
법률상담	채권 · 채무 관계, 주택문제 유산상속 등의 법률과 관련된 제반문제
세무상담	세금, 재산, 상속 등 세무에 관련된 전반적인 문제
취업상담	일거리를 원하는 어르신에게 교육 및 상담을 통한 정보 제공
각종상담	노인생활 및 이용시설에 관한 정보 제공
영양상담	어르신들의 올바른 식이요법 제시-영양상태 판정

② 한국노인의 전화

한국노인의 전화상담사업은 노인복지관, 사랑의 전화, 생명의 전화 등을 통해 이루어지던 상담이 1994년 사단법인 한국노인의 전화가 설립되면서 노인만을 대상으로 한 전문상담전화가 개설되었다. 한국노인의 전화는 노인 및 노인부양 가족들의 다양하고 실제적인 심리 사회적 욕구를 파악한 후 관련 정보를 제공하고 개별 대상에 적절한 서비스를 제공 및 연결하고 있다. 주요상담내용에는 가족관계(노부부관계, 부모-자녀관계)상담, 시설문의상담, 고독과 소외(고독 · 외로움 · 이성교제 · 성)상담, 실버용품, 학대, 죽음 등에 관한 상담이 주를 이룬다. 상담방법은 전화상담, 면접상담(내방상담 · 방문상담), 사이버상담, 서면상담, 출장상담 등을 이용할 수 있다.

③ 대한노인회

대한노인회는 전국 254개(본부, 연합회 16개, 지회 237개) 취업지원센터를 운영한다. 취업지원센터는 구인을 원하는 기업과 구직을 희망하는 노인들을 연계 · 지원하는 업무를 주요사업으로 실시한다. 올해는 지역특성화사업단을 구성해 농어촌, 산촌 등의 지역 특성을 살린 신규 노인일자리를 개발할 계획이

다. 특히 연합회와 지회별로 분산돼 있는 취업지원센터를 시 · 군별로 통합 운영하는 시범사업도 실시한다. 이와 함께 취업지원센터 대표전화 1577-6065를 개설해 원스톱 노인취업상담서비스를 제공하고 있다.

④ 그 외 상담기관

사회단체 상담실, 종교단체 산하 상담실, 기업체에서 운영하는 상담실 등이 있으며, 대부분 사단법인, 재단법인, 사회복지법인 등과 같은 법인체의 형태를 취하고 있으며, 상담활동만을 목적으로 하는 독립적인 사회상담기관과 단체의 부분적인 활동으로 상담실을 두는 경우가 있다.

① 사회단체상담실 : YMCA, YWCA, 흥사단, 한국마약퇴치운동본부 내 마약류 및 약물남용예방 상담실, 성폭력피해상담소, 생명의 전화, 여성의 전화, 한국가정법률상담소 등에서 노인상담을 실시하고 있다.

② 종교기관이 운영하는 상담실 : 기독교윤리실천운동협의회 산하의 기독가족 상담소, 천주교 나눔의 전화, 불교의 자비의 전화 등이 대표적이며, 기독교 상담실, 가톨릭 상담실, 불교계 상담실, 원불교 상담실 등에서도 노인상담이 실시되고 있는 것으로 파악되고 있다.

③ 개인이 사업자 등록을 하고 직접 운영하는 사설상담기관 : 대상별 · 연령별 · 문제영역별 전문상담서비스를 제공하고 있다.

현재 사회복지기관 및 시설에서 노인상담 업무를 하고 있는지, 얼마나 하고 있는지, 누가 하는지, 어떻게 하는지에 대해서 구체적으로 드러난 자료는 아직 미미한 수준이다. 일반적으로 매년 각 사회복지기관 및 시설에서 각종 이용프로그램에 대한 만족도 및 욕구조사보고서를 발간하지만, 상담사업에 대한 내용은 극히 일부분이어서 그 내용을 파악하는 데는 한계가 있다. 그 중 서울시 노인종합복지관을 중심으로 노인종합복지관의 노인상담사업의 활성화 정도를 분석해 보면 상담사업에서는 이용상담, 법률 및 재정상담, 개별상담 및 집단상담의 순서로 활성화된 것으로 조사되었지만, 전반적으로 상담사업은 이용 상담을 제외하고는 활성화의 정도가 노인복지관의 다른 사업 분야들과 비교하여 낮은 편으로 조사되었다(김은주, 2008). 그리고 상담사업에 대한 기관의 인력, 재정, 시설, 공간 및 기자재, 장비의 적정성을 살펴봐도 대부분이 부족한 편으로 나타났다(허준수, 2004).

또한 손화희(2007)의 연구에서 서울시내 노인복지시설들이 노인상담 현황에 대해 각 기관마다 가족상담, 생활상담, 심리상담, 건강상담, 취업상담, 일상생활정보상담, 노후설계에 이르기까지 다양한 분야의 상담 프로그램을 운영하는 것으로 나타났으나, 실제로 노인복지시설에 상담인력이 부족하고 상담업무에 할애를 할 수 있는 시간이 부족한 현실에서 노인상담 제공 비율은 상당히 낮다는 것이 밝혀졌다.

2. 노인상담 관련 교육 현황

현재 노인상담을 담당하고 있는 담당자는 상담전공자부터 자원봉사자에 이르기까지 다양하지만, 이들의 전문성은 차이가 크다. 전국에 설치되어 있는 노인종합사회복지관 혹은 종합사회복지관의 노인상담 업무를 담당하는 사회복지사들 대부분이 노인상담에 대한 체계적이고 전문적인 교육을 받지 못하고 있는 것 또한 사실이다(경기도노인복지상담실, 2005).

그러나 노인상담에 관한 노력은 꾸준히 지속되어 왔다. 우리나라에서 노인상담은 '한국노인의 전화'를 중심으로 지부격인 각 지역의 노인의 전화가 대략 12곳에서 실행되고 있는 것이 주도적인 활동이라고 볼 수 있다. 1994년에 창립하였으며, 노인상담을 포함하여 노인복지와 관련한 많은 활동을 전개하고 있다. 2000년 2월부터는 노인복지상담원의 전문교육을 22회 이상 실시하였다(현외성, 2008).

노인의 전화는 노인복지시설의 사회복지사와 노인복지담당 실무자 그리고 자원봉사자를 대상으로 노인복지상담원 전문교육을 실시해왔다. 노인복지법 제7조에서는 노인의 복지를 담당하게 하기 위하여 특별자치도와 시 · 군 · 구에 노인복지상담원을 두도록 하였다. 노인복지상담원은 노인의 불안을 완화하고 사회적 고립을 방지하며 나아가 노인에게 삶의 보람을 주고 노후의 풍부한 생활설계를 갖도록 원조하는 방문원이다. 자격요건은 사회복지자격소지자, 전문대학 이상에서 보건복지가족부령이 정하는 학과 과정 이수자, 초 · 중고등학교 교사로 2년 이상 근무한 자, 고등학교 이상의 학력소지자로 사회복지행정에 2년 이상 근무한 경력이 있는 자, 중학교 졸업자로서 사회복지행정에 5년 이상 근무한 경력이 있는 자이다.

경기도노인복지시설연합회 부설 경기도노인복지상담실은 1999년부터 노인상담 연구활동을 진행하여 왔으며, 경기도노인종합상담센터 한국노인상담연구소를 운영하면서 노인전문상담사를 양성하여 왔다. 또한 2007년부터 대한노인회와 가정행복학교 한국노인상담교육원은 경로당 노인교육 및 활성화를 위한 노인상담사 전문교육 과정을 운영하였다.

최근 한국고령사회교육원에서는 사단법인 대한노인회와 교육협약을 체결하여 노인상담사, 노인 성 상담지도사 과정을 운영하고 있으며, 평생교육기관으로 자리매김하여 총 9개의 지부를 두고 전문상담사 양성에 매진하고 있다. 노인상담 전문자격을 갖춘 노인상담전문가는 홀몸 노인, 경로당 및 노인복지시설을 방문하여 심리적 어려움을 겪고 있는 노인들을 대상으로 소외감, 우울증, 자살 등을 예방하는 맞춤형 상담서비스를 제공하고 있다.

노인상담사는 전국 경로당 및 노인 관련 단체 등에서 신체적, 정신적으로 침체되어 있는 노인과 가족의 문제를 해결하고 노인 개개인 삶의 질을 향상시키는 상담을 진행하고 있다. 노인상담사의 교육 내용을 살펴보면, 노인상담사의 역할과 비전 , 노년기 발달과 상담, 노인상담의 기초와 과정, 노인상담의 이론과 실제, 노인심리상담, 노인의 정신건강상담, 노인심리상담의 실제, 노인가족상담 및 슈퍼비전, 노인의 성생활상담, 노인상담사의 자세 및 노인정책비전 등이 있다.

노인 성 상담지도사는 노인의 성(性)에 대한 올바른 이해와 지식을 돕는 성 문제해결 및 성범죄를 예방하고, 건강하고 아름다운 성을 가꾸는 노인상담 심화 과정이다. 교육내용으로는 고령화 사회와 노인이해, 노인의 성 환경, 인간의 성행동, 생물학적인 성, 여성과 남성의 성기관, 성호르몬, 성적반응, 성기능장애, 성기능장애 치료, 성감염증, 노인의 성과 성생활, 노인 성 상담 이론과 실제

Ⅰ-성 상담 치료 프로그램, 노인 성 상담 이론과 실제 Ⅱ-성 갈등회복 프로그램 등이 있다.

경기도노인종합상담센터 부설 한국노인상담연구소에서는 노인복지상담사, 노인상담전문가, 노인집단상담사, 노인생애진로상담사, 자살예방상담사 과정을 운영하고 있다.

보건복지부 산하 인구보건복지협회는 노인 성교육·성 상담전문가 과정을 운영하고 있다. 노인 성교육·성 상담전문가 양성 과정의 목적은 노인 성교육·성 상담전문가를 양성하여 노인 성 문제해소에 기여하고, 전문가로서 노인시설, 관계기관 등의 상담 및 교육요원으로 활동케 함이다. 교육 과정으로는 이론과 토론(분임토의), 실습으로 구분하여 실시하고 있으며 기초교육과 보수교육을 시행하고 있다.

그 외에도 비영리기관이 중심이 되어 상담업무 실무자의 능력개발을 위한 교육이 현장에서 진행되고 있다. 현행법에는 노인 전문상담원 교육에 대해 구체화된 제도가 마련되어 있지 않으나, 노인상담 교육의 중요성을 인식한 현장의 노인복지 관련 기관 및 시설들은 자신들이 개발한 프로그램을 중심으로 노인상담 교육을 운영하고 있다. 이에 노인상담 분야에 대한 역량 있는 인적 자원의 확보와 전문적 수준의 사회복지사 훈련에 대한 커리큘럼이 필요하다 하겠다.

제2부

노인상담의 기반

제 4 장

노인상담 모델

상담자가 바라보는 인간에 대한 관점에 따라 상담 목표와 상담 과정, 상담 기법 등이 달라지기 때문에 상담모델을 이해하는 것은 매우 중요하다. 상담 이론은 내담자의 어떤 측면에 초점을 맞추느냐에 따라서 개인의 정서와 감정에 초점을 맞추는 정서적 접근, 개인의 사고와 신념에 초점을 맞추는 인지적 접근, 관찰 가능한 행동에 초점을 맞추는 행동적 접근으로 분류된다. 각 접근마다 유용한 측면이 있지만, 노인상담자는 노인이 가지고 있는 사고, 감정, 행동 모두에 관심을 가지고 이론적 지식과 틀에 기초한 통합적 접근을 시도해야 한다. 본 장에서는 노인상담에서 활용될 수 있는 이론들을 중심으로 살펴보고자 한다.

1. 인간중심상담

인간중심상담은 미국의 심리학자 칼 로저스(Carl Rogers, 1902~1987)의 이론에 근거하여 발전된 이론이다. 로저스는 정신분석상담이 인간의 본능적 욕구를 지나치게 강조하면서 상담자가 진단적이고 지시적인 태도를 취하는 데 반대하였다. 또한 행동주의 이론이 인간의 행동을 자극에 대한 반응으로 지나치게 단순화한 측면을 비판하였다. 로저스는 이 두 이론을 대체할 새로운 이론으로 인본주의에 기반을 둔 비지시적 인간중심상담 이론을 주창하였다(천성문 외, 2009). 인간중심상담은 1940~1950년대에는 비지시적 접근, 1970년대에는 내담자중심상담, 최근에는 인간중심상담이라 불리고 있다.

1. 인간관

로저스는 인간은 어떤 힘에 의해 조정되는 것이 아니라 기본적으로 자유로우며 자신의 행동에 책임을 지고 유목적 · 합리적이고 건설적인 방향으로 지속적으로 성장해 나가는 미래지향적 존재로 보았다. 따라서 이러한 선천적 잠재력을 발휘할 수 있는 조건들이 적절히 갖추어진다면 인간은 무한한 성장과 발전이 가능하다고 보았다.

2. 주요 개념

로저스의 인간행동에 대한 기본가정은 그의 주관적 경험론에 입각하고 있다. 모든 인간에게 있어서 객관적 현실세계란 존재하지 않으며 주관적 현실세계만이 존재한다고 보고 있다. 즉, 모든 인간행동은 개인이 세계를 지각하고 해석한 결과이다(권중돈 · 김동배, 2005). 로저스의 인간을 이해하는 기본개념들에는 유기체, 현상학적 장, 자아, 적응과 부적응, 실현경향 등이 있다.

① 유기체란 그 개인의 사고, 감정, 행동의 존재 모두를 포함하는 전체로서의 한 개인을 지칭한다. 로저스에 의하면 이러한 인간 유기체는 통합적으로 조직된 체계를 이루고 있다.

② 현상학적 장은 여기-지금에서 인간이 경험하는 모든 것들이며, 개인의 사적이고 주관적인 경험세계를 말한다.

③ 자아란 개인의 전체적인 현상학적 장 또는 지각적인 장으로 분화된 부분

으로서 개인 자신의 존재의 각성 또는 기능화의 각성을 의미한다.

④ 적응은 자아와 유기체 경험 간의 일치이며, 적응은 경험에 개방적이고, 충분히 기능을 발휘할 수 있는 상태이다. 부적응은 자아와 유기체 경험 간의 불일치로 방어적인 특성이 있다.

⑤ 실현 경향성이란 인간은 선천적으로 자신이 되고자 하는 것을 이룰 수 있는 가능성과 잠재력을 가지고 있으며 이러한 자신의 잠재력을 실현하려는 경향성을 말한다.

3. 심리적 문제의 발생 과정

인간은 누구나 실현 가능성을 가지고 태어나지만 많은 사람들이 심리적 문제로 인해 실현 가능성을 달성하지 못하고 살아간다. 인간은 성장하는 과정에서 자기개념을 형성하게 된다. 자기개념의 형성은 자신을 긍정적으로 대하는 타인들의 태도에 달려 있는데, 타인으로부터 긍정적 존중의 욕구가 좌절되므로 문제가 발생할 수 있다. 특히 주요한 타인들로부터 긍정적 관심을 받기 위해 가치 조건화된 자기개념이 현실적 경험과 불일치할 때 불안을 경험하게 되고 심리적 문제가 발생한다(천성문 외, 2009). 이를 그림으로 나타내면 〈그림 4-1〉과 같다.

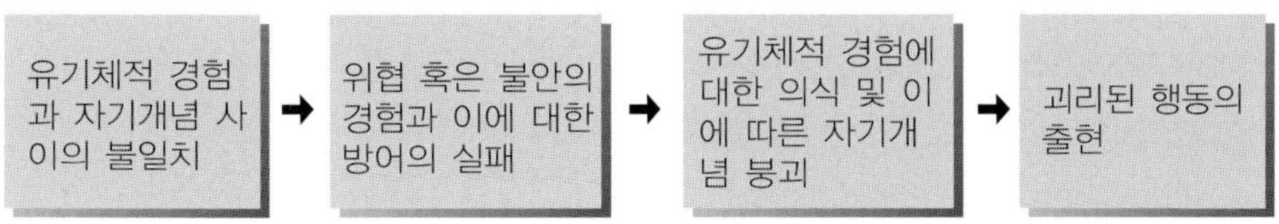

출처 : 천성문 외(2009).

〈그림 4-1〉 심리적 문제의 발생 과정

4. 상담 과정

1) 상담 목표

인간중심상담에서 상담 목표는 내담자의 자기개념과 유기체적 경험 간의 불일치를 제거하고 그가 느끼는 자아에 대한 위협과 그것을 방어하려는 방어기제를 해체함으로써 충분히 기능하는 사람이 되도록 돕는 것이다(천성문 외, 2009). 따라서 노인상담자는 내담자가 불안을 내려놓고 거리낌 없이 자기를 표현할 수 있도록 신뢰할 수 있는 편안한 분위기를 조성해야 한다. 내담자는 노인상담자와의 이러한 상담관계 속에서 현실에 대한 왜곡된 지각을 수정하고, 현실적 경험과 자기개념 간에 조화를 이루게 된다.

2) 상담자의 역할

인간중심상담에서는 내담자의 성장을 돕기 위해서 상담자가 갖추어야 할 필요충분조건으로 상담자의 진솔성, 무조건적인 긍정적 존중과 수용, 공감적 이해를 들고 있다. 상담자는 내담자가 경험하는 것을 민감하고 정확하게 이해하고 그것을 내담자에게 전달하는 정확한 공감능력이 요구된다(천성문 외, 2009). 그러므로 노인상담자는 내담자와의 관계에서 진실해지려고 노력해야 한다. 노인상담자는 선입견을 가지고 내담자를 진단하지 말고, 매 순간 느끼는 경험에 기초하여 내담자를 만나고, 그의 주관적 세계를 이해해야 한다. 노인상담자가 진솔한 태도와 무조건적인 긍정적 존중, 그리고 공감적 이해로 내담자를 대할 때 내담자는 경계심과 방어가 줄어들면서 자신의 문제해결 능력을 되찾게 될 수 있다.

3) 단계별 상담 과정

내담자는 심리적 문제를 해결하기 위해서 상담자를 찾아와 상담을 받는 과정을 거치면서 태도, 느낌, 지각이 긍정적으로 변화해 간다. 인간중심상담 과정을 단계별로 살펴보면 다음과 같다(천성문 외, 2009).

초기단계에서 노인상담자가 내담자를 있는 그대로 이해하고 수용할 때 내담자 자신도 스스로를 이해하고 수용하게 되면서 통찰력이 증가하고 성격의 통합이 이루어진다. 노인상담자가 내담자를 무조건적으로 수용하고 공감적인 이해의 태도를 취하게 되면, 노인상담자와 내담자 간에 신뢰 있는 상담관계가 형성되면서 내담자는 자신의 감정을 자유롭게 탐색하고 표현하게 된다.

상담이 중기단계에 이르면, 내담자는 자신을 보다 잘 이해하게 되고 수용하며 더욱 긍정적이고 건설적인 행동을 취하게 된다. 내담자의 이러한 변화 과정에서 로저스는 내담자의 통찰, 즉 새로운 방식의 지각을 중시한다. 내담자가 지금까지 자기개념에 맞추기 위해서 왜곡하거나 부정해왔던 자신의 감정, 사고, 욕구 등을 새로운 각도에서 이해하고 받아들이며, 그것들의 참된 의미를 깨달아 실현시켜 나가도록 함을 뜻한다.

종결단계에 이르게 되면, 내담자는 전에 부인했던 감정을 수용하는 힘이 생긴다. 그리고 현실을 왜곡 없이 받아들이게 되고 자신의 문제를 주체적으로 해결해 나갈 수 있게 되면서 노인상담자의 도움을 필요로 하지 않게 된다. 내담자는 자유롭게 경험하면서 충분히 기능하는 인간으로 성장하게 된다.

2. 현실치료상담

1. 현실치료의 이론적 배경

1) 현실치료의 개념

현실요법(Reality Therapy : RT)은 오늘날 널리 쓰이고 있는 상담 이론의 하나로서 정신의학자인 윌리엄 글래서(William Glasser)에 의해 개발되었다. 현실요법은 상담자나 교사 등과 실수요자들이 실제로 사용 가능한 적절한 상담방법을 발전시켰으며, 통제 이론(선택 이론)의 원리를 현실요법 실제 상담의 주요개념으로 활용하여 이것을 확대 발전시키면서 우리의 행동방식을 포괄적으로 설명하고 있다. 현실요법의 초점은 태도나 통찰, 감정, 과거, 무의식의 동기가 아니라 행동이다. 현실요법은 모든 유기체들이 행동하는 이유와 방식에 대한 설명을 이론적이며 실천적으로 제시해 줌으로써 상담 이론과 실제에 현실적이며 구체적인 접근방법을 제시하고 인간이해에 대한 새로운 관점을 제공해 주고 있다.

2) 인간관

사람은 궁극적으로 자기 결정적이며, 자신 삶에 대한 책임능력이 있다고 가정하므로, 이 접근은 비결정론적이고 긍정적이다. 인간이 자신의 욕구를 책임있고 정당하며, 현실적으로 충족시킬 수 있도록 도와준다.

3) 주요개념

(1) 인간의 기본적 욕구

인간의 행동은 기본적인 욕구를 충족시키기 위해 행해진다. 글래서(Glasser)는 소속, 힘, 자유, 즐거움의 심리적 욕구와 생존이라는 생리적 욕구를 인간의 기본적 욕구라고 보았다.

① **소속과 사랑의 욕구** : 사랑하고, 나누고, 협력하고자 하는 인간의 속성이다.

② **힘에 대한 욕구** : 경쟁하고 성취하고 중요한 존재이고 싶어 하는 속성을 말한다.

③ **자유에 대한 욕구** : 이동하고 선택하는 것을 마음대로 하고 싶어 하는 속성이다.

④ **즐거움에 대한 욕구** : 많은 새로운 것을 배우고 놀이를 통해 즐기고자 하는 속성이다.

⑤ **생존에 대한 욕구** : 살고자 하고 생식을 통한 자기확장을 하고자 하는 속성이다

(2) 전 행동(Total Behavior)

글래서는 인간이 기능하는 방법과 자동차가 기능하는 방법을 비교하여 인

간의 전체행동을 설명한다. 인간의 욕구는 자동차의 엔진에 해당되고 원함은 핸들이 되어 전 행동(全行動)이라는 차(車)가 되어, 가고 싶은 방향으로 가게 되어 있다. 전 행동(全行動)은 자동차의 앞바퀴에 해당되는 활동하기(doing, acting), 생각하기(thinking)와 뒷바퀴에 해당되는 느끼기(feeling), 생리기능(physiology) 등의 네 가지 요소로 구성되어 있으며, 이 요소들이 모두 모여 하나의 행동으로 나타나기 때문에 인간의 모든 행동에는 이 네 요소가 반드시 포함되어 있다고 본다.

2. 현실치료의 목표와 강점

1) 현실치료의 목표

현실치료는 선택 이론(choice theory)을 기초로 한 상담방법으로써 내담자가 자신의 삶을 보다 효과적으로 선택할 수 있도록 도와주는 것을 목표로 하고 있다(Glasser, 1990). 즉, 현실치료는 개인적 자율성을 갖도록 하며, 내담자가 노력하는 바가 성공할 수 있도록 내담자를 도와주는 것이 상담 목표가 된다(Glasser, 1985; Wubbolding, 1986).

2) 현실치료의 강점

글래서(Glasser, 1986)는 누구나 현실요법과 선택 이론을 학습하고 그에 따라 행동함으로써 자신의 욕구를 충족시키는 한편 다른 사람의 삶을 방해하지 않으면서 스스로의 삶을 효과적으로 통제할 수 있다고 주장한다. 그는 내담자의 '행동' 과 '지금' 그리고 '책임' 을 강조하며 이 이론이 일상적인 심리적 혼란으로부터 심각한 정신병에 이르기까지 여러 심리적, 정신적 문제로 시달리는 사람들 모두에게 적용될 수 있다고 본다. 따라서 오늘날 현실요법은 상담과 치료뿐 아니라 성장 프로그램, 교육현장, 산업관리 등의 다양한 분야에서 성공적으로 활용되고 있다.

다음은 현실치료가 갖고 있는 특징이자 강점들이다.

① 현실세계의 중요성

현실요법에서는 우리가 변화시킬 수 있는 부분은 현재뿐이므로 현재를 강조하고 더 나은 미래를 추구한다. 따라서 내담자 자신이 실패했던 사건을 되풀이하는 것이 아니고 현실세계가 만족하도록 행동을 바꾸면 된다는 것이다.

② 성공적 정체감

성공적 정체감을 가진 사람들은 사랑을 주고받을 수 있고 자신은 다른 사람에게 중요한 존재이며 다른 사람에게 대가를 요구하지 않고 자신의 욕구를 충족시킬 힘이 있다.

③ 책임성

현실요법에서는 책임성(responsibility)을 다른 사람의 목표달성을 방해하지 않는 방식으로 자신의 욕구를 만족시키는 행동이라고 정의한다(Corey, 1993).

④ 질병에 대한 관점

글래서(1985)는 어떤 의학적 치료방법도 알려지지 않은 만성질환들에 대하여 '개인의 욕구충족을 위한 창조적인 개입' 이라는 관점을 취한다. 즉, 개인이 외부환경을 통제할 수 없을 때 생기는 부산물이라 본다.

3. 현실치료의 상담 과정

우볼딩(Wubbolding)은 현실치료가 상담장면에서 어떻게 사용되는가를 보여주고 있다. 현실치료의 행동변화를 위한 상담 과정과 절차는 다음과 같다(Wubbolding, 1986, 1990).

1) 행동변화를 위한 상담 과정

① 욕구 · 바람 · 지각 탐색

'무엇을 원하는가?' 라는 질문은 내담자가 자신의 질적인 세계를 탐색하고, 이제까지 희미하게 알았던 자신의 바람(want)을 확실하게 알게 한다. '진정으로 원하는 것이 무엇인지?' 라는 질문은 내담자로 하여금 성취할 수 있는 현실적인 그림을, 자기 자신 안에 있는 비현실적인 그림과 바꿀 수 있도록 도움을 주게 되는 것이다.

② 전 행동과 행동방향 탐색하기

전 행동 탐색하기(doing)는 상담자가 상담 과정 초기에 내담자에게 상담의 전반적인 방향, 즉 내담자가 어디로 가고 있는가를 탐색하도록 도와주는 절차이다.

③ 바람 · 행동 · 계획에 대한 자기평가하기

현실치료에서 가장 핵심이 되는 부분은 내담자의 행동변화를 위해 그들 스스로 자기평가(evaluation)를 하게 하는 단계이다. 상담자는 '당신의 지금 행동이 당신에게 도움이 됩니까?', '당신이 지금 하고 있는 것은 당신이 진정으로 원하는 것을 얻는 데 도움이 됩니까?', '당신이 행동하는 것이 규칙에 어긋납니까?', '당신이 원하는 것은 현실적이거나 실현 가능한 것입니까?', '도움이 되는 계획입니까?' 등의 질문을 한다.

④ 계획하기

효과적인 계획의 조건들은 다섯 가지 기본 욕구가 충족되며, 단순하고, 현실적이고 실현 가능한 계획이며, 어떤 행위를 중지시키는 것이 아니고 특정행위를 하도록 권장하는 것과 내담자에 기초하여 구체적이면서 측정 가능하고 반복적이며, 즉각적이고 현실적이며, 진행중심적이고, 계획의 평가와 재평가가 수반되는 단호하고 강화된 계획이어야 한다.

4. 노인상담과 현실치료의 연관성

현실치료는 삶의 현장에서 직접적으로 활용할 수 있는 실용적이고 구체적인 이론으로 현실적으로 어려움에 직면한 노인들을 상담하는 데 있어 매우 유용하다. 현실치료가 노년층은 물론 모든 계층에 광범위하게 도움을 주는 것은 현실치료의 적용 가능성을 설명하는 선택 이론이 시대환경이나 문화적 요인과는 무관하게 인간의 생래적 속성을 근거로 한 뇌의 기능 이론이기 때문이다. 또한 과거나 어린 시절의 경험보다는 '여기와 현재' 에 중점을 두기 때문에 문제해결의 시작이 용이하고 행위에 초점을 맞추기 때문에 환경조건이 바뀌지 않아도 행동을 계획함으로써 내담자가 변화될 수 있다. 또한 단기치료적 접근과 의식적 행동의 문제를 다룬다는 점에서 삶의 주체의식과 방향감각을 찾아가는 노인상담에서 훌륭한 도구가 되는 상담 및 치료 기법이다.

3. 교류분석상담

1. 교류분석의 의미

교류분석(Transactional Analysis, TA)은 1957년 미국의 정신과의사인 에릭 번(Eric Berne)에 의해 창시된 상담 또는 심리 치료의 한 분야이다.

국제교류분석협회(International Transactional Analysis Association, ITAA)가 제안한 교류분석의 정의는 '교류분석(Transactional Analysis, TA)이란 하나의 성격 이론인 동시에 개인의 성장과 변화를 위한 체계적인 심리치료다.' 라고 하였다. 교류분석은 이론의 깊이와 활용범위에 있어서 그 어떤 심리학적 접근방법들보다 깊고 넓다(제석봉, 2010: 23).

교류분석 이론이 갖는 인간관을 살펴보면 다음과 같다.

첫째, 긍정적 존재(인간의 긍정성)로서 사람은 누구나 둘도 없는 소중한 존재이다(OK-ness 존재). 즉, 인간은 행복과 긍정적 능력을 갖고 태어났다.

둘째, 사고능력 존재(인간의 자율성)로서 사람은 누구나 생각하는 능력을 가진 존재이다. 즉, 인간은 사고하고 느끼고 행동하는 자율성을 가지고 있다.

셋째, 재결단 존재(변화 가능성)로서 사람은 자신의 운명을 결단하고 그 결단이 잘못된 것으로 자각될 때 재결단을 하게 된다. 또한, 재결단을 통하여 변화할 수 있다.

2. 교류분석의 목표 및 특징

1) 교류분석의 목표

교류분석의 목표는 '자기 이해, 타인이해, 자기와 타인의 관계이해 또는 조직과 사회의 이해를 실천함으로써 사고혁신 및 감정혁신 그리고 행동혁신이라고 하는 삼위일체적인 인간행동의 변화를 도모하는 것' 이다. 자기를 이해하는 것은 자기의 사고 · 감정 · 행동을 알고 나아가 자기의 습관과 성격형성, 생활태도 등을 앎으로서 자신의 심적 작용을 이해하는 것이며 자타의 관계를 원활하게 추진해 가기 위해서도 자기 이해는 필수 불가결한 것이다(우재현, 2006: 28).

자기 이해와 자아실현의 열쇠가 되는 다섯 가지 요소는 다음과 같다(우재현, 2006: 28-30).

첫째, 자기를 수용하고 자기 자신을 신뢰하는 것으로 자기의 긍정성(OK-ness)을 그 기저에 둘 필요가 있다. 타인은 자신의 모습을 명료하게 그려내기 위한 거울이라고 할 수 있으며 타인을 이해하는 것은 자기 자신의 모습을 진정으로 이해하는 것과 연결되어 있다.

둘째, 자기 이해와 자기계발을 위해서는 자아존중감을 가져야 한다. 즉, 사고 · 감정 · 행동의 세 가지 차원에서 조화롭게 통합하여 인간관계를 개선하고 인간이 서로 '마음의 창' 을 열어놓고 가정 · 학교 · 직장 · 사회 등에서 생활해 가도록 하는 것이 교류분석(TA)의 최종적인 목표이다.

셋째, '모든 것은 마음이 만든다' 는 확신을 가져야 한다. '사고 · 감정 · 행동을 고쳐 습관과 성격을 개조하고 운명을 바꾸자!' 라고 강조한다. 이것은 교류분석(TA)을 통한 사고혁신을, 게슈탈트치료(GT : Gestalt Therapy)를 통해 감정혁신을, 행동치료(BT : Behavior Therapy)를 통해 행동혁신을 도모하는 것이다. 따라서 TA통합 이론으로 성격을 고쳐가게 되면 운명항로를 수정할 수 있다는 것이다.

넷째, 자기 이해와 자기계발을 위해서는 죄업을 단절해야 한다. 심리학에서는 초심리학(transpersonal psychology)이 근래 유행하면서 전생의 인연을 밝혀 가고 있다. TA에서는 부모의 잘못된 버릇, 말, 행동 등은 과감히 단절하지 않으면 안 되는데, 그 까닭은 불행을 끊고 행복하게 살아가기 위해서이다.

다섯째, 자기를 이해하고 자아실현을 하기 위해서는 마음을 비워야 한다. 마음을 비운다는 것은 순수자아를 회복하도록 하는 것이다.

교류분석을 통한 상담은 '수지(收支)맞는 인생장사를 하는 방법을 익히는 것' 이라고 하였다.

2) 교류분석의 특징

① 자아 상태(ego-states)의 구분

교류분석은 개인의 성격을 구성하고 있는 자아 상태를 노인들에게 인식시키는 것에서부터 시작된다. 이것은 교류분석 이론의 기초이며, 제1차 구조분석이라고 한다. 인간의 자아 상태는 어버이(Ⓟ : Parent) 자아 상태, 어른(Ⓐ : Adult) 자아 상태, 어린이(Ⓒ : Child) 자아 상태로 분류된다. 즉, ⓅⒶⒸ를 정확히 알고 구별할 수 있도록 하여 노인의 행동을 이해하고 의사소통의 장애를 이해하는 것이 중요한 목표가 된다.

구조분석에 따른 ⓅⒶⒸ 자아 상태를 기능적으로 세분하여 기능분석이라고 한다. Ⓟ는 CP(통제적 어버이 : Critical Parent)와 NP(양육적 어버이 : Nurturing Parent), Ⓒ를 FC(자유로운 어린이 : Free Child)와 AC(순응하는 어린이 : Adapted Child)로 나누며 Ⓐ는 자아 상태를 분리하지 않는다.

② 교류

교류는 서로 메시지를 주고받을 때 일어나는데, 말을 걸 때 자극(stimulus)의 전달과 대답을 할 때의 반응(response)을 의미한다. 즉, 교류란 교류적 자극과 교류적 반응을 주고받는 것을 말한다(제석봉, 2010: 97).

교류는 상보교류(complementary transaction), 교차교류(crossed transaction), 이면교류(ulterior transaction)의 세 가지 유형으로 분류된다.

첫째, 상보교류는 평행교류라고도 하는데, 자극을 보낼 때 기대했던 자아 상태에서 반응이 오는 것을 말한다.

둘째, 교차교류는 자극과 반응이 교차를 이루는 교류형태로 자극을 보낼 때 기대했던 자아 상태가 아닌 잘못 이해되어 나타나는 자아 상태의 반응을 말한다.

셋째, 이면교류는 사회적 수준의 메시지와 심리적 수준의 메시지가 동시에 전달되는 것을 말하며 이중적인 메시지의 전달을 의미한다.

어떤 교류를 하든지 그 자체가 좋고 나쁘다고 말할 수는 없지만 원만한 커뮤니케이션을 위해서는 평행교류를 유지하는 것이 필요하겠다.

노인의 경우, 자기중심적으로 변화함에 따라 적절한 교류가 이루어지지 못하여 인간관계 및 사회적 관계가 나빠질 수 있는 가능성이 크다. 그러므로 상담을 통해 자신의 교류형태를 파악하고 바람직한 교류가 이루어질 수 있도록 실천하는 것이 노인의 의사소통 및 인간관계 유지 증진에 도움이 될 것이다.

③ 에고그램(Egogram)의 작성

에고그램은 노인의 사고방식, 행동방식, 감정이 반영된 자아 상태 ⓅⒶⒸ에 의한 구조분석과 기능적 분석으로 자신을 객관화하여 성격의 부조화를 발견하는 데 그 목적이 있다. 또한, 에고그램과 오케이그램을 통해 에너지의 양을 파악하여 자기 자신의 자아 상태와 타인의 자아 상태를 분석한다.

'정신 에너지의 양은 일정하기 때문에 한 자아 상태가 많은 에너지를 사용하면 다른 자아 상태가 사용할 에너지의 양은 적어질 수밖에 없다.' 는 항상성 가설에 따라 적게 사용하는 기능을 강화시키는 훈련이 필요하다.

에고그램과 오케이그램은 리스트(list)를 통하여 수치화하는 방법으로 자신을 분석하고 나아가 배우자, 친구, 이웃들에게도 에고그램을 작성하도록 하여 받는다. 자신이 작성한 것과 비교하여 타인이 자신을 어떻게 생각하는가에 대하여 알아보는데, 이것은 자신의 객관적인 모습을 파악하게 되는 것이다.

따라서 에고그램의 목표는 자기 자신의 자아 상태를 이해하고, 자신이 갖고 있는 사고방식과 태도의 패턴을 파악하여, 자기계발과 인간관계의 증진에 조력하는 것이다.

④ 시간의 구조화

시간의 구조화란 사람들이 함께 할 때 시간을 보내는 방법으로 폐쇄(withdrawal), 의례(rituals), 소일(pastimes), 활동(activities), 게임(games), 친밀(intimacy)이라고 제시하였다.

시간을 구조화할 때는 먼저 파이 차트를 그린다. 노인이 현재의 시간을 어떻게 구조화하고 있는지를 파악하고, 다시 이상적인 파이 차트를 그려서 단위 기간(예 1주일) 동안 실천한다. 그 후, 다시 파이 차트를 그리면서 조정하고 실천을 위해 노력한다.

⑤ 생활자세 : OK 목장

에릭 번(Eric Berne)은 어린 시절 각본을 형성할 때 이미 자신과 사람들 그리고 세상에 대한 어떤 확신을 가지고 있다고 하였다. 이러한 확신들은 일생 동안 영향을 미칠 수 있는데, 이러한 확신을 요약하면 다음과 같다.

- I' m OK(자기긍정) 또는 I' m not OK(자기부정)
- You' re OK(타인긍정) 또는 You' re not OK(타인부정)

이러한 확신을 조합하여 '첫째, I' m OK, You' re OK(자기긍정-타인긍정). 둘째, I' m not OK, You' re OK(자기부정-타인긍정). 셋째, I' m OK, You' re not OK(자기긍정-타인부정). 넷째, I' m not OK, You' re not OK(자기부정-타인부정).' 라는 자기 자신과 타인에 대한 네 가지 견해의 생활자세(life position)를 진술할 수 있다. 모든 게임, 각본, 운명은 이 네 가지 기본자세 중 하나에 토대를 둔다(제석봉, 2010: 175-176).

교류분석은 인간이 변한다는 것을 전제로 한다. 미국의 심리학자 윌리엄 제임스(William James)는 "금세기에 있어서 가장 위대한 발견은 인간이 우리 자신의 성격을 바꿀 수 있다는 것을 알게 된 것이다."라고 하여 인간은 변화가 가능한 가소성 동물(changeable animal)임을 선언했다(우재현, 2006: 32). 그러므로 교류분석에서는 성격을 바꿔야 하겠다고 마음먹고 노력한다면 꽤 자유롭게 바꿀 수 있는 영역이 있다는 데 주목하고 있으며, 개인의 성격을 정확하게 테스트(구조분석)하고 교정방법을 구체적으로 명시하여 자율적 자기변화를 수행할 수 있도록 하는 것이다.

노인들은 노화로 인한 신체적 · 정신적 건강문제에 노출되기 쉽다. 또한 은퇴 · 노후 준비미비 등의 이유로 경제적인 어려움을 겪기도 하며, 사회적으로 고립감을 느끼거나 소외될 수 있는 가능성이 매우 큰 집단이다. 그러므로 노인들이 건강하게 사회활동과 제대로 된 역할을 수행하기 위해서는 의사소통의 기본이 되는 교류분석을 통해 수지맞는 인생장사를 할 수 있도록 상담이 제공되어져야 한다. 교류분석은 자기 이해를 통한 자기변화를 꾀하고, 타인을 이해하며, 조직과 사회에서의 이해를 실천하게 하여 노인들이 가지고 있는 다양한 문제들을 조절할 수 있다는 것이 특징이다.

3. 교류분석상담

교류분석상담은 계약을 토대로 해서 진행되고, 계약된 목표를 달성하는 데 상담자와 내담자는 공동의 책임을 가진다. 상담자와 내담자가 맺는 계약은 주로 각본으로부터 벗어나 자주성을 획득하는 데 초점을 맞춘다. 교류분석에서는 상담관계도 '모든 인류는 다 OK' 라는 가정하에 이루어지며, 교류분석상담(TA Counseling)을 정의하면 다음과 같다.

교류분석상담은 계약관계 내에서의 전문적인 활동이다. 상담 과정은 내담자가 가진 강점과 자원을 강화함으로써 내담자로 하여금 자각을 발달시키고, 문제관리와 개인적 발달을 촉진할 기술을 발달시킨다. 교류분석상담의 목적은 사회적, 전문적, 문화적 환경과 관련하여 자주성을 증대시키는 것이다(제석봉 · 최외선, 2010: 15-16).

1) 교류분석상담의 목표

교류분석상담의 목표는 첫째, 부모의 금지령에 따라 내린 초기결단을 이해하게 하고 각성시켜 게임에서 벗어나 재결단을 하게 한다. 둘째, 어른 자아가 오염 없이 정상적으로 기능할 수 있도록 한다. 셋째, 상황에 따라 어버이 자아, 어른 자아, 어린이 자아가 적절히 기능하도록 한다. 넷째, 재결단에 의해 자기

긍정(I'm OK)-타인 긍정(You're OK)의 생활각본을 갖게 한다. 다섯째, 시간의 구조화를 적절히 달성하게 한다. 여섯째, 이면교류에서 벗어나게 한다. 일곱째, 어린이 자아가 무엇을 하려고 하는지 깨닫게 한다는 것이다.

2) 교류분석상담의 과정

교류분석상담은 상담계약, 구조분석, 교류분석, 게임분석, 각본분석, 재결단의 과정으로 이루어지며, 상담 과정을 구체적으로 제시하면 다음과 같다.

첫째, 상담계약 단계는 치료적 관계를 구조화하는 것이다. 즉, 내담자가 성취를 위해 의도하는 목적 등의 구체적 진술을 포함하는 측정 가능한 것이어야 한다.

둘째, 구조적 분석단계는 내담자의 행동특징, 에고그램 · 오케이그램 그래프 등을 기초로 하여 내담자의 자아 상태에 오염, 배제현상이 있는지 분석하고 확인한다.

셋째, 교류분석 단계는 중요한 과정으로 많은 내용을 포함하고 있다. 먼저 교류의 의미와 유형을 내담자에게 이해시킨다. 내담자의 자녀, 형제자매 등 내담자와 의미 있는 타인과의 관계를 가진 사람과의 교류를 분석한다. 의미 있는 사람과의 교류에서 어떠한 인정 자극을 받고 있는지를 이해한다. 내담자의 문제 행동과 관련된 교류, 즉 내담자의 자아구조 중 오염과 배제에 의한 교류와 이면교류에 초점을 두어 분석한다. 내담자의 문제 행동과 관련된 교류에서 어른 자아의 기능을 검토하여 내담자의 오염을 해결하도록 한다. 내담자의 자아 상태(ⓅⒶⒸ)가 적절히 기능해야 할 장면을 선정하여 각 상황에서 내담자가 최대한 기능하는 교류를 하도록 함으로써 배제를 해제한다.

넷째, 게임분석 단계에서는 이면교류를 구체적인 게임의 종류 및 만성적인 부정감정 유형과 관련시켜 분석한다.

다섯째, 각본분석 단계는 새로운 자기인식에서 시작하는 것으로 문제 행동과 관련된 각본을 찾아내어, 정확한 정보와 활력을 불어넣어 자율적인 삶을 영위하도록 한다.

여섯째, 재결단 단계이다. 상담의 마지막 과정으로, 이때 내담자는 생활각본을 변화시키게 된다.

4. 게슈탈트상담

게슈탈트상담은 펄스(Perls)에 의해 1940년대에 개발되어져 인본주의적 상담의 한 모델로서 실존적이고 현상학적인 상담의 특성을 가지고 있다. 주어진 상황에서 자신의 일을 자각(awareness)하면 그 순간 필요한 게슈탈트를 형성하게 되어 적절하게 주어진 문제를 처리할 수 있는 기법으로 개념적으로는 상태주의+자각이라 할 수 있다. 있는 그대로를 강조하는 상태주의와 순간마다 유기체의 변화를 알아차리는 자각은 형성된 게슈탈트를 해결하게 되고 새로운 상황의 게슈탈트를 다시 형성하므로 여기-지금의 상황에서 형성된 게슈탈트는 해결하는 과정을 통하여 전체를 통합해 간다.

따라서 게슈탈트상담은 상담자가 직접적으로 개입하여 해석하기보다 가능한 한 클라이언트 스스로 자신의 문제를 자각하고 스스로 해석하며, 자신의 진술을 통해 새로운 의미를 찾게 한다(서혜경 외, 2006: 153).

1. 인간관

게슈탈트상담 이론이 가지고 있는 인간관은 다음과 같다.

① 인간은 매 순간을 경험하는 현상학적 존재이다.

② 인간은 끊임없이 현재 욕구에 따라 필요한 게슈탈트를 완성하며 살아가는 실존적 존재이다.

③ 인간은 통합적(전체적)으로 기능하며 완성을 추구하는 존재이다.

④ 인간은 감각, 사고, 정서, 지각을 완벽하게 자각할 수 있는 능력을 가지고 있다.

⑤ 인간은 환경의 일부이므로 환경과 분리시켜 이해할 수 없다.

⑥ 인간의 행동은 일차적으로 현재 상황에서 자신을 경험하며, 행동이 일어

난 상황과 함께 이해될 수 있다.

⑦ 인간의 본성은 선하지도 악하지도 않다.

⑧ 인간은 전경과 배경의 원리에 따라 세상을 경험한다.

2. 상담 목표

게슈탈트상담의 목표는 내담자가 가지고 있는 잠재력을 어떻게 실현할 수 있는가를 깨달아 매 순간 풍요롭게 살아갈 수 있도록 성장시키는 것이다.

구체적인 게슈탈트상담의 목표는 다음과 같다.

① 내담자가 자기인식을 증가시키고, 접촉을 통해 게슈탈트를 완성하도록 한다.

② 자신의 경험에 대한 주체가 바로 자기라는 태도로 자신의 삶을 책임지게 한다.

③ 행동의 결과를 수용하고, 행동을 결정할 책임이 자신에게 있음을 알게 한다.

④ 모든 감각을 잘 인식하고, 내담자의 불안을 삶의 부분으로 수용하도록 한다.

⑤ 내담자가 회피하고 두려워하며 갈등을 겪는 모든 심리적 문제들에 대한 접촉을 통해 감정, 지각, 신체, 사고가 총체적으로 통합되어 기능을 발휘할 수 있도록 한다.

⑥ 에너지를 집중시켜 하고자 하는 일을 성취할 수 있게 한다.

⑦ 내담자의 다양한 양극성에 대한 자각이 확장되도록 조력한다.

3. 강점

게슈탈트상담은 지나버린 과거보다 지금-여기(here & now)를 중요시한다. 위축될 수 있는 노인의 경우, 책임을 떠넘기는 자신을 자각(awareness)하고 타인의 기대로부터 분리되어 자신의 기대대로 살 수 있게 결정하도록 책임감을 증진시킨다. 게슈탈트상담은 행동상담처럼 행동을 구체적으로 수정하기보다 탐색을 하며, 자각을 통해 접촉경계장애(내사, 투사, 반전, 융합, 편향)를 막으므로 인간의 성숙과 문제해결을 돕는 장점을 가지고 있다. 전경과 배경의 원활한 진행은 노인생활에 대한 적응을 도울 수 있으며, 상담회기 중에 이전에 표현해 보지 못한 강렬한 감정을 표현하게 하므로 과거에 남아 있는 미해결 과제(unfinished business)를 해결할 수 있도록 하는 장점을 가지고 있다.

4. 상담 과정

게슈탈트상담의 과정은 발견단계, 조절단계, 동화단계로 나누어 볼 수 있다. 이러한 상담 과정을 통하여 내담자는 상담자와 상호작용을 하게 되고 자기 스스로를 변화시킬 수 있는 힘을 가지게 된다.

1 발견단계

① 내담자는 자신에 대해 현실적으로 이해하게 된다.
② 이전에 깨닫지 못한 자신, 문제, 상황에 대해 새로운 관점으로 보게 되며 중요한 타인에 대한 새로운 관점도 형성하게 된다.
③ 여기 그리고 지금(here & now)에 대해 자각한다.
④ 상담 과정의 초점은 자아와 자아를 구성하고 있는 감정, 행동, 경험 및 미해결 상황에 대해 자각하거나 각성하는 것이다.

2 조절단계

① 내담자가 선택권을 가지고 있음을 인식하게 된다.
② 새로운 선택을 할 수 있고, 새로운 방식의 시도할 수 있음을 알게 된다.
③ 욕구좌절에 대한 내담자의 자각과 상담자의 촉진으로, 상담자의 치료적 지지가 중요하다.

3 동화단계

① 환경을 변화시키는 방법을 학습한다.

② 일상생활에서 부딪히는 사건들을 다룰 수 있는 능력이 있음을 느끼게 된다.
③ 자신이 원하는 것을 얻기 위해 적절한 자기표현을 한다.
④ 자아통합이 촉진되고 실현된다.

5. 상담기법

1 언어표현 바꾸기

예 '나는 도저히 할 수 없어요.' 대신 '나는 그것을 하지 않겠어요.'
'그것은 내가 해야 한다.' 대신 '나는 그것을 하기로 선택한다.'
'나는 돈이 정말 필요해.' 대신 '나는 돈이 있으면 좋겠어.'

2 신체 행동을 통한 자각(신체 표현하기)

신체 행동은 자발적이므로 각성을 위해 신체표현을 잘 관찰하는데, 상담자는 신체 행동과 언어적 표현이 불일치할 때 내담자의 자각을 확장시킬 수 있다.

3) 과장하기

신체언어를 이해하고 자각할 수 있는 기법으로 내담자가 습관적으로 보여주는 행동을 반복 또는 과장하여 표현하게 한다.

4 시연하기

구성원들이 생각하고 있는 것들을 큰소리로 말하도록 하는 기법으로 행동에 제약과 검열이 있고 조심스런 타진을 하는 내담자에게 유익하다.

5 책임지기

감정, 행동, 사고에 대해 스스로 책임지기 위해 어떤 말이나 행동을 한 후 "나에게 책임이 있다."라고 말하게 하는 기법이다.

6 빈 의자기법

내담자가 지니고 있는 문제를 빈 의자에 투사하게 함으로써 감정을 확실하게 체험하고 각성할 수 있도록 하는 기법으로 갈등상태의 문제를 해결하는 데 도움이 된다.

⑦ 대화게임(하인과 상전의 대화)

인정하지 않았던 성격측면을 수용하고 기능을 통합할 수 있도록 양극성 사이, 의미 있는 사람, 무생물, 상상의 인물들과 환상적 대화를 하게 하므로 내담자의 갈등하는 마음들 간에 대화를 해보도록 하는 기법이다.

⑧ 환상기법

위축된 내담자의 자각을 돕기 위해 구체적인 문제를 다룰 때 사용하는 기법으로 부끄러움, 죄책감을 표현하고 탐색하며, 두려움을 탐색하는 데 유용한 기법이다. 마치 어떤 대상이 지금-여기에 있는 것처럼 이야기하는 환상의 실험적 성공은 실생활에서의 새로운 행동시도로 연결될 수 있다.

⑨ 반대 행동하기

내담자의 평소 행동과 정반대되는 행동을 하게 하는 기법이다.

⑩ 투사 연기하기

내담자가 자기의 투사에 대해서 의식하지 못할 때 다른 사람이 잘난 체한다고 비난한다면 그로 하여금 가능한 한 잘난 체하는 행동을 해보도록 한다.

⑪ 뜨거운 자리

내담자를 힘들게 하는 문제를 구체적으로 말하게 한 후 그것에 대해 직접적이고 공격적으로 맞닥뜨리게 하는 기법으로 내담자의 자기 각성을 촉진시키는 데 활용된다.

⑫ 꿈 작업

꿈은 자신에 대한 투사라고 보아 꿈을 분석하기보다 일상 속으로 가져와서 그것이 지금 일어난 것처럼 경험하게 하여 꿈을 재창조하고 재생시켜 주요부분을 현재 시제의 대화로 변화시켜 말하게 하므로 꿈을 통해 통합에 이를 수 있다고 한다.

5. 인지 · 정서 · 행동 상담

1. 인간관과 특징

행동주의에서 인간은 내적 요인에 영향을 받기보다는 외부환경, 사건, 조건에 영향을 받아 그 행동이 결정되는 존재라고 본다. 인간은 좋지도 나쁘지도 않는 상태에서 태어나며 문제는 무의식이나 내면이 아닌 환경에 있다. 따라서 문제해결에 있어서도 인간에게 학습된 행동은 그 조건을 변화시키고 조정함으로써 문제를 수정할 수 있다. 반면에 인지, 정서, 행동 상담에서는 이러한 환경을 어떻게 받아들이냐에 따라 인간 행동이 결정된다고 한다.

엘리스(Ellis)와 벡(Beck)은 인간은 합리적 · 비합리적 사고를 할 잠재 가능성을 갖고 태어난다고 하였다. 감정, 생각, 행동과 같은 여러 측면 중에서 가장 중요한 것은 인지, 즉 사고이다. 인간이 가지는 혼란과 불안은 외부에 의해 생겨나는 것이 아닌 내적 생각에 의한 것이다. 부적응을 겪고 있는 사람을 변화시키기 위해서는 생각을 변화시켜야 한다. 인간은 한계를 이해하는 능력을 지닌 이상적인 존재이며 인간은 자기의 인지, 정서, 행동 과정을 변화시킬 수 있는 능력이 있다고 했다. 인지 · 정서 · 행동 상담은 성격발달이나 행동장애의 발생에서 무엇보다도 인지의 역할을 강조한다. 내담자로 하여금 자신의 생각과 행동이 얼마나 부정적인 정서적 결과를 초래하는지 깨닫게 하고 이를 극복하게 함으로써 인간의 긍정적인 성장과 발달을 촉진하도록 돕는다.

2. 상담의 기본원리

인간의 정서와 행동을 결정하는 가장 중요한 요소는 인지인데, 인지의 우선성과 인지적 결정론을 갖는다. 정서장애를 일으키는 중요한 원인은 역기능적 사고 때문이며, 정서 및 행동적 문제를 해결하기 위해서는 사고를 분석하고 변화시키는 것이 효과적이다. 그리고 과거의 영향보다는 현재에 초점을 두고 신념은 변화할 수 있다고 본다.

3. 상담의 목표

자유를 누리면서 자신에게 관심을 갖고, 타인과 잘 어울려 사는 건강한 사람을 추구하며 자신의 삶에 책임을 지며 자신의 문제를 스스로 해결할 수 있도록 한다. 그리고 타인의 실수나 잘못을 수용할 줄 알고 개방적이며 유연한 사고를 갖도록 한다.

인지정서행동상담은 장기적이고 미래지향적인 사고를 하도록 돕고 합리적 생각을 통해 자신을 수용하고 창조적인 일에 도전할 수 있도록 한다.

4. 엘리스(Ellis)의 합리적인 정서치료

상담소를 운영하던 엘리스(Elis)는 내담자들이 가져오는 문제들은 타당한 정보나 지식의 결핍에 따른 문제만이 아니라는 것을 알게 되어 인간주의 치료와 행동주의 치료를 혼합하여 합리적, 정서적 치료 이론을 창안했다. "사람의 마음을 혼란시키는 것은 사건 자체가 아니라 사건에 대한 그들의 판단이다." 라고 말한 고대 그리스 철학자 에피테쿠스의 영향이 이론의 근간이 되어 독자적인 인지정서행동상담 이론을 성립하게 되었다.

엘리스의 합리적 정서치료는 정서적 문제를 겪는 이유는 구체적인 사건들 때문이 아니라 그 사건을 지각하고 받아들이는 방식이 잘못되었기 때문인데, 즉 어떤 사건을 자신이 이미 가지고 있는 기존 생각들에 비추어 비합리적으로 해석하기 때문에 그 결과로 정서적 문제를 경험하게 된다는 것이다.

내담자를 정서적, 행동적으로 힘들게 하는 것(C)은 선행사건(A)이 아니고 내담자의 비합리적 신념 때문이다. 그러므로 상담자의 적극적인 논박(D)을 통해 내담자의 신념이 합리적으로 바뀌면(B) 정서적, 행동적 문제가 해결되어 적응적인 행동과 정서적 결과(E, F)를 가져올 수 있다. 예를 들어, 한 노인이 배우자와 이혼 후 우울증에 걸렸을 때 주위에서는 이혼을 우울의 원인이라고 생각하기 쉽다. 그러나 이혼(A) 그 자체가 우울증의 원인이 아니라 이혼에 대한 당사자의 신념(B), 생각이 C의 원인인 것이다.

A(Activating event) ← B(Belief) → C(Emotional cosequence)
↑
D → E → F

5. 벡(Beck)의 인지치료

벡은 인지치료라는 접근방법을 발달시켰는데, 특히 우울증의 인지치료에 기여했다. 주요개념으로는 자동적 사고와 역기능적 인지 도식, 인지적 오류를 찾아볼 수 있다.

① 자동적 사고

자동적 사고란 어떤 사건에 당면했을 때 자신의 의지와는 상관없이 자동적으로 떠오르는 생각을 말한다. 자동적 사고는 긍정, 중립, 부정적인 것으로 나눌 수 있으며 부정적인 자동적 사고는 심리적 문제를 야기시킨다.

② 역기능적 인지 도식

역기능적 인지 도식은 인간은 자기와 세상에 대한 이해의 틀, 즉 어린 시절부터 쌓여 체계화된 지식덩어리인 인지 도식을 갖고 있다. 부정적인 인지 도식을 역기능적 인지도식이라 하며 현실적응에 도움이 되지 않는 내담자의 기본적인 생각의 틀과 내용을 말한다. 이는 심리적인 문제의 근원으로 적용한다.

③ 인지적 오류

현실을 제대로 지각하지 못하거나 사실이나 그 의미를 왜곡하여 받아들이는 것이다. 어떤 경험이나 사건을 해석하고 받아들이는 과정에서 생기는 추론, 판단의 오류를 말한다. 인지적 오류의 종류로는 흑백논리, 과잉일반화, 선택적 추상화, 의미의 확대 및 축소, 개인화, 임의적 추론, 잘못된 명명의 오류가 있다.

지금까지 본 장에서는 인간중심상담, 현실치료상담, 교류분석상담, 게슈탈트상담, 인지정서행동상담의 개념, 인간관, 특성, 상담 과정과 목표 등에 대하여 살펴보았다. 그러나 현재 노인상담은 노인을 위한 독립된 상담모델을 갖고 있지는 않으며 대부분 노인상담에서 활용되고 있는 상담모델들은 기존의 상담모델들이다. 노인상담은 이러한 기존의 전형적인 상담모델에 노인들이 가지고 있는 신체적 질환, 심리 사회적 문제, 노년기에 나타날 수 있는 여러 가지 삶의 문제 등에 대한 이해를 전제로 이루어지고 있다. 따라서 노인상담자는 기본적으로 2개 이상의 상담모델에 대한 경험과 지식을 쌓고 노인의 문제해결을 위한 개입방법에 대해 보다 다양한 가능성을 제공할 수 있어야 한다.

제 5 장

노인상담 기법

도움을 구하는 노인(가족 포함)과 노인상담자와의 전문적 대면관계를 통하여 생활상의 적응문제를 사전에 예방하고 해결하기 위한 원조 과정이 노인상담이라면 이러한 원조를 위해 노인상담자는 기본적인 상담기술은 물론 다양한 상담 이론에 근거한 전문적인 상담기술도 갖추고 있어야 한다. 상담 이론에 기반을 둔 전문 상담기술들은 본서 제4장 노인상담 모델에서 설명하고 있다. 따라서 본 장에서는 먼저 노인상담의 주요기법으로 노인상담자가 기본적으로 지녀야 할 자세와 상담자로서의 기본적인 윤리에 대해 언급하고 다음으로 노인상담은 물론 모든 상담에서 가장 일반적이고 보편적으로 활용되고 있는 상담의 기본기술과 함께 노인상담에서 특히 많이 활용되고 있는 치료적 상담기법들에 대해 소개하고자 한다.

1. 노인상담의 주요기법

노인들은 긴 세월을 살아오는 동안 인생경험을 통해 나름대로 삶의 철학과 지혜를 갖고 있다. 그러나 노년기에 접어들면서 신체의 노화현상과 함께 질병, 경제적 역할상실에 따른 빈곤과 함께 고독 및 소외감 등으로 신체적, 심리 정서적으로 다양한 어려움에 처해질 수 있는 시기이다. 이러한 어려움에 직면한 노인내담자를 상담한다는 것은 생각만큼 쉬운 일은 아니다. 전문적인 상담지식과 기법도 중요하지만 상담에 임하기 전 노인상담자로서 기본적으로 지녀야 할 자세가 갖추어져 있지 않으면 상담에서의 큰 효과는 기대하기 어렵다. 그만큼 상담에 있어 인간존엄에 기초한 기본자세와 전문가로서 책임감 있는 윤리적 태도는 노인상담자와 내담자와의 관계 형성은 물론 상담을 성공적으로 이끌 수 있는 촉진제로서 상담기술에 버금가는 중요한 요소이다. 노인상담자로서 지녀야 할 자세에는 여러 가지 요소들이 필요하지만 본 절에서는 노인상담자로서의 기본자세와 상담전문가로서 지켜야 할 기본윤리에 대해 설명하고자 한다.

1. 노인상담자의 기본자세

상담을 하는 사람들은 대개 다른 사람의 복지를 위하고 문제를 해결해 주고 싶어 하는 동기가 강한 편이다. 그래서 다른 사람을 도와주게 되면 상당한 기쁨을 느끼리라고 미리 기대하나 이러한 기대가 항상 충족되는 것은 아니다. 특히 노인상담에서 노인의 행동이나 특성을 상담자 자신의 일상적인 경험이나 판단에 비추어 너무 중요하게 생각하거나 또는 대수롭지 않게 여기면 노인을 정확히 이해하지 못하게 되고, 결과적으로 내담자를 도와주지 못하는 경우가 되고 만다. 특히 노인상담에 임할 때는 자기 나름대로의 경험이나 지식을 바탕으로 섣불리 내담자에게 반응해서는 안 된다. 따라서 노인상담에 있어 상담자로서의 기본자세를 먼저 지녀야 한다. 기본자세에는 여러 가지 요소가 있으나 본 장에서는 노인상담자의 기본자세로 관심 기울이기, 공감적 이해, 무조건적인 존중, 진정성, 수용에 대해 설명하고자 한다.

① 관심 기울이기

노인상담 시 내담자와 깊은 교류를 하기 위해서는 내담자와 함께 할 수 있어야 한다. 노인상담자가 따뜻한 관심을 가지고 내담자를 대할 때 내담자는 함께 있음을 느끼고 상담자를 신뢰하여 마음을 개방하고 자기가 처한 문제상황을 탐색할 수 있게 될 것이다.

② 공감적 이해(empathic understanding)

공감적 이해는 노인상담자 자신이 직접 경험하지 않고도 내담자가 말하는 것으로부터 그의 감정, 태도 및 신념 등에 대하여 정확하게 의미를 포착하여 마치 내담자가 느끼는 것과 같은 수준과 내용으로 이해하는 것을 말한다. 특히 노인상담에 있어 젊은 노인상담자들은 자신이 실제 경험해 보지 않은 사건에 대해 노인내담자가 얘기할 때 진심으로 공감하며 이해하기가 어려울 수도 있다. 이때 노인상담자는 다양한 방법을 동원해 내담자의 세계를 철저하게 이해하도록 노력해야 한다. 노인상담자를 통해 내담자가 '상담자는 내가 어떻게 느끼는가를 알고 있다' 라고 전달될 때 상담의 효과는 배가 된다. 이러한 공감적 이해에는 두 가지 기초요소가 있는데, 상담자가 내담자의 말 속에 깔려 있는 중요한 감정 · 태도 · 신념 · 가치기준을 포착하는 것과 내담자의 외적인 측면과 아울러 내적인 측면까지 이해하고 알게 되었다는 것을 내담자에게 알려 주는 것이다.

③ 무조건적인 존중(unconditioned award)

무조건적 존중은 노인상담자가 내담자의 독특한 개성과 자질, 노력하고 있는 모습, 잠재능력 등을 사심 없이 있는 그대로 받아들임으로써 내담자의 실존적인 존재를 존중한다는 의미이다. 노인들은 살아온 세월 그 자체만으로도 존중받아 마땅하다. 내담자가 노인상담자에게서 진정으로 존중받을 때 자존감과 자신감 향상은 물론 자기표현 능력도 증대된다. 또한 내담자는 노인상담자가 자신을 위해 최선을 다한다는 느낌을 받게 되어 젊은 노인상담자라 할지라도 신뢰를 하게 되고 상담에 적극 임하게 된다. 그러나 여기서 노인상담자가 주의해야 할 것은 무조건적인 존중은 존경과는 구별되어야 한다는 것이다.

④ 진정성(credibility)

진정성은 신뢰성(teustiness), 일치성(congruence), 투명성(transparency), 진실성(real-ness), 성실성(sincerity)의 의미로도 사용되는데, 노인상담자는 상담관계에서 자신의 느낌에 대해 개방된 태도를 취하고 솔직하게 자신을 드러내어 내담자가 믿고 의지할 수 있도록 신뢰감을 심어줄 수 있어야 한다. 즉, 노인상담자의 말과 행동이 일치하며 진실한 마음을 가지고 한 인간으로서 내담자와 만나야 한다. 또한 노인상담자 자신의 가치관과 신념이 무엇이며 자신의 태도와 가치관이 내담자에게 어떤 영향을 주고 있는지 항상 예민하게 파악하는 것이 바람직하다. 간혹 내담자에게 불리할 것을 두려워하여 솔직하지 못했다가 이를 내담자가 발견하게 되면 오히려 더욱더 불리해지게 되며 그동안 쌓은 신뢰까지 무너질 수도 있다. 부정적인 반응을 가져오리라는 예측 아래 거짓말을 하거나 사실을 회피하는 것은 솔직히 말해 주는 것보다 더 나쁜 부정적 결과를 가져올 수도 있으므로 노인상담자는 내담자를 꾸준히 일관되게 성실하고 진실하게 대해야 한다.

⑤ 수용(acceptance)

수용이란 노인상담자가 내담자의 감정과 약점, 바람직한 성격과 바람직하지 못한 성격, 긍정적인 감정과 부정적인 감정, 건설적이거나 파괴적인 태도 및 행동 등을 있는 그대로 인정하고 존중해 주는 것을 말한다.

주로 '예 예, 으음, 그래서요' 와 같이 짧은 문구로 표현되는 상담자의 반응은 상담자가 내담자의 말을 받아들이고 있으며 주의를 기울이고 있다는 것을 의미하므로 내담자로 하여금 '상담자는 나를 부드럽게 대하고 현재의 나를 있는 그대로 받아들이고 있구나.' 라는 느낌을 갖게 함으로써 신뢰감과 함께 상담에 대한 내담자의 참여를 증진시켜 준다. 따라서 노인상담자는 내담자에게 따뜻하고 수용적이어야 하며 공감적 이해와 마찬가지로 이러한 자세를 말뿐 아니라 음성의 억양과 비언어적 표현, 특히 표정으로 전달하여야 한다.

노인상담자가 내담자의 의견에 동의하지 못할 경우 동의하지 않는다는 사실을 분명히 전달하되 그 표현이나 자세는 온화하며 부드러운 음성이나 기타 비언어적인 표현으로 인격적인 수용을 내담자에게 전달할 수 있어야 한다. 수용적 자세를 위해 노인상담자는 내담자와의 가치관 차이를 극복하고 내담자에 대해 완전히 이해하도록 노력하며 내담자의 의견에 수용하는(acceptance) 것과 동의(agreement)하는 것과의 차이에 대해 인식하고 있어야 한다.

2. 노인상담자로서 지켜야 할 기본윤리

노인상담에 있어 이론이나 기법도 중요하지만 윤리적인 문제를 결코 소홀히 해서는 안 된다. 왜냐하면 내담자와 접촉하는 순간부터 노인상담자는 내담자를 어떻게 대하고 내담자의 복지를 위해 어떤 행동을 취해야 하는가 하는 윤리적인 문제가 대두되기 때문이다. 예컨대, 첫 상담에서는 내담자가 말하는 내용이나 사적인 정보를 어떻게 지켜줄 것인가를 충분히 검토해야 한다. 내담자의 사적정보와 경험내용에 대해 비밀을 보장하는 것은 노인상담자의 윤리적인 책임 가운데 매우 중요하다. 그 밖에 내담자에 대해 어떤 행동을 해야 하고 해서는 안 되는지, 소속한 기관에 대한 책임, 상담노력에 대한 가치판단 등 노인상담자는 기본적인 윤리에 대해 인식하고 있어야 한다. 아울러 노인상담자는 상담자 윤리강령을 숙지하고 이를 상담 과정에서 실천하도록 노력하여야 한다. 여기서는 노인상담자로서 지켜야 할 기본윤리로 전문적 책임감, 비밀보장, 노인상담자의 가치관 점검에 관하여 다루고자 한다.

1 노인상담자로서의 전문적 책임

노인은 신체적 노화로 인해서 스스로를 보호할 수 있는 능력이 결여되기 쉬우며 가족이나 수발자, 또는 주변 사람들에 의해 학대, 방임, 착취의 대상이 되기 쉽다. 따라서 노인상담자는 이들이 겪는 어려움과 스트레스를 해결하여 문제의 예방과 치료가 가능하도록 필요한 상담과 정보제공 및 지지, 격려해 줌으로써 노인이 건강한 삶을 누릴 수 있도록 도울 전문적 책임이 있다. 또한 노인상담 경험이 없거나 노인상담을 처음 시작하는 노인상담자들은 자신의 상담기법에 한계가 있고 완전하지 못하다는 사실을 바로 인식해야 한다. 경험이 풍부한 노인상담자라 할지라도 인생경험이 풍부한 노인을 상담할 때에는 자신의 한계를 항상 인식하고 겸손한 태도를 가져야 하는데, 초보상담자일 때는 더더욱 그러하다. 충분하지 못한 기법이나 경험은 실제 상담을 통해 경험하거나 지도전문가와 선임상담자의 자문과 조언을 통하여 차츰 보완해 가야 한다. 노인상담자가 되려는 사람들은 전문분야의 공부를 체계적으로 마치고 공인된 자격을 얻기까지, 또한 그 후에도 일정기간 상담전문가나 선임자에게 슈퍼비전을 받을 책임이 있다. 이는 상담자 자신을 보호할 뿐만 아니라 내담자의 복지를 위해서도 반드시 필요하다.

또한 상담에 관한 기록 역시 노인상담자의 전문적 책임에 포함된다. 기록을 남겨 두지 않으면 상담을 효과적으로 진행하는 데 차질이 생기며 슈퍼비전을 받을 때도 자료가 부실해진다. 내담자를 불가피하게 다른 노인상담자에게 의뢰해야 하는 경우나, 아주 드물지만 법적인 문제가 생기는 경우에 대비해서라도 체계적이고 성실한 기록은 상담자의 전문적 책임에서 반드시 필요하다.

② 비밀보장

비밀보장은 내담자의 양해나 승인 없이 면담 중에 알게 된 내용을 공개하지 않는다는 것을 의미한다. 상담에 있어 내담자가 구체적으로 말을 하든 안 하든 자신이 이야기하는 내용이 어느 정도로 비밀이 보장되는가에 대해 관심을 갖는 것은 당연하므로 노인상담자는 내담자가 묻지 않더라도 면접 중에 이야기되는 내용은 철저히 비밀이 보장된다는 것을 먼저 설명하고 확인해 두어야 할 필요가 있다. 내담자는 자신의 인격에 손상이 되는 내용, 사적인 이야기와 가족 이야기 혹은 자신이 저지른 행동 등에 관한 이야기를 하고 싶어도 비밀의 보장에 대한 확신이 없기 때문에 주저하는 경우가 많다. 비밀보장은 내담자의 상황과 문제의 내용에 따라 달라질 수 있으며 위기나 상황에 따라 상세히 결정되고 구분되어야 한다.

예를 들어, 노인학대 사례에서 상담 중에 알게 된 내용은 누설하지 않는 것이 원칙이다. 그러나 노인의 복지를 위해, 또는 노인 스스로 해결해 나갈 능력이 없다고 판단되었을 때, 그리고 노인의 보호자나 가해자가 노인상담자의 조언이나 설득에 응하지 않을 때에는 사법당국이나 관련 기관에 신고할 의무가 있다. 또한 자살, 방화 또는 살인과 같이 내담자가 자기 자신과 타인에게 해를 끼칠 수 있는 행동이 임박했다고 판단될 때에는 내담자에게 이러한 사실을 관련 기관이나 가족에게 연락하지 않을 수 없다는 이야기를 먼저 한 후에 관련 기관이나 가족에게 알려야 한다(이장호 외, 2006).

③ 상담자의 가치관 점검

노인상담에 있어 노인상담자의 자기 가치관 점검은 윤리적 측면에서 매우 중요하다고 하겠다. 왜냐하면 윤리는 가치에서 출발하기 때문이다. 따라서 노인상담자는 자신의 가치관을 수시로 재점검하여 노인상담자로서의 윤리적 태도와 자세를 지녀냐 한다. 예를 들어, 노인상담에서 노인상담자가 내담자인 노인보다 젊은 경우, 젊은 세대들은 개방적이면서도 개인의 사생활은 철저히 지켜지기를 원하는 반면, 노인세대는 보수적인 경향이 많으면서도 남의 사생활에 간섭하며 참견하는 것을 자연스럽게 여겨온 세대이다. 그러다 보니 때때로 노인상담자에 대한 관심과 함께 사생활에 관한 개인적인 질문을 하거나, 이 외에 상담 과정에서 세대 간 가치관의 차이에 따른 갈등과 함께 변화에 대한 요구들이 따를 수 있다. 따라서 노인상담자는 이러한 세대 간 차이를 최대한 수용하면서 노인이 인간으로서 존엄성을 가지고 스스로 자신에 대한 결정을 할 수 있는 자기결정권이 있는 존재임을 항상 인식해야 한다. 그리고 노인상담자로서의 전문적 지위를 이용하여 내담자와 비윤리적인 관계나 거래를 하지 않도록 자신의 가 치관 점검과 전문가 윤리강령을 준수하고 지켜나가도록 노력하여야 한다.

2. 노인상담의 기본기술

노인상담의 기본기술은 학자에 따라 명칭과 분류는 조금씩 다르나 일반적으로 널리 사용되는 기본적인 기술에 대해 알아보고자 한다. 본 장에서는 노인상담의 기본기술을 밥 셰비브(Bob Shebib, 2005)가 제시한 상담 기술 분류를 참고하여 관계 형성기술 및 탐색기술, 역량강화 기술, 도전기술로 구분하여 설명하고자 한다.

1. 관계 형성 및 탐색 기술

관계 형성기술(Rapport Skills)은 노인상담에 있어서 내담자를 만나고 신뢰를 발전시키고 상담 목적을 정의하기 위한 기본적인 도구이다. 노인상담의 초기에서 가장 중요한 기술 중의 한 가지로써 경청이 주로 이 기술군의 핵심을 이루고 있다. 상담 시 노인상담자가 잘 듣고 있다고 느끼면 내담자는 더 많이 개방하며 노인상담자가 내담자의 비언어적인 표현까지 적극적으로 듣지 않으면 내담자가 처한 상황의 독특함과 복잡성을 이해할 방법이 없다. 경청 이외에도 관심, 온정, 상담에 기꺼이 몰입하겠다는 의지 등도 포함되나 본 장에서는 적극적 경청, 반영, 질문기술에 대하여 다루고자 한다.

탐색기술(probe Skills)은 관계 형성기술과 중복 사용되지만 노인상담자가 보다 자세하고 구체적인 정보 혹은 특정정보에 대해 자세하게 알고자 할 때 주로 사용한다. 특히 의사소통 과정에서 종종 주제에서 벗어나는 말을 하는 내담자를 대상으로 정확한 정보수집이 필요할 때 주로 활용할 수 있다. 이 기술은 노인상담자가 짐작 혹은 가정하는 것을 피할 수 있게 해 주며 관계 형성기술에서 사용되는 기술을 좀 더 깊이 탐색적으로 사용한다.

카두신(Kadushin, 1997)은 탐색기술과 관련하여 다음과 같이 구분하고 있다.

① 명료화 탐색(clarity probe) : 보다 자세한 설명을 위한 탐색

② 완결을 위한 탐색(completion probe) : 빠트리거나 다루지 못한 혹은 지나쳐 버린 내용을 탐색

③ 반응적 탐색(reaction probe) : 내담자의 생각과 감정에 초점을 두면서 내담자의 정서적 깊이를 향상시키기 위한 탐색

노인상담자가 이 기술을 잘못 사용하면 내담자가 자칫 방어적이거나 숨기려는 태도를 보일 수 있으며 잘못하면 내담자를 심문하는 느낌을 줄 수 있고 노인상담자는 적극적이지만 내담자는 수동적이 되는 단점도 가지고 있어 주의해서 사용해야 한다(Kadushin & Kadushin, 1997, 이장호, 2010, 재인용).

1) 적극적 경청(active listening)[3)]

노년기는 역할상실로 인한 고독감, 소외감으로 누군가에게 말하고 싶고 자기 말을 들어주기를 원하며 자신이 살아온 삶에 대해 인정받고 싶어하는 시기이다. 따라서 적극적 경청은 노인상담에 있어서 관계를 형성하는 데 매우 중요한 기술이다.

적극적 경청은 노인상담자가 내담자가 하는 말을 주의 깊게 듣는 것뿐만 아니라, 비언어적 표현이나 자세를 관찰하고, 내담자가 자유로이 표현할 수 있도록 적극 격려하며 노인상담자와 내담자 간의 대화내용까지 기억하는 의사소통 방법이다. 또한 노인상담자가 내담자의 메시지를 정확하게 받아들여 이해하고 있음을 끊임없이 내담자에게 전달해 줌으로써 내담자 자신이 정확히 이해받고 있다는 생각을 갖도록 하는 행위까지 포함하는 피드백 과정의 일부라고도 볼 수 있는데 3단계[4)]의 과정으로 분류된다(Cournoyer, 김인숙, 역, 2002,

---

3) 적극적 경청의 목적은 첫째, 사정과 계획에 필요한 정보를 모을 수 있고, 둘째, 내담자로 하여금 더 좋은 느낌을 갖도록 해주는데 긴장과 불안을 감소시키고 안전감과 행복감을 고조시키고 희망과 낙천성을 촉진. 셋째, 내담자로 하여금 자신을 자유롭고 온전히 표현하도록 장려. 넷째, 내담자에게 상담자의 가치를 고양시켜줌. 다섯째, 내담자의 자기 이해와 자존감 문제해결 능력을 긍정적으로 변화시키는 데 기여.

4) 적극적 경청의 단계는 다음과 같다. 제1단계 : 주의를 끄는 초대의 단계(inviting)로 신체적 자세와 표정, 목소리, 어투 등의 준비 자세를 의미하며 내담자가 편안한 마음으로 말할 수 있도록 분위기를 조성하는 것. 제2단계 : 경청의 단계(listening)로 내담자의 말을 듣고, 관찰하고, 격려하고, 기억하는 등의 과정으로 내담자의 메시지를 수용하고 보유하기 위해 귀와 두뇌를 활용하는 것. 제3단계 : 반영의 단계(reflecting)로 내담자가 하는 진실한 말속에 숨겨져 있는 의미를 파악해 내는 것

이장호, 2010, 재인용). 적극적 경청기술과 관련하여 본 장에서는 환언, 요약, 침묵, 공감, 자기개방, 명료화에 대해 설명하고자 한다.

(1) 환언(paraphrasing)

환언이란 내담자가 말한 것을 노인상담자 자신의 언어로 바꾸어 다시 말해주는 것이다. 앵무새처럼 똑같은 말을 반복하는 게 아니라 내담자가 한 말을 노인상담자 자신의 말로 바꾸어 부연해줌으로써 내담자가 이야기한 내용의 의미를 분명히 하고 정당화시키며 내담자가 계속해서 자신의 의견을 표현하도록 고무하는 데 필요한 기술이다.

부연의 의미로서의 환언 예

손자의 술주정으로 한숨도 못 잔 할머니가 노인상담자에게 "선생님 어제 밤 한숨도 못 잤습니다."라고 할 때 속뜻의 의미는 손자가 술 마시고 밤새 자신을 괴롭혔다는 뜻이 숨겨져 있다. 따라서 노인상담에서의 환언은 "무슨 고민이 있다는 말씀이시군요."가 부연이다.

다른 환언의 예

내담자(70대 노인) : 그 의사는 형편없어요. 치료능력도 떨어지는 것 같고 환자들에게도 인기가 없어요.

노인상담자 : 그 의사선생님이 무능하다고 느끼시는군요.

(2) 요약(summarizing)

요약은 지금까지 내담자가 한 말의 내용과 그 속에 담겨 전해진 감정들을 전체적으로 묶어 정리하는 것을 말한다. 노인상담자가 상담 중간에 이야기된 내용을 정리, 요약, 강조, 진행사항, 중요이슈나 요점을 파악하고 면담내용이 정확한지 확인하는 기술로써 대화내용과 감정의 핵심, 그리고 일반적인 줄거리를 잡아내는 기술이다. 요약은 상담이 어디로 진행되고 있으며 어디쯤 위치하고 있는지 내담자에게 알려줌으로써 내담자가 상담을 보다 객관적으로 파악하고 문제에 대한 이해의 실마리를 제공해 준다는 점에서 효과적인 기술이다.

요약의 예

노인상담자 : 지금까지의 이야기를 요약해 보면 어르신이 술을 마시는 이유가 부인과의 갈등으로 스트레스를 풀고 불면증을 해결하기 위해서라고 말씀하셨습니다. 그 밖에 어르신이 술을 마시는 다른 이유가 있으시면 말씀해 주시겠습니까?

(3) 침묵(silence)

노인상담에서 가끔 내담자가 말을 하지 않아서 침묵이 지속되는 경우가 있는데, 상담의 초기에 일어난 침묵은 대개 내담자의 당황과 저항을 의미한다. 상담이 진행됨에 따라 생긴 침묵은 내담자의 여러 가지 감정과 생각을 간접적으로 전달하는 의미를 갖게 된다. 이러한 침묵들을 해석하고 처리하는 것이 노인상담자의 역할 중 하나라고 볼 수 있는데, 먼저 침묵이 부정적인지 긍정적인지를 판단할 필요가 있다. 이러한 판단을 하려면 내담자가 보이는 침묵의 의미를 생각해 보아야 한다.

침묵을 다룰 때 염두에 두어야 할 몇 가지 사항으로 첫째, 노인상담자와 내담자 모두가 침묵하고 있어야 한다. 둘째, 침묵을 통해 전달하는 의사소통의 내용이 무엇인지 파악하는 것이 중요하다. 셋째, 내담자가 침묵하고 있을 때 노인상담자는 잠시 그동안 논의된 주제나 생각을 정리하는 시간으로 활용할 수 있으며 내담자 모르게 침묵이 어느 정도 지속되고 있는지 시계를 보면서 실제로 확인해 볼 필요가 있다.

간단한 침묵의 경우 노인상담자는 조용히 인내를 갖고 침묵을 지키는 것이 좋다. 하지만 침묵이 길어질 경우 그 원인을 파악하여 대응할 필요가 있다.

긴 침묵의 경우, 내담자는 대답하기 힘든 질문에 대해 적절한 내용의 답을 발견해 내지 못하고 있는 경우이거나 답을 하기에 너무 감정이 격해 있는 경우, 또는 질문상황이나 면담상황 자체에 불만을 갖고 저항하고 있을 수도 있다. 이럴 때 노인상담자는 내담자의 비언어적 표현을 정확히 파악하여 진솔하게 대응하는 것이 필요하다.

(4) 공감(empathy)

공감이란 노인상담자가 내담자의 입장에서 내담자가 느끼는 감정, 사고, 행동, 동기 등과 같은 내담자의 경험을 민감하게 그리고 주의 깊게 이해하는 것이다. 감정이입(empathy)과 동일한 의미로 사용되며 내담자가 경험하고 있는 상황과 그 상황에서 비롯된 느낌과 감정을 내가 경험하고 있듯이 명확히 인식하는 것을 의미한다. 즉, 공감은 대화를 나누는 동안 내담자와 다르다는 점을 유지해 가면서 내담자의 입장이 되어 내담자의 방식대로 그의 세계를 수용, 지각하고 그 생각과 느낌을 표현해 주는 것이다. 주의할 것은 동일한 경험을 공유하되 문제해결을 위한 객관적인 시각을 유지해야 하며 내담자와 동일한 감정 상태와 상황에 함몰되어 똑같이 문제해결 능력을 상실한 상태를 의미하는 동정(sympathy)과는 구별되어야 한다. 공감을 해 줄때에는 상대의 비언어적 표현에 주의를 기울이고 내담자가 알아듣기 쉬운 말로 표현하되 내담자와 비슷한 음색과 표정으로 말하여야 하며 내담자가 표현하지 않은 내용에도 관심을 기울여야 한다. 공감은 상담뿐 아니라 인간관계에서의 기본적인 기술로 도움의 상황에서 내담자가 경험하는 것과 똑같은 경험을 할 수 있는 기술이라 할 수 있다. 슐만(Shulman, 1984)은 공감과 관련된 기술을 세 가지로 분류하였다.

① 내담자의 감정에 도달하기[5)]

② 내담자의 감정을 이해했음을 보여주기[6)]

③ 내담자의 감정을 언어로 표현하기[7)]

공감기술의 예

내담자(70대 노인) : 나는 지난번 쓰러진 후로 내 인생이 끝장나버린 기분이 들어요. 나는 누구에게도 필요하지 않고 짐만 되는 존재가 되고 만 것 같아요.

5) 내담자의 입장에서 감정을 경험해 보는 것을 의미한다.

6) 말이나 몸짓, 표현 등과 같은 방법을 통해 내담자가 표현한 감정을 이해하였음을 보여주는 것.

7) 대체로 ~해서 ~겠구나(겠군요). 더구나 ~와 같은 형식의 언어로 표현하는 것을 말한다.

노인상담자 : 지금의 상황으로 당신은 모든 것이 힘들게 보여지는군요. 더구나 당신의 병이 누군가에게 피해가 될까 더욱 걱정이 되시는가 보군요.

(5) 명료화(clarification)

명료화는 내담자가 표현을 분명하게 할 수 있도록 격려함과 동시에 내담자가 말하고자 하는 의미를 노인상담자가 잘 이해하고 있는가를 확인하기 위한 기술로 단순한 진술과는 다르다. 내담자가 한 말을 노인상담자가 보다 이해하기 쉬운 말과 생각으로 정리하는 것으로 특히 내담자가 겪고 있는 가장 중요한 문제나 어려움을 파악하고 확인하며 순위를 정할 때 사용되는 기술이다.

노인상담자가 내담자의 이야기를 주의 깊게 경청하고 있으며 한편으로는 이야기에 중요성을 부여하고 있음을 보여주는 점에서 효과적이다. 그러나 면담의 흐름을 방해하거나 내담자가 혹시 잘못 설명하고 있을 수 있다는 점을 암시할 수 있다는 측면에서 주의해서 활용해야 할 필요가 있다. 또한 명료화하는 과정에서 내담자가 비판적인 인상을 받지 않도록 배려해야 한다.

명료화의 예

내담자 : 저는 그러한 말을 들으면 반드시 그러한 상황이 떠오릅니다.

노인상담자 : 그러한 말이 어떤 말인지 그리고 그러한 상황이 어떠한 상황인지 자세하게 말씀해 주실 수 있겠습니까?

2) 반영(reflection)

반영[8)]은 내담자의 말과 행동에서 표현된 기본적인 감정 · 생각 및 태도를 노인상담자가 다른 참신한 말로 다시 말해 주어서 내담자가 자신의 경험에 대한 의미를 찾도록 도와주는 기술이다. 반영은 내담자의 자기 이해를 도와줄 뿐만 아니라 내담자로 하여금 자기가 이해받고 있다는 인식을 갖게 한다. 그런데 내담자가 한 말을 그대로 똑같이 다시 반복하는 식으로 반영해 주면 내

8) 반영은 환언과 비슷하지만 반영에는 들은 내용을 환언해 주는 것뿐만 아니라 상대방의 감정이나 비언어적 의사표현을 다시 한번 재음미해 주는 것을 포함한다.

담자는 자기의 말이 어딘가 잘못 되지는 않았나 하고 생각하게 되거나 그러한 반복에 지겨움을 느끼게 되기 쉽다. 따라서 노인상담자는 가능한 다른 언어를 사용하면서 관심을 가지고 이해하고자 한다는 태도를 보여야 한다.

(1) 내용 반영하기(reflecting contents)

노인상담자가 내담자가 말한 내용을 부연해 설명하고 다시 내담자에게 표현하는 것을 의미한다. 에반스(Evans, 1998)는 부연해 설명할 때 ① 내담자의 말 속에 담긴 주된 생각을 재진술하고, ② 내담자 말의 의미에 덧붙이거나 의미를 바꾸지 않으며, ③ 내담자의 말을 앵무새처럼 따라하지 않도록 제안하고 있다.

부연해 설명하는 것은 ❶ 상담자가 내담자의 이야기를 경청하고 이해하는 노력을 보여주는 것이고, ❷ 내담자와 상담자 간에 신뢰관계를 형성하는 데 도움이 되며, ❸ 내담자의 이야기를 잘 이해했는지 점검하는 기회를 주고, ❹ 내담자가 자신의 생각을 구체화시켜 볼 수 있는 기회를 제공한다(Evans, 성숙진 역, 2000: 100, 재인용).

(2) 감정 반영하기(reflecting feelings)

내담자가 표현한 감정을 노인상담자가 이해하고 반응하는 것을 의미한다.

에반스(Evans, 1998)는 내담자의 감정을 파악할 때 ① 내담자 이야기의 정서적 부분에 주의를 기울일 것과, ② 내담자의 행동(예 자세, 어조, 말 속도, 태도 등)에 주의를 기울일 것, ③ 감정을 적절히 표현하기 위해 감정과 관련한 광범위한 단어를 사용할 것, ④ 내담자의 감정 전부를 파악할 것을 강조하고 있다

또한 내담자의 감정을 반영할 때는 ❶ 적절한 표현방식으로 내담자가 느끼는 감정을 명확하고 간결하게 요약할 것, ❷ 혼재된 감정을 반영해 줄 것, ❸ 내담자의 말을 그대로 되풀이하지 않을 것(하지만 상황에 따라서는 필요할 수도 있다), ❹ 현재 시제를 사용하면서 현재 감정에 초점을 둘 것, ⑤ 몇 가지 표현 구절만을 계속 사용하지 말고 폭넓은 표현방식을 사용할 것을 강조한다.

노인상담자의 감정반영을 통해 클라이언트는 ① 자신이 느끼는 것을 깨닫

는 기회를 가지고, ② 자신의 감정을 받아들이고 살펴보게 되며, ③ 내담자가 경험하고 있는 것을 노인상담자가 이해하고 있다는 것을 보여주게 되고, ④ 노인상담자와 내담자 간에 탄탄한 관계 형성이 이루어질 수 있다(Evans, 성숙진 역, 2000: 101, 재인용)고 말하고 있다.

(3) 감정과 의미 반영하기(reflecting feeling and meaning)

노인상담자가 감정과 의미를 반영할 때는 내담자의 경험과 일치시켜야 하지만 의미를 부여하거나 해석하지는 않는다.

① 반영해 주어야 할 주요 감정

노인상담자가 반영해 주어야 할 내담자의 감정은 크게 세 가지로 나누어 볼 수 있다. 즉, 정적인 감정, 부적인 감정 그리고 정적, 부적인 감정이 동시에 병존하는 양가적 감정[9)]이다. 정적인 감정은 개성을 발휘하는 성질의 것이고, 부적인 감정은 일반적으로 개성을 구속하거나 자기 파괴적인 성질의 것이다. 반면에 양가적 감정은 같은 시간, 같은 대상에 대해 둘 혹은 그 이상의 서로 상반되는 감정들이 공존하는 것이다.

노인상담을 하다 보면 내담자의 말이나 행동에 한 가지 감정이나 느낌이 아니라 동일한 대상에 대해 모호하고 양면적인 느낌이 깔려 있는 경우를 접할 수 있다. 노인상담자는 이렇게 서로 일치하지 않는 감정 혹은 불분명한 느낌의 상태를 발견하여 내담자에게 반영해 주는 것이 필요하다. 그리하여 내담자가 동일한 대상에게 갈등적인 감정과 태도가 있음을 자각하게 해주어 내면적 긴장의 원인을 덜 수 있게 만드는 것이다.

정적인 감정 반영의 예

내담자(60대 은퇴노인) : 가끔씩 저의 능력을 사장시키고 있다는 생각이 들

9) 양가적 감정(ambivalent)은 스위스 정신과 의사인 블로일러(Bleuler)에 의해 소개된 개념으로써 한 가지 대상에 대해 동시에 상반되는 두 가지 감정을 갖는 경우를 말하며 이런 상반되는 태도는 표리를 이루고 있는 것으로서 표면화되는 것은 그중 어느 하나의 감정태도이지만 또 하나의 태도 역시 억압된 상태에서나마 존재함으로서 불안과 죄책감을 일으키는 작용을 한다.

때 속상합니다.

노인상담자 : 자신의 능력을 제대로 발휘할 기회가 없어 안타깝다는 말씀이 군요.

부정적인 감정 반영의 예

내담자(60대 은퇴노인) : 은퇴 후에도 활발한 활동을 하는 친구들을 보면 괜히 속상하고 화가 나요.

노인상담자 : 그런 친구들에 대해 열등감을 느끼시는가 보군요.

양가적 감정 반영의 예

내담자(60대 초반의 여성) : 명퇴 후 지금까지 집에서 할 일 없이 지내는 남편을 보면 불쌍하기도 하지만 너무 밉기도 합니다.

노인상담자 : 남편의 어쩔 수 없는 처지가 안타깝지만 그러한 처지를 개선하지 못하는 남편이 원망스럽다는 말씀이군요.

② 행동 및 태도의 반영

노인상담자는 내담자가 말로써 표현하는 것뿐만 아니라 자세, 몸짓, 억양, 눈빛 등으로 표현하는 것에 대해서도 반영해 줄 필요가 있다. 특히, 내담자의 언어표현과 행동단서에 차이가 있거나 모순이 보일 때에는 이를 반영해 주어야 한다.

행동의 반영 예

내담자(흥분을 감추지 못한 70대 남성) : 저는 이제 더 이상 가족들이 말할 때 뒷전에 물러날 있지 않고 제가 중심이 될 겁니다. 안 되면 모두 내 편을 만들어서라도 제 생각을 관철시키겠습니다. 앞으로 절 무시하지 않도록 말입니다.

노인상담자 : 가족들에게 직접 나서서 자기 위치를 찾겠다고 결심하고 나니까 흥분이 되시는 모양이지요?

③ 반영의 문제점

노인상담자가 반영할 때 주의해야 할 것은 내담자의 말과 행동 중 어떤 것을 선택하여 그것을 어느 정도의 깊이로 반영할 것이냐의 문제이다. 일반적으로 이러한 선택의 기준은 내담자가 표현한 말과 행동에 담긴 감정과 생각 중에 가장 중요하고 강한 것이 어떤 것이냐에 따른다. 이때 중요한 점은 내담자가 말로 표현한 수준 이상으로 깊이 들어가지 않는 것이다. 내담자가 분명하게 표현하지 않은 것을 언급하는 것은 명료화나 해석이 되기 쉽다. 또 주의해야 할 것은 이러한 반영반응을 언제 하는 것이 가장 바람직한가 하는 것이다. 대개 노인상담의 초심자들은 내담자의 말이 다 끝나기를 기다렸다가 반영을 하는 경우가 많은데 반드시 그럴 필요는 없다. 경험이 많은 노인상담자라면 의미 있는 느낌에 초점을 맞추기 위해 가끔 내담자의 말을 중단시킬 수도 있지만 한편으론 말을 너무 빨리 막아서 내담자의 감정 흐름을 중단시킬 위험도 있으므로 주의하여 사용해야 한다.

3) 질문(questions)

질문은 노인상담자가 내담자가 말하는 내용이나 생각, 감정에 귀를 기울이고 있고 이런 중요함을 표현하는 기술이다. 질문은 노인상담자가 문제의 초점을 명확히 하기 위함이며 내담자에 대한 보다 상세한 정보나 자료를 얻기 위한 것이다. 무의미한 질문이나 노인상담자가 원하는 방향으로 유도하기 위해 심문하듯이 질문해서는 안 되며 내담자의 반영적 고찰(self-reflection)을 자극하기 위해서 육하원칙에 의해 질문하는 것이 좋다.

(1) 개방질문

개방질문은 내담자에게 선택의 자유를 주고 자신의 생각이나 감정을 자유롭게 표현할 수 있도록 한다. 내담자가 하고 싶은 말을 자율적으로, 충분히 하게 함으로써 많은 정보를 수집할 수 있는 장점이 있다. 상담초기에 개방질문을 많이 사용하는 것이 좋지만 자신의 생각이나 감정을 언어로 표현하는 데 익숙하지 않은 노인내담자들에게는 오히려 위협이 되거나 불안감을 야기할 수 있다.

(2) 폐쇄질문

폐쇄질문은 '예, 아니오'로 답할 수 있거나 혹은 이름, 주소, 연령 등과 같은 아주 간략한 답이 나올 수 있는 질문으로 상담초기보다는 종반에서 지금까지 언급되지 않은 중요한 정보를 확인, 정리할 때 사용하는 것이 바람직하다. 또한 '왜'라는 질문은 추궁받는 느낌을 갖게 하므로 피해야 할 필요가 있으며 같은 질문이라 하더라도 내담자의 목소리, 질문 시기, 질문하는 단어의 선택 및 배치에 따라 다른 의미를 전달할 수 있으므로 주의해서 사용한다.

개방질문과 폐쇄질문의 예

개방질문 : 당신 손자들에 대해 이야기해 주십시오.
　　　　　이 문제를 해결하기 위해 당신은 무엇을 할 수 있습니까?
폐쇄질문 : 당신 손자의 이름은 무엇입니까? 지금 우울하십니까?

(3) 질문에서의 주의점

① 유도질문의 사용

일정방향으로의 응답을 유도하기 위해 질문하는 것을 말하며 노인상담자가 원하는 대답을 내담자가 할 수 있도록 질문을 구성하는데, 유도질문은 상당히 위협적이며 모욕적일 수 있으므로 사용하지 않는 것이 좋다. 예를 들어, "당신은 그게 잘못됐다고 생각하지 않아요?" 혹은 "나는 당신이 상관한테 당신이 일을 빼먹은 이유를 설명했을 거라고 생각합니다.", "당신이 싸우고 싶은 게 사실이죠?"하는 식이다.

② '왜' 질문의 사용

본질적으로 '왜'라는 질문은 내담자가 자신의 행동을 정당화하도록 요구하는 것이고 이는 내담자에게 방어적 태도를 만드는 경향이 있다. 또한 내담자에게 책임을 추궁하거나 몰아세우는 인상을 주며 모르는 상황에 대해서 답변을 강요할 수 있으므로 가급적 피해야 한다.

③ 이중 혹은 중첩 질문의 사용(stacking questions)

한꺼번에 여러 가지 질문을 하는 것은 바람직하지 못하다.

④ 모호한 질문의 사용

모호한 질문은 대명사를 많이 사용하거나 혹은 상황에서 벗어난 질문을 할 때 많이 사용한다. 특히 대인관계가 복잡한 상황에서 누가 누구와 어떤 관계 속에서 문제가 발생하였는지 파악할 때 주로 사용한다. 이러한 문제를 피하기 위해서 노인상담자는 구체적으로 질문을 하는 것이 좋다.

2. 역량강화 기술(Empowering Skills)

역량강화란 내담자가 자신의 삶의 상황을 향상시키기 위해 자신의 능력이나 대인관계 혹은 정치 사회적으로 증진시켜 나가는 과정을 말하며 역량강화 기술은 최근 노인상담에서 내담자의 자신감, 자존감, 자기 삶에 대한 통제력을 발달시키는 데 많이 사용되고 있다. 코저(Cowger, 1994: 264)는 "노인상담자가 타인의 역량을 강화시켜 줄 수 있다고 생각하는 것은 순진하고 현실에 맞지 않는 터무니없는 생각이다. 역량이란 노인상담자가 자기 마음대로 나누어 줄 수 있는 그런 것이 아니다. 노인상담자가 아닌 내담자 스스로가 상담을 통해 의미 있는 변화를 일으킬 수 있는 힘을 가지고 있으며 노인상담자는 단지 역량강화에 관련된 자원을 사용할 수 있도록 전문적인 훈련을 받고 내담자가 자신의 힘을 깨닫도록 돕기 위해 지식을 나누는 것이다. 즉, 내담자 스스로 자신의 삶을 통제하고 자신의 문제를 해결해 나갈 수 있도록 하는 하나의 자원일 뿐이다."라며 노인상담자의 역할이 변화시키고 돕고 역량을 강화시키는 것이 아니라는 중요한 사실을 상기시켜 준다. 본 장에서는 역량강화 기술로써 강점 찾기, 지지, 조언 및 정보 제공에 대해 설명하고자 한다.

1) 강점 찾기

강점 찾기는 노인상담 영역에서 내담자의 역량강화를 위해 최근 많은 관심을 받고 있다. 강점 찾기는 내담자인 노인이 가진 문제를 병리적, 부정적 시각에서 보기보다는 내담자가 갖고 있는 능력이나 자산, 긍정적인 태도에 중점을 두고 내담자가 보지 못하고 있는 내담자의 자산과 자원을 깨닫게 하는 것을 의미한다.

베렌슨과 미첼(Berenson & Mitchell, 1974)은 성공적인 상담자는 내담자의 약점보다는 내담자가 가진 강점에 주목한다는 사실을 발견하였다. 강점을 깨닫도록 돕는 일은 내담자 스스로 변화를 만들어 낼 수 있다는 믿음을 갖도록 역량을 강화시키도록 하는데, 노인상담자는 내담자가 실패한 경험보다 내담자 능력이나, 자원 등 강점을 찾아 상담 결정과 문제를 인식하도록 원조해야 한다. 왜냐하면 실패한 경험에 초점을 맞추는 사람은 자신의 행동을 변화시키기가 어려우며 내담자가 갖고 있는 강점들은 내담자문제를 극복할 수 있도록 하는 자원으로서 매우 유용하기 때문이다.

강점 찾기 접근에서는 불행한 인생경험도 강점의 원천이 될 수 있으며 '나쁜 일을 통해 좋은 일이 일어난다' 는 격언을 실제로 노인상담에 적용함으로써 내담자로 하여금 불행한 경험을 통해 오히려 자신의 문제를 해결하고 대처하는 능력을 키울 수 있도록 노인상담자는 내담자의 능력을 확인하고 강화시키도록 원조한다(Gerard Egan, 제석봉 역, 2006; 이효선, 2008).

2) **지지**(support)

지지는 노인상담자가 내담자의 고립감을 감소시키며, 문제에 대해 이야기하고, 감정을 표현하도록 동기를 제공하며, 내담자 스스로 변화의 길로 접어들도록 도와주는 기술이다. 모든 상담이 어느 정도까지는 지지적이라고 할 수 있으나 노인상담에서 지지는 내담자의 역량을 강화시키기 위해 특히 많이 쓰이는 기술이다. 지지는 내담자에게 제대로 된 길로 들어서 있다고 이야기해주며 내담자의 감정과 반응이 정상적이라고 알려주는 데 주로 사용된다. 또한 내담자가 직면한 외적 위협이 그렇게 위험하지 않다는 것을 표현해줌으로써 내담자가 불안감과 스트레스를 잘 다룰 수 있도록 도와서 내담자의 에너지, 자신감, 문제해결 역량을 더욱 강화시켜 준다.

3) 조언 및 정보 제공(information giving)

조언 및 정보 제공은 내담자에게 그들의 문제를 다루는 데 도움이 될만한 자원에 대한 지식을 포함하여 결정과 행동에 있어 대안이 될 수 있는 지식을 갖게 하여 역량을 강화할 수 있다. 노인상담자는 문제를 다루는 것에 관해 조언 및 정보를 제공할 수 있으나 가능한 내담자 스스로 결정을 내리도록 도우며 내담자를 좌절시키는 조언이 되지 않도록 주의해야 한다. 노인상담에서 조언과 정보 제공은 필요하지만 사실 조언은 다양한 인생경험과 지혜를 갖고 있는 노인대상의 상담에 있어 그리 큰 도움은 되지 않는다. 따라서 노인상담자는 내담자가 정보나 지원을 요청할 때는 즉각 정보를 공유하거나 제공하되 직접적인 조언이나 충고는 하지 않는 게 바람직한 상담이다. 예를 들어, 내담자가 겉으로는 "선생님은 제게 무엇을 해주실 수 있습니까?" 또는 "제가 무엇을 해야 합니까?" 하고 물어도 속으로는 자기결정권을 포기하지 않았다는 것을 명심해야 한다. 내담자는 혼란스럽고 당황했을 뿐 노인상담자에게 권한을 양도한 게 아니기 때문이다. 조언이 필요한 경우는 신속한 의사결정을 요하는 위기적 상황이나 가족상담, 또는 노인성 인지장애로 인해 노인내담자 스스로 판단능력이 부족하거나 노인상담자나 내담자가 필요하다고 인정될 때 사용한다. 내담자에게 타당한 정보는 제공하되 노인상담자의 주관적 판단에 따른 조언은 가능한 제한하고 하더라도 암시적으로 해야 한다.

조언 및 정보 제공의 예

내담자(70세 불면증노인) : 선생님 정신과 약을 먹으니 졸음이 많이 옵니다. 그래도 약을 먹어야 할까요?

노인상담자 : 예, 그렇습니다. 정신과 약들은 졸리게 하는 특징들이 있지만 그것이 약 복용의 중단사유가 되기는 어려울 것 같군요. 그렇다고 해서 약을 중단한다면 잠들기가 더 어려워질 수도 있습니다. 좀 더 상세히 알고 싶으시면 담당 의사선생님께 한번 물어보는 게 어떨까요?

3. 도전기술(Challenging Skills)

도전기술은 내담자가 그들의 행동과 생각을 비판적으로 평가하도록 돕기 위해 사용된다. 도전기술은 내담자가 변화와 성장으로 나아가도록 이끌고 이러한 방법으로 상담관계가 존재하는 근본적인 이유를 충족시킨다. 도전기술에서 과도하거나 조급한 의존은 상담관계를 좋지 않게 하기도 한다. 도전기술로 주로 직면, 피드백, 자기개방, 격려, 재구성 등을 들 수 있으나 본 장에서는 직면과 피드백, 자기개방에 대해 설명하고자 한다.

1) 직면(confrontation)

직면이란 노인상담자가 내담자의 판단과 행동의 원인을 압축하여 제시함으로써 내담자가 이를 받아들이도록 하는 상담기법이다. 쉽게 표현하면 내담자가 모르고 있거나 인정하기를 거부하는 생각과 느낌에 대해서 주목하도록 하는 노인상담자의 언급(또는 지적)을 말한다. 직면은 내담자가 그들의 행동을 평가하고 왜곡된 것을 바로잡아 다른 관점으로 보도록 하며 책임감을 갖도록 한다. 노인상담자가 상담 과정에서 직면을 시도할 때는 노인과 가족의 심리적인 부담감을 감안해야 하며, 특히 용어선택과 상황에 대한 책임 있는 진술, 예측할 수 없는 감정적 동요 등을 고려해야 한다. 비난, 비판, 거절 등은 내담자에게 잠정적 불안 야기와 평행상태를 혼란시킬 수도 있으므로 노인상담자와 내담자 간에 신뢰관계가 강하게 형성되어 있거나, 내담자가 직면 사용의 가치를 수용, 이해할 때 사용하면 매우 효과적이다.

브릴(Bril, 1998: 166, 재인용)은 도전기술로서의 직면에 대해 "직면을 잘못 사용하면 이전의 모든 힘겨운 노력을 수포로 돌아가게 할 수 있다. 현실이 내담자를 압박하고 있다면, 상담자는 지지를 제공할 수 있어야 한다. 직면하려는 바가 현실의 일부분일지라도, 상담자의 분노와 좌절을 표현하기 위해서 직면을 사용해서는 안 된다."라고 말하고 있다.

노인상담자는 다음과 같은 상황에서 내담자를 직면시킬 수 있다.

- 잘못된 가정이나 불충분한 정보로 일할 때
- 다른 사람의 행동을 오해할 때
- 내담자 행동의 영향에 대해서 자각이 부족할 때
  (예 내담자의 책임을 평가하기보다 내담자의 문제를 다른 사람의 탓으로 돌릴 때)
- 내담자의 행동, 사고, 감정의 모순을 증명할 때
- 내담자의 강점, 역량, 자원을 부정하거나 인정하지 않을 때

직면사용의 예

내담자(70세 여성노인) : 우리 며느리는 사사건건 내게 트집을 잡는 것 같습니다.

노인상담자 : 며느리가 트집을 잡는 건지, 혹 트집을 잡힐 행동을 스스로 만드시는지요?

내담자 : 며느리와 잘 지내려고 노력은 하는 데 잘되지 않는 것 같습니다.

노인상담자 : 정말 노력을 하시는지 아니면 해결이 안 될 만큼만 노력하시는지요?

2) 피드백(feed back)

피드백이란 내담자의 행위, 사고, 감정에 있어서 노인상담자의 입장을 전달하는 것으로 내담자의 자기인식을 증가시키고 행동의 변화를 유발한다는 점에서 매우 효과적이다. 피드백의 장점으로는 첫째, 분명하고 솔직한 피드백은 합의된 목표를 성취하는 데 있어 일련의 행동이 제대로 수행되고 있음을 확인하는 한 방법이 되는 것이며 둘째, 의사소통에 있어 말뿐만 아니라 감정적인 내용을 짚고 넘어갈 수 있도록 돕는다.

피드백을 제공할 때 노인상담자가 주의해야 할 점은 내담자의 고통이나 어려움에 대해 진심어린 말이라기보다는 겉치레로 말한다고 생각할 수 있으므로 노인상담자가 피드백을 제공할 때 내담자의 반응이 어떨지를 고려해 보는 것이 필요하다. 피드백 제공 시에는 설명적이고 해설적이기보다는 기술적인

피드백이 초점이 있고 덜 논쟁적이다(정원철, 2005: 143).

피드백 사용의 예

내담자 : 선생님, 제가 상담에 적극적으로 응하고 있는지 궁금합니다.

노인상담자 : 네, 제가 보기에는 자신의 문제를 해결하기 위한 노력도 보이고 상담에 대한 책임감과 의지도 높으신 것 같은데 변화를 너무 두려워하시는 것 같습니다.

3) 자기개방(self-disclosing)

자기개방이란 노인상담자가 자신의 개인적인 얘기를 말해 주는 것을 의미하며 원조상황에서 적절하다고 생각되는 자신의 경험을 내담자와 함께 나눌 수 있는 기술이다. 자기개방은 일종의 도전으로 이는 내담자에게 자신에 관해 더욱 설득력 있게 말하거나 보다 초점을 말하도록 압력을 가하게 된다(제석봉 역. 2006: 257).

노인상담자가 자신의 개인적인 이야기를 내담자와 공유하는 것은 도움을 줄 수도, 그 반대일 수도 있으므로 유의해서 사용해야 한다. 노인상담자와 내담자의 관계가 동등한 인격적 관계일 때는 효과적인 도전의 기술로 활용될 수 있다.

노인상담자가 자기개방 시에는 다음과 같은 사항을 고려해야 한다.

① **자기개방의 위험** : 자기개방은 신중히 고려되어야 한다.

② **적절한 자기개방** : 노인상담자의 자기개방이 적절히 활용될 때는 내담자에게 혼자가 아니라는 느낌을 가질 수 있게 해준다.

③ **자기개방을 어려워하는 이유** : 경험을 공유하게 되면 당황스러워질 것 같고, 또한 내담자가 자신을 하찮게 생각할까 봐 두려워하기 때문이다.

④ **자기개방은 짧게** : 노인상담자의 프라이버시를 지킬 권리도 있다

3. 노인상담의 치료적 기법

노인상담에 있어 치료적 효과를 갖고 있는 기법들로는 주로 회상기법, 심리극기법, 원예치료 기법, 미술치료 기법, 조각기법, 이야기치료 기법, 자기주장 훈련기법, 매체학습 기법, 문장완성 기법, 여가치료 기법 등이 많이 사용되고 있다. 본 장에서는 회상기법, 심리극기법, 역할연습 기법, 이야기치료 기법에 대해 다루기로 한다.

1. 회상기법(Reminiscing Technique)

회상기법은 내담자가 의미 있다고 생각하는 과거 경험을 생각하고 그런대로 만족하고 최선을 다해 살아온 의미 있는 일생이라는 느낌을 가지고 그 경험을 현실의 문제와 연관시켜 문제를 노인 스스로 자각하고 해결하며 통합적으로 바라보게 하여 효과적인 대인관계와 정서적 지지를 통하여 자존감을 향상시키는 기법이다. 구술이나 서술, 혹은 명상법을 주로 사용하는데, 이 기법은 혼자 회상할 때보다 다른 사람에 의해 받아들여질 때 긍정적인 결과가 더욱 많고 효과적이다.

회상기법의 주요방법으로는 다음과 같은 것들이 있다.

① 자서전의 저술이나 녹음

내담자가 자신의 삶을 정리 · 기술하는 방법으로 노인상담자는 자서전에 기술되는 사건, 경험, 사람들뿐 아니라 자서전에 기술되지 않은 부분에 대해서도 주의를 기울이는 것이 필요하다.

예 성공한 한 전문직 남성노인은 자신의 부모와 중년기에 접어든 그의 두 자녀에 관해 전혀 언급을 하지 않고 자서전을 작성하였는데 이유는 어린 시절에 부모로부터 학대를 받았던 점과 중년기인 두 자녀들과 사이가 멀어진 사실을 고백하고 있다.

② 생애 순례여행

노인들은 자신이 태어나고 살았던 곳, 좋았거나 나빴던 기억이 남아 있는 장소, 아동기, 청년기, 성년기를 보낸 곳으로 여행을 떠남으로써 기억에 남아 있는 사람과 자신의 과거를 만날 수 있다. 또한 생각을 정리하기 위해서 사진을 찍고 기록하며 그 곳에서 아직도 자신을 기억하고 있는 사람들과의 만남을 통해 지난 삶을 되돌아볼 수 있게 하고 이러한 순례여행을 통해 노인들에게 돌이키고 싶었던 과거와 화해할 기회를 갖게 한다.

③ 중요인물들과의 재회

노인들은 초 · 중 · 고 · 대학동창 모임이나 가족, 친척, 종교, 봉사 등 활동하고 있는 단체 모임에서 그들 인생에 있어서 중요한 친구들이나 사람들을 만나면서 자신을 돌아볼 수 있는 기회를 갖는다.

④ 가족족보

노인에게 가계를 밝히는 일은 역사의 연속성을 느끼게 해주고 얼마나 많은 가족 구성원이 사망하였는지 앎으로써 죽음의 두려움을 완화하는 데 도움이 된다.

⑤ 스크랩북, 사진첩, 오래된 편지 및 그 밖의 기억할 만한 중요기사

노인 자신의 인생에서 특별하게 즐거운 기억을 담고 있는 오랫동안 보관해 온 물건들을 살펴보며, 이러한 것들에 관해 이야기함으로써 오랫동안 잊고 있었던 인생의 중요한 사건과 사람들을 기억하게 되고, 이로 인해 노인들은 정서적 경험을 회상할 수 있다.

⑥ 일생의 업적정리

노인들은 세상에 기여하였다고 여기는 일을 정리함으로써 세상에 의미 있게 참여했다고 느낀다. 책, 시집, 음악작품 등으로 정리하여 발표하기도 한다.

⑦ 민족적 정체감에 대한 관심

노인들은 그들이 속한 민족집단의 한 구성원으로서 자신이 누렸던 특별한 전통과 경험을 집중적으로 회상함으로써 자신이 물려받은 유산의 전가를 인정하고 민족적인 기여를 했다는 자부심을 갖게 되고 또한 이를 전수할 수도 있다.

2. 심리극기법(Drama Technique)

심리극은 1912년 정신과 의사인 모레노(J. I. Moreno)에 의하여 창시된 기법으로 연극적 방법을 사용하여 인격의 구조, 대인관계, 갈등, 및 정신문제들을 탐색하고 집단치료의 의미도 내포하고 있는 집단적 정신요법 중의 하나이다. 노인이 자신에 대한 통찰과 감정적 문제, 정서적 갈등이나 경험을 극화하여 연기하게 하고 자신의 느낌을 동작으로 자유롭게 표현하게 함으로써 잘못된 편견이나 오해 등을 풀고 적응력을 회복시켜 주는 기법이다. 특히 노인이 내면의 문제를 통찰하고 탐구하게 하여 치료적 효과를 갖도록 하는 심리극은 내담자에게 현실문제를 직면하게 하는 효과가 있다. 심리극을 구성하는 요소로는 다른 사람의 도움으로 자신의 정서적 문제를 표출하는 주 연기자(주연, protagonist, 내담자가 담당), 노인상담자의 조수로서 주연의 느낌표현을 돕기 위하여 행동하고 연극화할 수 있는 훈련된 보조인물(보조자아) 그리고 무대감독(director)이 있으며 연출가인 노인상담자, 관중, 무대가 있다(이호선, 2010: 138, 재인용).

심리극기법의 주요방법을 구체적으로 살펴보면 다음과 같다

① 독백

말이 없는 노인 혹은 대화 도중에 침묵이 자주 발생하는 경우에 사용하는 방법으로 특히 치료적 독백은 연극에서 대화 도중에 고개를 돌려 혼자서 자신의 감정과 상황, 내면의 느낌을 말하게 하는 기법이다.

② 역할 바꾸기

상대하던 두 사람이 서로의 역할을 바꾸어 함으로써 상대방의 눈을 통해 자신의 문제와 갈등을 보게 하는 기법으로 이 기법을 통해 상대의 역할을 이해하고 자신의 생각과 표현의 불일치를 이해하게 된다.

③ 거울기법

자존감이 낮거나 대인관계가 어려운 노인, 비협조적인 노인, 우울증상이 있는 노인들에게 유용한 기법이다. 이 기법은 내담자에게 불쾌감을 줄 수도 있기 때문에 가능한 한 내담자의 동의를 얻는 것이 좋다.

④ 마술 상점

내담자가 원했던 것이나 버리고 싶었던 것들이 실제로는 그다지 큰 의미가 없었다는 사실을 발견하는 것에 도움이 되는 이 기법은 내담자 내부의 긍정적인 자원을 탐색하고 생각의 목표와 가치를 명백히 하는 데 도움이 된다.

⑤ 빈 의자기법

빈 의자를 이용해서 내담자의 상상력을 자극하거나 역할연기를 시도하는 빈 의자기법은 자신에 대한 이해나 내면의 답변을 찾는 데 도움이 되며 그 대상이 사람이 아닌 자아이기 때문에 보다 자유롭게 상상할 수 있어 내담자의 저항이 약화되는 강점이 있다,

⑥ 이중 자아 기법

이중 자아 기법은 내담자의 심리적 경험을 있는 그대로 혹은 최고조로 묘사함으로써 문제를 평가하고 갈등을 분석하며 상호관계를 자극하고 촉진하는 기법이다.

⑦ 죽음과 재생의 장면

이 기법은 주로 상담실의 의자, 긴 소파 혹은 바닥에서 진행되는데, 자살충동을 느끼는 노인이나 죽음을 두려워하는 노인, 어느 한 가지 일에 지나친 집착을 보이는 노인, 가족 간의 갈등이 심한 노인, 이기심이 많거나 증오심이 강

한 노인 등에게 유용하게 사용된다.

⑧ 심판의 장면

이 기법은 내담자가 하느님, 가상의 인물, 철학자, 이상적인 인물들과 만나게 되고, 그 역할을 맡은 보조자아가 삶에 대한 평가, 죄의식, 가치관 등을 공개재판의 형태로 진행하는 것을 말한다. 또한 이 기법은 질문과 답변 추궁과 방어 및 상징적인 상벌행위를 사용해 죄책감이 강하거나, 자존감이 낮은 내담자에게 죄책감을 낮추고 자존감을 높이는 기능을 한다.

⑨ 등 보이기

등 보이기 기법은 노인상담자가 내담자의 동의를 구한 후에 마치 내담자가 그 자리에 있지 않은 듯 내담자의 등을 돌리게 한 뒤 내담자문제에 대한 원인을 가족과 함께 규명해 보고, 어느 정도 의견이 나와 가족 간의 대화가 이루어지면 내담자는 다시 방에 들어온 걸로 한다. 그런 다음 그동안 느낀 바를 가족에게 이야기하게 하는 기법으로 유난히 독단적이고 교만하거나, 사람들과 어울리지 못하고 자주 말썽을 일으키는 노인, 혹은 친구가 없고 우울하거나 다른 노인들에게 배척당하고 있는 노인에게 주로 사용된다.

⑩ 공유기법

내담자가 여러 사람 앞에서 자신의 깊은 내면이나 감추고 싶었던 내용, 수치스럽거나 고통스러웠던 경험을 털어놓고 그 내용을 함께 나누는 공유(sharing)는 타인에 의한 지지, 감정이입, 일반화를 통해 내담자가 통찰하게 하는 기법이다. 주로 유사한 경험, 비슷한 연령대의 노인집단상담에서 이 기법을 사용하기가 용이하다.

3. 역할연습 기법(Role Play Technique)

노인상담에 참여하는 내담자나 가족, 혹은 집단상담 참여자가 별도의 정해진 대본 없이 자신들의 이야기를 가지고 각각 역할을 맡아 내담자의 문제와 관련된 일련의 상황들을 연극형식으로 표현하는 역할연습 기법은 일종의 모의행동 과정이라고 말할 수 있다. 노인상담의 경우 노인이 처해 있는 문제상황을 가지고 실제와 가깝게 꾸며진 면담상황에서 내담자가 그 장면에서 할 수 있는 말과 행동들을 실제처럼 해보게 하는 것을 말한다. 역할을 맡고 수행할 수 있는 능력은 노인들이 특별한 인지장애가 없는 한 누구나 할 수 있다. 처음에는 어색해 해도 역할극 과정을 통해 개인이나 집단의 문제가 재연되고, 재연된 문제를 가지고 전에는 해 보지 않았던 말이나 행동들을 실제 해 보게 하며, 토론을 통해 새로운 대안을 찾게 함으로써 내담자문제가 해결되는 과정을 경험하게 하는 기법이다. 역할연습은 노인상담에서 주요 치료적 기법이기도 하지만 다른 상담기법을 보완하는 보조수단으로 쓰이기도 한다. 노인상담자의 판단과 내담자의 호응수준에 따라 역할연습을 직접적, 또는 간접적으로만 활용할 수 있다. 역할연습은 노인상담과 심리치료에 있어서 세 가지 주요 목적[10]에 의해 사용된다(이장호, 2010: 132, 재인용).

역할연습의 의미에 대해 이장호(2010)는 다음과 같이 설명하고 있다.

① 실제 생활장면에서의 행동을 근사하게 대표(연출)한 것이다.

② 주인공(내담자)은 생각, 감정 및 행동 등을 전체적(전인적)으로 표현하게 된다.

③ 내담자(주인공)가 실제 생활장면에서 어떻게 움직이는가를 노인상담자 및 다른 관찰자들에게 정확히 보여준다.

④ 극적인 행동으로 진행되기 때문에 내담자의 문제를 구체적으로 부각시킨다.

10) (1) 진단의 수단 : 내담자가 역할장면에서 보이는 행동들을 통해, 노인상담자는 문제의 성질 및 범위, 내담자의 생활습관, 내담자의 주요생각들과 감정세계를 파악 (2) 교육적 수단 : 내담자는 다른 사람들의 역할연습 행동을 보면서 여러 생활장면에서 타인들의 행동 및 감정 경향을 이해, 즉 남들이 어떻게 생활장면을 처리하는가를 배운다. (3) 치료 및 훈련의 수단 : 역할연습에 참여하는 과정에서, 내담자(주인공)는 자기 자신에 대한 통찰(각성)을 얻게 되며, 자신의 감정을 어떻게 자제해야 하는가를 배우기도 하고 새로운 행동 양식을 개발할 수 있게 된다.

⑤ 내담자가 불안과 위협을 느끼지 않으면서 평소의 행동을 나타낼 수 있게 한다.

4. 이야기치료 기법(Narrative Therapy Technique)

이야기치료(Narrative Therapy)는 1980년대 후반부터 상담과 심리 치료의 분야에서 새로운 패러다임과 방법론으로 대두되기 시작하여 한국에는 1990년대 후반부터 사용되었다. 노인상담자는 각자 살아온 경험이 다른 내담자와 자신들 삶의 이야기를 대화의 형식을 통해 서로의 세계를 파악하고 나누면서 자신이 누구이며, 왜 여기에 있고, 무엇을 해야 하는지 탐색하고 이야기의 궤도가 수정되고 새롭게 바뀌도록 도와준다. 이렇게 새롭고 건강하게 바뀐 이야기 속에서 적극적으로 살아가는 어떤 인물로서의 자기 자신을 통해 내담자의 삶을 변화시키고 성장시켜 나갈 수 있는 힘을 얻게 해주는 기법이다.

노인상담자는 이야기치료 과정에서 다음과 같은 작업을 하게 된다.

첫째, 내담자의 이야기에 강한 관심을 가지고 협력적이며 공감적인 태도를 갖는다.

둘째, 내담자 삶의 역사 속에서 강점이나 유능했던 것을 찾는다.

셋째, 내담자를 진단명에 의해 분류하는 것이 아니라, 그들을 독특한 개인적인 삶의 역사를 가진 존재로 취급한다. 즉, 해결해야 할 문제나 치료받아야 할 증상에 관한 용어로 사람을 객관화하기보다는 노인상담자는 내담자들이 능력을 가진 사람으로 삶의 이야기를 발전시킬 수 있도록 한다.

넷째, 내담자가 또 다른 삶의 이야기를 쓸 수 있도록, 자신의 내면화된 지배적인 이야기로부터 분리될 수 있도록 돕는다.

위와 같은 작업 속에서 노인상담자는 내담자가 새로운 이야기를 만들어 내도록 미래와 희망에 관한 이야기를 요청할 수 있다. 또한 "내년에는 할아버지의 삶이 어떻게 변해 있을 거라고 생각하세요? 라든지, 만일 아무 변화도 없다면 어떻게 하시겠어요? 만일 ~하다면 무엇을 하시겠습니까? 가장 걱정스러운 것은 무엇이죠?" 등의 만약 ~라고 하면은 식의 가정(假定)적인 질문을 던져 새로운 의미를 발견하도록 도와준다.

따라서 이야기치료는 이야기를 통해 내담자의 다양한 경험을 정리해 주고 의미를 창조하며 각 내담자의 특성에 적합한 이해의 틀을 형성해 줌으로써 내담자가 진정한 자신을 깨닫고 삶의 의미를 발견하여 통찰하며 자신을 치유해 나가는 기법이라 할 수 있다.

제 6 장

노인심리 검사와 진단

1. 심리검사

1. 심리검사[11]의 정의 및 목적

1) 심리검사의 정의

상담자의 중요한 역할은 내담자에게 어떠한 문제가 있는지를 밝히고 어떠한 치료와 중재가 적합한지를 알아내는 것이다. 그러기 위해서 상담자는 심리

---

11) 검사(test)와 동의어로 사용되는 용어정리(김영환 외, 2005).

- 측정(measurement) : 일정한 법칙에 의거하여 어떤 사물이나 그 속성에 대해 수치를 부여하는 것
- 진단(diagnosis) : 환자를 진찰하여 병의 증세나 병의 원인 따위를 판단하는 것
- 검진(examination) : 정신과에서 사용되는 개념, 심리적 장애나 문제의 존재 여부를 확인하는 것
- 평가(evaluation) : 판단의 준거에 따라 사물 또는 그 속성에 대한 가치를 판단하는 것
- 사정(assessment) : 개인의 정보를 수집하여 개인의 신체적, 심리적, 사회적 특성을 추론하고 예언하기 위해 사용하는 일련의 과정
- 척도(scale) : 길이, 넓이, 무게 등을 재기 위해 만든 일정 단위의 눈금 또는 도량형

적 검사를 통해 문제상황에 처한 개인을 평가하고 이를 토대로 그 사람을 도와주는 데 초점을 맞추어야 한다.

심리검사는 성격, 지능, 적성 같은 인간의 다양한 심리적 특성들에 대해 파악하고자 하는 목적을 가지고 다양한 도구들을 이용하여 이런 특성들을 양적, 질적으로 측정하고 평가하는 일련의 절차를 말한다(최정윤, 2010).

심리검사를 통해 우리는 개인차에 대해 파악할 수 있고, 또한 심리적인 과정 자체에 대한 이론적인 통찰을 얻을 수 있게 된다. 그래서 심리검사는 개인에 대한 진단과 평가의 도구이면서 동시에 학문적인 연구의 도구가 된다.

또한 심리검사는 상담자와 내담자 모두에게 많은 정보를 제공해 준다. 상담자는 내담자를 이해하고 그에게 적절한 도움을 주는 데에, 내담자는 자신을 더 잘 이해하고 미래를 위한 계획을 세우는 데에 심리검사의 정보를 사용할 수 있다. 더 나아가 심리검사를 받는 것만으로 치료되는 경우가 있을 수 있다(김계현, 2004).

심리검사를 통해 얻어진 정보를 중심으로 면담, 행동관찰, 개인력 등의 자료를 참조하여 종합적인 심리평가가 이루어진다. 한 인간에 대한 포괄적인 이해가 목적인 심리평가의 장에서 심리검사는 핵심적인 자료를 제공하는 중요한 절차인 것이다(최정윤, 2010).

심리검사의 중요한 특성은 다음과 같다(김현주 외, 2009: 11).

첫째, 심리검사는 개인행동을 모두 측정해 보지 않더라도 소수의 표본 행동을 측정하고 이러한 결과를 바탕으로 개인의 전체 행동을 예견할 수 있게 해준다.

둘째, 심리검사는 행동표본을 표준화된 방식에 따라 측정한다. 검사의 표준화는 심리검사 반응이 실시조건이나 채점방식의 차이에 따라 다르게 나타나는 것을 방지하여 검사반응이 순수한 개인차를 나타낼 수 있도록 해준다.

요컨대, 노인상담에서 심리검사의 적절한 활용은 노인의 제반상황 및 진행과정에 관한 과학적 진단 및 검사, 그리고 평가에 유용하고, 더 나아가 노인의 건강이나 안녕을 진단하거나 제공하는 서비스의 효과성을 평가하는 데에 유용하게 사용될 수 있다.

2) 심리검사의 목적

일반적으로 심리검사를 사용하는 목적은 크게 다음 네 가지로 볼 수 있다(김성곤, 2003).

첫째, 예측(Prediction)의 목적이다.

심리검사는 흔히 한 개인의 미래 행동을 예측하는 데 사용된다. 예측적인 목적을 위해 심리검사가 사용될 때에는 검사결과가 개인 간의 상호비교에 근거를 두어 한 개인이 수행할 행동을 상대적으로 예측하게 된다.

둘째, 진단(Diagnosis)의 목적이다.

심리검사는 피검자의 심리적인 문제를 규명하는 데 사용된다. 즉, 피검자 행동상의 원인적 요인을 진단하는 데 주로 사용된다. 이러한 진단적 검사를 적절히 사용한다면 우리 행동상의 결함이나 결점을 발견할 수 있을 뿐만 아니라 그 원인을 찾을 수가 있다.

노인상태에 대한 진단은 적절한 치료나 프로그램 참여에 대한 계획을 세우거나 실행하는 데 있어 결정적인 근거가 되고, 노인상태가 바람직한 방향으로 변화되고 있는지도 진단할 수 있다.

셋째, 조사 또는 연구(survey or research)의 목적이다.

연구자가 필요한 피검자들의 행동을 기술하고 규명하는 데 심리검사를 사용한다. 심리검사는 치료나 프로그램이 효과적으로 수행되었는지를 평가하는 연구나 노인의 상태와 연관성이 있는 특성을 밝혀내거나 인과관계를 검증하는 연구에 활용된다.

넷째, 개성 또는 적성(individuality or aptitude) 발견의 목적이다.

개성이나 적성을 발견해서 거기에 맞는 지도와 적성배치를 위해 심리검사를 실시한다.

특정 심리적 현상에 대한 개인 간의 차이와 개인 내적인 차이를 측정하여 개인의 현재 상태나 전체 행동을 이해, 설명, 예언하는 데 필요한 중요한 지표를 제공해 주는 심리검사의 기능을 살펴보면 다음과 같다(김영환 외, 2005).

표 6-1 심리검사의 기능

이해	개인의 정확한 이해(자기 이해, 자기확인)
선별	어떤 종류의 심리검사를 실시하고 그 결과를 보고 필요하거나 적합하다고 판정된 사람을 선별
분류	심리결과를 기준으로 미리 정해 놓은 유목에 배분하는 것
정치 (placement)	능력 또는 흥미를 기준으로 분류한 다음 알맞은 부서나 업무 배치하는 것
진단	환자의 증상과 원인을 파악하고 가장 적합한 치료방법을 선택하는 데 필요한 정보를 제공하는 것
평가	치료 후 효과를 객관적으로 확인하기 위해 실시
검증	사회과학 분야의 연구에서 연구가설을 검증하기 위한 자료를 수집하려고 심리검사를 실시

2. 심리검사의 시행

1) 라포 형성 및 검사상황 변인

초기 상담관계 형성의 중요한 측면은 내담자가 상담자를 신뢰하고 상담에 적극적으로 참여할 수 있는 동기를 부여하는 것이다.

심리검사는 보통 임상장면의 초기단계에서 실시되고, 검사 과정에서 검사자와 피검자 간의 라포 형성이 무엇보다 중요하다. 이러한 라포가 형성되기 위해서는 검사자는 피검자가 검사 과정에서 경험할 수 있는 정서에 대해 이해하고 이에 적절하게 대처할 수 있어야 한다(김현주 외, 2009).

심리검사실의 환경과 검사시행 시간, 피검자의 정서적 안정도나 신체적 피로감도 심리검사 결과에 영향을 미칠 수 있다.

2) 피검자(노인) 변인

검사자는 심리검사를 받는 피검자의 심리적 상태를 인식하여야 한다. 피검자가 검사결과와 내면 노출에 대한 저항과 두려움, 권위자에 대한 저항, 양가감정, 적대감, 긴장과 불안, 자존심에 대한 위협 등을 느낄 수 있음을 이해하여야 한다. 검사자는 피검자와 적절한 라포를 형성하고 피검자의 자발적 참여와 정서적 안정이 이루어지고 난 다음 검사를 시행하는 것이 바람직하다.

인지기능, 시력, 청력 등의 기능이 감퇴된 노인을 대상으로 검사를 실시할 경우, 다른 연령층보다 응답하는 데에 있어 더 많은 시간이 필요하고, 집중력에 있어서도 어려움을 경험할 수 있다. 그래서 노인 피검자에게 천천히 묻고 명확하게 설명해야 한다. 필요하다면 보청기나 돋보기를 활용하여 노인이 응답하는 데 어려움을 최소화하여야 한다. 큰 글씨체나 프린트 상태를 양호하게 유지해야 하며 경우에 따라서는 면접자가 설문내용을 읽어주어야 한다.

또한 노인은 짧은 시간에 피곤해질 수 있는데, 피곤은 진단이나 조사를 어렵게 하여 노인에게 스트레스나 부담감을 주게 되므로 검사자는 피로의 징후를 감지할 수 있어야 하며 질문을 쉽게 이해하고 대답할 수 있는 문항에서부터 시작해야 한다.

노인들은 자신이 신체적 · 인지적 검사를 수행할 수 없을 때 매우 당혹해 하거나 화를 낼 수 있는데, 이때 검사자는 노인의 이러한 반응을 감지하고 대처할 수 있는 방법에 대해 교육받아야 한다. 검사자는 노인이 가능하면 편안한 상태에서 응답할 수 있도록 해 주어야 한다.

3) 검사자 변인

검사자의 연령, 성, 경험 및 수련 정도, 성격특징, 태도, 검사자의 기대, 피검자와의 의미 있는 상호작용 등이 검사결과에 영향을 미칠 수 있다.

3. 심리검사자의 태도 및 윤리

어떤 심리검사를 실시하기 전 검사자는 검사 안내서 등을 통해 그 검사의 이론적 기반, 실제적 고려사항, 표준화 표집의 적절성, 신뢰도와 타당도를 알아보아야 한다. 그리고 심리검사를 실시할 때 검사자는 다음의 사항을 고려[12)] 해야 한다.

첫째, 내담자의 교육수준(독해력)에 따라 검사를 선택해야 한다. 서로 다른 배경을 가지고 있는 내담자에게 어떤 검사를 적용하고 어떻게 실시 해석할 것인지에 대해 신중해야 한다.

둘째, 검사가 지나치게 길면 라포를 형성하는 데 방해가 되거나 피검자를 짜증나게 할 수 있으므로 검사의 길이를 확인할 필요가 있다. 노인의 경우 집중력이 현저히 떨어지기 때문에 검사 문항수와 시간을 고려하여야 한다.

셋째, 어떤 검사를 실시하고 해석하려면 상담자가 오랫동안 훈련을 받아야 한다(박경 · 최순영, 2009). 내담자에게 어떤 검사를 적용하고 어떻게 실시 해석할 것인지에 대해 배워야 하고, 상담자들은 내담자가 자기 이해와 자기결정을 하는 데 도움을 주기 위해 상담과 검사를 종합할 수 있는 능력을 갖추어야 한다(김계현 외, 2004).

김재환(1990)은 심리 검사자의 윤리적 측면에 대해 다음과 같이 말하고 있다.

첫째, 전문적 측면에서 검사자는 고도의 책임 있는 기능을 수행하기 위해 인간행동을 이해하는 데 필요한 전문적 지식에 정통해야 하고, 전문적인 기술을 가지고 심리학적 평가기법을 다룰 수 있어야 한다.

둘째, 도덕적인 측면에서 검사자는 인간의 권리를 보호해야 할 의무가 있다. 즉, 심리검사와 관련된 권리 중에서 검사받지 않을 권리, 검사점수 및 해석을 알 권리, 누가 검사자료에 접근하는지를 알 권리 및 검사결과의 비밀을 보장받을 권리, 고지된 동의 등이 있다.

인지적 · 신체적 기능이 감퇴된 노인을 대상으로 하는 연구에서는 고지된 동의 과정을 위해서 동의능력 평가가 선행되어야 한다.

12) 심리검사의 사용과 해석 시 주의할 점을 보면 다음과 같다(김희수 외, 2009: 224).

첫째, 검사자는 자신의 한계를 알고 훈련받은 범위 안에서 검사 실시, 평가, 해석만을 실시해야 한다. 또한 검사자는 교육을 받았더라도 심리검사 도구를 제대로 사용할 수 있는지 검증받아야 한다.

둘째, 검사자는 검사 도구나 방법에 대해 언급할 때, 정확한 정보제공, 오해가 없도록 해야 한다. 검사점수가 근거 없는 의미를 내포하지 않도록 특별한 노력을 기울여야 한다.

셋째, 검사자는 심리평가 채점이나 해석을 무자격자에게 위임하여 맡겨서는 안 된다.

넷째, 검사자는 검사의 선택 시 검사도구가 다양한 만큼 최적의 검사도구가 선정될 수 있도록 신중을 기해야 하며 자신의 능력에 맞는 검사지를 선택하여 적용한다.

다섯째, 검사자는 선입관이나 편견을 갖고 평가결과를 해석해서는 안 된다.

셋째, 윤리적 측면에서 일어날 수 있는 문제 중의 하나는 검사자의 책임에 관한 것인데, 아무리 좋은 검사라도 부적당하게 사용될 때에는 피검자의 명예를 손상시킬 수 있으므로 검사자는 검사를 사용하는 이유, 결과 및 검사의 효율성, 개인의 인권에 미치는 영향력 등에 대해 충분한 지식을 가지고 생각해 본 후에 검사를 실시해야 한다.

MMPI의 제작자인 해서웨이(Hathaway)는 심리검사를 이익과 위험이라는 2개의 날을 가진 칼에 비유한 적 있다. 2개의 날을 가진 칼을 잘못 사용하면 '선무당 사람 잡듯' 개인과 사회에 큰 위험과 불이익을 초래할 수 있기 때문에 검사자의 태도와 윤리가 매우 중요하다고 할 수 있겠다.

2. 노인심리 검사와 해석

1. 신체적 영역

1) 치매진단을 위한 인지기능 검사

노화와 함께 노인들은 인지기능의 변화가 오기 때문에 첫 회기 때 상담자는 인지기능의 손상정도를 평가하고 치료에서 무슨 변화가 필요한가에 대해 평가해야 한다.

인지검사를 위한 유용한 도구 중에 간이정신건강검사(MMSE : Mini-Mental State Examination)[13]가 있다. MMSE는 표준화된 검사이며 지남, 주의, 회상, 감성적이고 표현이 풍부한 언어를 포함하여 몇 가지 기본적인 인지기능을 평가하는 도구이다. MMSE는 채점하기 쉽고, 손상 수준별로 점수가 분류되어 있다(김영경, 2009: 88).

MMSE의 구성 및 채점 방법에 대해 살펴보면 다음과 같다.

13) MMSE는 Foisteim 등(1975)에 의해 개발되어 치매진단용으로 신뢰도와 타당도가 입증되었고, 알츠하이머병의 진단기준에도 포함되어 있는 검사로써 치매선별 및 평가 장면에서 널리 상용되고 있는 검사도구이다.

MMSE는 시간에 대한 지남력, 장소에 대한 지남력, 기억등록 능력, 주의집중 및 계산 능력, 기억회상 능력, 언어능력, 시·공간적 구성능력으로 구성되어 있다.

시간 지남력(Orientation to time)은 반드시 문제 순서대로 묻지 않아도 무방하다. 피검자의 이해를 돕기 위해 "월, 화, 수, 목, 금, 토, 일 중 오늘은 무슨 요일입니까?"식으로 물을 수 있다. 장소 지남력(Orientation to place)은 피검자가 문제를 잘 이해하고 대답하기 쉬운 순서로 묻는다. 기억등록(Registration)은 피검자의 주의를 환기시킨 후, 물건 이름 3개를 불러주고 그것을 외워서 말하도록 한다. 기억회상에서는 주의집중 및 계산으로 넘어가기 전에 "지금 불러드린 그 물건 이름들을 잘 기억하고 계세요. 제가 조금 있다가 다시 외워보시라고 할 겁니다."라고 말한 후 피검자가 다시 암송할 기회를 주지 않고 즉시 주의집중 및 계산문제를 시작한다. 주의집중 및 계산(Attention & calculation)은 100에서 7을 연속적으로 5번 빼는 계산능력을 평가하는 것이다. 피검자의 답이 틀리더라도 검사자는 답을 수정하거나 틀렸다는 표현을 하지 말고 5단계까지 계속해야 하며 맞는 부분에 대하여만 점수를 준다. 기억회상(Recall)에서는 좀 전에 외우고 계시라고 했던 물건 이름 세 가지에 대해 기억하여 말하도록 한다. 언어(Language)에는 ① **이름대기** : "(손목시계를 손으로 가리키며)이것이 무엇입니까?" ② **따라 말하기** : 피검자의 주의를 환기시키고 "이번에는 제가 하는 말을 그대로 따라서 말씀하시면 됩니다. 준비되셨나요? 자, 잘 들어보세요. 백문이 불여일견" 발음이 정확한지 주의 깊게 들어야 하며 부정확한 발음에는 점수를 주지 않는다. ③ **명령시행** : 검사자는 검사 실시 전에 주위를 깨끗이 정리한 후, A4 용지 한 장을 손에 들고 "제가 이 종이를 드리면 종이를 뒤집은 다음, 반으로 접어서 저에게 주세요."라고 이야기한 후 종이를 피검자 앞에 놓아준다. 3단계의 지시를 한 번에 다 듣고 나서 행동으로 옮기도록 하여야 하므로 종이를 피검자에게 미리 주어서는 안 된다. ④ **읽기** : 지금 보여드리는 문장을 큰 소리로 읽고 쓰인 대로 해보라고 한다. ⑤ **쓰기** : 오늘 날씨(또는 기분)에 대해 문장으로 써 보게 한다. 철자법이 맞지 않거나 문장이 다소 이상해도 주어와 동사가 있고 의미가 전달되면 정답으로 간주한다. 마지막으로 그리기(Drawing)가 있는데, 겹친 오각형 도형 그림을 피검자 앞에 놓아주고 그림 밑의 공간을 손가락으로 가리키면서 그림과 똑같이 그려보도록 지시한다.

표 6-2 인지기능 : Mini Mental State Examination(MMSE)

구 분	질 문	점 수
지남력	1. 오늘은 ____년 __월 __일 __요일입니까? 지금은 어느 계절입니까?	5점 (각 1점)
	2. 당신의 집 주소는? __도(시) __군(구) __면(동) 여기는 어떤 곳입니까?(학교, 시장, 집, 병원 등)	4점 (각 1점)
	3. 여기는 무엇을 하는 곳입니까?(마당, 안방, 화장실, 거실 등)	1점
기억등록	4. 물건 이름 세 가지 대기(예 나무, 자동차, 모자)	3점 (각 1점)
기억회상	5. 3분 또는 5분 뒤에 질문 4의 물건 이름 회상하기	3점 (각 1점)
주위집중 및 계산	6. 100−7= −7= −7= −7= −7= (100에서 7씩 빼기를 5회 실시)	5점
언어기능	7. 물건 이름 알아맞히기(예 연필, 시계)	2점
	8. 따라 말하기	3점
	9. 명령시행 : 종이를 뒤집고 반으로 접은 다음 저에게 주세요.	1점
	10. 읽기	1점
	11. 쓰기	1점
	12. 그리기	1점
점 수	( )점/30점	
판 정	① 확실한 치매 : 19점 이하 ② 치매의심 : 20~23점 ③ 정상 : 24점	

그 밖의 노인들의 인지기능 쇠퇴 과정을 알아보는 데 유용하고 세밀한 진단 도구를 보면, 기억력은 웩슬러 기억검사(Wechsler Memory Test), 언어능력은 보스턴 명명검사(the Boston Naming Test), 문제해결 능력은 위스콘신 카드분류 검사(Wisconsin Card Sorting Test), 집중력은 연속수행 검사(Continuous-Performance Test) 등이 있다(김동배 외 역, 2007: 72)

2) 일상생활 활동검사(Activities of Daily Living : ADL)

인지검사를 보완해 주는 것이 일상생활 활동검사이다.

일반적으로 도구적 활동수행 능력(institional activities of daily living)과 자기관리(self-care) 능력의 두 부분에 초점을 두어 조사하는 일상생활 활동검사는 인지적 한계의 결과일 수 있는 손상에 대한 정보를 제공해 준다.

일상생활 활동검사의 구체적인 내용을 살펴보면 다음과 같다.

① 기본적 건강관리(basic care)

개인위생관리, 옷 입기, 목욕하기, 식사하기 그리고 마시는 행위가 포함된다. 이 영역에서의 장해는 심각한 장애, 급성장애 또는 비교적 진행이 이루어진 만성장애를 시사한다.

② 사회관계(social relationships)

사회관계에는 다양한 소속의 많은 사람들과 상호작용하고, 스트레스를 주거나 복잡한 인간관계를 다루는 능력, 적절한 방식으로 행위를 수행하는 것, 충동적 행동을 자제하는 것, 재치 있게 행동하는 것, 기존의 인간관계를 유지하는 것이 포함된다.

③ 집 살림살이(household chores)

집 살림살이에는 청소, 세탁, 음식준비, 정원손질, 그리고 개인 소유물을 관리하는 것과 같은 일이 포함된다. 이는 개인의 독자적 기능수행 능력과 관련된 중요한 영역이다.

④ 재정적 책임능력(financial responsibilities)

재정적 책임능력에는 지불해야 할 비용을 치르는 것, 투자활동, 가정회계 관리, 장보기, 신용카드 사용, 그 밖의 재정적 거래관계가 포함된다.

⑤ 직무수행 능력(work responsibilities)

직무수행 능력은 환자가 직장을 갖고 있는지 또는 퇴직했는지의 여부에 따라 다르고 직장이 있을 경우에도 하는 일의 속성에 따라 다르다. 문제의 초기 단계에서는 업무수행의 질이 떨어지고, 위기대처 능력이 줄어들며, 사회적으로 부적절한 관계를 나타낼 수 있다.

⑥ 일상생활의 문제해결(problem-solving in daily life)

일상생활의 문제해결에는 집안수리, 이웃과의 공동체 생활과 관련된 책임 수행, 가족 구성원으로서의 의무 그리고 문제해결 기술이 기대되는 그 밖의 영역이 포함된다.

⑦ 운전기술(driving skills)

운전기술에는 운전과 관련된 운동 및 지각 활동뿐만 아니라 낯선 지역에서 예측하고 길을 찾아가는 보다 인지적인 활동도 포함된다.

⑧ 운동기술((motor skills)

운동기술에는 걷기, 뛰기, 계단 오르기 그리고 그 밖의 신체활동에 필요한 협응력, 균형유지 등이 포함된다.

⑨ 여가 활동(recreational activities)

여가 활동에는 신체운동, 카드게임, 춤추기, 영화 보기, 책 읽기, 취미활동 그리고 즐거워서 하는 그 밖의 모든 다른 활동이 포함된다.

2. 심리 · 정신건강 영역

1) 우울 검사

우울은 가장 흔한 정신질환 중 하나이다. 노인 5명 중 1명은 우울증을 앓고 있으며 우울증을 경험하는 이들 중 15%는 자살한다. 이렇듯 노인의 우울증은 일상생활이나 사회적 관계를 하는 개인의 능력 기능을 지속적으로 방해함으로써 삶의 질을 저하시킨다.

노인의 우울증상의 특성과 심각성 정도를 기록하는 데에는 다양한 평가척도가 사용된다.

라들로프(Radloff, 1977)의 CES-D 우울척도는 우울증상의 정도를 측정하기 위해 개발된 것으로 우울의 정서적 요인들을 강조한다. CES-D는 총 20문항으로 구성되며 우울한 기분, 죄의식이나 가치 없는 느낌, 무기력감과 절망감, 정신운동의 지체, 식욕상실과 수면장애 등의 내용을 포함하고 있다. 또한 자기-보고형 척도로 지난 주 동안 경험한 증상의 빈도를 나타낸다. 이 도구는 일반 성인의 우울경향을 측정하기 위해 18세 이상부터 성인, 노인층에 이르기까지 다양한 연령의 대상층에 적용할 수 있다.

예스어배지 등(Yesavage, et al., 1983)에 의해 개발된 GDS는 집중적으로 노인들의 우울증상을 측정하기 위해 개발된 도구이다. 총 30문항으로 구성되어 있고 건강한 노인, 질병을 가진 노인, 약하거나 보통 정도의 인지적 장애노인에게도 광범위하게 적용된다.

국내에서는 30문항 척도로써 정인과 · 곽동일 · 조숙행 · 이현수(1998)가 표준화한 한국판 노인 우울척도(GDS-K)가 많이 사용된다.

그 밖의 BDI(Beck Depression Inventory)척도는 내담자가 직접 보고한 증상의 심각한 정도를 평가하는 데 효과적이라고 알려져 있고, HDRS(Hamilton Depression Rating Scale)와 MADRS(Montgomery-Asberg Depression Rating Scale) 등의 임상관리척도(clinical-administered scales)는 우울증의 심각성 정도에 대한 객관적 평가를 하는 데에 효과적이라고 알려져 있다(김동배 외, 2007).

표 6-3 한국형 노인 우울 검사 : Geriatric Depression Screening Scale(GDS-K)

문 항	응 답	
1. 쓸데없는 생각들이 자꾸 떠올라 괴롭다.	예	아니오
2. 아무것도 할 수 없을 것처럼 무기력하게 느껴진다.		
3. 안절부절못하고 초조할 때가 자주 있다.		
4. 밖에 나가기보다 주로 집에 있으려 한다.		
5. 앞날에 대해 걱정할 때가 많다.		

문 항	응 답	
6. 지금 내가 살아있다는 것이 참 기쁘다.		
7. 인생은 즐거운 것이다.		
8. 아침에 기분 좋게 일어난다.		
9. 예전처럼 정신이 맑다.		
10. 건강에 대해서는 걱정하는 일이 별로 없다.		
11. 내 판단력은 여전히 좋다.		
12. 내 나이의 다른 사람들 못지않게 건강하다.		
13. 사람들과 잘 어울린다.		
14. 정말 자신이 없다.		
15. 즐겁고 행복하다.		
16. 내 기억력은 괜찮을 것 같다.		
17. 미쳐버리지나 않을까 걱정된다.		
18. 별일 없이 얼굴이 화끈거리고 진땀이 날 때가 있다.		
19. 농담을 들어도 재미가 없다.		
20. 예전에 좋아하던 일들을 여전히 즐긴다.		
21. 기분이 좋은 편이다.		
22. 앞날에 대해 희망적으로 느낀다.		
23. 사람들이 나를 싫어한다고 느낀다.		
24. 나의 잘못에 대해 항상 나 자신을 탓한다.		
25. 전보다 화가 나고 짜증이 날 때가 많다.		
26. 전보다 내 모습이 추해졌다고 생각한다.		
27. 어떤 일을 시작하면 예전보다 힘이 많이 든다.		
28. 어떤 일을 하든지 곧 피곤해진다.		
29. 요즘 몸무게가 많이 줄었다.		
30. 이성에 대해 여전히 관심이 있다.		

※ 채점방법 : 1~5, 14, 17~19, 23~29번은 '예'에 1점씩/
6~13, 15~16, 20~22, 30번은 '아니오'에 1점씩

※ 평가기준 : 14~18점-약한 우울증/19~21점-중간 정도의 우울증/22점 이상-심한 우울증

2) 죽음불안 및 자살생각 검사

노년기의 중요한 과업 중의 하나는 '좋은' 죽음을 맞이하는 것이다.

죽음에 대한 태도가 긍정적일 경우는 후회나 미래에 대한 두려움 없이 자신의 죽음을 수용하지만 부정적일 경우는 사랑하는 사람들과 헤어진다는 상실감과 죽어가는 과정의 고통과 두려움으로 불안감에 휩싸이게 된다.

노인들의 죽음불안을 검사하는 도구에는 자신의 죽음과 죽어가는 과정에 대한 관심과 두려움의 정도를 측정하기 위해 개발된 템플러(Templer, 1970)의 DAS(Death Anxiety Scale)와 코렛과 레스터(Collett & Lester, 1969)가 만든 FODS(Fear of Death Scale)가 있다.

DAS는 현재 죽음에 대한 두려움을 측정하는 도구로 가장 많이 사용되고 있고, 또한 노년기의 신체적 질병에 대한 적응수준을 예측하는 유용한 지표로 사용되고 있다.

FODS는 죽음불안을 심도 있게 측정하기 위해 죽음불안의 단일차원을 네 가지 차원인 자신이 죽어가는 과정, 타인이 죽어가는 과정, 자신의 죽음에서 느끼는 두려움과 불안, 타인의 죽음에서 느끼는 두려움과 불안으로 세분화하여 척도를 개발하였다.

표 6-4 죽음불안 : Death Anxiety Scale(DAS)

문 항	예	아니오
1. 나는 죽는 것이 두렵다.		
2. 나는 죽음에 대한 생각을 거의하지 않는다.		
3. 사람들이 죽음에 대해 말해도 별로 신경 쓰이지 않는다.		
4. 만일 수술을 받아야 한다면 굉장히 무서울 것 같다.		
5. 나는 죽음이 전혀 두렵지 않다.		
6. 나는 암에 걸릴까봐 걱정하지 않는다.		
7. 죽음에 대한 생각 때문에 심란하지는 않다.		
8. 시간이 너무 빨리 흘러간다는 사실에 심란할 때가 있다.		
9. 고통스럽게 죽을까봐 두렵다.		

문 항	예	아니오
10. 죽음 이후에 무슨 일이 있을지 사후에 대한 이야기가 나오면 마음이 불편하다.		
11. 심장마비가 일어날까 봐 겁이 난다.		
12. 인생이 정말 짧다는 생각이 자주 든다.		
13. 전쟁(전쟁이 일어날 것에)에 대해 말하는 것만 들어도 겁이 난다.		
14. 죽은 사람의 몸을 보면 소름이 끼친다.		
15. 지금 죽는다고 해도 별 미련이 없다.		

자살은 자살생각, 자살시도, 자살행위로 구분된다. 자살생각은 자살행위와는 다른 속성을 지니지만 자살 변인의 한 요소로서 자살행위의 이전 단계이며 자살연구의 중요한 변인이 된다. 본 척도는 자살시도 전에 자살에 대한 생각의 심각성을 측정하는 도구이다.

이 검사를 통해 자살 행동을 예측하고 예방하는 것이 가능하다. 자살생각을 가진 사람들이 반드시 자살을 하지는 않지만 자살생각을 많이 할수록 자살시도의 위험이 증가하기 때문에 자살예방을 위한 중요한 정보를 제공해 줄 수 있다.

자살생각의 정도를 측정하는 척도에는 벡 등(Beck, et al., 1979)이 개발한 자살생각척도(SSI : Scale of Suicidal Ideation)와 노인자살위험진단척도(Los Angeles Suicide Prevention Center Scale)가 있다(이호선, 2010: 313-318). SSI는 살고 싶은 생각, 죽고 싶다는 생각, 실제적인 자살시도에 대한 욕구, 자살생각 빈도 등을 포함한 19문항으로 구성되어 있고 점수가 높을수록 자살생각이 강하다는 것을 의미하고, 자살위험진단척도는 자살의 위험을 측정하기 위해 10개의 범주를 두고 있으며 각 범주는 나이와 성, 증상, 스트레스, 자살계획, 급성 및 만성 자살성, 자원, 자살 시도 경험, 건강, 의사소통, 내담자가 중요하게 생각하는 사람들의 반응으로 구성되어 있다.

그 밖의 노인의 노화에 대한 적응과 개인 및 사회의 연령차별 혹은 노인에 대한 태도를 예측할 수 있는 중요한 지표가 되는 노화불안 측정도구들을 보면 다음과 같다.

래셔와 폴켄터(Lasher & Faulkender, 1993)의 노화불안척도(AAS : Aging Anxiety Scale)는 노인에 대한 두려움, 심리적 관심, 신체적 외모, 상실에 대한 두려움 네 요인 총 20문항으로 구성되어 있다.

래셔와 폴켄터(1993)의 AAS를 수정하여 노인용 노화불안척도(AASE : Anxiety about Aging Scale for the Elderly)를 개발하였다(Watkins, Coates & Ferroni, 1998). 4개 요인으로 분류되었던 AAS와는 달리 AASE는 6개 요인 ① **외적** : 고령노인에 대한 수용, ② **심리적** : 심리적 관심, ③ **신체적** : 노인이 된 자신에 대한 수용, ④ **사회적** : 사회적 지지의 상실, ⑤ **자율성** : 자율성의 상실, ⑥ **신체적** : 노화하는 자아에 대한 수용으로 구성되어 있다.

표 6-5 자살생각척도 : Scale of Suicidal Ideation(SSI)

1. 살고 싶은 소망은?
   보통 혹은 많이 있다(0)
   약간 있다(1)
   전혀 없다(2)
2. 죽고 싶은 소망은?
   전혀 없다(0)
   약간 있다(1)
   보통 혹은 많이 있다(2)
3. 살고 싶은 이유/ 죽고 싶은 이유는?
   사는 것이 죽는 것보다 낫기 때문에(0)
   사는 것이나 죽는 것이나 마찬가지다(1)
   죽는 것이 사는 것보다 낫기 때문에(2)
4. 실제로 자살시도를 하려는 욕구가 있는가?
   전혀 없다(0)
   약간 있다(1)
   보통 혹은 많이 있다(2)
5. 별로 적극적이지는 않고 수동적인 자살 욕구가 생길 때는?
   생명을 건지기 위해 필요한 조치를 미리 할 것이다(0)
   삶과 죽음을 운명에 맡기겠다(1)
   살기 위한 노력을 하지 않겠다(2)
6. 자살하고 싶은 생각이나 소망이 일어나 오랫동안 지속되는가?
   잠깐 그런 생각이 들다가 곧 사라진다(0)
   한동안 그런 생각이 계속된다(1)
   계속, 거의 항상 그런 생각이 지속된다(2)
7. 얼마나 자주 자살하고 싶은 생각이 드나?
   거의 그런 생각이 들지 않는다(0)
   거의 그런 생각이 든다(1)
   그런 생각이 계속 지속된다(2)
8. 자살생각이나 소망에 대한 당신의 태도는?
   절대로 받아들이지 않는다(0)
   양가적이나 크게 개의치 않는다(1)
   그런 생각을 받아들인다(2)
9. 자살하고 싶은 충동을 통제할 수 있는가?
   충분히 통제할 수 있다(0)
   통제할 수 있을지 확신할 수 없다(1)
   전혀 통제할 수 없을 것 같다(2)
10. 실제로 자살시도를 하는 것에 대한 방해물(가족, 종교)이 있다면?
   방해물 때문에 자살시도를 하지 않을 것이

다(0)
방해물 때문에 조금은 마음이 쓰인다(1)
방해물에 개의치 않는다(2)

11. 자살에 대해 깊게 생각해 본 이유는?
자살에 대해 생각해 본적이 없다(0a)
주변 사람들의 관심을 끌고 보복하기 위해(0b)
주변사람들의 관심을 끌고 보복하거나, 현실도피의 방편으로(1)
현실도피적인 문제해결 방법으로(2)

12. 자살에 대해 깊게 생각했을 때 구체적인 방법까지 계획했는가?
자살에 대해 생각해본 적이 없다(0)
자살생각을 했으나 구체적인 방법까지는 생각하지 않았다(1)
구체적인 방법을 자세하고 치밀하게 생각해 놓았다(2)

13. 자살방법을 깊게 생각했다면 그것이 얼마나 현실적으로 실현 가능하며 또한 시도할 기회가 있다고 생각하나?
방법도 현실적으로 실현 가능하지 않고 기회도 없을 것이다(0)
방법이 시간과 노력이 필요하며 기회가 쉽게 오지 않을 것이다(1)
생각한 방법이 현실적으로 실현 가능하며, 기회도 있을 것이다(2a)
앞으로 기회나 방법이 생길 것 가다(2b)

14. 실제로 자살을 할 수 있는 능력이 있다고 생각하나?
용기가 없고 너무 약하고 두렵고 능력이 없어서 자살을 할 수 없다(0)
자살할 용기와 능력이 있는지 확신할 수 없다(1)
자살할 용기와 자신이 있다(2)

15. 정말로 자살시도를 할 것이라고 확신하나?
전혀 그렇지 않다(0)
잘 모르겠다(1)
그렇다(2)

16. 자살에 대한 생각을 실행하기 위해 실제로 준비한 것이 있나?
없다(0)
부분적으로 했다(1)
완전하게 준비했다(2)

17. 자살하려고 유서를 쓴 적이 있는가?
없다(0)
쓰기 시작했으나 다 쓰지 못했다, 단지 쓰려고 생각했다(1)
다 써 놓았다(2)

18. 죽음을 예상하고 마지막으로 한 일은?
없다(0)
생각만 해 보았거나 약간의 정리를 했다(1)
확실한 계획을 세웠거나 다 정리를 해 놓았다(2)

19. 자살에 대한 생각을 다른 사람들에게 이야기한 적은 있습니까?
자살에 대해 생각해본 적 없다(0a)
다른 사람에게 터놓고 이야기하였다(0b)
드러내는 것을 주저하다가 숨겼다(1)
그런 생각을 속이고 숨겼다(2)

3. 사회적 관계 · 노후생활 영역

1) 사회적 지지관계망

노인에게 사회적 지지는 나쁜 영향에 대한 완충의 역할과 회복을 촉진시키는 역할을 한다(김영경, 2009). 즉, 노년기 사회적 지지는 노년기의 건강상태 및 건강증진에 큰 영향을 미친다.

사회적 지지관계망(LSNS)[14]은 노인의 사회적 관계망 및 사회적 지지를 측정하고 노인의 사회적 고립상태를 파악하기 위해 개발되었다(Lubben, 1988). LSNS는 총 10문항으로 구성되며, 점수가 높을수록 사회적 관계망이 넓은 것을 의미한다.

LSNS의 10문항을 6문항으로 축약하여 LSNS-6이 개발되었다.

LSNS-6 도구는 짧은 시간 내에 노인의 사회적 지지관계망을 측정하는 데 유용하여 현장에서 간편하게 사용될 수 있는 장점을 가진다(Lubben, et al., 2006).

표 6-6 사회적 지지관계망(축약형) : Lubben Social Network Scale-6(LSNS)-6

가족 : 혈연이나 혼인에 의해 맺어진 사람들을 떠올려 주십시오.						
	없음	1명	2명	3~4명	5~8명	9명 이상
1. 한 달에 적어도 한번 이상 만나거나 연락하는 친척(가족)은 몇 명입니까?	0	1	2	3	4	5
2. 도움을 청할 만큼 가깝게 여기는 친척(가족)은 몇 명입니까?						
3. 편하게 사적인 얘기를 나눌 수 있는 친척(가족)은 몇 명입니까?						
친구 : 이웃을 포함하여 당신의 모든 친구들을 떠올려 주십시오.						
	없음	1명	2명	3~4명	5~8명	9명 이상
1. 한 달에 적어도 한번 이상 만나거나 연락하는 친구는 몇 명입니까?	0	1	2	3	4	5
2. 도움을 청할 만큼 가깝게 여기는 친구는 몇 명입니까?						
3. 편하게 사적인 얘기를 나눌 수 있는 친구는 몇 명입니까?						

14) LSNS는 원래 10문항 ① 가족 등의 혈연 관계망 3문항, ② 친구 등의 비혈연 관계망 3문항, ③ 의논 상대 관련 2문항, ④ 원조 행동 1문항, ⑤ 동거형태 1문항으로 구성되어 있는데, LSNS-6 축약형은 2개 하위 영역(가족을 포함한 혈연 관계망, 친구, 이웃 등의 비혈연 관계망) 각 3문항씩 6개 문항으로 이루어진다. 문항수가 적으므로 더욱 간편하게 노인들을 대상으로 사용할 수 있는 장점이 있다.

그 밖의 사회적 기능 및 사회적 지지관계망에 대한 척도로써 본인이 직접 구성하거나 기존의 도구들을 재구성하여 사용한 황인옥(2002)의 대인관계척도, 김춘택(2007)의 노인의 사회관계척도, 김연수(2003)의 사회적 건강척도, 김효심(1994)의 사회적 지원척도, 이동연(2002)의 사회적 관계망척도 등이 있다.

2) 여가 만족

현재 노인들은 의료기술의 발달로 평균수명이 길어지고, 경제적으로 안정되며, 교육수준이 높아 자신의 노년을 보람되게 보내기 위한 욕구가 증대하였다. 그래서 노년기의 긴 여가시간을 어떻게 보낼 것인가는 성공적인 노년을 결정하는 중요한 열쇠가 될 것이다.

베어드와 라지브(Beard & Ragheb, 1980)는 여가 경험이나 상황에 대해 즐거워하거나 만족해 하는 여가 만족의 개념을 규명하기 위해 여가만족척도(LSS : Leisure Satisfaction Scale)를 개발하였다. 이 척도는 개개인의 욕구에 부합하는 여가활동이 무엇인지를 알아보는 데에 활용될 수 있다.

베어드와 라지브(Beard & Ragheb, 1983)는 여가활동의 동기에 대해 알아보기 위해 여가참여동기척도(LMS : Leisure Motivation Scale)를 개발하였고 이 도구는 노인들의 여가활동 참여원인을 이해하여 여가활동을 활성화하는 데에 활용될 수 있다.

표 6-7 여가참여동기척도(축약형) : Leisure Motivation Scale(LMS)

문 항	전혀 그렇지 않다	그렇지 않다	잘 모르겠다	그렇다	매우 그렇다
1. 내 자신에 대해 알아보고 싶어서					
2. 나의 새로운 생각들을 시험해 보고 싶어서					
3. 신체적으로 보다 활동적으로 하고 싶어서					
4. 여가활동을 보다 잘하고 싶어서					
5. 여가활동에서 요구하는 기량과 능력을 개선하고 싶어서					

문 항	전혀 그렇지 않다	그렇지 않다	잘 모르겠다	그렇다	매우 그렇다
6. 신체적인 건강을 유지하고 싶어서					
7. 사회적으로 유능한 자질을 가지고 싶어서					
8. 나의 능력을 시험해 보고 싶어서					
9. 신체적인 기량과 능력을 개선하고 싶어서					
10. 다른 사람들에게 나의 생각이나 느낌 또는 신체적인 기량을 보여주고 싶어서					
11. 체력을 증진시키기 위해서					
12. 나의 신체능력을 활용하고 싶어서					
13. 나의 창의력을 기르기 위해서					
14. 새로운 것을 발견하기 위해서					
15. 내 주변의 여러 가지 일에 대해 알고 싶어서					
16. 다른 사람들로부터 존경을 받고 싶어서					
17. 나의 상상력을 활용하고 싶어서					
18. 내가 갖고 있는 지식을 확장하고 싶어서					
19. 나의 호기심을 만족시키기 위해서					
20. 다른 사람들과 새롭게 만나고 싶어서					
21. 다른 사람들과 교류를 하고 싶어서					
22. 다른 사람들과 우호를 증진하고 싶어서					
23. 소속의식을 높이고 싶어서					
24. 우정을 돈독히 하고 싶어서					
25. 여유를 찾고 싶어서					
26. 정신적으로 휴식을 취하고 싶어서					
27. 휴식과 안정을 취하고 싶어서					
28. 스트레스와 긴장을 해소하고 싶어서					
29. 분주한 일상생활로부터 벗어나고 싶어서					
30. 신체적으로 휴식을 취하고 싶어서					
31. 때때로 혼자 있는 것을 좋아하기 때문에					
32. 시간의 굴레에 얽매이고 싶지 않아서					

표 6-8 신체적/심리 · 정신건강/사회적 관계 · 노후생활영역 척도 정리

척도명	척도 출처
한국형 도구적 일상생활 기능(K-LADDL)	원장원 등(2002)
한국형 일상생활 기능(K-ADL)	원장원 등(2002)
인지기능(Mini Mental State Examination Korea version:MMSE-k)	권용철 · 박용한(1989)
우울증(Center for Epidemiologic Studies Depression Scale:CES-D)	Radloff(1977)
한국형 노인우울(Geriatric Depression Screening Scale:GDS-K)	정인과 등(1997)
자살생각(Scale of Suicidal Ideation:SSI)	Beck et al.(1979)
죽음불안(Death Anxiety Scale : DAS)	Levin(1989)
죽음불안(Fear of Death Scale : FODS)	Collett & Lester(1969)
노화불안(Aging Anxiety Scale : AAS)	Lasher & Faulkender(1993)
노인의 노화불안(Anxiety about Aging Scale for the Elderly : AASE)	Watkins et al.(1998)
사회적 지지관계망 (Lubben Social Network Scale : LSNS)	Lubben(1988)
사회적 지지관계망-축약형 (Lubben Social Network Scale-6 : LSNS-6)	Lubben et al.(2006)
여가만족(Leisure Satisfaction Scale : LSS)	Beard & Ragheb(1980)
여가참여동기(Leisure Motivation Scale : LMS)	Beard & Ragheb(1983)

출처 : 한국노년학포럼(2010). 노년학 척도집.

제3부

노인상담의 과정

제 7 장

노인상담의 초기단계

노인상담은 노인을 주 대상으로 노년기에 나타날 수 있는 심리 사회적 문제를 다룬다는 점을 제외하면 접근방법은 일반적인 상담과 유사한 형태로 진행한다. 본 장은 노인상담 과정의 초기단계로 접수 및 관계 형성 단계와 자료수집과 사정단계, 그리고 목표설정 및 계약단계로 구분하고자 한다.

1. 접수 및 관계 형성 단계

1. 접수단계

접수단계는 내담자, 즉 문제나 욕구를 가진 노인이나 그 가족들이 기관을 방문했을 때 내담자의 문제와 욕구를 확인한다. 그리고 기관 입장에서는 그 서비스를 제공할 수 있는지 여부를 그리고 내담자 입장에서는 지속적인 서비스를 받을 것인지를 결정하는 과정이다. 첫 만남에서 노인상담자나 내담자 사이에 이루진 일들이 내담자가 다음 상담에 올 것인가의 여부를 결정하고 그 결정에 영향을 미친다. 첫 만남에서 노인상담자와 내담자 사이에 기본적인 신뢰관계가 형성된다면 이때 형성된 신뢰관계는 상담 과정 전반에 걸쳐서 이루어질 문제해결의 원동력이 된다. 따라서 접수단계는 노인상담자와 내담자가 첫 만남을 통해 신뢰관계를 형성하는 가장 중요한 단계라고 볼 수 있다.

1) 사전준비

사전준비는 노인상담자가 상담을 요청하는 내담자를 만나기 전에 갖추어야 할 필수적인 조건들을 말한다. 상담은 일상적인 대화나 이야기와는 달리 특정한 목적을 가지고 수행하는 전문적인 원조 과정이다. 따라서 효과적인 상담을 위해서 노인상담자는 사전에 면담준비를 계획하여 철저하게 상담준비를 해야 한다.

(1) 상담실 세팅

상담실은 안락하고 조용해야 하며, 내담자의 개인 사생활이 보장받을 수 있는 독립된 공간이어야 한다. 내담자가 들어왔을 때 편안하고 안정감을 느낄 수 있도록 내담자의 특성을 고려하여 상담실이 세팅되어야 한다(제석봉 외, 2006).

즉, 노인을 대상으로 하는 상담실은 휠체어 사용이 가능하도록 넓은 공간이 확보되어야 한다. 노인이 상담실에 왔을 때 편안하고 안정감을 줄 수 있도록 적절한 채광과 조명, 온도, 등을 받쳐주는 편안한 의자, 노인의 가치, 종교, 문화를 침해하지 않는 포스터나 예술품 등의 물리적 환경을 갖추어야 한다.

상담실을 방문할 수 없는 내담자를 위해서는 노인이 살고 있는 가정이나 입원한 병원방문은 필수적이다. 거동이 불편한 노인인 경우, 노인이 거주하는 집에서 또는 입원한 노인일 경우 병동에서 상담이 이루어질 수 있다. 이 경우는 노인상담자가 내담자를 직접 방문함으로써 노인이 살고 있는 생활환경 등의 정보를 수집할 수 있고 관찰할 수 있는 장점을 가지고 있다. 하지만 주변 사람 등으로 인해 상담이 중단되거나 방해를 받을 수 있다. 따라서 노인상담자는 이러한 점을 고려하여 사전에 상담장소와 상담실 환경을 계획하고 준비해서 내담자와의 효율적인 상담이 이루어질 수 있도록 상담실을 세팅해야 한다.

(2) 노인상담자의 자기준비

노인상담자는 전문가로서 내담자와의 상담에 앞서 자신에 대한 자기준비를 철저하게 해야 한다. 먼저, 노인상담자의 복장과 인상은 성공적인 상담을 위한 또 하나의 중요한 조건이 된다. 연구에 의하면 노인상담자의 인상이나 복장에 따라 상담의 효과성이 달라질 수 있고, 첫인상은 상담에 많은 영향을 미칠 수 있다고 한다(Grinnell & Unrau, 2005; 이효선, 2008). 노인상담자의 목소리 크기, 질문할 때 속도의 변화와 질문하는 방법, 내담자에 대한 관심과 배려, 따듯함을 보여줄 수 있는 행동 등이 내담자와의 신뢰관계 형성에 영향을 주고 있다.

또한 노인상담자는 상담에 참여하기 전에 내담자의 성, 나이, 언어, 경제 사회적인 수준 등에서 내담자와의 유사성과 차이점의 특성을 고려해야 한다(이효선, 2008: 158). 노인상담자는 자신의 가치관, 태도 등을 지각하고 이러한 가치와 태도가 내담자에게 영향을 미칠 수 있는 자신의 행동에 대한 통찰력을 가지고 있어야 한다.

2) 접수

접수(intake)는 노인상담자가 내담자의 문제와 욕구를 확인하고 그것이 기관의 정책과 서비스에 부합되는지의 여부를 결정하는 과정이다. 접수 과정을 통해 그 기관에 찾아온 내담자에게 적합한 서비스를 줄 수 있다고 판단될 경우 기관의 내담자가 되어 적절한 서비스를 받게 된다(양옥경 외, 2004: 137).

접수 과정에서는 다음과 같은 활동이 이루어진다(김융일 외, 2000: 182). 가장 먼저 해야 할 일은 내담자의 문제와 욕구를 확인하는 것이다. 첫 번째, 문제와 욕구가 확인되면 두 번째, 내담자와 노인상담자는 원조의 목적을 분명히 하고 원조 과정에서 기대하는 바가 무엇인지를 명확히 한다. 그리고 마지막으로 내담자의 욕구가 기관의 자원과 정책에 부합되는지의 여부를 판단한다. 이러한 과정을 통하여 내담자를 다른 기관으로 의뢰할 것인지 혹은 기관에서 서비스를 제공할 것인지를 결정하게 된다.

접수단계에서 노인상담자가 실행해야 될 과제는 다음과 같다(B. Sheafor, et al., 서울대 사회복지실천연구회 역, 2001: 324-325).

- 내담자가 위협적이지 않고 편안함을 느낄 수 있도록 인사하고 내담자와 얘기한다.
- 내담자 및 그의 문제 · 상황에 대하여 진실한 마음으로 관심을 보여준다.
- 노인상담자와 기관이 내담자에게 서비스를 제공할 수 있는 것과 할 수 없는 것에 대해 정확하게 설명한다.
- 내담자의 욕구가 노인상담자와 그가 속한 기관에 의해서 제공할 수 있는 것인지 아니면 다른 기관에 의뢰가 필요한 것인가를 결정한다.
- 원조 과정 동안에 내담자와 노인상담자가 갖게 될 책임을 설명한다.
- 원조 과정에서 내담자의 문제를 사정하고 장 · 단기 목표를 세우고 가장 효과적인 개입유형을 결정하는 데 필요한 정보를 내담자가 제공해야 함을 설명한다.
- 원조 과정에서 알게 된 내담자의 정보는 내담자의 동의하에 제공할 것을 보장하고 비밀보장의 원칙에 대하여 설명한다.
- 접수단계에서 필요한 기관서류를 작성한다.

3) 의뢰하기

의뢰하기는 내담자의 욕구와 문제를 확인하여 내담자가 원하는 서비스를 기관에서 제공할 수 없을 때 혹은 문제해결에 더 적합한 기관이 있을 경우 다른 기관으로 내담자를 의뢰하는 것이다. 다른 기관에 의뢰를 하게 되는 이유는 매우 다양하지만 내담자를 원조하는 데 필요한 전문기술을 가진 인력이 없거나 내담자의 문제나 욕구가 기관의 목적과 기능에 맞지 않을 경우에 다른 기관에 의뢰를 해야 한다. 접수한 기관보다 다른 기관이 내담자의 문제해결에 더 적합한 기관이라고 판단될 경우 등이다(Epstein, 1980: 155; 김융일 외, 2000: 182). 그러나 내담자를 다른 기관으로 의뢰결정을 하기 전에 노인상담자는 기관 내에서 원조할 수 있는 모든 방법들을 고려했는지 확인해야 한다. 만약 다른 기관에 의뢰할 경우 반드시 내담자의 동의가 필요하며 노인상담자는 지역사회의 다양한 자원들에 대한 정확한 이해와 정보를 가지고 있어야만 효과적인 의뢰를 할 수 있다.

2. 관계 형성

접수 과정이 끝나고 내담자를 원조관계에 참여시키기 위해 선결되어야 할 과제는 노인상담자와 내담자 간의 관계 형성이다. 노인상담에서의 '관계'란 노인상담자와 내담자 사이의 '전문적' 원조관계를 의미한다.

1) 관계 형성의 구성요소

관계 형성은 노인상담자와 내담자 간의 상호긍정적인 친화관계, 즉 라포를 형성하는 것이다. 라포를 통해 내담자는 노인상담자가 자신을 이해하고 자신의 문제와 욕구에 진심으로 관심을 가지고 있다는 것을 느끼는 것이다(Hepworth & Larsen, 1997: 26; 양옥경 외, 2004: 140). 이런 긍정적인 친화관계가 형성됨으로써 노인상담자와 내담자는 원조관계에 필요한 효과적인 의사소통을 할 수 있다.

노인상담자와 내담자 사이의 관계 형성을 위해 필요한 구성요소에는 감정이입, 인정, 온정, 진실성 등 있다(김융일 외, 2000: 184-185). 노인상담자는 적극적인 경청과 관심 그리고 비언어적인 표현 등에 집중하며 내담자가 느끼는 감정과 기분을 이해하고 이를 표현해야 한다. 또한 노인상담자는 내담자를 가치 있는 존엄한 존재로 인정해야 한다. 그렇지 않고 노인상담자의 관점에서 내담자를 판단한다면 그 즉시 내담자와의 대화는 단절되기 쉽다. 특히 노인상담자는 초기단계에서 느낄 수 있는 불안감과 긴장감을 해소할 수 있도록 따뜻한 미소와 온화한 목소리, 자세, 눈 맞춤 등을 통해 내담자 자신이 수용되며 이해되고 있음을 알 수 있도록 개방적이어야 하며 진실성을 보여 주어야 한다.

2) 관계 형성의 기본원칙

비에스텍(Biesteck, 1957)은 도움을 구하는 모든 사람들에게 공통적인 기본

감정 및 태도유형이 존재한다고 보고, 이를 바탕으로 관계론의 기본원칙을 정립하였다. 노인상담에서 노인상담자와 내담자의 관계 형성을 위해 현외성(2010)과 송진영(2011)은 비에스텍이 제시한 관계론의 주요원칙에 노인의 특성을 고려하여 다음과 같이 제시하고 있다. 그러나 이러한 관계 형성의 기본원칙을 적용함에 있어 노인상담자는 먼저 노인의 욕구와 신체적 · 심리 사회적 특성에 대한 이해를 선행하여야 한다.

① 개별화

개별화는 노인의 상황에 따라 독특한 특성을 가지고 있다는 것을 인정하고 원조하는 과정에서 내담자를 개별적으로 다루어야 한다는 원칙이다. 이는 문제나 욕구를 가진 노인은 특별한 개인으로서 그가 가진 인격, 경험, 지식, 가족상황, 신체적 심리적 특성 모두를 인정하고 존중하는 것이다. 면접 장소와 시간 등을 결정함에 있어서도 노인에 대한 세심한 배려와 함께 상담을 통한 개인적 정보에 대한 비밀을 철저하게 보장해야 한다.

② 의도적인 감정표현

의도적인 감정표현은 내담자가 자신의 감정을 자유롭게 표현할 수 있도록 도와주는 것을 의미한다. 다시 말해, 노인이 자신의 감정을 표현하고 싶은 욕구에 대한 인식이다. 노인상담자는 노인들이 현재 처한 상황이나 가족 또는 친구와의 관계 등에 대하여 자유롭게 자신의 감정을 표현할 수 있도록 촉진하고 특히 부정적인 감정도 자유롭게 표현하도록 격려해야 한다.

③ 통제된 정서적 관여

통제된 정서적 관여는 내담자의 감정에 민감성을 가지며, 그 의미에 대해 이해하고, 내담자의 감정에 대하여 의도적으로 적절하게 반응하는 것이다. 즉, 노인상담자는 노인의 감정을 이해하고 그 감정에 대하여 적절하게 반응함으로써 내담자가 자신의 문제가 이해받고 있다는 느낌을 받을 수 있도록 해야 한다. 좋은 감정뿐만 아니라 부정적 감정을 표현할 경우에도 노인상담자는 객관적인 입장에서 이해하고 노인의 감정을 수용할 수 있어야 한다.

④ 수용

수용은 내담자의 장점과 약점, 혹은 단점 등을 포함하여 있는 그대로의 모습을 이해하고 다루어나가는 것을 의미한다. 수용은 노인상담자가 노인을 있는 그대로 받아들이고 이해하는 것이며, 이는 존엄성과 인격의 가치에 대한 신뢰를 유지하는 것과 같다. 노인상담자는 노인이 가진 장점과 단점, 바람직한 성격과 그렇지 못한 성격, 긍정적 또는 부정적 감정과 행동 등, 노인이 지닌 특성을 현재 있는 그대로의 모습으로 받아들여야 한다.

⑤ 비심판적 태도

비심판적 태도는 문제의 원인이 내담자의 잘못 때문이지 아닌지 혹은 내담자에게 책임이 있는지 등을 심판하지 않고 내담자의 특성 및 가치관을 비난하지 않는다는 것이다. 노인상담자는 노인이 가진 문제나 욕구의 발생 원인에 대하여 책임성 등을 판단하지 않고 노인이 가진 태도, 행동, 감정에 대하여 객관적으로 평가하고 이해해야 한다.

⑥ 자기결정

자기결정은 내담자의 자기선택과 결정을 내릴 수 있는 권리와 욕구를 인식하는 것으로 내담자가 모든 의사결정 과정에 참여하여 스스로 선택하고 결정하도록 하는 것이다. 즉, 내담자인 노인 스스로가 결정하고자 하는 권리와 욕구를 인정하는 것이다. 이러한 자기결정권을 최대화하기 위해서 노인상담자는 노인의 실수나 한계보다 노인이 가지고 있는 장점과 능력을 강조해야 한다. 노인상담자가 노인을 위해 무엇을 해주는 것이 아니라 노인과 함께 해결해나가는 것을 의미하며, 전문적인 원조관계의 파트너십을 강조한다.

⑦ 비밀보장

비밀보장은 클라이언트가 전문적 관계에서 노출한 정보를 전문적 치료 목적 외에 타인에게 알려서는 안 된다는 원칙이다. 노인상담자는 상담 과정에서 알게 된 노인이나 그 가족에 대한 정보를 전문적인 치료 목적 외에 타인에게 제공해서는 안 되며, 철저하게 비밀을 유지해야 한다.

2. 자료수집 및 사정 단계

자료수집과 사정은 노인상담자와 내담자 간의 전문적인 원조관계에서 매우 중요한 요소이다. 자료수집은 내담자의 문제나 욕구를 원조하기 위해 필요한 정보를 수집하는 것이다. 사정은 자료수집을 근거로 내담자에 대한 자료를 해석하고 자료로부터 추론하는 지적인 활동을 의미한다.

1. 자료수집

자료수집은 노인상담자가 내담자의 문제와 욕구를 파악하고, 분석하여 개입을 계획하고 문제를 해결하는 데 필요한 자료를 수집하는 것이다. 이렇게 수집된 자료를 기초로 사정하기 때문에 자료수집이 사정보다 먼저 선행되어지는 것으로 볼 수 있지만 자료수집과 사정은 거의 동시에 이루어진다(양옥경 외, 2004: 146). 즉, 노인상담자는 자료를 수집하면서 내담자의 문제를 분석하고 분석 과정에서 필요한 정보를 수집하는 것이다.

1) 자료수집에 포함될 요소

자료수집에 필요한 자료의 영역은 접수단계에서 파악한 내담자에 대한 기본정보뿐만 아니라 욕구나 문제에 대한 구체적인 내용과 개인력, 가족력, 내담자의 현재 기능, 내담자가 가지고 있는 자원, 한계 등이 포함된다(양옥경 외, 2004: 146).

① 접수단계에서의 자료수집은 내담자에 대한 기초적인 정보와 내담자가 호소하는 문제, 즉 내담자가 문제라고 인식하는 것이 무엇인지 문제에 대한 깊이 있는 정보를 파악해야 한다.

② 자료수집 단계에서는 접수단계보다 더 깊이 내담자의 문제에 대한 깊이 있는 정보들을 수집한다. 접수에서는 내담자의 문제가 무엇인가에 초점을 두었다면, 자료수집 단계에서는 문제에 영향을 미친 요인과 문제를 지

속시키거나 악화시키는 요인에 대한 정보들을 개인적, 환경적 측면에서 모두 찾아야 한다.

③ 내담자가 지금까지 살아온 역사와 발달주기에 따른 인간관계, 생활사건, 내담자의 감정 등을 파악해야 한다.

④ 가족력으로 원 가족의 가족상황과 가족관계, 현재의 가족구성과 가족관계 등, 내담자의 가족력을 파악해야 한다.

⑤ 내담자의 지적 기능, 정서적 기능, 신체적 기능, 행동적 기능, 대인관계 기능, 업무능력, 문제해결 능력 등을 파악해야 한다.

⑥ 내담자가 현재 받고 있는 서비스 또는 활용 가능한 주변 자원 등을 파악해야 한다.

⑦ 내담자가 가지고 있는 문제만이 아니라 내담자가 문제해결을 하는 데 있어 사용할 수 있는 강점에 대한 정보수집과 내담자와 내담자를 둘러싼 환경 속에 있는 한계, 동기 등을 파악해야 한다.

2) 자료수집의 정보출처

자료수집은 여러 가지 방법이 있지만 각 방법마다 한계가 있기 때문에 노인상담자는 한 가지 이상의 방법을 활용해서 자료를 수집해야 한다. 일반적으로 자료를 수집하는 데 가장 많이 활용되는 정보원, 즉 출처는 다음과 같다 (Hepworth & Larsen, 1990: 196-198; 김융일 외, 2000: 221).

- 내담자가 작성하는 가정환경서와 같은 서류
- 문제, 기분, 의견, 생각, 사건 등에 관한 내담자의 이야기
- 내담자의 비언어적 행동에 관한 노인상담자의 관찰
- 부부, 가족 구성원 간의 상호작용에 관한 노인상담자의 관찰
- 친척, 친구 등 주변에 관련된 사람들에게서 수집된 정보
- 심리검사 결과
- 내담자에 대한 노인상담자의 개인적 경험 등

2. 사정단계

1) 사정의 내용

사정은 자료를 수집하여 분석하고 종합하는 과정이다. 내담자가 가지고 있는 문제가 무엇인지, 그 문제를 해결하거나 줄이기 위해 무엇이 변화되어야 하는지에 대해 답하는 초기단계에서의 핵심적인 단계이다.

노인상담에서 사정은 노인의 신체적, 정신적, 심리적, 사회적, 경제적인 모든 측면을 고려하여 노인의 욕구와 문제를 분석해야 한다. 노인상담자가 다루어야 할 사정의 내용은 다음과 같다.

- 노인이 필요로 하는 서비스와 욕구는 무엇인가?
- 노인 자신은 문제를 어떻게 인식하고 있는가?
- 노인이 현재 직면한 문제와 관련된 사람은 누구인가?
- 노인이 직면한 문제를 해결하기 위하여 활용 가능한 자원은 무엇인가?

2) 사정도구

자료수집 단계에서는 정보수집을 위한 도구가 단순히 원 자료를 기록하는 질문지인 반면에 사정단계의 사정도구는 한 단계 더 나아가서 몇 가지 유형을 조합하여 노인상담자가 그 자료에 관하여 의미를 부여하는 것이다. 사정도구에는 사회적 사정보고서, 가계도, 생태도, 사회적 지지 사정 등이 있다.

(1) 사회적 사정보고서

사회적 사정보고서는 내담자의 기능수행과 그의 상황에 관련된 사회적 · 관계적 혹은 상호작용적 측면에 초점을 두고 노인상담자가 작성한다.

사회적 사정보고서를 통하여 노인상담자는 내담자가 이전에 어떻게 생각하고, 느끼고, 행동했으며 문제에 어떻게 대처했는지에 관하여 설명을 할 수 있다. 이전의 반응유형을 근거로 내담자가 앞으로 비슷한 상황에서 어떻게 반응할지에 관한 예측을 할 수 있다. 사회적 생활력이나 사정은 특히 특정 내담자에게 가장 적합한 서비스나 프로그램 유형에 관한 결정을 내리고 새로운 환경에 대한 내담자의 적응력을 촉진시키는 데 유용하다.

사회적 사정보고서에는 사회적 자료와 그 자료에 관한 노인상담자의 사정이나 생각들을 기록한다. 사회적 자료는 기본적인 사실들이고 사회적 사정은 그 자료에 대해 의미를 부여하는 노인상담자의 소견과 사회복지 개입에 관한 함의를 요약하는 진술이다. 사회적 사정보고서는 내담자의 강점에 초점을 두며, 노인상담자는 내담자의 정신병리와 가족의 해체, 개인적 약점과 한계점으로 선입견을 갖지 않도록 한다. 사회적 사정보고서의 예는 〈표 7-1〉과 같다.

표 7-1 사회적 사정보고서의 예

- 확인정보(성명, 생년월일, 주소 등)
- 보고이유
- 사회복지나 기관의 참여 이유
- 내담자의 문제나 관심사에 관한 진술
- 자료의 출처
- 내담자의 가족배경(가족력)
- 현재 가족의 구성과 동거가족
- 중요한 다른 사람과의 관계
- 종교와 영성
- 신체적 기능, 건강상태, 영양, 가정의 안전성, 질병, 장애, 의료상태
- 교육적 배경, 최종학력, 지적 기능
- 심리적 · 정서적 기능
- 강점, 대처방식, 문제해결 능력
- 고용, 소득, 직업경험, 기술
- 주택, 지역사회 이웃, 교통수단
- 현재와 최근의 지역사회와 전문적 서비스의 이용
- 노인상담자의 소견과 사정
- 개입과 서비스 계획

출처 : B. Sheafor, C. Horejsi, & G. Horejsi(서울대 사회복지실천연구회 역, 2001: 386).

(2) 가계도

가계도(genogram)는 2~3세대에 걸친 가족관계를 도표로 제시하여 가족에 관한 정보를 한 눈에 볼 수 있게 해주는 사정도구이다. 가계도는 가족 구성원들의 성장 과정에서 나타난 중요한 사건이나 변화 등을 한 눈에 볼 수 있으며, 그 가족 상호 간에 어떻게 연관되어 있는지를 알 수 있게 한다. 가계도를 통해 가족 내 역동이나 세대 간 반복되는 가족의 관계유형 등을 알아볼 수 있어 현재 제시된 문제의 근원을 파악하는 통찰력을 갖도록 하는 매우 유용한 도구이다.

가계도는 내담자와 노인상담자가 함께 작성하며, 가계도에서 공통적으로 사용하는 상징들은 〈그림 7-1〉과 같다.

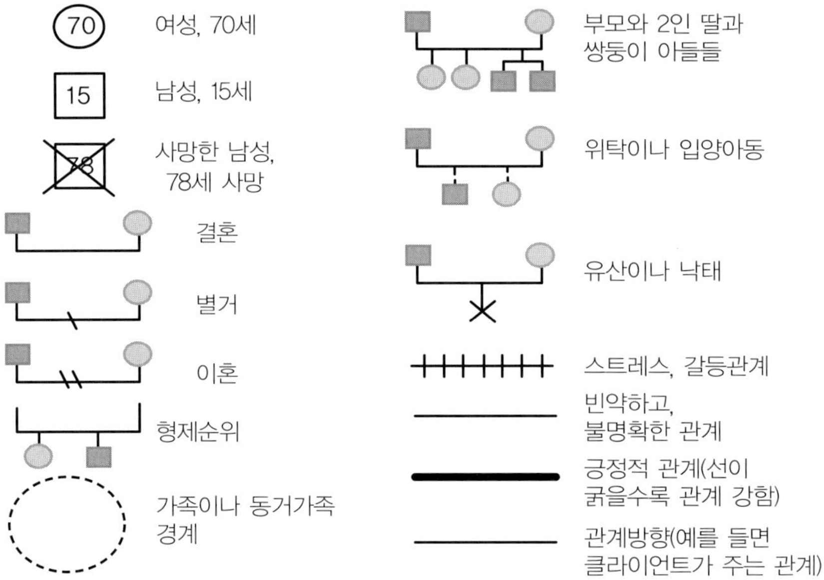

출처 : B. Sheafor, C. Horejsi, & G. Horejsi(서울대 사회복지실천연구회 역, 2001: 393).

〈그림 7-1〉 가계도의 상징들

(3) 생태도

생태도(ecomap)는 가족이나 내담자의 삶에 영향을 미치는 체계들과의 관계를 그림으로 표현함으로써 내담자문제에 대한 개입계획을 세우는 데 매우 유용한 도구이다. 노인상담자는 생태도를 통해 내담자의 가족관계뿐만 아니라 주변 체계들과의 관계를 파악할 수 있다.

노인상담자가 내담자와 함께 생태도를 그릴 때 노인을 부양하는 가족이 노인의 건강보호와 같은 기본적인 욕구를 충족시킬 만큼 적절한 소득이 있는가? 그 가족들은 친척, 친구, 이웃 등의 주변 체계들과 상호작용의 관계는 어떠한가? 가족 구성원 중에서 누가 스트레스를 가장 많이 받고 있는가? 등 노인상담자의 이러한 질문들을 통해 내담자의 문제를 사정하고 개입을 위한 중요한 정보를 파악할 수 있다.

(4) 사회적 지지사정

사회적 지지사정은 〈표 7-2〉와 같이 개인이 가지고 있는 사회적 관계망의 한 구성요소로 내담자가 다양한 유형의 사회적 지지를 구할 수 있는 사람들을 확인하기 위한 도구이다. 일반적으로 사회적 지지가 내담자에게 긍정적인 영향을 주지만, 때로는 사회적 관계망의 다른 부분이 내담자에게 스트레스를 주거나 내담자의 기능수행에 해로운 영향을 미칠 수도 있다. 노인상담 과정에서 노인상담자는 내담자가 사회적 지지망을 활용할 수 있도록 잠재적인 사회적 지지를 확인하고 사정하는 데 내담자를 참여시키는 것이 필요하다

표 7-2 사회적 관계망 표

이름	생활영역 1. 동거가족 2. 다른 가족 3. 친구 4. 이웃 5. 전문가 6. 기타	구체적 지원 1. 거의 없음 2. 간혹 있음 3. 항상 있음	정서적 지원 1. 거의 없음 2. 간혹 있음 3. 항상 있음	정보/충고 1. 거의 없음 2. 간혹 있음 3. 항상 있음	비판 1. 거의 없음 2. 간혹 있음 3. 항상 있음	원조의 방향 1. 양방향 2. 당신이 그들에게 향함 3. 그들이 당신에게 향함	친밀성 1. 친밀성이 없음 2. 친밀한 정도 3. 매우 친밀	얼마나 자주 보는가 0. 보지 않음 1. 몇 회/년 2. 매달 3. 주별 4. 매일	얼마나 오래 알았는가 1. 1년 미만 2. 1년~5년 3. 5년 이상

출처 : B. Sheafor, C. Horejsi, & G. Horejsi(서울대 사회복지실천연구회 역, 2001: 399).

3. 목표설정 및 계약 단계

1. 목표설정

1) 표적문제 정의하기

노인상담자에게 원조를 요청하는 내담자들은 대부분 복합적인 문제와 욕구를 가지고 있다. 목표를 설정하기 위해서는 먼저 표적문제를 찾아내야 한다. 내담자가 중요하게 생각하고 빨리 해결되기를 원하며 해결 가능성이 높은 문제로 표적문제를 선정한다. 만약에 표적문제가 너무 많으면 계획된 시간 안에 해결하기 어려우며 원조노력은 방향을 잃게 되어 내담자와 노인상담자 모두 좌절을 경험하게 된다.

노인상담자와 내담자가 표적문제의 우선순위를 정할 때 도움을 줄 수 있는 지침은 다음과 같다(B. Sheafor, et al., 서울대 사회복지실천연구회 역, 2001: 493-494).

① 내담자가 변화하기를 원하는 것, 관심사를 중심으로 목록을 작성한다.

② 문제와 관심사를 재검토하고 상호 관련성을 분류하거나 조합을 만들도록 한다.

③ 내담자는 자신의 목록을 검토해서 우선순위가 높은 문제나 관심사 순으로 두세 가지를 결정한다.

④ 이와 동시에 내담자와 노인상담자는 다음의 범주에 따라 검토한다.

- 내담자의 상황에서 가장 부담이 되는 문제는 무엇인가?
- 만약 중점을 두거나 해결되지 않는다면 내담자에게 가장 부정적인 결과를 낳을 수 있는 문제는 무엇인가?
- 만약 중점을 두거나 해결된다면 내담자에게 가장 긍정적인 결과를 낳을 수 있는 문제는 무엇인가?
- 내담자가 가장 관심을 가지는 문제는 무엇인가?
- 어느 정도의 시간 · 에너지 · 자원을 투입했을 때 역점을 두거나 고칠

수 있는 것은 무엇인가?
- 상대적으로 변화될 수 없거나 과도하게 많은 시간 · 에너지 · 자원을 필요로 하는 것은 무엇인가?

이러한 범주를 검토하고 난 후, 주어진 시간 안에 모든 문제를 다루기가 어려우므로 두세 가지 정도만 선정하여 목표를 설정한다.

2) 목표 설정하기

목표설정은 상담을 성공적으로 이끌기 위한 매우 중요한 요소이다. 노인상담자는 내담자와 함께 달성할 구체적인 목표를 설정하여야 한다. 목표설정은 노인상담자와 내담자에게 개입 과정의 방향을 명확히 제시해 주고 개입이 끝난 후 그 결과를 효과적으로 평가할 수 있게 해준다(양옥경 외, 2004: 164).

목표설정은 내담자의 문제와 관련된 측정 가능한 목표를 설정한다. 목표가 분명하지 않다면 원조 과정은 방향을 잃을 것이고 그 결과를 평가할 수 없다. 대부분 목적(goal)과 목표(objective)를 비슷한 개념으로 사용하고 있다. 하지만 목적은 '노인의 삶의 질 향상'과 같이 광범위하고 보다 추상적인 개념이다. 목적과 비교하여 목표는 '고향에 계신 부모님을 월 1회 방문한다'와 같이 보다 세분화되고 구체적이다. 목적에 도달하기 위하여 취해야 하는 많은 측정 가능한 단계들 중의 하나가 목표라고 볼 수 있다.

2. 계약단계

1) 계약의 구성요소

계약(contract)은 목표설정이 끝나고 나면 노인상담자와 내담자가 상담의 중요한 요소들에 대해 서로 동의하는 것이다. 즉, 서비스 종류, 수행할 목표와 그것을 달성하기 위한 개입기법, 상담자 수, 상담 시간, 내담자와 노인상담자의 역할 등, 구체적인 세부사항을 기술한다. 계약은 내담자가 정확하게 알 수 있도록 단순하고 분명한 언어로 표현한다. 법률적이거나 사회복지 전문용어는 피하고, 내담자를 혼란시키거나 위협적인 단어를 사용해서는 안 된다. 계약은 노인상담자에 의해 일방적이 아닌 내담자의 의견이 충분히 반영될 수 있어야 한다.

특히 계약은 내담자와 노인상담자가 동등한 관계에서 각자의 역할을 확인하고 맺는 것이 좋다. 내담자는 문제를 해결하는 주체가 노인상담자가 아니라 내담자 자신임을 인식하고 노인상담자가 도울 수 있도록 변화를 위한 적극적 태도를 가져야 한다. 노인상담자는 어디까지나 문제해결의 파트너로 조언을 할 뿐 문제해결은 내담자 스스로 하는 것임을 분명히 해야 한다. 노인상담자는 원조 과정에 어떤 방법이 사용되는지 내담자에게 그 방법에 대해 상세히 설명하고 충분하게 의논한 뒤 내담자의 동의를 얻어 계약한다.

2) 계약의 형식

계약의 형식에는 구두계약과 서면계약이 있다. 구두계약은 서면계약과 근본적으로 같지만 구두로 계약한다는 차이가 있다. 구두계약은 서면계약과 비교할 때 신속하고 서명을 거부하거나 저항감 및 불신감을 가진 내담자에게 유용한 방법이다. 그러나 합의한 내용의 자세한 부분을 잊을 수 있는 단점을 가지고 있다. 서면계약은 가장 공식적인 형태의 계약이다. 서면계약의 경우 내담자가 서면계약으로 의지를 더 강하게 할 수 있고 필요한 경우 언제라도 계약내용을 검토할 수 있다는 장점을 가지고 있다.

제 8 장

노인상담의 중기단계

1. 중기단계의 과제 및 노인상담자의 역할

상담의 초기단계에서 내담자 면접과 사정을 거쳐서 내담자가 지닌 문제와 관련된 정보를 파악하고 상담에서 다뤄야 할 문제와 상담 목표를 합의한 뒤에 상담 과정을 구조화하고 나면, 중간단계로 접어들게 된다.

이때 내담자가 노인상담자와 신뢰관계가 형성되어 안정감을 느끼게 되면 자신의 내면 이야기를 드러내게 된다.

그뿐만 아니라 내담자는 상담이 효과적으로 진행되기 위한 자신의 역할을 알게 되고 처음 노인상담자를 방문할 때 지녔던 불안이나 양가감정을 극복하고 적극적으로 상담에 참여하게 된다.

1. 상담 중기단계의 과제

상담의 중기단계는 초기단계에 합의한 목표를 이루기 위해 노인상담자와 내담자가 상호협력을 통하여 집중적으로 변화를 모색해 나가는 단계로서 내담자 자신의 심리적인 문제에 대한 통찰을 얻고 문제해결 과정으로 변화를 지향해 나가는 핵심적인 단계라고 할 수 있다.

노인상담자는 지금까지 상담을 진행하면서 수집한 자료를 토대로 내담자의 심리적 문제를 확인할 수 있고 내담자의 성격, 문제의 근원, 처해진 환경, 사고과정, 감정, 행동유형 등에 대해 깊이 있게 이해할 수 있게 되므로 내담자에 대해 보다 정확하게 반응할 수 있게 된다(천성문 외, 2006).

내담자 역시 복잡하게 엉켜 있던 감정에서 빠져나와 무엇을 어떻게 할지 길을 찾게 되고 스스로 변화를 위해 무엇인가를 시도하게 된다.

노인상담자는 내담자의 문제와 관련하여 심리 사회적 기능에 좋지 않은 영향을 미치는 조건들과 내담자 사이에 끼어들어 환경에 대한 이해와 자각을 증진시키고, 문제를 해결해 나가며, 현실적응적 행동을 개발하여 일상생활에 적용할 수 있도록 돕게 된다.

이 개입은 이론적 준거틀이나 실천 이론에 근거해서 이루어져야 한다. 실천이론과 이론적 준거틀은 바람직한 상담 결과를 성취할 수 있도록 노인상담자가 활용할 수 있는 기술이 포함되어야 한다. 기술(skill)이란 변화노력에 있어서 노인상담자에 의해서 활용되는 대인관계 기술 혹은 노인상담자에 의해서 이행되는 절차를 말한다.

중기단계의 상담활동을 성공적으로 이행하기 위해서는 적절한 개입이 선택되어야 한다. 개입활동은 변화가 필요한 것으로 지목된 표적체계들과의 조화는 물론 내담자의 발달단계들과 조화를 이루는 것이 중요하다. 또한 노인상담자는 개입계획에 있어서 인간 및 가족의 발달단계들을 신중하게 고려할 줄 알아야 한다. 이들 정상적 범주에서의 발달단계 이외에도 내담자의 과도한 스트레스를 유발시키는 생활사건이 고려되어야 한다.

상담 중기단계에서 노인상담자는 자신이 선호하는 특정 상담 이론을 활용할 수 있지만, 내담자의 특성이나 상황에 따라서 다양한 상담 이론들을 절충해서 사용할 수도 있다. 이를테면 정신역동적 입장에서는 문제와 증상을 낳게 된 심리적인 원인과 성격구조에 대한 자각과 통찰을 위해 내담자의 현실적응을 가로막는 무의식을 드러내기 위해서 자유연상 기법을 활용해서 통찰을 가져오기 위한 해석을 하기도 하고, 내담자중심 상담기법을 활용해서 보다 깊은 공감을 통해 내담자의 체험을 수용하고 인식을 확장시켜 성장잠재력을 증진시켜 줄 수 있다. 또한 자동화된 사고, 비합리적이고 왜곡된 역기능적 사고 과정을 파악해서 합리적인 사고를 갖도록 도울 수도 있다(신경진, 2010).

만일 내담자가 대인관계에서 어려움을 겪고 있다면, 의사거래분석 이론이나 역할극을 활용해서 대인관계 기술을 증진시켜 줄 수도 있다. 다양한 상담 이론이나 기법의 통합적인 활용은 내담자의 문제해결에 도움이 될 수 있지만, 노인상담자의 능력과 훈련 정도에 따라서 그 효과가 달라질 수 있으므로 노인상담자는 익숙하지 않은 이론과 기술을 활용하려고 시도하기보다는 자신이 잘 알고 있고 내면화된 이론과 기술을 활용하는 것이 더 효과적일 수 있음을 잊지 말아야 한다.

상담의 중기에 다루어야 할 중요한 내용은 다음과 같다(신경진, 2010).

표 8-1 상담의 중기단계에 다루어야 할 내용

1. 문제와 증상의 구체적 작업
- 현재의 문제와 과거의 경험들 간의 관계에 대한 인식
- 증상과 연결된 감정과 욕구의 표현
- 문제/증상을 가져오는 내담자의 성격적 경향성들과 대인관계 양식들의 인식
- 자기 내부에 존재하는 여러 힘들의 작용을 인식
- 자신의 모습에 대한 인식의 확장과 통합

2. 문제와 증상에 관계된 요인들의 검토 및 통찰

3. 저항의 극복

4. 대안마련
- 대안 행동, 문제해결 방안, 적응적/합리적인 성향이나 삶의 방식을 이끌어내기
- 특정 증상 제거를 위한 치료기법의 적용과 그 효과에 대한 논의
- 자신의 감정, 행동, 생각을 조절하려는 욕구와 동기를 활성화시킴

5. 실천과 훈습
- 부적응적 경향성과 양식을 포기하고 조절함
- 새롭게 터득한 지혜들을 실천에 옮기고 자신의 것으로 내면화시킴

6. 상담의 중간점검

출처 : 신경진(2010: 102).

상담 중기단계에서는 내담자의 현실적응을 어렵게 만들거나 스트레스 요인으로 작용하는 심리적인 문제의 원인에 대해서 통찰이 이루어진다. 이러한 통찰을 현실에서 효과적으로 적용하기 위해서 노인상담자는 다양한 상담기법들을 활용하게 된다.

2. 중기단계 노인상담자의 역할

노인상담자는 초기단계에서 설정한 상담 목표를 달성하기 위해 내담자가 문제를 깊이 있게 탐색하고, 탐색 과정에서 깨달은 사실을 구체적인 행동으로 옮기도록 격려한다. 이 단계에서 노인상담자는 상담이 어떻게 진행되어 가고 있고, 내담자에게는 어떤 진전이 있는지를 끊임없이 평가해야 한다. 그리고 상담이 만족스럽게 진전되지 못할 경우 어떤 이유 때문에 상담이 진전되지 않는지, 이러한 상황을 호전시키기 위해 무엇을 해야 하는지를 검토해야 한다.

노인상담자는 상담 시간에 일어나는 여러 가지 상황을 탐색하면서 내담자의 현재 생활에서 벌어질 만한 사건과 이전에 정확하게 알지 못했던 내담자의 새로운 특성이 나타나지는 않는지, 내담자가 노인상담자를 어떻게 지각하는지 등에 관한 정보를 수집한다(천성문 외, 2006).

노인상담자는 내담자가 원하는 변화를 성취할 수 있는 행동 전략을 개발하도록 도와야 한다. 그리고 내담자의 사고, 감정, 행동의 변화를 위해서 노인상담자는 새로운 대안을 탐색하고 내담자의 사고, 감정, 행동의 불일치를 직면시키는 것이 필요하다.

이를 위한 노인상담자의 과업은 내담자가 자신감을 가지고 원하는 바람직한 행동을 할 수 있는 새로운 방식을 찾도록 지지하고 그 가능성을 탐색해야 하며(Ivery &Ivery, 1999; 천성문 외, 2006, 재인용), 내담자와 협의하여 행동계획을 수립하고 이를 일상생활에서 적용할 수 있도록 도와야 한다.

노인상담자가 내담자와 상담을 진행하는 과정에서 어떤 실천형식을 취해야 할 것인지를 결정할 때, 고려해야 할 원칙은 다음과 같다(johnson & Yanca, 2001).

① **경제성 원칙** : 노인상담자와 내담자 모두의 시간과 에너지 소모를 최소화할 수 있는 형태를 선택해야 한다.

② **내담자의 자기결정권 존중원칙** : 상담의 전 과정에 내담자의 참여가 존중되어야 한다.

③ **개별화 원칙** : 노인상담자는 내담자를 일반화시키는 것이 아니라 개별 내담자 체계가 지닌 고유한 강점이나 욕구, 특성 등을 존중해야 한다.

④ **성장발달 원칙** : 내담자의 발달단계에 따라 적절한 실천형식이 취해져야 한다.

⑤ **상호의존성의 원칙** : 노인상담자의 활동은 부분적으로 내담자의 활동, 변화잠재력에 알맞게 이루어져야 한다.

⑥ **상담 목표에 맞춘 초점원칙** : 실천양식은 노인상담자와 내담자가 함께 초기단계에 합의했던 상담 목표에 초점이 맞춰져야 한다.

2. 중기단계에서 사용되는 상담기술

1. 공감

공감은 초기단계부터 촉진적 상담관계 형성을 위해 필요한 기술이다. 초기단계에서 공감은 내담자의 경험과 감정을 이해하고 상담관계를 원활하게 진행하기 위해서 활용한다. 그러나 상담 중기단계의 공감은 내담자가 자신의 문제를 탐색, 통찰을 위해서 보다 깊은 수준의 공감이 필요하다. 깊은 공감은 내담자가 자각하기 두려워 표현하지 않은 감정을 노인상담자가 찾아내 전달함으로써 내담자가 자신을 더 깊이 이해하도록 돕는 기술이다(천성문 외, 2006).

2. 감정반영

감정반영은 내담자의 말보다도 그 내용 뒤에 숨어 있는 감정을 파악하여 내담자에게 전달하는 것으로 내담자의 탐색을 돕는 데 유용한 기술이다. 감정반영으로 기대되는 반응은 내담자가 좀 더 깊이 감정을 탐색하는 것이다. 예를 들어, 노인내담자가 자신을 돌보지 않는 아들에 대해서 괘씸하고 분노가 치밀어 오른다고 말할 때, 노인상담자는 내담자로 하여금 현재의 분노감정을 표현하도록 하고 아들에 대해서 지금 어떤 감정을 느끼는지 속 시원하게 이야기하도록 하므로 부정적인 감정의 정화와 자기통제를 촉진시킬 수 있으며 자신의 문제를 명료화하고 설명할 수 있도록 도울 수 있다.

감정을 반영할 때는 내담자의 숨소리나 말의 속도가 변하는 것, 표정, 말을 더듬는 것, 특정 단어를 힘주어 말하는 것, 입술의 떨림, 눈동자의 변화 등을 잘 관찰할 수 있어야 하며, "당신은 ~때문에 ~를 느끼는군요."라는 형태를 사용하는 것이 좋다.

3. 지지

지지는 내담자가 직면하고 있는 외적 위협이 자신이 생각하고 있는 것만큼 위험하지 않다는 확신을 직접적으로 표현하고 내담자에 대한 노인상담자의 관심과 수용, 도우려는 의지를 전달함으로써 내담자의 자신감과 자존심의 결여 및 불안감 등을 감소시켜 주며 상담에 적극적으로 참여할 수 있도록 만드는 효과가 있다. 지지의 구체적인 기술로는 수용, 재보증, 격려, 관심의 구체적인 표현, 비언어적 지지, 이차적 지지 등이 있다(김기태 외, 2009).

4. 수용

수용은 노인상담자가 내담자의 장점과 단점, 긍정적 감정과 부정적 감정, 건설적 및 파괴적 태도와 행동을 포함하여 있는 그대로 지각하고 다루어 나가는 것이며, 내담자의 존엄성과 인격의 가치를 존중하는 태도를 말한다. 또한 내담자가 자신에 관해 말한 것을 노인상담자가 인정하든, 인정하지 않든 간에 내담자에 대해 긍정적이며 이해하려는 태도를 보여주는 것을 의미한다. 노인상담자가 비심판적 태도를 견지하는 것 이상의 따뜻하고 포용적인 자세를 나타낼 때, 내담자는 편안한 마음으로 자신의 생각과 느낌을 말할 수 있게 된다.

5. 재진술

재진술은 내담자의 이야기를 듣고, 노인상담자가 자신의 말로 바꾸어 말해주는 기술로 상대방의 이야기를 이해하고 있음을 전달하고, 내담자의 이야기 내용을 요약하며, 상대방의 말을 노인상담자가 잘 이해하고 확인하기 위한 목적으로 사용한다. 감정반영이 대화 뒤에 숨어 있는 '내담자의 느낌'에 강조를 둔다면 재진술은 대화의 '내용', 즉 인지적 측면에 강조점을 둔다(천성문, 2006).

6. 재보증

자신의 능력이나 자질에 대해 회의적인 내담자에게 자신감을 향상시키기 위해 활용하는 기술로 내담자의 불안감이나 불확실한 감정을 줄이고 편안한 감정을 가질 수 있도록 돕는 데 도움이 되는 기술이다.

특히 내담자가 자신의 삶에서 경험하는 사건이나 문제들로 인해 문제를 객관적으로 바라보지 못하거나 판단이 흐려져 있을 때 유용하게 활용할 수 있다. 노인상담자가 적절하게 재보증기술을 활용하면 내담자에게 희망과 지지를 갖도록 도울 수 있다. 그러나 재보증은 현실성이 있어야 하며 내담자의 감정적 요소, 즉 특정 상황에 대해 느끼는 바를 그대로 수용해야 한다.

노인상담자가 내담자의 불안감을 견딜 수 없기 때문에 재보증을 지나치게 자주 사용하는 것은 내담자로 하여금 노인상담자가 불안감이나 죄책감의 원인을 제대로 이해하지 못하였거나 도덕적인 분별력이 부족해서 사물을 판단할 능력이 없는 사람이라는 느낌을 줄 수 있으므로 주의해서 사용해야 한다.

재보증 기술을 사용할 때 염두에 두어야 할 점으로는 현실을 무시한 채 겉치레적인 편안함을 제공하려고 하지 말 것, 적절한 시점에서 내담자가 자신의 염려와 슬픔을 표현할 수 있도록 할 것, 모든 상황에 있어서 일반적인 적응과 구체적인 적응이 가능함을 인식하고 이를 현명하게 사용할 수 있어야 한다(Brill, 1997; 엄명룡 외, 2008).

7. 조언

조언은 내담자가 해야 할 것을 추천하거나 제안하는 기술을 말한다. 이 기술은 문제해결 과정에서 다양한 대안을 모색하고 활용하도록 하였지만 효과를 거두지 못하여 더 이상 다른 선택이나 개입의 여지가 없을 때 마지막 수단으로 사용하는 기술로 단순하게 지나가는 말로 조언을 해 주는 것으로 끝나는 것이 아니라 노인상담자가 조언을 하는 배경이나 논리적 근거를 분명하게 제시해 줄 수 있어야 한다.

브릴(Bill)은 노인상담자가 조언기술을 활용해야 할 상황에 대해서 내담자가 위기상황을 다룰 능력이 부적절하고, 불안이나 고통 혹은 급박한 정서로 인해 고통을 받고 있을 때, 조언제공자에 대해 내담자가 깊은 존경심을 갖고 있을 때, 내담자가 자신의 결정을 직접 내리기보다는 타인의 결정에 의존하는 경향이 많을 때, 조언을 제공해도 내담자가 자기결정권을 행사할 수 있으면서 동시에 내담자의 욕구에 부응할 때, 모든 상황을 고려해도 다른 대안이 없을 때라고 언급하고 있다.

조언기술은 신중하고 제한적으로 활용되어야 한다. 왜냐하면 노인상담자의 조언으로 인해 내담자의 행동에 부정적인 결과가 발생했을 때 책임이 따를 수 있기 때문이다. 노인상담자의 조언이 정확하지 못하거나 잘못된 것일 가능성이 있으며, 내담자의 자기결정권을 침해하고, 의존성을 심어주게 되어 내담자가 적극적으로 문제를 해결하고자 하는 자세를 약화시킬 위험성이 있다.

조언을 할 때 사용할 수 있는 지침은 다음과 같다(엄명룡 외, 2008).

첫째, 내담자의 입장에서 조언을 받을 때의 느낌을 먼저 생각해 본다. 둘째, 조언은 치료에서보다는 의뢰, 중개 또는 옹호할 때 주로 사용한다. 셋째, 내담자가 조언을 원치 않으면 제공하지 않는다. 넷째, '내가 당신이라면~ 이렇게 할 수도 있을 것이다', 또는 '일반적으로 사람들은 ~할 것이다.' 라고 표현하여 내담자에게 선택의 여지가 있도록 한다. 다섯째, 조언을 활용할 때 법적 책임에 대하여 고려해야 한다. 여섯째, 노인상담자에게 책임을 지우는 조정적인 내담자에 대해서는 조언하는 것을 주의해야 한다.

8. 직면

내담자가 늘 협조적이고 일관성 있으며 예의를 갖추어 상담에 응하는 것은 아니다. 따라서 노인상담자는 내담자의 특정 행동에 직면해야 할 때가 있다. 직면은 노인상담자가 내담자의 다음과 같은 불일치를 해결하기 위해서 활용하는 기술이다(G. Egan, 제석봉 외 역, 2003).

- 내담자의 생각이나 느낌과 말 사이의 불일치
- 내담자의 말과 행동 간의 불일치
- 내담자 자신의 입장과 타인이 보는 입장 간의 불일치
- 현재 모습과 되고 싶은 모습 간의 불일치
- 내담자가 말한 목표와 행동 간의 불일치
- 내담자가 말한 가치와 실제 행동 간의 불일치

직면기술을 활용하기 위해서는 노인상담자와 내담자 사이에 충분한 신뢰관계가 이루어져야 하며, 적절한 시기를 잘 선택해야 한다. 또한 내담자가 방어적이지 않으면서 숨기는 것이 없도록 노인상담자는 내담자의 상이한 반응이나 관점을 이해하고 수용하면서 기다릴 수 있어야 한다.

직면기술을 효과적으로 활용하기 위해서는 첫째, 내담자가 직면하고자 하는 문제나 상황을 의식할 수 있도록 돕기 위해서 직면해야 하는 문제나 상황을 파악하도록 한다. 둘째, 내담자가 문제나 상황에서 어떻게 불일치하거나, 일관성이 없는지 노인상담자 입장에서 설명한다. 셋째, 내담자가 왜 이 시점에서 이 문제를 고려해 보아야 하는지 그리고 이것이 내담자의 문제나 상황과 어떤 관련이 있는지 분명하게 설명한다. 넷째, 노인상담자가 말한 내용에 대해서 내담자가 반응할 수 있는 시간을 충분히 준다. 마지막으로 후속조치를 취한다(엄명룡 외, 2008).

직면기술은 노인상담자가 일방적으로 내담자의 불일치나 잘못을 지적하거나 판단하는 것이 아니라 내담자 스스로 자신의 문제를 직면하도록 돕는 것이 좋으며 진실한 마음으로 무례하지 않고 부드럽게 알아듣기 쉬운 말로 직면해야 한다.

9. 해석

해석은 내담자가 직면하기 고통스러워 외면하고 회피하던 내면의 진실을 찾아서 만나고 화해하고 통합하도록 이끄는 기술로 내담자가 부분적 또는 전체적으로 인식하지 못하고 있는 자신의 어떤 모습을 인식하도록 도와주는 노인상담자의 언어적 개입을 말한다. 다시 말해서, 문제나 증상을 가져오도록 작용한 자신의 부분에 대해 자신이 받아들이거나 인식하지 못하고 있는 무의식의 영역에 있는 자신의 모습을 의식수준에서 인식할 수 있도록 돕는 기술로 내담자로 하여금 어떤 상황이나 문제에 대해서 왜 그렇게 반응하고 행동하는지에 대해 내면의 원인을 자각하도록 돕는 데 유효한 기술이다(신경진, 2010).

노인상담자는 내담자가 과거와 현재의 문제 사이에서 연관성을 이해하면서 원인적 연관성을 가정하기 시작할 때, 해석의 영역에 닿게 된다. 정신역동적 성격이론에 의하면 인간은 초기 아동기에 주 양육자와의 반복적 관계를 통해서 일정한 감정양식을 갖게 된다고 본다. 이러한 감정양식은 이후 삶의 과정에서 만나는 사람들과의 관계에 지속적으로 영향을 미치게 된다.

따라서 현실세계에서의 감정, 사고, 행동, 환상과 열망 등은 어릴 때 경험의 영향으로 볼 수 있다. 이러한 영향은 무의식 상태에서 나타나기 때문에 내담자 자신도 자신이 왜 그렇게 말하고 행동하는지 인식하기 어렵다. 노인상담자는 과거의 경험과 현재의 행동이 어떤 연관성이 있는지에 관한 해석을 통해 내담자에게 현재의 행동과 생애초기의 원인적 경험과의 관계를 통찰하도록 도울 수 있다.

해석은 내담자가 지금까지 회피해온 고통스러운 자신의 모습을 직면할 수 있도록 조금씩 점진적으로 접근하며 충격이나 저항이 생기지 않도록 수위를 조절해가면서 제공되어야 한다. 해석작업을 할 때는 표면적이고 주변적인 것에서 시작하여 무의식의 내용으로, 부분적이고 단편적인 것에서 복합적이고 보다 통합된 형태로 나가야 한다(Colby, 1951; 신경진, 2010, 재인용).

해석에 대한 타당성은 내담자에게 의미가 있고 수용 가능할 때 참된 것이 될 수 있다. 또한 해석내용은 내담자의 경험에 상응하고 그의 사고 및 감정유형과 동떨어지지 않을 때에만 의미를 가질 수 있다. 그러므로 내담자가 충분한 준비가 되어 있지 않을 때, 이른 해석의 시도는 위험할 수 있다. 내담자로부터 "아하! 그렇군."이라는 깊은 통찰을 이끌어 낼 수 있는 시점, 즉 충분한 사전작업을 통해서 내담자가 어느 정도 그에 대한 내용을 감지하고 있음이 분명한 시점이 되기 전에 주어진 빠른 해석은 내담자에게 충격을 줄 수 있으며 방어벽을 쌓게 만드는 결과를 가져 올 수도 있다.

따라서 해석은 내담자의 고통스러운 감정을 심하게 건드리거나 자존심을 손상시키지 않을 정도로 시도하는 것이 안전하다.

10. 자기주장 기술

많은 내담자들이 대인관계에서 갈등을 경험하면서 노인상담자의 도움을 받기 위해 찾아오게 된다. 대인관계의 갈등은 내담자 자신의 사고나 감정을 미숙하게 표현하거나 부정적인 방법으로 표현하기 때문에 발생하는 경우가 많다.

특별히 노인내담자들은 자신이 부담을 주는 쓸모없는 존재라는 생각으로 인해서 자녀들이나 대인관계에서 자신의 바람이나 요구를 적극적으로 표현하지 못하고 막연히 상대가 알아주기만을 바라거나 부정적인 방법으로 의사표현을 하게 되므로 더욱 관계가 악화되는 상황에 처하기도 한다. 이런 측면에서 자신의 요구를 솔직하게 표현할 수 있도록 자기주장 기술을 길러 줄 필요가 있다.

자기주장이란 자신과 타인의 권리를 동등하게 존중하면서 자신의 사고, 감정, 원함, 성취하고자 하는 것, 의견 등을 단호하게 요구하거나 표현하는 것을 의미한다. 자기주장의 행동유형이나 반응을 몇 가지로 제시하자면 다음과 같다(엄명룡 외, 2008). 요청 거부하기, 분위기와 어울리지 않는 의견 표현하기, 자신의 약점을 인정하기, 칭찬을 수용하기, 긍정적인 감정을 표현하기, 행동변화를 요구하기, 대화를 주도하고 유지하기 등을 포함한다.

적극적으로 자기주장을 하지 못하면 무조건적인 순종이나 착취를 당하게 되고 그로 인해서 분노, 수동공격성, 오해와 같은 부정적인 결과를 경험할 수밖에 없게 된다. 노인내담자 가운데는 장기간 의존적인 삶으로 인해서 자존감이 떨어져 새로운 해결방안이나 대안을 모색하지 못하고 주어진 상황이 마음에 들지 않지만 무기력하게 견디며 아무런 기대나 희망도 없는 생활을 하는 경우가 있는데, 노인상담자는 자기주장 훈련을 통해 자신감을 심어주고 변화를 유도할 수 있다. 노인상담자는 내담자의 자기비하적인 말에 대해 스스로 도전해 보도록 하고 자신이 처한 상황을 보다 긍정적이고 희망적인 것으로 바꾸도록 도울 수 있다.

11. 정보제공

정보제공은 내담자가 의사결정 과정에서 필요한 정보를 제공하는 기술을 말한다. 노인상담자는 내담자 현재의 심리상태를 주의 깊게 고려할 뿐만 아니라 교육 및 어휘 수준에 알맞게 정보를 제공해야 한다.

예를 들어, 노인내담자가 경제적인 어려움을 겪고 있다면 국민기초생활보장제도에 대해서 알려줄 뿐만 아니라 주민자치센터의 위치와 찾아가는 교통편은 물론 복지서비스 담당자를 만나서 필요한 절차를 상세하게 가르쳐주어야 한다. 만일 거동이 불편하거나 치매를 앓는 고령노인이나 그 가족과 상담을 할 경우에는 노인장기요양보험제도의 취지와 요양서비스를 받을 수 있는 절차, 지역의 가까운 곳에 위치한 방문요양서비스 제공기관 등에 관한 구체적이고 정확한 정보를 제공해 줄 필요가 있다.

사람들은 정보를 듣고 처리하는 과정에서 자신에게 필요한 정보만을 선택적으로 이해하는 경향이 있으므로 정확하게 정보를 제공하기 위해서는 내담자에게 정보를 제공하고 이를 충분히 알아들었는지를 되물어보는 식으로 확인할 필요가 있다.

정보제공을 할 때 유의해야 할 사항은 다음과 같다(Sheafor, 1997; Kadushin & Kadushin, 1997; 엄명룡, 2008, 재인용).

내담자의 심리상태와 교육배경 · 지적수준 · 언어구사력 등을 고려해야 하며 정보는 논리적이고 체계적이며 단계적으로 제공해야 한다. 그리고 대명사의 사용을 조심하고 분명하고 명확하게 이해할 수 있도록 해야 한다. 또한 정보제공을 하면서 강조해야 할 부분에서는 잠깐 멈춘다든지 적절한 표현방법을 사용해야 하며 제공하려는 정보를 내담자가 수용할 의지가 있는지 확인하고 이에 따라 세심하게 제공해야 한다.

12. 문제해결 기술

문제해결 기술은 일상생활에서 직면하는 문제에 대처하는 능력이 부족해서 어려움을 겪고 있는 내담자에게 좀 더 나은 기능을 하도록 하나의 원칙을 여러 상황에 적용할 수 있도록 돕는 기술이다. 내담자는 문제해결을 위해 체계적으로 접근하는 방법을 배우는 과정에서 노인상담자와의 관계를 통해 타인의 입장을 이해하고 적절한 반응을 통해서 협력하는 과정을 익히게 된다.

이 과정에서 내담자는 합리적인 의사결정 방법을 익혀 충동적이고 비합리적인 결정을 피하게 되고, 해결되지 않은 문제로 스트레스나 역기능적 행동을 감소할 수 있다. 그리고 내담자가 실제 생활로 전환할 수 있는 기술을 점차 습득해감에 따라 노인상담자에 대한 의존도가 점차 줄고 자신감과 자기효능감, 자존감 등을 향상시킬 수 있게 된다. 성공적인 문제해결을 위한 지침은 다음과 같다(김혜영 외, 2010).

- 관련된 문제를 구체화시키고 문제를 자세하게 언급하여 애매모호한 용어로 표현하면서 생기는 혼동과 오해를 피할 수 있다.
- 과거의 어려움보다 현재의 문제에 초점을 맞춘다. 노인내담자는 지나온 생을 회상하며 과거의 사건에 대해서 많은 말을 하려는 경향이 있다. 노인상담자는 내담자에게 진정한 문제해결을 위해서는 현재에 초점을 맞춰 상담을 진행해 나가야 한다.
- 한 번에 한 가지 문제에만 초점을 맞춘다. 내담자가 여러 가지 문제로 초점을 벗어났을 때, 초기단계에서 계약한 주 문제에 초점을 맞추도록 이끌어야 한다.
- 문제를 긍정적이며 건설적인 방법으로 재구조화한다. 내담자가 부정적인

태도를 보일 때 즉각 개입하여 파괴적인 상호작용을 막는다.

13. 옹호기술

옹호기술은 사회복지를 배경으로 활동하는 상담영역에서 특히 중요한 기술이다. 일반상담자는 개인의 문제만을 다룰 뿐 옹호기술을 활용하는 데는 한계가 있다. 이 기술은 차별받고 있는 집단이나 자원에 접근할 수 없는 집단이 기회와 자원을 부여받을 수 있도록 사회의 한 구성원으로서 참여할 권리를 강화하는 것이다. 권익옹호 기술은 내담자의 목소리와 관심사를 전달하여 정책 및 서비스 전달에 있어서 변화를 초래하는 것을 목적으로 한다. 이를 위해서 내담자가 '자신의 삶을 어떻게 살 것이며, 이를 위해 무엇을 필요로 하는지' 파악하는 것이 필요하다.

사회복지상담 영역에서는 빈곤이나 건강 문제 등으로 복지서비스를 필요로 하지만 수급조건이 맞지 않아 혜택을 받지 못하는 노인이나 시설에서 생활하는 노인들을 상담할 수도 있다. 이런 경우 옹호활동은 내담자에게 제공되지 않는 자원과 서비스를 얻을 수 있도록 하고, 내담자에게 불리한 영향을 미칠 절차나 정책을 수정하고 필요한 자원이나 서비스를 제공받을 수 있는 새로운 법률이나 정책들을 증진시키기 위해 내담자의 권익옹호 활동을 할 수 있다.

옹호활동이 필요한 상황은 다음과 같다(Hepworth & larsen, 1990; 김혜영 외, 2010, 재인용).

- 사회복지기관이나 직원이 수급 자격이 있는 내담자에게 서비스 혜택을 제공하지 않을 때
- 비인간적인 방법으로 서비스가 전달될 때
- 서비스와 급여에 격차가 있어서 내담자에게 어려움이나 역기능이 발생할 때
- 내담자의 인종, 종교, 신념 때문에 차별을 받을 때
- 정부나 기관의 정책이 자원과 급여를 필요로 하는 사람들에게 부정적인 영향을 미칠 때
- 이용 가능한 자원이 없어 고통의 욕구를 가진 사람들이 많을 때

- 위기상황에 처한 내담자의 서비스와 급여에 대한 절박한 요구가 있을 때
- 내담자가 시민으로서 또는 법적인 권리를 거부당했을 때
- 기관의 절차나 시설이 내담자에게 부정적인 영향을 미칠 때

옹호를 고려할 때, 노인상담자는 내담자가 처한 상황과 문제의 본질을 정확하게 파악할 수 있어야 하며, 내담자의 자기결정권을 주의 깊게 살펴야 한다. 내담자가 자신의 권리주장을 원하지 않는다면 사회복지상담자는 윤리적으로 그런 내담자의 바람을 존중해야 할 의무가 있다. 옹호 행동을 취하기 전에 현재 내담자의 상황에서 주장 행동을 하는 것이 정당한지 분명히 확인해야 한다.

구체적인 권익옹호로는 정책입안자와 행정가를 대상으로 편지 쓰기, 전화하기, 기관 홈페이지에 글 올리기, 시위하기, 면담요청 및 건의사항을 체계적 · 조직적으로 전달하기 등이 있다.

권익옹호 기술의 핵심은 내담자를 대표하는 것으로 내담자 스스로 자신을 대표할 수 있도록 지지하기와 내담자의 관점과 욕구를 입증하고, 타인에게 관점과 욕구, 관심사를 해석하고 전하기 등이다.

3. 중기단계에서 나타날 수 있는 문제

중기단계에는 심층적인 탐색과 자각이 이루어지는데, 이때 내담자의 사고와 감정, 행동, 삶의 양식에 불일치와 모순이 조금씩 드러나면서 내담자 자신이 인식하지 못했던 문제들에 대해 좀 더 많은 것을 자각하게 되며 이로 인해서 불안을 경험한 내담자는 노인상담자에 대한 저항을 다양한 방식으로 나타낼 수 있다.

예를 들어, 상담 약속을 지키지 않거나 예정된 시간보다 늦게 상담실에 나타나기도 하고 지금까지 다루어 왔던 상담 내용과는 다른 엉뚱한 주제를 끄집어낼 수도 있고 갑자기 침묵하기도 하며, 자신은 아무런 문제가 없는데 상담을 받으면서 더 나빠진다는 느낌을 가지고 불평을 늘어놓을 수도 있다. 이때 노인상담자는 내담자의 저항을 적절한 시기에 적절한 방법에 따라 직면시키거나 해석해 줄 수 있다.

1. 저항 다루기

노인상담자와 내담자가 상호협력하에 문제를 해결해 나가는 과정이 순조롭게 진행되는 것은 아니다. 내담자가 지금까지 나름대로 균형을 유지해 온 자신의 성격적 경향성과 생활태도를 바꾸기 위해서 새로운 변화를 꾀하는 작업은 힘들고 인내심을 요하는 어려운 과정이기 때문에 내담자는 변화를 갈망하면서도 한편으로 과거의 방식에 그대로 안주하고 싶어한다(신경진, 2010).

저항적인 내담자는 화를 잘 내고 상담 과정을 방해하려 하고, 퉁명스럽게 반응하거나 상담을 빨리 끝내려 하고 불평을 늘어놓을 가능성이 많다. 내담자가 저항을 하는 데는 수많은 이유가 있다. 저항할 가능성이 높은 내담자의 특성을 살펴보면 다음과 같다(G, Egan, 제석봉 외 역, 2003).

- 노인상담자를 만나야 할 이유를 깨닫지 못하고 있는 내담자
- 반항의 경험이 많은 내담자
- 노인상담자가 세운 목표나 상담체계가 자신의 기대와 다르다고 생각하는 내담자, 예를 들어, 복지기관에서 정한 상담 목표가 경제적 독립인 반면에 본인은 경제적 의존에 만족하는 내담자
- 상담과 상담기관에 부정적인 태도를 지니고 있고 상담과 노인상담자를 불신하는 내담자, 이런 내담자는 노인상담자의 권위를 떨어뜨리고 불명확한 말을 사용한다.
- 상담을 받는 것은 나약함, 실패 및 부적합함을 인정하는 것으로 생각하는 내담자. 이러한 내담자는 상담을 받으면 체면이 깎인다고 생각하고, 저항을 통해 자존심을 지키려고 한다.
- 상담이 자신에게 어떤 압력을 가하는 것이라고 느끼는 내담자, 이런 내담자는 자기권리가 존중받지 못한다고 생각한다.
- 자기 삶에 영향을 줄 결정에 참여하지 못한다고 느끼는 내담자, 이런 내담자는 변화를 기대하며, 상담을 해 나가는 과정에 참여하기를 원한다.
- 자신이 능력이 있다고 믿고 싶어하고 권위적 인물에 대한 저항을 통해 이를 확인하려고 하는 내담자, 이런 내담자는 '내게 힘이 없어보일지 모르

지만, 그래도 저항할 힘은 남아 있어' 라고 생각한다.

- 노인상담자를 싫어하면서도 싫어하는 감정에 대해 논의하고 싶어하지 않는 내담자
- 자기에게 필요한 변화에 대해 노인상담자와 관점이 다른 내담자

내담자가 저항을 나타낼 때, 저항의 이유를 파악하고 잘 다룰 수 있다면 오히려 상담에 좋은 결과를 가져올 수 있다. 그러나 초보 노인상담자들은 내담자가 저항할 때, 혼란스러워하고 당황하게 되며 상담을 그만두고 싶어하거나 자신의 상담능력을 의심하면서 죄의식에 빠지거나 우울한 기분을 느낄 수 있으며 비효율적인 반응을 보일 수 있다.

예를 들면, 죄의식을 느끼고 내담자의 비위를 맞추려 든다거나 마지못해 상담을 진행해 나갈 수 있으며 내담자에게 지나치게 온정적이고 수용적인 자세를 취하기도 하고 상담의 기대를 낮추거나 주도권을 잃고 내담자에게 끌려 다니거나 상담을 중도에 포기하고 종결하게 될 수도 있다.

노인상담자가 내담자의 저항을 잘 다루기 위해서는 저항을 수용하는 개방적 자세를 지니고 내담자가 왜 저항을 나타내는지를 유연한 자세로 탐색해 볼 필요가 있다.

4. 상담의 중간 점검

상담 과정이 초기에 설정한 목표를 잘 성취해 나가고 있는지 점검한다. 평가는 종결단계에서만 이루어지는 것은 아니다. 노인상담자는 매 회기 상담이 끝난 다음에 평가를 통해서 잘못된 방향으로 나가지 않도록 주의해야 한다.

상담의 초기단계에서 맺은 계약은 문제의 우선순위와 목표, 그리고 노인상담자와 내담자의 개입활동의 구체적인 내용을 포함하고 있다. 그러나 이러한 계약내용은 상담 과정이 진전되는 과정에서 내담자의 주변 환경 변화에 따라 달라질 수 있는데, 이러한 변화를 감지하고 적절히 대처하기 위해서는 진전 과정

에 대한 끊임없는 점검과 지속적인 평가가 이루어져야 한다(엄명룡 외, 2005).

이러한 점검을 통해서 초기에 파악한 내담자의 문제와 그에 대해 노인상담자가 수립한 문제해결 목표를 보충하거나 수정할 수도 있다. 이러한 과정을 통해서 매 회기의 상담 내용이 일관된 초점을 유지할 수 있고 문제해결을 향해 더 가까이 다가갈 수 있게 된다.

노인상담자가 자신의 상담에서 점검해 볼 내용은 다음과 같다(신경진, 2010).

- 내담자가 원하는 문제를 다루고 있는가?
- 내담자의 문제에 대한 노인상담자의 평가와 사례개념화는 적절한가?
- 상담 목표는 이 내담자의 문제와 잘 맞는가?
- 치료계획은 내담자의 문제 및 목표달성에 효과적인가?
- 치료계획은 내담자의 제반 특성을 고려하여 수립되었는가?
- 치료계획은 잘 실천되고 있는가?
- 목표달성의 진행사항은 어떤가?
- 목표와 계획이 내담자의 변화에 맞추어 융통성 있게 조정되었는가?
- 목표를 달성하는 데 내담자의 협조를 적절하게 얻고 있는가?
- 내담자의 저항을 적절하게 다루고 있는가?

상담이 중기의 후반이나 종결단계에 다가가면, 내담자의 동기나 참여도가 줄고 이미 다루었던 이야기를 반복하거나 겉도는 느낌을 받을 수 있고 상담이 진전이 없이 지지부진해 보이는 경우가 있다.

이때 노인상담자는 내담자와 함께 상담을 점검하면서 새로운 활력을 찾기 위해 상담을 다시 시작하는 기분으로 상담의 문제와 목표를 새롭게 정리하면서 분위기를 새롭게 반전시킬 수 있다. 이때 노인상담자는 내담자에게 "상담을 통해서 문제가 얼마나 해결되었다고 생각하나요?"라든가 척도질문을 통해서 "상담을 통해서 얻은 만족감의 최고치가 10이라고 가정할 때, 몇 점 정도를 줄 수 있을까요?"라는 질문을 통해서 상담 과정을 재검토하고 다시 상담의 초점을 분명하게 할 수 있다.

제 9 장

노인상담의 종결단계

1. 종결

종결단계는 중기단계에서 얻은 통찰을 바탕으로 현실생활에 적용할 수 있는 새로운 행동을 시험하고 평가해 보는 시기이다. 내담자는 초기단계와 중기단계를 거치면서 심리적 문제를 일으키는 자신의 사고, 감정, 행동, 생활양식의 모순과 문제를 알게 될 뿐만 아니라 자신이 앞으로 활용할 수 있는 강점과 사회적 자원에 대해서도 알게 된다. 따라서 종결단계의 상담은 이러한 것을 바탕으로 앞으로 실천할 행동을 결정하고, 그 행동을 어떻게 실천할 것인지에 대한 구체적인 계획을 세운다(천성문 외, 2006).

상담 초기부터 노인상담자와 내담자는 지금까지 살아오면서 맺어 온 어떤 인간관계보다 중요한 관계를 맺어 왔다. 그러나 이러한 관계가 아무리 중요할지라도 관계의 종결은 불가피하다. 그러므로 노인상담자는 내담자에게 자신이 매우 중요한 존재라는 것과 자신의 행동이 내담자에게 많은 영향을 미치는 사실을 깊이 인식해야 한다. 따라서 이러한 상담관계를 끝낼 때 내담자가 느낄 수 있는 여러 감정을 충분히 다루어 주어야 한다.

노인상담의 종결단계는 9단계 상담모델[15]의 8단계에서부터 9단계까지를 말한다. 종결단계는 분리의 단계로 애착과는 반대의 것이 요구된다. 노인상담자는 내담자가 홀로서기를 하도록 분리시킨다. 이 과정에서 종결단계는 전체 상담을 끝마치는 단계로 초기와 중기 단계에서의 모든 작업이 통합된다. 노인상담의 초기단계가 노인상담자와 내담자 사이의 촉진적 관계를 형성하는 것이라면 종결단계는 그동안의 상담을 마무리 짓고 통합하는 단계이다. 이 종결의 단계를 통해 노인상담자와 내담자는 상담의 과정, 목표, 새로운 학습, 변화를 재검토하고 노인상담자는 실현되었던 것을 적극 지지해 준다. 상담 과정을 통해 변화된 부분을 적극적으로 지지하며 긍정적인 효과를 최대화한다. 이 종결단계에서는 무엇이 실현될 가능성이 있는가를 더 이상 다루지 않으며 또한 새로운 자료를 탐색하지도 않는다(서혜경 외, 2006).

노인상담의 종결단계에서는 노인상담자와 내담자 사이에 분리가 일어난다. 상담이 잘 종결되기 위해서는 감사와 애정, 슬픔과 상실 등의 감정들이 표현될 필요가 있으며 상담 과정에서 미처 다루지 못했던 실망, 분노와 같은 감정들이 표현되어야 한다. 그러므로 노인상담자는 내담자가 자신의 감정을 충분히 표현할 수 있도록 촉진해 주어야 한다. 그리고 이 단계는 내담자의 학습과 대안방식을 통한 새로운 행동방식을 확인하는 시기이며 내담자가 수행한 긍정적 능력을 지지해 주며 확고히 자신의 것으로 만들어주는 단계라고 할 수 있다.

상담 종결을 잘 다루기 위한 지침 중 하나는 종결 과정 자체를 하나의 상담단계로 다룸으로써 내담자로 하여금 종결문제를 중요시하도록 돕는 것이다. 특히 노인상담에 있어서 종결 과정은 매우 중요하다. 노인들의 경우, 죽음(본인과 배우자, 또는 친구)을 준비해야 하고 이와 유사한 감정을 잘 다루는 것이 중요하기 때문이다.

15) 서혜경 외(2006)는 상담 과정을 1단계 내담자 이해하기, 2단계 라포 형성하기, 3단계 문제 정의하기, 4단계 목표 정하기, 5단계 탐색 및 자각하기, 6단계 대안 탐구하기, 7단계 대안목록 작성하기, 8단계 결정 지지하기, 9단계 종결 등 9단계로 나누고 있다.

맥도날드와 하니(McDonald & Haney, 2003)는 상담을 종결하는데, 다음과 같은 과정들이 도움이 된다고 하였다(이호선, 2005, 재인용).

① 끝매듭 잘 마무리하기

만일, 노인상담자와 내담자 사이에 끝내지 못한 문제가 있다면 관계가 종결되기 전에 처리해야 한다. 이런 '끝내지 못한 문제'는 노인상담자와 내담자 사이에 해결되지 못한 감정으로 연결된다. 내담자는 노인상담자가 자신을 밀어낸다고 생각하고 심한 좌절감에 빠질 수도 있다.

② 적절한 때를 맞추기

대개 내담자는 노인상담자와 관계를 아주 친밀하게 느끼기 때문에 상담관계를 종결하는 것은 내담자에게 어려운 일일 것이다. 내담자의 문제가 해결되면 노인상담자는 그 관계를 종결하고 다른 내담자와 상담을 시작하고자 한다. 이것은 노인상담자에게는 당연한 일이지만 내담자에게는 냉정하고 무관심하게 느껴질 수 있다. 따라서 노인상담자가 내담자와의 상담관계를 끝낼 때에는 내담자의 감정에 대해 민감하게 대처해야 한다. 만약 종결이 다가온다고 생각되면 상담 시 내담자에게 미리 알려주어 내담자가 겪을지도 모를 어려움에 대비해야 한다.

③ 작별의 슬픔

밀접한 관계를 끝내는 것은 항상 상실감과 슬픔을 동반한다. 노인상담자와 내담자 모두 그런 상실에 수반하는 분노, 슬픔, 죄책감, 버려진다는 두려움, 새롭게 시작하는 흥분 등과 같은 감정에 대해서 살펴야 한다. 이때 노인상담자는 내담자가 이러한 감정을 솔직하게 이야기하도록 도와주어야 한다.

④ 필요한 경우의 의뢰

노인상담자가 내담자와 필요한 만큼 상담 목표를 성취하였지만, 내담자가 그 이상의 상담서비스를 원하는 경우 노인상담자는 내담자에게 더 도움이 될 만한 곳이나 사람에게 의뢰해야 한다. 예를 들어, 어떤 내담자가 몸이 아픈 어머니를 더 이상 돌볼 수 없다고 결심한다면, 노인상담자는 적당한 요양원을 찾아 줄 수 있는 기관에 의뢰해야 한다.

⑤ 미완성된 종결

때론 내담자들이 마지막 상담을 하러 오지 않는 경우도 있다. 약속을 해 놓고 오지 않거나 전화나 편지로도 연락이 되지 않는 내담자가 있을 경우도 있다. 이런 경우 노인상담자는 혼자서 애도의 과정을 겪는다. 노인상담자의 상실감에 대해서는 슈퍼바이저의 도움을 받아 이러한 상실을 어떻게 느끼는지 이야기할 수 있다.

⑥ 초대

상담이 성공적으로 끝나게 되면 내담자는 앞으로 발생할지도 모르는 새로운 문제들에 대처할 수 있는 자신감과 확신을 얻게 된다. 그러나 내담자 중에는 아직도 노인상담자나 상담기관이 내담자의 지지체계의 일부분이 되어 지속적으로 도움을 받고자 하는 경우가 있다. 이때 내담자가 미래의 어떤 일에 대해 이야기하고 싶을 때 노인상담자나 상담기관에 전화해도 된다고 허용한다면 내담자는 훨씬 편안하고 자신 있게 느낄 것이다.

⑦ 사후관리

노인상담자는 내담자와 상담을 종결한 후에 내담자가 어떻게 지내고 있는지 연락하는 것은 매우 사려 깊은 행동이다. 내담자에 대한 이러한 배려는 노인상담자의 관심의 표시이며, 다른 주제로 상담하게 될 때 내담자의 상황을 이해하는 데 도움이 된다.

1. 상담 종결 시기의 결정

① 내담자의 생각과 노인상담자의 판단이 일치하는 경우

상담 종결에 대한 명확한 단서는 내담자가 호소하던 불편이 사라지는 것이다. 내담자 스스로 상담에 만족하면서 자신이 많이 좋아졌다고 말한다면, 노인상담자는 종결을 예상하면서 내담자와 함께 그것에 관해 논의해야 한다. 상담의 조기 종결에 내담자가 동의한다면 정확한 종결 시기를 정하기만 하면 된다.

② 내담자가 자신의 생각을 명확히 언급하지 않을 경우

노인상담자의 판단으로는 내담자의 상태가 많이 좋아졌다고 생각되지만 내담자 자신이 그렇다고 분명하게 말하지 않는 경우가 있다. 이럴 때는 내담자가 현재 생활에 잘 적응하고 있는 것처럼 보인다면, 노인상담자가 먼저 상담 종결에 관한 이야기를 꺼내 그것을 논의해 나갈 수 있다.

③ 지나치게 의존적인 내담자의 경우

이 경우 노인상담자가 상담 종결 이야기를 꺼내면 강한 애착을 느끼는 내담자는 분리불안과 함께 노인상담자에게 거절당하는 듯한 기분을 느낄 수 있다. 이러한 분리거부 감정은 상담 기간이 길수록 더욱 커질 수 있다. 그러나 노인상담자는 내담자의 상태가 현저히 좋아졌음에도 의존성을 보이는 내담자의 요구에 따라 상담을 진행해서는 안 되며, 가능한 조기에 종결을 준비해야 한다. 노인상담자는 내담자의 의존적 성향을 강화하는 행동을 가능한 피해야 하며, 상담 초기에 이러한 내담자를 파악하여 상담 종결 시에 나타날 수 있는 이러한 문제들을 예상하고 미리 대책을 세워야 한다.

2. 상담 종결의 목표

종결은 상담 과정의 필수적이고 계획적인 성분으로 간주된다. 종결에서 내담자는 노인상담자와 이별을 해야 하고, 이 이별은 대개 혼합된 감정을 수반한다. 즉, 슬픔, 최종, 포기, 종말, 상실, 분리 등의 의미를 내포하고 있는 동시에 과정의 완료, 졸업, 승진, 완결, 회복, 재활 등 긍정적 의미 또한 함축하고 있다. 목표를 성공적으로 달성했을 때 내담자는 종결에 가까워질수록 어느 정도의 자부심과 자존감을 경험하게 되며, 강점과 자존감이 증가했다면 미래를 낙관적으로 바라볼 수 있게 된다. 반면에 노인상담자와 내담자의 관계가 친밀하게 형성되어 있다면 내담자는 종결 시 상실감, 혹은 노여움이나 거부된 감정을 느낄 수 있다. 따라서 종결 시에 내담자와 노인상담자 간의 부정적 감정들을 해결하고 긍정적 감정들을 유지한 채로 종결을 이루는 것이 또 하나의 중요한 목표가 된다.

3. 종결의 유형

종결은 상담의 목표가 달성되었을 때 나타나는 노인상담자와 내담자의 상호적인 결정이 이상적이라 할 수 있다. 그러나 많은 경우 이상과는 다르게 종결이 되곤 하는데, 예컨대 내담자가 목표에 도달하기 전에 관계를 종료하기로 결정하기도 하고, 혹은 때때로 여러 가지 사정으로 말미암아 노인상담자가 일방적으로 종결하게 된다.

종결의 유형은 사전 계획성의 유무에 따라 계획된 종결과 계획되지 않은 종결(김기태 외, 2007)로 구분할 수 있고, 기간을 중심으로 장기상담의 종결과 단기상담의 종결(서혜경 외, 2006)로 나눌 수 있다.

1) 계획된 종결[16)]

① 일시적 강제에 의해 결정된 계획된 종결

일정 기간에 맞추어 서비스를 제공하는 기관에서는 그 기간에 맞추어 종결이 계획된다. 예컨대 노인병원에서의 상담서비스 기간은 내담자가 입원해 있는 기간 중으로 한정하는 경우가 많다. 이런 경우 내담자는 노인상담자가 자신을 포기해 버린다는 느낌을 가질 수 있기 때문에 노인상담자는 조기분리와 관련된 감정을 탐색해야 하며, 필요한 경우 부가적 서비스를 위해 내담자를 의뢰해야 하는 이중적 과업을 수행해야 하는 경우도 있다.

② 시간제한적 양식과 관련된 계획된 종결

시간제한은 종결 과정에 영향을 미친다. 처음부터 종결의 시기를 아는 것은 정서적인 밀착과 의존의 정도를 조정하며 종결 과정에 내담자가 경험하는 상실의 정도를 감소시킬 수 있다.

레이더(Reid, 1978)는 노인상담자가 마지막 바로 전 상담에서 다루어야 할

16) 이 부분은 헵워스와 라르센(Hepworth & Larsen, 1993; 김기태 외, 2007, 재인용)의 견해와 김융일 외(2001)를 토대로 정리된 내용임.

마지막 과업들을 분명하게 말해 줌으로써 공식적 종결을 시작하도록 권고하면서 이상적으로는 이 과업들이 이전의 성공적 과업들의 반복이나 연장이어야 한다고 말했다. 종결상담에서 이와 같은 일련의 과업들에 대한 노력의 결과들을 검토한 다음, 노인상담자는 첫째, 표적문제에 관해 내담자가 성취한 업적을 평가하고, 둘째, 필요하다면 계속적인 문제해결 작업계획을 세우며, 셋째, 내담자를 원조해서 그들이 배운 문제해결 방법을 삶의 문제에 적용할 수 있는 방법을 깨닫게 하고, 넷째, 추적 세션을 계획하는 쪽으로 초점을 바꾸어야 한다.

③ 개방양식과 관련된 계획된 종결

종결을 언제 할 것인지 그 시기를 결정하는 것이 개방적 서비스 종결의 가장 주된 과업이다. 서비스가 6개월 이상 장기화될 때에 내담자는 의존성이 조장될 수 있고 어떤 내담자는 원조관계에서 얻는 만족 그 자체를 포기하기 싫어하기 때문에 종결과업이 더욱 복잡할 수 있다.

노인상담자는 대체로 내담자의 이득체감의 시점에 도달했을 때, 즉 세션들로부터의 이득이 서서히 줄어드는 시점에서 종결을 시작하는 것이 적절하다. 왜냐하면 내담자가 종결을 준비하고 있음을 인정하고 이를 반영할 수 있기 때문이다.

이별에 관한 정서적 반응을 다루는 것은 시간제한이 없는 상담에서의 종결의 경우 특히 중요하다. 노인상담자가 장기간에 걸쳐 내담자의 삶에서 중요한 역할을 수행해 왔기 때문에 내담자는 종결을 마치 외상을 입는 것으로 인식할 수도 있고, 따라서 다양한 형태의 저항을 나타낼 수도 있다. 그 예로는 ① 치료와 노인상담자에게 매달림, ② 과거문제 재발보고, ③ 새로운 문제 제기, ④ 노인상담자의 대리인 발견 등이 있다.

2) 계획되지 않은 종결

① 내담자에 의한 조기 종결 및 일방적 종결

어떤 내담자는 약속 시간에 나타나지 않거나 결과에 대한 형식적인 이유를 제시하고 오기를 거절함으로써 뜻하지 않게 종결이 이루어지기도 한다. 또한 종결면접이 필요함에도 불구하고 더 이상 오지 않겠다고 노인상담자에게 알리고 오지 않는 경우도 있다. 이러한 경우 노인상담자는 종결결정이 갑자기 이루어지지 않도록 하는 것이 중요하며, 내담자에게 그러한 결정을 하게 된 요인들을 탐색할 기회를 줄 필요가 있다. 조기 종결은 종종 해소되지 않은 저항감의 표현일 때가 있는데, 이런 경우 종결 전에 저항감을 해소하는 것이 반드시 필요하다.

② 노인상담자의 사정에 의한 조기 종결

노인상담자가 직장을 옮기거나 업무를 재담당함으로 인해 내담자의 치료를 종결해야 하는 경우가 있다. 이런 경우 과거 부모로부터 거부되거나 버려진 내담자는 상처를 받기 쉽고, 특히 자존심에 손상을 입는다. 아울러 노인상담자도 내담자를 실망시켰다는 죄의식을 포함하여 강렬한 감정들을 경험할 수 있다. 그러므로 노인상담자는 내담자의 상황을 다양한 측면에서 탐구하여 시간이 허락하는 한도 내에서 내담자로 하여금 자신의 정서를 극복해 내도록 원조하고, 동시에 다른 노인상담자나 상담기관에게 의뢰하는 문제도 신중하게 고려되어야 한다.

3) 장기상담의 종결

장기상담의 경우 짧게는 17～20회, 길게는 60회 이상으로 진행되는 상담모델로 노인상담자와 내담자가 상담의 종결을 결정할 수 있다. 정신분석적 모델은 대체로 장기상담이 많은데, 내담자의 성격변화를 상담의 목표로 설정한다. 비록 상담 목표가 문제해결 자체에 집중되어 있진 않지만 내담자의 주요 호소내용이 해결되면 내담자와의 합의하에 평가와 종결을 한다. 이처럼 노인상담 가운데 장기상담은 노인상담자가 정신역동적 치료훈련을 받은 경우이거나, 혹은 내담자의 문제가 고질적이고 심층병리적인 특성 내지 여러 복합적인 문제인 경우 적절하다. 단기상담은 명확하게 종결 시기가 구조화되어 있는 반면 장기상담은 상담 회기가 처음부터 정해져 있지는 않다. 상담 진행 과정 중에서 내담자가 보이는 다양한 문제의 변화와 해결의 종결신호를 통해 적절한 종결 시기를 파악한다.

4) 단기상담의 종결

노인상담에서 단기상담은 짧게는 6회, 길게는 16회 미만인 경우가 많다. 장기상담과는 달리 내담자의 문제, 증상, 위기 등의 해결에 초점이 주어진다.

4. 종결의 반응

종결은 그 자체의 독특한 감정과 특성을 가지고 있다. 시작은 심리적으로 출생의 감정을 불어넣는 것처럼 종결은 분리의 감정이나 죽음의 감정을 불러일으킨다(Smally, 1972). 그러므로 종결은 불안과 부정, 저항, 분노, 애도나 비탄 등의 반응을 동반할 수 있다. 여기서는 김기태 외(2001)의 견해를 중심으로 종결단계를 5단계로 나누어 소개한다.

① 부정의 단계

내담자는 종결에 직면했을 때 가끔 종결이 임박했다는 것을 부정하거나 그 경험이 가치 있었다는 것을 부정한다. 부정은 임박한 분리를 피하고 분리와 관련된 상실감과 불안을 피하려는 방어기제로 나타난다. 노인상담자와 내담자는 그들의 감정을 정리하고 이 단계를 생산적으로 활용하도록 준비할 수 있는 충분한 시간을 제공하는 것이 중요하다.

② 분노의 직 · 간접적 표현

내담자의 종결의사에 반해서 기관을 떠날 경우 내담자는 직장을 바꾸는 노인상담자에게 분노의 감정과 슬픔의 감정을 표현할 수도 있다. 이 경우에 내담자가 분노의 감정을 표현하도록 허용하는 것이 중요하다.

③ 애도의 기간

내담자가 표현하는 분노의 감정 저변에는 종종 슬픔의 감정이 있다. 이 슬픔이 나타날 때 종결 과정의 애도단계가 시작된다. 적극성을 보이던 내담자가 갑자기 냉담하고 둔감해진다. 상담에서 침묵의 시간이 길고 소극적이며 말의 시작이 느리고 끝맺는 것보다는 궤도를 잃게 되는 대화를 하는 것이 특징이다. 애도의 감정은 시설노인이나 혹은 장애노인과 같이 환경에 많이 의존할수록 더 강하게 나타난다.

④ 시험을 해봄

내담자가 마지막 면담으로 이행해 갈 때 노인상담자는 종종 독자적으로 일을 할 수 있는 내담자의 능력과 새로운 기술을 시험해 보려고 한다. 즉, 노인상담자는 내담자의 성취에 대해 긍정적 감정을 갖고 내담자를 신뢰하며, 내담자가 혼자 힘으로 하는 능력에 대해 인정하는 것 등의 기술을 적용한다.

⑤ 고별파티 증후군

노인상담자는 지나치게 긍정적인 감정에 사로잡혀 내용과 과정에 대한 정직한 분석을 소홀히 해서는 안 된다. 즉, '고별파티'에 도취되지 않도록 하기 위해 부정적 평가에 관한 기술도 활용해야 한다.

5. 변화의 유지 및 강화 전략

노인내담자는 상담의 종결로 다시 증상이 재발하지 않을까 하는 불안감을 갖고 있다. 그러므로 긍정적 결과를 지속시키는 것은 종결에서 다루어야 할 중요한 부분이다. 그러므로 노인상담자와 내담자는 종결 후에 변화를 어떻게 유지할 것인가를 이야기하는 것이 필요하다. 많은 내담자들이 상담 과정에서 획득한 이득을 유지하지 못하고 있다는 놀라운 사후조사 결과들은 이 과정의 중요성을 잘 말해 주고 있다.

획득한 것들을 유지하는 데 실패하는 원인으로는 ① 습관적 반응패턴으로 돌아가려는 자연적 경향, ② 환경으로부터의 압력, ③ 불충분하게 수립된 새로운 행동, ④ 순기능적 행동에 대한 보강결여 등이 있다. 따라서 노인상담자는 이러한 문제점들을 예상하고 이를 극복할 수 있도록 내담자를 준비시킬 필요가 있다.

한편 획득한 이득을 강화하기 위해 노인상담자는 내담자의 문제를 재검토하고 내담자가 문제를 해결하는 데 동원된 단계를 분석한다. 이때 인지재구성, 근육이완, 자기 지시, 대인관계 기술 등 적용된 기술들을 검토하고 노인상담자는 일상생활의 문제에 직면하여 이와 같은 기술을 내담자가 어떻게 계속적으로 적용할 수 있는가를 고려하도록 해야 한다.

노인상담의 목적은 내담자의 현재 문제를 해결하도록 도울 뿐만 아니라 내담자를 강화하여 미래의 장애에 대처할 수 있도록 하는 데 있다. 이런 목적을 달성하기 위해 종결에서 다루어야 할 중요 과업 중의 하나는 내담자가 성취한 이득을 견고히 하고 유지하는 계획을 개발하는 것이다.

6. 의뢰(referral)

종결 과정에는 내담자가 다른 자원으로부터 지속적인 서비스를 받을 수 있도록 돕는 의뢰가 필요한 경우가 있다. 특히 시간이 제한된 상담의 경우에는 현재 기관이나 노인상담자에 의해 제공되지 않는 자원을 내담자와 연결시켜 주는 것이 강조된다. 그러나 다른 자원에 내담자를 의뢰하는 것은 신중하게 취급할 필요가 있다. 이유는 그렇게 하지 않으면 내담자는 필요한 자원을 스스로 획득하는 일을 끝까지 해내지 못할 수도 있기 때문이다.

콤톤과 갤러웨이(Compton & Galaway, 1984)는 "의뢰는 내담자가 기관에서 규정하고 있는 서비스 기준 외의 상황에 노인상담자가 관여하도록 요청할 경우나 노인상담자가 문제를 자신의 전문적 능력이나 기관의 서비스 기준을 넘어선 것으로 규정할 경우에 취해지는 과정이다. 즉, 의뢰란 노인상담자가 도움을 청하러 온 내담자에게 노인상담자 자신보다는 다른 기관으로 가 보라고 제안하는 것이다."라고 정의하고 있다.[17)]

17) 또한 콤톤과 갤러웨이(Compton and Galaway, 1984)는 이관(transfer)을 '최초의 상담자가 특정문제에 대해 내담자를 면접한 후 대개 같은 기관에 있는 다른 상담자에게 내담자를 의뢰하는 과정'이라고 정의하면서 의뢰(referral)와 구별하고 있다.

노인내담자들은 다른 기관의 서비스들, 예컨대 사회보장 정보나 노인전문 내과와 치과, 퇴직 후 살 곳이나 법적인 서비스에 관한 정보가 필요할 것이다. 노인내담자를 다른 서비스기관에 의뢰하는 일반적 과정은 다음과 같다 (McDonald, P. A. & Haney, M., 1988; 현외성 외 역, 2003).

첫째, 원하는 서비스를 제공하는 하나 이상의 기관을 찾는다.

둘째, 그 기관과 약속하기 위해 전화를 하든지 내담자가 직접 전화하도록 한다.

셋째, 나중에 그 기관과 내담자에게 각각 의뢰가 어떻게 되어가고 있는지를 묻는 전화를 한다.

7. 사후관리(follow-up)

때로는 새로운 행동이 하나의 규범으로 자리 잡기 위해 필요로 하는 일정 시간을 버텨내지 못함으로써 실패가 일어나기도 한다. 이러한 변화유지상의 문제들을 다루는 효과적인 방법으로 사후관리(follow-up)를 들 수 있다. 사후관리는 개입이 실제로 종결된 이후 노인상담자가 내담자와 갖는 접촉이다. 즉, 종결 이후에 두 달에서 여섯 달 사이에 사후관리를 갖는 것은 사후평가 및 변화유지와 관련이 있다.

사후관리는 내담자에게 기관으로 방문해 줄 것을 요청하는 편지를 띄우거나 전화를 걸면서 시작된다. 마지막 종결 만남에서 내담자에게 종결 이후 사후관리가 있을 것임을 언급하는 경우도 있다. 그리고 사후관리 만남은 이전의 개입들보다는 다소 비공식적 분위기에서 이루어지는 경향이 있다.

사후관리는 노인상담자와 내담자 모두에게 이득을 준다. 많은 내담자들은 종결 이후에 발전을 계속하며, 노인상담자는 내담자의 이득을 인정해 주고, 이러한 노력이 계속되도록 고무한다. 그리하여 내담자에 대한 노인상담자의 계속적인 관심을 내담자가 알게 됨으로써 내담자의 종결에 대한 충격이 완화되게 된다.

2. 평가

1. 평가의 의의와 목적

평가는 중재 또는 개입의 결과를 사정하는 것으로, 상담의 마지막 단계라고 할 수 있다. 평가를 통해서 노인상담자가 의도한 대로 상담을 수행했는지, 목적이 달성되고 있는지를 결정할 수 있다. 바꾸어 말하자면 평가 과정은 내담자와의 상담이 효과적이었는지, 효율적이었는지를 측정하는 것이다. 여기서 효과성은 목표가 달성되었는지의 여부를 말하고, 효율성은 사용된 자원(시간, 노력, 비용 등)과 얻어진 성과 간의 비율을 말한다(Sheafor, et al., 1997). 상담이 효과적이면서 동시에 효율적이라면 이상적이지만, 목표달성에 지나치게 많은 시간이나 노력, 비용을 투입했다면 경제적이지는 못하기 때문에 효율적이라고 말할 수 없다. 마찬가지로 그 상담이 목표를 달성하지 못했다면 효과적이지도 못한 것이 된다.

존슨과 양카(Johnson & Yanca, 2001)는 평가를 해야 하는 이유를 다음과 같이 제시하고 있다(김기태 외, 2007, 재인용).

① 상담이 목적을 효과적으로 충족시키는가를 확인해야 하기 때문이다.

② 상담과 관련된 정보를 얻기 위해서이다.

③ 따라야 할 모델을 파악하거나 문제에 대한 이론이나 접근법을 시험해야 할 필요성이 있기 때문이다.

④ 내담자의 입장에서 상담이 잘 진행되고 있는가, 그리고 더 효과적이 될 수 있는가를 확인해야 하기 때문이다.

평가에는 두 가지 차원이 있다. 첫째는 '무엇을 대상으로 하는가' 하는 평가수준의 차원이며, 둘째는 '무엇을 측정하는가' 하는 평가내용의 차원이다. 여기서 평가수준의 차원에는 두 가지 유형이 있는데 하나는 사회적 치료(social treatment) 평가이며 다른 하나는 상담 프로그램 평가가 있다. 또한 평가내용의 차원에도 총괄 평가와 형성 평가라는 두 가지 유형이 있는데, 전자는 결과

(종속변수)측정을 말하여, 후자는 과정(독립변수)측정을 말한다.

총괄 평가와 형성 평가는 프로그램 평가에서 발전되어 사용하는 개념으로 인식됨으로써 사회적 치료 평가와 무관하다고 생각하기 쉽지만, 개별적인 노인상담자와 내담자 관계에도 적용될 수 있다. 즉, 프로그램 평가 차원에서 프로그램의 내용이 무엇이며, 프로그램의 성과는 무엇인가 그리고 무엇이 프로그램의 성과를 내게 했는가를 물을 수 있는 것과 마찬가지로 임상수준에서 노인상담자와 내담자는 개별 개입의 내용이 무엇이며, 개입의 성과는 무엇인가 그리고 개입내용 중 무엇이 성과를 내게 했는가를 물을 수 있다(Compton & Galaway, 1984).

노인상담자는 항상 상담의 목적과 목표를 명확하게 설정하여 개입해야 한다. 목표를 설정하지 않고서는 이후의 개입이 성공적이었는지 평가할 수 없다. 상담 프로그램에 대한 평가는 변화가 일어났는지 아닌지 변화가 얼마나 일어났는지 설명할 수 있는 측정도구 혹은 측정절차를 선택하고 설계하는 것이 필요하다. 어떤 측정절차는 변화에 영향을 미친 요인이나 변수를 확인하는 데 도움이 될 것이다.

2. 평가의 유형

1) 셰퍼 외의 분류(손광훈, 2009, 재인용)

① 실천 평가

노인상담자의 개입노력을 사정하는 것이다. 즉, 개입노력은 '개인이나, 가족, 집단 등을 기대한 만큼 변화시켰는가?' 하는 것이다. 실천 평가는 형성 평가와 총괄 평가 모두를 일컫는다.

② 형성 평가 – 결정지향적 평가

형성 평가는 상담 과정 동안 실시한 사정과 관련되며, 귀납적인 논리에 입각한 평가라고 할 수 있다. '앞으로의 결정을 위하여 알아야만 될 것이 무엇인가?' 라는 질문이 형성 평가의 초점이며 상담이 수행되는 과정 중에 실시할 수 있다는 것이 특징이다. 그래서 형성 평가를 과정지향적 평가라고도 한다. 형성 평가에서는 모니터링 테크닉의 사용으로 그때그때 필요한 소프트(soft)한 자료를 수집하며, 모니터링 테크닉과 환류를 중요시하기 때문에 융통성이 많다는 것이 특징이다. 서비스 제공자가 과정을 검토하도록 하고, 필요한 경우에는 개입계획을 수정할 수 있도록 한다. 형성 평가는 상담 과정을 점검하는 것이며, 평가가 상담 프로그램을 시험하고, 내담자나 그 가족에게 더 좋은 서비스를 제공하도록 그 수행을 변화시키는 토대가 된다면 이는 형성 평가라고 볼 수 있다.

표 9-1 형성 평가의 4단계 과정

1단계	상담 프로그램 운영에 있어서 무엇이 문제이며, 누가 이 문제에 대하여 관심을 갖고 있는가?
2단계	필요한 정보는 어떻게, 어디에서 수집하는가?
3단계	수집된 정보의 질은 어떠한가?
4단계	정보를 수집하고, 보고한 사람은 누구인가?

③ 총괄 평가 – 목표지향적 평가

총괄 평가는 본질적으로 연역적 논리에 바탕을 둔 평가이며, 하나의 상담 프로그램이 달성하고자 했던 목표를 얼마나 잘 성취했는가의 여부를 평가한다. 총괄 평가는 최종 결과물을 평가하고, 성공 혹은 실패와 관련된 요인을 알아내는 것이며, 상담 프로그램의 결과와 효과를 평가하고자 한다. 또한 점검이 과정의 종결까지 지속되면 총괄 평가 형식이 된다.

표 9-2 총괄 평가의 6단계 과정

1단계	상담기관의 목적은 무엇인가?
2단계	상담 프로그램의 목적은 무엇인가?
3단계	상담 프로그램의 목표는 무엇인가?
4단계	상담 프로그램의 목표가 달성되었는지 여부를 어떻게 결정하는가?
5단계	내담자를 대상으로 한 목표는 달성되었는가?
6단계	평가의 자료를 어떻게 사용할 것인가?

2) 헵워스와 라르센(Hepworth & Larsen, 1993)의 분류

① 결과 평가 : 성취된 결과들에 대한 사정을 의미하며, 이미 결정된 방식에 따라 결과를 사정하게 된다.

② 과정 평가 : 상담 과정에 대한 내담자의 인식과 관련해서 이루어진다.

③ 상담자 평가 : 노인상담자 자신의 행동, 태도 및 속성들이 상담 과정에 어떠한 방식으로 긍정 혹은 부정적 영향을 미쳤는가에 대한 피드백을 통해 이루어진다.

3) 콤톤과 갤러웨이(Compton & Galaway, 1999)의 분류

① 욕구사정 : 상담 프로그램 실행에 필요한 실행 가능성 혹은 타당성을 결정짓는다.

② 평가 가능성 사정 : 상담 프로그램이 평가될 수 있는지를 결정한다.

③ 과정분석 : 상담의 최종 결과보다는 상담 과정들에 초점을 둔다. 이는 노인상담자가 예측된 진전이 있었는가의 여부를 사정하는 데 도움을 준다.

④ 결과분석 : 상담 프로그램 효과성에 대한 평가로써 상담 프로그램 결과측정이 이루어진다.

⑤ 상담 프로그램 모니터링 : 자원, 활동 및 결과 등에 대한 데이터를 지속적으로 수집하고 분석한다. 과정분석 및 결과분석이 한 번으로 이루어지는 평가임에 반해, 상담 프로그램 모니터링은 여러 번에 걸쳐 이루어지는 지속적 특성을 지닌다.

3. 평가의 기준

평가의 기준이란 평가를 위한 척도를 말한다. 즉, 상담 프로그램의 성패를 판단하기 위해서 그 프로그램의 어느 측면을 평가의 초점 또는 대상으로 삼아야 할 것인가에 대한 기준을 말한다. 평가의 기준은 대체로 ① 목표달성 수준, ② 기대하는 변화의 정도, ③ 변화 또는 성과를 나타내는 점수, ④ 의도한 효과가 표현되는 맥락이나 상황의 수준, ⑤ 원하는 가치가 산출되는 정도나 범위, ⑥ 내담자의 만족도를 나타내는 특정 지표, ⑦ 특정 행동 또는 태도의 변화 등이 있다(손광훈, 2009).

4. 평가를 위한 지식과 단일사례 설계

1) 평가단계에서 필요한 지식

평가 과정의 전반에 걸쳐 '개별화' 와 '자기결정의 원칙' 이 강조된다. 그리고 행동 및 감정과 태도의 변화를 조사하는 평가단계에서 노인상담자는 '감정의 의도적 표현' 을 장려하게 된다. 만약 의도된 진전이 없을 경우 노인상담자는 내담자 체계에 대해 '비심판적 태도' 를 견지하면서 그 원인과 계획의 재형성에 초점을 두어야 한다. 아울러 평가에서는 개인 내부적 사항과 외부적 상황을 동시에 고려하는 '환경 속 개인(person in environment)' 의 관점이 유지되어야 하며, 노인상담자는 내담자 체계와 상호작용하고 영향을 미치는 여러 복합적인 요소들에 민감해질 필요가 있다(김기태 외, 2007).

이외에도 평가 과정을 촉진시키는 데 필수적 요소인 기록과 조사상의 기법들이 중점적으로 활용되어야 된다. 콤톤과 갤러웨이(1999)는 기록의 중요성을 강조하면서 노인상담자들이 준수해야 할 몇 가지 기록지침들을 제시했다.

① 미루지 말고 항상 그때그때 기록을 한다.
② 날짜, 장소 및 접촉한 사람 등과 같이 접촉 시의 모든 사항들을 기록한다.
③ 보고는 관찰에 기초해서 사실성을 유지한다.
④ 애매한 단어나 어구의 사용을 피한다.
⑤ 중요한 정보를 빠뜨려서는 안 되지만 가능한 한 간략하게 기록한다.
⑥ 사후관리가 요구되는 어떠한 형태의 동의들이라도 기록해야 한다.
⑦ 기록은 어떠한 목적과 직접적 연관성을 가져야 한다.

2) 단일사례 설계(Single-Subject Design, SSD)[18)]

단일사례 설계란 내담자 체계의 특정 문제나 표적의 변화를 관찰하기 위해서 개입 전, 개입 과정, 개입 후에 걸쳐 반복적으로 측정하는 경험적 절차를 말한다. 다시 말해 기초선의 활용과 후속적인 변화의 측정을 통해 개입의 영향을 평가한다. 단일사례 설계의 주요 특징을 몇 가지로 정리해 보면 다음과 같다(Bloom, et al, 1995).

① 문제규정

내담자와 노인상담자가 합의하여 우선적으로 변화되어야 할 문제, 즉 표적문제[19)]를 측정할 수 있는 용어로 정의한다.

② 문제측정

표적문제를 관찰하거나 측정하는 데 적절한 방법을 선택하여 측정한다. 이것은 내담자의 문제를 파악하는 중요한 자료가 된다.

③ 반복측정

표적문제에 관한 정보를 여러 번 반복해서 수집한다. 개입에 따른 표적문제의 변화를 파악하기 위해 개입 전과 개입 동안 그리고 개입 후에 정기적으로 표적문제를 관찰하거나 측정한다.

④ 기초선(기준선) 설정

개입이 시작되기 이전인 기준선 기간에 표적문제에 관한 정보를 여러 번 반복해서 수집한다. 이 기간 동안 수집된 자료는 주로 표적문제의 초기 상태를 평가하는 자료로 사용되며, 또 개입이 시작된 이후에 수집될 자료와 비교하게

---

18) 단일사례 설계는 단일피험자 조사 또는 단일피험자 설계, 단일사례 연구설계, 단일유기체 조사, 시계열 조사 또는 설계, 단일사례 실험설계, 단일체계 설계 등 여러 가지 용어로 불려왔다. 특히 단일사례라는 말은 단일한 실천상황-대개는 단일한 개인이지만 가족이나 집단, 조직 등도 가능하다-에 초점을 둔다는 것을 뜻한다. 또한 이 설계에서 내담자는 스스로가 자신의 통제집단이 된다.

19) 이것은 개입을 통해 변화시키고자 하는 행동을 말한다.

될 중요한 정보가 된다.

⑤ 개입에 대한 명확한 규정

실제 개입이 이루어지는 기간과 기준선 기간에서의 자료의 변화를 파악하기 위해 사용될 개입을 명확히 규정해야 한다.

⑥ 자료분석

단일사례 설계의 핵심은 단계에 따라 표적문제의 변화를 비교하는 것이다. 단일사례 설계에서는 이러한 비교를 위해 시각적인 분석과 대안적인 통계분석을 실시한다.

또한 단일사례 설계를 실행하기 위한 절차를 살펴보면 다음과 같다.

첫째, 표적 행동을 선정하고, 둘째, 성과측정의 선택, 즉 초기 개입목표를 확인한다. 셋째, 직접관찰이나 표준화된 측정 혹은 내담자의 자기보고서 등 측정방법을 선택한다. 넷째, 문제가 발생한 상태의 고정된 형태를 알기 위해 개입에 노출되었던 내담자를 비교하는 수단이 될 수 있는 기초선을 설정한다. 다섯째, 노인상담자가 개입을 시작하고 진행하면, 내담자가 가진 표적문제의 심각성과 범위를 체계적이고 지속적으로 기록해야 한다. 끝으로 수집한 정보를 조심스럽게 분석하고 비교하는 개입성과 사정을 하게 된다.

단일사례 설계의 유형에는 ① AB설계, ② ABC설계, ③ ABAB설계, ④ BAB설계, ⑤ 복수 기초선 설계 등이 있다.

5. 상담 목표와 행동변화에 대한 평가-척도질문[20)]

상담을 종결하기 위해 먼저 상담 목표가 얼마나 달성되었고, 내담자의 문제에 어떠한 변화가 일어났는가를 평가할 것이 요구된다. 단기상담에서 이러한 종결과제를 위한 기법에는 척도질문이 있다. 척도질문은 문제의 심각성을 평가하고 치료목표의 성취 정도와 결과를 평가하는 데 매우 유용하다. 단기상담

20) 이 부분은 서혜경 외(2006)를 중심으로 정리하였다.

의 목표는 문제와 증상의 제거 그리고 목표성취에 있다. 그러나 종결을 위해 상담 목표가 얼마나 달성되었는가를 평가하는 것은 어려운 작업이다.

예를 들어, 가정폭력과 폭음과 같은 문제들은 언제나 일어나는 것이 아니다. 일정한 스트레스와 문제상황 속에서 반복되는 것들로 내담자의 문제가 얼마나 변화되었는지를 단기상담 기간에 확인하는 것은 현실적으로 어렵다. 척도질문은 이러한 문제에 도움을 주는 종결기법으로 상담 목표가 얼마나 달성되었는지를 측정해 주는 도구이다. 척도질문은 내담자 스스로 자신의 문제 변화에 대해 1점에서 10점까지의 수치로 측정하게 하는 것이다.

척도질문을 통해 노인상담자는 목표의 도달 여부와 상담의 종결 이후에 변화된 행동을 어떻게 유지할 것인가를 이야기할 수 있다. 척도질문을 통해 평가와 종결 이후를 준비할 수 있게 된다. 변화유지에 대한 대화는 내담자에게 변화에 대한 자신감을 더욱 높아지게 하며 노인상담자는 종결을 분명히 준비하게 된다.

표 9-3 행동변화에 대한 평가의 예

상담자 : 어르신에게 약간은 어려운 질문을 하겠습니다. 그동안 우리의 작업을 돌이켜 보아 어르신이 처음 상담을 시작했을 때가 1점이고 어르신이 가진 문제인 지나친 폭음의 습관에 대한 완전한 치료가 10점이라 할 때, 어르신은 오늘 1점과 10점 사이 어디쯤에 있다고 말할 수 있을까요? → **평가에 대한 질문**

내담자 : 아마도 6점쯤 되는 것 같아요.

상담자 : 어르신은 상담을 받은 이후 많은 변화가 일어났습니다. 6점이라는 숫자는 어르신이 이제 저 없이도 스스로 폭음을 자제할 수 있다는 것을 의미합니다. 앞으로도 상담을 하러 오시지 않고도 계속해서 6점을 유지하려면 어떻게 해야 할까요? → **상담 종결 후 변화를 유지하기 위한 질문**

내담자 : 기분이 나쁘면 술보다 아내와 함께 등산을 가겠어요. 자꾸 집에 있으면 기분이 우울해져서 술 생각이 나고 술을 먹으면 폭음을 하니 계속해서 등산이나 산책을 하려고 합니다.

여기서 한 가지 유의할 점은 상담이 만병통치약은 아니며 분명한 한계점을 지닌다는 사실이다. 노인상담자는 상담 과정 속에서 내담자의 모든 문제를 해결해 줄 수 없으며, 그렇기 때문에 노인상담자가 내담자의 모든 문제를 해결하고자 한다면 오히려 그 상담은 실패로 끝날 가능성이 많다. 내담자가 가진 복잡한 문제들이 보다 선명해지고 중요한 문제의 하나가 해결이 되면 종결로 이어질 수 있다. 따라서 노인상담자는 종결을 준비하면서 내담자가 가진 문제 중에서 해결된 것이 무엇이며 아직 해결되지 못한 문제가 무엇인지를 파악하는 작업이 필요하다.

6. 사전 · 사후 검사 평가의 예[21)]

사전 · 사후 검사로 사용된 것은 1998년 김정순이 개발한 자아통합 검사로, 31문항으로 구성되어 있다. 이 척도를 이용한 상담은 7명인데, 평가의 결과 유의미한 것으로 나온 문항을 보면 다음과 같다.

- 막상 늙고 보니 모든 것이 젊었을 때 생각했던 것보다 낫다.
- 요즘 나는 나 자신을 발전시키려는 노력을 포기했다.
- 나는 지금 젊었을 때와 마찬가지로 행복하다.
- 남을 위해 봉사하는 일이 나에게는 매우 보람을 준다.
- 나는 현재 살고 있는 곳이 마음에 든다.
- 나는 일생 동안 최선을 다해 왔다.
- 인생을 다시 살 수 있는 기회가 주어진다 해도 살아온 대로 다시 살겠다.
- 늙고 무기력해지느니 차라리 죽는 것이 낫겠다.

죽음과 관련된 문항에서는 점수가 낮게 나타났지만 어느 정도 시간이 지나고 나면 오히려 상담을 통해서 죽음에 대해 간접 경험해 본 것이 내담자로 하여금 죽음을 좀 더 객관적으로 담담하게 보게 하여 더욱 평온한 상태에서 구체적으로 죽음을 준비하게끔 하는 힘을 키워주었다.

21) 사전 · 사후 검사 평가의 예로 사용된 자아통합 검사의 설문내용과 연구결과는 이장호 외(2006)를 참고하기 바란다.

7. 인지기능에 대한 평가

상담의 첫 회기에서 곧바로 노인내담자의 인지기능에 대한 정식 평가에 들어가는 것은 바람직하지 않다. 확인해야 할 여러 가지 관련 요인들(예컨대, 최근 자극적 경험의 유무, 가족구도의 영향 등)이 있고 평가절차가 노인내담자 측의 '약점노출의 느낌' 으로 인한 초기 상담관계 형성의 장애물로 작용할 수도 있기 때문이다. 가능하면 상담활동기관의 타 전문가가 정식 인지(기억)기능 검사를 상담 전후에 시행하는 것이 바람직할 것이다. 상담자가 직접 평가를 해야 하는 경우에는 먼저 첫 상담 중의 간접적인 질문들(예컨대, "어르신 따님의 걱정은, 어르신께서 가스레인지 불을 확실히 끄고 외출하시는지요…….", "요즘 집 안팎 생활면에서 전과 다르게 힘들고 신경 쓰이는 일이 있는지요?")을 통해 점진적인 평가적 접근을 하는 것이 현명할 것이다(이장호 외, 2006).

제 4 부

노인상담의 분야

제 10 장

노인복지시설 및 기관에서의 상담

1. 생활시설에서의 상담

1. 생활시설상담의 개념과 특성

생활시설은 노인 및 가족의 사정으로 시설에 입소하여 숙식을 제공받고 가정이라는 공간에서 시설로 생활의 장을 옮겨 주거하는 시설을 말한다. 우리나라 노인복지법상의 생활시설은 노인주거복지시설과 노인의료복지시설로 구분되고 있다. 그러므로 생활시설에서의 상담은 노인주거복지시설이나 노인의료복지시설에 입소하여 생활하는 노인의 서비스와 불편한 사항에 대하여 노인과 그 가족이 상담하는 유형을 의미한다.

표 10-1 노인 생활시설의 유형

생활시설 유형	시설 종류	시설 특징
노인주거복지시설	양로시설	노인을 입소시켜 급식과 그 밖의 일상생활에 필요한 편의를 제공
	노인공동생활가정	노인들에게 가정과 같은 주거여건과 급식, 그 밖에 일상생활에 필요한 편의를 제공
	노인복지주택	노인에게 주거시설을 분양 또는 임대하여 주거의 편의 · 생활지도 · 상담 및 안전관리 등 일상생활에 필요한 편의를 제공
노인의료복지시설	노인요양시설	치매 · 중풍 등 노인성 질환 등으로 심신에 상당한 장애가 발생하여 도움을 필요로 하는 노인을 입소시켜 급식 · 요양과 그 밖에 일상생활에 필요한 편의를 제공
	노인요양공동생활가정	치매 · 중풍 등 노인성 질환 등으로 심신에 상당한 장애가 발생하여 도움을 필요로 하는 노인에게 가정과 같은 주거여건과 급식 · 요양, 그 밖에 일상생활에 필요한 편의를 제공
	노인전문병원	주로 노인을 대상으로 의료를 행하는 시설

생활시설에 입소하는 노인들은 지금까지 자신이 살던 지역사회와 가정을 떠나 새로운 삶의 터로 옮기는 것이기 때문에 불안해 하고, 자신의 가정으로 다시 돌아가지 못할 수 있다는 생각에 절망감을 가지기도 한다. 그러므로 시설에서는 노인이 새로운 삶을 시작하는 장소라는 긍정적인 생각과 노인이 적응을 잘할 수 있도록 제반서비스를 제공하고 있다. 이에 더불어 수반되는 상담서비스는 시설생활에서 양질의 서비스로 인간다운 삶을 영위할 수 있도록 지원하는 프로그램이라 할 수 있다.

노인주거복지시설 입소노인들은 건강측면에서 볼 때 어느 정도 자립이 가능한 경우가 많으나, 노인의료복지시설 입소노인들은 건강상 장기보호가 필요한 허약한 노인들이 많이 거주하고 있다. 이렇게 시설입소를 하게 되는 노인들은 가족부양자의 부재나 여러 가지 이유로 인하여 시설보호가 필요한 경우여서 시설직원은 가족 구성원의 역할을 담당하고 노인들의 자립과 재활을 목표로

서비스가 이루어져야 할 것이다. 그러므로 생활시설은 노후에 새로운 삶을 시작하는 중요한 장소이므로 노인들이 인간다운 삶을 영위할 수 있는 체계를 마련해야 하며(현외성 외, 2001: 421), 상담서비스도 그 중 하나가 될 것이다.

이인수(2001: 174-175)는 생활시설 거주노인과의 상담이 지니는 특성을 몇 가지로 설명하고 있다.

첫째, 시설거주 노인은 대부분 70대 후반 고령의 극빈여성 노인이므로 상담이 매우 수동적이고 비능률적인 특성을 가진다.

둘째, 교육수준이 낮은 반면 종교적 성향은 높다.

셋째, 시설노인은 자녀가 없고 배우자와 일찍 사별하는 등의 어려움을 경험한 집단이기에 무기력감에서 오는 우울성향이 상담의욕을 크게 저하시킨다.

넷째, 뚜렷한 목표나 욕구가 없으며 불만과 만족에 대한 표현의지가 없고 자신의 답변 내용으로 인한 불이익에 대한 두려움 등으로 상담에 중립적 답변을 하는 성향이 있다.

다섯째, 시설노인들은 상담원을 사적인 대화의 상대로 인식하여 평소 하고 싶었던 이야기를 장황하게 늘어놓거나, 상담을 평소의 불만이나 욕구를 일사분란하게 표현하는 기회로 활용하는 경향이 있다.

2. 생활시설상담의 기본원칙

① 개별성

노인들이 생활시설 내 같은 공간에서 거주한다 하더라도 살아온 배경이나 문화적 환경이 다르다는 점을 인정하여 개별성이 무시되어서는 안 될 것이다. 특히 나이가 들었다고 하여 남녀 노인의 차이를 무시한다든지 하는 행위는 없어야 하며 성(性)에 대한 차이를 인정할 필요가 있다. 또한 생활시설은 집단생활을 하는 공간이어서 자칫 집단성이 너무 강조되다 보면 개별성이 무시되는 경향이 발생하기도 한다.

② 비밀보장

시설입소 노인과 가족에 대한 정보들은 시설외부로 노출되어서는 안 되며, 시설내부에서도 관련자 외에는 정보를 함부로 공유해서는 안 된다. 퇴소 시에도 퇴소와 동시에 관련 정보를 삭제하여 정보의 유출을 방지할 필요가 있다. 이러한 비밀보장의 원칙에 대하여 직원교육도 필요하며, 부주의로 인하여 시설입소 노인이나 가족이 피해를 보는 경우가 없어야 할 것이다.

③ 객관적인 정보 확인

시설노인들은 간혹 무의탁인 경우에도 타인의 시선을 의식하여 자녀가 있다고 하거나, 경제적으로 어려운 상황에서 입소하였음에도 불구하고 경제적 사정이 좋은 것으로 표현하는 사례들이 있기 때문에 노인들의 주관적 정보에 대해서 상담원의 객관적인 정보 확인이 반드시 필요한 부분이다. 그리고 노인 자신들이 말하기 힘들거나 불편한 내용에 대해서는 생각이 잘 나지 않는다든지, 불쾌한 표정을 지으며 회피하는 경우들도 있어서 정확한 정보를 파악하는 것이 무엇보다 중요하다.

④ 서비스의 선택권 인정

최근 복지서비스 제공이 공급자 중심 체제에서 이용자 중심 체제로 바뀌어 가면서 시설서비스에도 변화가 생기고 있다. 즉, 시설노인에게 보다 나은 생활적응의 상담을 통하여 제공되는 서비스가 시설직원에 의해 결정되어지는 것이 아니라 거주노인의 요구에 의해 제공되어야 하고, 제공되는 서비스도 거주노인이 선택할 수 있어야 한다.

⑤ 형평성

오늘날 강조되고 있는 사회복지서비스의 방향 중 하나가 형평성이다. 즉, 모든 시설거주 노인에게 누구나 똑같이 공평하고, 획일적이고 일률적인 서비스가 제공되어야 한다는 것이다. 거주노인의 상담은 시설적응이나 동료노인과의 갈등문제 등으로 인한 경우가 대다수인데, 비슷한 문제나 갈등에 있어서는 형평성 있는 상담결과가 수반되어야 노인들이 신뢰할 수 있는 상담이 된다.

3. 생활시설상담의 유형과 범위

1) 시간별 상담 유형

(1) 입소 전 상담

입소 전 시기란 '지역사회 내 잠재적인 입소희망 노인이 노인요양시설의 입소대상자로 결정되고 입소생활을 시작하기 이전 시간까지의 기간'을 의미한다. 노인요양시설의 입소 전 시기는 노인의 입소생활에 따른 당사자 및 가족의 불안감을 완화하고 향후 안정적인 노인의 입소생활을 준비하는 기간이다(한국노인복지시설협회, 2009: 91). 즉, 지역사회 내 잠재적인 입소노인을 파악하고 관리하며 입소를 희망하는 노인 및 가족 등과의 상담, 입소결정 및 계약활동을 수행한다. 그러므로 이 시기에 입소를 희망하는 대상자는 노인요양시설의 입소자격, 입소절차, 시설 서비스 및 환경 전반에 대한 많은 궁금함을 가지고 있다. 이러한 경우 시설 내 상담원은 대상자들의 상황을 고려하여 시설에 대한 다양한 정보 및 입소 전반을 안내하는 역할을 수행하여야 한다.

입소상담의 내용으로는 시설입소를 희망하는 노인에게 입소 시 필요한 서류 및 절차와 제공될 서비스 등을 안내하고, 입소대기자로 관리활동은 〈그림 10-1〉과 같은 절차로 이루어진다.

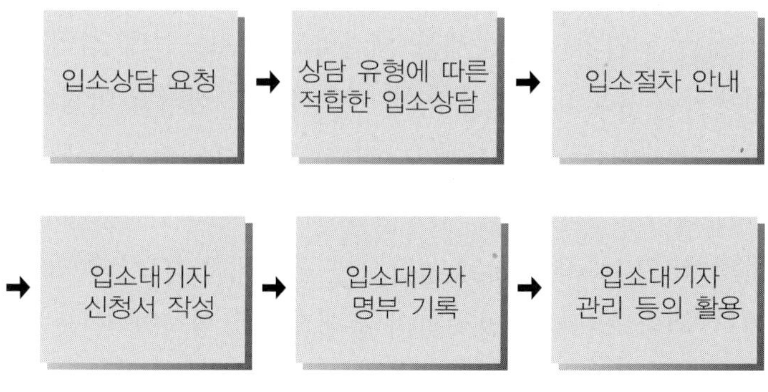

출처 : 한국노인복지시설협회 운영매뉴얼(2009, 재구성).

〈그림 10-1〉 입소상담 절차

입소상담의 목적은 시설입소를 희망하는 노인에게 입소 시 필요한 서류 및 절차와 제공될 서비스 등을 안내하고, 입소대기자로 관리하는 것이다. 의뢰인이 입소상담을 요청하면, 노인병원과 요양원의 차이를 설명하고, 장기요양인정 절차를 안내하며, 일반급여자와 기초수급자, 그리고 의료급여자 신청절차를 안내하게 된다.

시설에서 입소상담과 입소결정을 위한 제반 업무는 일반적으로 사무국장과 사회복지사가 담당해 오고 있다. 이때 이루어지는 상담 유형별 입소상담을 자세히 살펴보면 다음과 같다(한국노인복지시설협회, 2009: 108).

① 시설방문, 전화, 인터넷 등 상담 요청 유형에 맞는 적절한 입소상담을 한다.
② 입소상담 지침(서비스, 비용, 진료비 청구 등을 포함한 계약 내용)에 의한 상담을 한다.
③ 시설입소 절차 및 각종 관련 제출서류를 안내한다.
④ 시설방문 시 입소절차 및 시설라운딩을 위한 담당직원을 소개한다.
⑤ 필요 시 가정방문상담을 실시한다.
⑦ 전화 및 인터넷 상담 시 입소절차에 대한 질의에 답변한다.
⑥ 입소자 및 보호자들에게 시설에 대한 궁금증 해소를 위한 시설을 안내한다(홈페이지 등에 시설의 주요 공간 및 부대시설에 관한 사진 공개).

(2) 입소생활상담

입소 초기에는 노인의 적응문제를 해결하고 입소노인의 심리 사회적으로 안정된 시설생활을 유도하며 보호자 및 가족에게도 심리적 안정감을 주는 것이 목적이다. 그러므로 입소 초기에 보호자상담을 시설장, 사무국장, 사회복지사가 담당하여 실시하기도 한다. 이때 상담 내용(한국노인복지시설협회, 2009: 116)으로는 첫째, 입소노인의 입소생활상태 정보제공 후 상담 일지를 작성한다. 둘째, 면회, 외출, 외박 등 가족과의 유대관계를 형성한다. 셋째, 입소노인 관련 연락관계를 유지한다. 넷째, 법적인 문제를 설명한다. 다섯째, 면회시간 및 노인의 입소생활을 안내한다. 여섯째, 입소노인에 대한 서비스 목표 및 내용을 안내한다.

이후 노인은 점차 시설에서의 입소생활에 적응하게 되면서 심리 사회적으로 안정되어가지만 생활상의 스트레스, 갑작스러운 사건 및 사고, 대인관계 갈등 등으로 위기상황을 맞이하기도 한다. 이러한 경우 시설 내에서 시설 프로그램, 사례관리, 가족과의 유대 등에서 상담이 이루어지며 일상생활 지원, 건강 및 재활치료 지원 등의 상담도 필요하다. 특히 가족과의 유대는 입소노인의 가족과 유기적인 신뢰관계를 형성하며, 노인보호에 시설과 가족이 상호협력 체계를 형성하는 활동의 가족상담을 통하여 가족의 요구사항을 반영할 필요가 있다.

(3) 퇴소상담

시설에서의 퇴소정의는 입소노인이 가정으로 귀가하는 경우, 타 시설 혹은 병원으로 전원하는 경우, 그리고 입소노인이 사망하는 경우 등의 사유로 입소생활을 정리하는 것을 말한다. 퇴소상담은 퇴소가 필요한 시설노인 및 가족에게 퇴소에 따른 제반사항을 알리고, 타 기관 전원 등에 대한 정보를 제공하여 퇴소 관련 문제를 해결하는 활동이며(한국노인복지시설협회, 2009: 101), 반드시 퇴소상담 일지를 기록한다. 여기에는 우선 대상자를 확인하고 퇴소상담을 하여 퇴소결정을 한 후 퇴소 관련 서류를 정비하고 퇴소를 하며 퇴소 이후 생활적응을 위해 사후관리(follow-up)서비스를 제공한다. 이때 사무국장과 사회복지사는 퇴소를 희망하는 입소노인 또는 보호자 및 가족을 대상으로 퇴소상담을 진행하며 관련 직원과 입소노인의 퇴소에 대한 종결회의를 진행한다.

2) 대상별 상담 유형

(1) 개별상담

일반적으로 생활시설 노인의 개별상담은 노인이 요청한 경우와 시설직원이 요청한 경우로 나누어 볼 수 있다. 시설노인이 요청한 경우에는 건강상담이나 노인들 간의 관계, 혹은 직원과 노인과의 관계 등에서의 대인관계 사항, 가족과의 전화연결 요청 등이 있다. 시설직원이 노인에게 요청한 상담으로는 노인에게 문제 행동이 있을 경우에 상담을 요청하게 된다.

생활시설에서의 개별상담은 상담 시 주변에 동료노인이 있어 면담에 방해를 받을 수 있다는 점을 고려하여 별도로 마련된 개별상담실을 활용하는 것이 바람직하다. 특히 노인의료복지시설에 입소한 노인의 경우에는 건강이 좋지 못한 경우가 많아 소요시간이 짧아야 하며, 상담의 연결도 자연스럽게 연속적으로 이루어지기보다는 단답형 문답으로 끊어진 면담을 한 후 기록에서 정리하는 방법도 고려해야 한다.

(2) 집단상담

생활시설에서의 집단상담은 노인들 간에 관계가 원만하지 못한 경우라든지, 노인들의 재활 및 치료 효과를 기하기 위한 경우, 그리고 노인들에게 협조사항이 있을 경우 이루어지는 경우이다. 따라서 집단으로 할 수 있는 다양한 프로그램을 활용하여 집단 내에서 서로를 이해하고, 다른 노인이 공유한 정보를 통하여 자신을 발견하고 자극할 수 있는 계기를 만들 수 있다. 특히 화합이 어려운 노인들끼리 집단을 의도적으로 형성하여 문제해결에 도움이 될 수 있는 프로그램을 진행하기도 한다.

특히 회상을 활용한 집단상담은 노인들에게 쉽게 접근할 수 있어 실용성과 유용성이 매우 크므로 노인복지시설에서 노인의 심리, 정서적 안녕을 위한 복지 프로그램으로 매우 유용하다고 논의하였다(이현림 외, 2007). 시설에서 지지집단이 형성되는 집단상담에 회상요법이 노인들에게 중요한 치료기법으로 사용되는데, 회상요법 집단상담 프로그램의 선행연구 결과에 의하면 집단상담 시 노인의 자존감 향상과 우울증 감소에 효과가 있었다고 밝히고 있다(박재간 외, 2006: 148; 엄명용, 2000; 이인수, 2001: 215, 재인용).

또한 시설에서의 불편함을 해소하기 위한 방법 중 집단상담의 유형으로 자치운영간담회를 구성하고 운영하여 운영간담회에서 논의된 건의 및 요구사항, 애로사항을 검토하여 시설운영에 적극 반영하는 방안도 필요하다.

(3) 가족상담

생활시설에서의 가족상담은 주로 시설생활상 노인이 적응하지 못하거나, 다른 노인에게 피해를 주는 경우, 노인의 건강문제 및 치료를 위한 경우, 가족의 면회가 거의 없는 경우, 노인이 가정으로 귀가하기를 원하는 경우 등에 이루어지고 있다. 입소한 노인의 부양자 가족들은 거의 일을 하고 있는 경우가 많아 휴일을 이용하여 상담이 운영되기도 한다. 가족상담은 우선 가족과 상담을 한 이후에 노인과 함께 하기도 하나 노인과 가족의 의견이 일치하지 않는 경우에는 함께 가족상담을 하기도 한다.

특히 노인들은 자신의 감정을 표현하기보다는 참거나 감추는 경우가 많기 때문에 노인의 감정을 자유롭게 표현할 수 있도록 하는 방법으로 가족을 대상으로 한 상담이 중요하다. 그러므로 시설에서는 가족상담으로 노인의 상황에 대한 충분한 설명이 있어야 하며 가족의 적극적인 개입의 중요성을 부각시켜 노인의 재활을 위하여 함께 노력해야 함을 이해시켜야 한다.

2. 이용시설에서의 상담

1. 이용시설상담의 개념과 특성

이용시설이라 함은 노인이 자신의 가정에 머물면서 필요한 서비스를 기관을 방문하여 제공받거나 혹은 자신의 가정에서 필요한 서비스를 제공받는 시설을 말하며 우리나라의 경우에는 재가복지시설을 의미한다. 우리나라 노인복지법상의 이용시설은 노인여가복지시설과 재가노인복지시설로 구분하고 있다. 현재 노인 및 가족을 대상으로 이루어지는 노인상담은 시설이라는 특수상황을 제외하고는 대부분 이용시설에서 이루어지는 경우라 할 수 있다.

지역사회 내 가족과 함께 거주한다고 하더라도 노인이 신체적 또는 정신적으로 건강상태가 나쁘거나, 가족지지 체계가 부족하며 경제력이 없는 빈곤 노인들을 중심으로 한 심리 사회적 상담서비스를 제공할 수 있는 체계의 마련이 구축되어야 한다. 이를 위하여 노인복지 관련 이용시설들을 중심으로 체계적인 사례관리(case management)의 효과적인 운영 및 지역사회 내의 관련 기관들 간의 네트워크 활성화가 추구되어야 한다.

표 10-2 노인 이용시설의 유형

이용시설 유형	시설 종류	시설 특징
노인여가 복지시설	노인복지관	노인의 교양취미 생활 및 사회참여 활동 등에 대한 각종 정보와 서비스를 제공하고, 건강증진 및 질병예방과 소득보장 재가복지, 그 밖에 노인의 복지증진에 필요한 서비스를 제공
	경로당	지역 노인들이 자율적으로 친목도모 · 취미활동 · 공동작업장 운영 및 각종 정보교환과 기타 여가활동을 할 수 있도록 하는 장소를 제공
	노인교실	노인들에 대하여 사회활동 참여욕구를 충족시키기 위하여 건전한 취미생활 · 노인건강 유지 · 소득보장 기타 일상생활과 관련한 학습 프로그램을 제공
	노인휴양소	노인들에 대하여 심신의 휴양과 관련한 위생시설 · 여가시설 기타 편의시설을 단기간 제공
재가노인 복지시설	방문요양서비스	가정에서 일상생활을 영위하고 있는 노인으로서 신체적 · 정신적 장애로 어려움을 겪고 있는 노인에게 필요한 각종 편의를 제공하여 지역사회 안에서 건전하고 안정된 노후를 영위하도록 하는 서비스
	주야간 보호서비스	부득이한 사유로 가족의 보호를 받을 수 없는 심신이 허약한 노인과 장애노인을 주간 또는 야간에 보호시설에 입소시켜 필요한 각종 편의를 제공하여 이들의 생활안정과 심신기능의 유지 · 향상을 도모하고, 그 가족의 신체적 · 정신적 부담을 덜어주기 위한 서비스
	단기보호서비스	부득이한 사유로 가족의 보호를 받을 수 없어 일시적으로 보호가 필요한 심신이 허약한 노인과 장애노인을 보호시설에 단기간 입소시켜 보호함으로써 노인 및 노인가정의 복지증진을 도모하기 위한 서비스
	방문목욕서비스	목욕 장비를 갖추고 재가노인을 방문하여 목욕을 제공하는 서비스
	노인보호 전문기관	시 · 도지사가 노인보호전문기관을 지정 · 운영, 노인학대 신고, 상담, 보호, 예방 및 홍보, 24시간 신고 · 상담용 긴급전화(1389)를 운영하는 시설

우리나라에서 노인 관련 문제를 다루는 이용시설의 대표적인 기관으로는 노인복지관과 노인학대상담센터, 노인상담소, 치매노인종합상담센터, 재가복

지시설 등을 들 수 있다. 서울시노인종합복지관을 중심으로 노인복지관의 노인상담 사업의 활성화 정도를 분석해 보면(김태원, 2010: 12), 상담사업에서는 이용상담, 법률 및 재정 상담, 개별상담 및 집단상담의 순서로 활성화된 것으로 조사되었다. 그러나 전반적으로 상담 사업은 이용상담을 제외하고는 활성화의 정도가 노인복지관의 다른 사업분야들과 비교하여 낮은 편으로 조사되었다. 그리고 상담 사업에 대한 기관의 인력, 재정, 시설, 공간 및 기자재, 장비의 적정성을 살펴봐도 대부분이 부족한 편으로 나타났다(허준수, 2004).

2. 이용시설상담의 기본원칙

① 초기 접수 시 라포 형성

대부분의 경우 이용시설에서의 지속적인 이용 여부는 초기 접수 과정의 상담에서 결정이 되고 있다. 기관에 도움을 요청하거나 자신의 문제를 해결하기 위해 노인이나 가족들은 불안감과 두려움 등의 감정을 가지게 된다. 그러므로 의뢰인과의 충분한 라포(rapport) 형성이 중요하며, 이 친화관계를 통하여 다음 단계로의 이행이 이루어진다.

② 의도적 감정표현

상담을 의뢰한 노인이나 가족은 자신의 어려움이나 문제를 보다 잘 해결하기 위해서는 자신이 가지고 있는 부정적인 감정을 잘 표출할 수 있도록 격려하여야 한다. 자신의 솔직한 감정표현이 되었을 때 상담자는 진심을 다하여 문제해결을 하게 된다. 상담 시 혹시나 비판받게 될지도 모른다는 생각은 상담에 집중할 수 없으며, 핵심에서 벗어난 주제로 상담을 하게 될 수 있기 때문이다.

③ 자립성 유지

이용시설을 이용하는 노인은 자신의 가정에 거주하며 필요한 서비스를 받고 있어 가족의 도움이 절실히 요구되는 것으로 보인다. 그러나 이용시설의 상담서비스는 가족이 있을지라도 노인 스스로 할 수 있는 결정이나 서비스 선택권을 확보할 수 있도록 자립성을 유지할 수 있는 상담의 방향이 필요하다.

④ 가족의 협력 필요

이용시설을 이용하는 노인과 가족의 문제는 노인 자신이 살고 있는 지역사회와 가정에 머물고 있다는 것이 전제가 된다. 그러므로 가족 간의 화합이 무엇보다 중요한 초점이 됨으로 적극적인 가족의 동참이 필요하다. 가족은 이용시설의 책임으로만 떠 넘길 것이 아니라 노인의 보다 나은 서비스를 위하여 함께 노력하는 자세가 필요할 것이다.

3. 이용시설상담의 유형과 범위

① 노인복지관상담 사업

이용시설상담의 대표적 기관이 노인복지관이라 할 수 있는데, 노인복지관에서의 노인상담은 이용문의상담을 비롯한 접수(intake)상담이며, 최근 서비스를 제공하기 위한 사례관리상담이 주를 이루고 있다. 또한 복지관의 사정에 따라 가족관계상담, 성(性)상담, 학대상담, 건강상담, 취업상담 등 다양한 영역별 심층면담이 이루어지고 있다. 노인복지관에서 진행 중인 상담 사업의 70% 이상이 신규회원 가입상담 및 이용상담, 회원관리, 취업상담 등이라고 밝히고 있다(심홍식, 2007: 29).

현재 상담 사업을 담당하고 있는 사회복지사의 경우에 여러 업무를 겸하고 있어 노인상담만 전담할 수 없는 어려움으로 상담 진행에 많은 어려움이 따르고 있다.

② 노인상담지원센터 상담 사업

사단법인 대한노인회에서는 2009년 전국 최초로 노인상담지원센터를 개소하였다. 노인상담지원센터는 노인의 수명연장과 노인인구 증가 및 노인의 4苦(빈곤, 질병, 역할상실, 고독)에 따라 노인자살, 노인우울증, 노인의 성범죄 등 노인문제가 급증하는 것을 해결 및 예방하기 위해 지역별로 체계화된 상담서비스 지원을 강화하고 효율적인 상담체계를 구축하였다(http://www.

koreapeople.co.kr).

대한노인회는 보건복지부와 각 시도 및 시군구와 연계하여 중앙회에 노인상담총괄본부를 두고, 노인상담지원센터를 시도연합회와 시군구지회 산하기구로 편성한 체계적인 상담지원서비스 비전을 제시한 바 있다. 노인상담지원센터의 주요 상담 내용은 노인자살예방상담, 노인우울증상담, 노인의 성(性)상담, 가족갈등상담을 다루고 있다. 이를 실행하기 위하여 노인상담총괄본부(중앙회)에서는 노인상담 지원 프로그램의 개발 및 보급, 주요 노인상담 관련 시범사업실시, 노인자살예방상담과 우울증상담 등 각 분야별 전문인력 양성에 주력을 하고, 노인상담지원센터(연합회와 지회)에서는 지역사회 노인상담지원서비스를 제공, 시도 및 시군구 특성에 따른 상담 프로그램 개발 및 보급, 경로당 · 독거노인 · 공원 등 방문상담 실시, 지역사회 노인을 위한 각종 상담 프로그램 운영을 계획 · 운영하고 있다.

③ 노인상담소

노인상담소는 사회복지법인이나 민간기업체, 개인이 시 · 도지사의 허가를 받아 설치 운영할 수 있다(현외성 외, 1998). 노인상담소는 노인상담서비스의 효과적인 실천을 위해 노인전화상담, 전화방문서비스 및 가정봉사원서비스를 연계시켜 재가복지서비스를 제공하기도 한다. 노인상담소에는 상담을 전담하는 노인상담원이 배치되어 있어 재가복지서비스, 노인전화상담, 전화방문서비스와 연계한 서비스를 제공하고 있다.

④ 치매노인종합상담센터

치매노인종합상담센터는 고령화 사회와 더불어 증가하고 있는 치매노인과 부양자들의 육체적 · 정신적 고통을 경감시키기 위해 치매 관련 정보와 서비스를 포괄적으로 지원하기 위해 1997년 서울송파노인종합복지관 내에 개설되어 운영되어 오고 있다. 현재 치매상담, 상담원교육, 전문인력양성교육 등의 사업이 진행되고 있으며, 지역사회 주민을 대상으로 치매예방교육과 시설방문 홍보 등의 사업이 실시되고 있다(윤선오, 2008: 28). 특히 치매상담의 경우에는 치매노인을 수발하는 가족이나 관련자들에게 치매상담을 제공함으로써 치매노인의 안녕과 보호방법, 기타 제반사항에 관한 정보를 제공하고, 가족의 기능회복 도모를 목적으로 한다.

⑤ 재가노인복지시설

2008년 노인복지법 개정으로 재가노인복지시설이란 방문요양서비스, 주야간보호서비스, 단기보호서비스, 방문목욕서비스를 제공하는 시설을 말한다. 현재 이러한 재가복지시설을 이용하기 위한 이용상담이 주로 이루어지고 있으며, 의뢰인은 이용절차, 비용, 이용시간 등에 대하여 안내를 받게 된다.

3. 노인전화상담 및 사이버상담

1. 노인전화상담 및 전화방문상담

1) 노인전화상담의 개념 및 의의

노인전화상담이란 전화라는 매개체를 활용하여 노인에게 신속하게 대응하면서 어려움과 문제에 개입하는 상담 유형을 의미한다. 전화는 공간적으로 떨어진 사람과의 물리적인 거리를 단숨에 연결시켜주는 기능을 갖고 있어서 도움을 청하는 이용자의 번거로움이 없이도 도움을 받을 수 있게 한다(하순례, 2003: 18). 또한 전화상담은 노인만을 대상으로 하는 것이 아니라 노인이 속한 가족이나 친척 등 비공식적 지지망이나 그 밖에 노인과 관련이 있는 일에 종사하는 사람 등 누구든지 노인과 관련된 문제를 체면에 개의치 않고 상담할 수 있는 개방통로이다(김태식, 2007: 28).

우리나라에서는 노인의 사회적 서비스 프로그램의 일환으로 전화방문서비스를 시작하였으며, 정부의 재정지원이 민간사회복지기관으로 이양되어 주로 저소득층 노인을 대상으로 실시되어 왔다. 노인은 기관을 방문하는 것이 노화로 인한 건강상 특성으로 쉬운 일이 아니기 때문에 여러 절차를 생략하고 즉각적인 도움을 받을 수 있는 전화상담의 접근성이 높아지고 있다. 노인에게 있어서 전화상담은 건강상의 이유나 기관을 찾는 어려움, 상담 수속절차의 복잡함, 상담자와의 대면 등의 불편함이 심리적 부담으로 작용할 수 있으므로 매우 유용하고 적절한 상담방법이라 할 수 있다. 최근 우리나라 노인가구 조사에서 나타나고 있는 노인 단독가구의 증가로 생활상 긴급한 위험에서의 도움 요청과 우울과 경제적 궁핍 등으로 인한 자살유혹에서 그리고 노인학대를 신고하기 위한 긴급전화에서도 전화상담은 요긴하게 사용되는 상담 유형이 되고 있다.

이러한 노인전화상담은 노인들이 기관으로 도움을 요청하거나 궁금한 내용들을 알아보기 위하여 기관으로 전화하는 전화상담 형태와, 노인들의 안부를 확인하거나 말벗서비스를 목적으로 기관에서 노인에게 전화하는 전화방문서비스 형태로 구분할 수 있다. 전화방문서비스는 가정적, 사회적 단절과 소외를 해소하고 유사 시 필요한 조치를 취하기 위해서 사회복지기관에서 전화로 방문서비스를 제공하는 일종의 사회복지서비스라고 할 수 있다(현외성 외, 1998: 165). 최근 사회적 약자인 노인을 대상으로 전화방문서비스는 노인의 욕구충족을 도모함으로써 그들의 어려움과 고충을 해결하고 더 큰 문제발생을 사전에 예방할 수 있는 이점을 가지고 있다. 그 예로 독거노인이나 노인 단독가구 등 고독한 노인에게 서로 안부를 주고받음으로써 그들이 지역사회의 관심 속에 있다는 사실을 인식시켜주고 숨겨진 욕구를 드러내게 하며 위기발생을 알려주는 기능을 하고 있는 것(김태식, 2007: 29)을 볼 수 있다.

노인전화방문상담의 기능과 역할을 살펴보면 다음과 같다(하순례, 2003: 25).

첫째, 노인전화방문상담은 노인들의 수동성에 대하여 복지공급자 측면에서 적극적으로 수행하는 대인서비스의 특성을 갖고 있다. 즉, 자신의 욕구를 구체적으로 요청하거나 드러내지 못하는 노인들에게 직접 그들의 생활현장으로 들어가 욕구를 충족시켜 준다.

둘째, 노인전화방문상담은 말벗의 역할을 통해 소외와 고립의 문제를 해결하여 주는 정서적 돌봄 행위일 뿐 아니라 숨겨진 문제를 발굴하는 탐색적 역할을 한다.

셋째, 노인전화방문상담은 위기 관리 및 대처를 위한 예방적 성격을 갖는다.

2) 노인전화상담의 특성

전화상담은 공간적으로 떨어진 사람과의 물리적인 거리를 단숨에 연결시켜 주는 기능을 갖고 있다(김태원, 2010: 8). 그러나 반면에 전화상담은 면접상담과는 달리 목소리만 들으면서 상담을 해야 하기 때문에 비언어적인 의사소통을 전혀 파악할 수 없다는 것이 특징이다. 또한 전화라는 매개를 활용하여 상담을 하기 때문에 연회성을 가진 상담이나 장기적인 상담에는 적당하지 않을 수 있다. 그러므로 대부분 응급상담이나 단기상담의 형태로 이루어지는 경우가 많다.

그러나 전화상담은 단회상담이나 단기상담으로 끝나는 경우가 많기 때문에 노인에게 가장 시급한 문제나 가장 도움을 받고 싶어하는 영역에서 효율적으로 상담할 수 있다는 것이 장점이다.

이러한 전화상담의 과정은 3단계로 나눌 수 있다(하순례, 2003: 19-20).

첫째, 1단계는 초기단계로 관계 형성단계(신뢰관계, 경청 및 공감관계)이다. 이 단계에서는 상담원을 신뢰하며 편안하게 도움을 요청할 수 있는 분위기를 조성한다.

둘째, 2단계는 중기단계로 탐색단계(문제확인 및 세분화단계)이다. 이 단계에서는 전화를 한 노인의 문제와 기대가 명확하게 되고(문제확인), 신뢰관계가 수립되면 상담원은 대화기술을 활용하면서 최선의 방안을 탐색(문제를 감당할 수 있게 세분화)한다.

셋째, 3단계는 말기단계로 직면과 마무리단계이다. 이 단계에서는 가능성을 찾고, 행동실천을 위해 필요한 자원을 의논하고 행동계획을 수립하도록 돕고 용기를 북돋는다.

3) 노인전화상담의 유형과 활용

노인전화상담기관은 전화상담서비스와 전화방문서비스 등 두 가지 서비스를 제공하고, 추가적으로 재가복지서비스도 제공하고 있다. 현재 '한국노인의 전화'가 전국적인 조직망을 갖추고 상담서비스 제공뿐만 아니라 교육연구, 출판홍보, 대외협력 분야에서도 노인복지서비스를 진행하고 있다.

(1) 한국노인의 전화상담 사업

한국노인의 전화상담 사업은 노인복지관, 사랑의 전화, 생명의 전화 등을 통해 이루어지던 상담이 1994년 사단법인 한국노인의 전화가 설립되면서 노인만을 대상으로 한 전문상담 전화가 개설되었다. 이 기관에서는 주로 전화상담서비스와 전화방문서비스를 양대 축으로 하여 상담서비스를 제공한다. 지금까지 노인상담은 연 2천여 건에 달하고 있고, 특히 거동이 불편한 노인들의 안부전화와 친구 역할을 담당하고 있다. 상담 시간은 오전 9시부터 오후 7시까지이며 그 외 시간에는 자동응답기를 통해 다음날 상담을 받을 수 있다.

한국노인의 전화는 노인 및 부양가족들의 소리에 귀를 기울임으로써 다양하고 실제적인 심리 사회적 욕구를 파악한 후 관련 정보를 제공하고 개별 대상에 적절한 서비스를 제공 및 연결하고 있다. 주요 상담 내용으로는 가족관계(노부부관계, 부모-자녀 관계)상담, 시설문의상담, 고독과 소외(고독, 외로움, 이성교제, 성)상담, 실버용품, 학대, 죽음 등에 관한 상담이 주를 이루고 있다. 상담방법은 전화상담, 면접상담(내방상담, 방문상담), 사이버상담, 서면상담, 출장상담 등을 이용할 수 있다(한국노인의 전화, 2008). 지금까지의 상담결과를 살펴보면 취업문의, 시설문의, 가족관계상담이 주를 이루고 있는 것으로 나타났다.

(2) 노인학대상담센터

노인학대상담센터는 학대받는 노인을 위한 전문적인 상담과 서비스 제공을 통한 노인의 권익증진과 학대행위자 등에 대한 교육, 홍보를 통하여 노인학대에 대한 인식을 개선하며, 노인학대예방사업을 통해 학대 없는 가정과 사회를 조성하는 데 의의가 있다. 2002년 사회복지공동모금회의 지원으로 노인학대상담센터 사업이 전국에 지부를 갖추고 운영되다가 그 후, 통합된 전화상담서비스 체계를 구축하여 보다 전문적인 상담서비스를 제공하게 되었다.

이후, 2004년의 노인복지법 개정으로 노인학대를 법적으로 규제하는 내용이 포함되면서 노인보호전문기관으로 1577-1389(전국)의 단일한 서비스망을 갖추고 24시간 신고 및 상담 전화서비스, 현장출동, 피해자보호 및 가해자 상담, 가족중재상담 등 위기상담에 기초한 다양한 상담을 제공하고 있다. 2009년 한 해 동안의 상담 건수는 총 3,836건이며, 이중 노인학대상담 건수는 3,650건으로 전년대비 34% 증가하였고, 총 상담 건수에 95%가 노인학대상담으로 집계되었다(부산서부노인보호전문기관, 2010).

2. 노인사이버상담

1) 노인사이버상담의 개념 및 의의

사이버상담(cyber counselling)은 현재 인터넷상담(internet counselling), 온라인상담(online counselling)이라는 용어와 혼용하여 사용하고 있으며 컴퓨터기술의 보급으로 빠른 확산을 보이고 있다. 사이버상담이란 최근 인터넷의 빠른 보급으로 컴퓨터와 스마트폰을 이용하여 어려움을 가진 노인이 훈련받은 상담원과의 사이버공간 내 교류를 통하여 자신의 문제를 바람직한 방향으로 해결하는 것을 말한다. 우리나라에서 사이버상담은 지금까지 주로 청소년을 대상으로 발전하여 왔고 노인을 대상으로 하고 있는 사이버상담은 소수에 불과하다(심홍식, 2007: 8).

사이버상담은 실시간으로 활용할 수 있으며 자신의 신분을 노출하기 꺼리는 경우나 거동이 불편하여 기관을 방문하기 어려운 노인의 경우에 활용하기 쉬운 상담 유형이라 할 수 있다. 그러나 사이버상담을 하기 위해서는 컴퓨터와 인터넷이 설치된 환경을 갖추고 있어야 하고, 컴퓨터를 다룰 수 있는 기술을 가지고 있어야 가능하다는 단점이 있다. 또한 손이나 팔의 동작이 불편한 노인의 경우에는 컴퓨터 사용이 원활하지 못하여 사이버상담의 효율성이 떨어지는 경우도 발생할 수 있다. 이미 우리나라의 종합사회복지관 및 노인복지관에서 노인을 대상으로 운영하는 인기 있는 프로그램 중 하나가 컴퓨터강좌였고, 이를 통하여 노인대상 인터넷교육이 확산되면서 사이버상담이 활성화(서혜경 외, 2006)될 수 있는 기반을 마련하였다고 보인다.

이 상담이 현대사회의 흐름에 발맞추어 활용도가 높은 상담 유형으로 보이기는 하지만, 사이버상담이 면접상담(언어적 · 비언어적 의사소통)과 전화상담(언어적 의사소통)과는 달리 글로만 상담이 이루어지기 때문에 목소리도 들을 수 없고 비언어적 의사소통도 확인할 수 없어 효율성이 떨어지는 상담 유형(King, et al., 2006; Mallen, et al., 2005)이라고 지적한다. 그러나 한 연구(Bambling, et al., 2008: 110)에서는 사이버상담이 목소리나 비언어적 의사소통을 관찰할 수 없기 때문에 클라이언트에 대한 사고를 더 깊게 할 수 있고, 클라이언트는 자신이 가지고 있는 어렵고 복잡한 상황도 채팅 등의 방법으로 쉽게 표현할 수 있어서 상담자가 세부적으로 더 잘 도와줄 수 있는 장점이 있다고 밝히고 있다.

2) 노인사이버상담의 특성

사이버상담은 일반적으로 공개상담이나 비공개상담으로 진행되고 있고, 유형으로는 채팅, 이메일, 토론 게시판, 소셜네트워크(SNS) 등의 형태가 있으나, 최근 더 다양한 유형들이 개발되고 있다. 사이버상담은 온라인망이 넓기 때문에 지역에 관계없이 이용할 수 있어서 노인들에게 접근성이 높으며 컴퓨터를 통하여 상담을 하는 것이기 때문에 외부와의 접촉이 직접적이지 않아 덜 위협적이고, 사이버 상에서 글로 표현된 기록을 통하여 상담을 하는 것이므로 기록이 바로 유지될 수 있어 번거로움이 줄어든다(King, et al., 2006: 175). 그러나 사이버상담은 면접(face to face)상담과 달리 노인과 상담자와의 협력관계가 없어 상담의 효율성이 떨어질 수 있다. 이에 대하여 호바스와 그린버그(Horvath & Greenberg, 1989)는 성공적인 상담을 하려면 세 가지 요소가 고려되어야 함을 강조한다. 첫째, 클라이언트와 상담자 간의 신뢰 및 상호관계, 온정과 공감(empathy)이 전제가 되어야 한다. 둘째, 클라이언트와 상담자가 함께 상담의 목적을 공유하여야 하고, 셋째, 양자 모두 상담 과업에 동의하여야 한다. 사이버상담은 이러한 협력관계 형성이 어렵기 때문에 상담자는 클라이언트의 주요 호소문제를 글을 통해 읽고, 주어진 호소내용을 논구하고 숙고할 시간을 가질 수 있으며, 답변을 적어 가면서 다시 한번 상담 내용을 정리하고 살필(심흥식, 2007: 11) 수 있게 된다는 것이다.

결국 사이버상담의 장점은 첫째, 익명성이 보장된다. 둘째, 실시간으로 상담이 진행된다. 셋째, 단회상담이 대부분이나 여러 회로 연장할 수 있다. 넷째, 비용을 절감할 수 있다. 다섯째, 다른 상담 사례를 통해 상담적 간접경험을 할 수 있다. 여섯째, 다양한 정보를 얻을 수 있다(이호선, 2005: 158). 그러나 사이버상담의 단점도 고려해야 하는데 첫째, 글로 표현하면서 자신의 감정이나 느낌까지 명확하게 표현할 수 없으며, 의뢰한 노인이 원하면 언제든지 상담을 조기 종결할 수 있다. 둘째, 상담자는 클라이언트의 비언어적 의사소통까지 감지할 수 없다(서혜경 외, 2006: 300). 셋째, 노인이 사이버상담을 하려면 인터넷 사용이 가능한 접근성이 전제가 되어야 하고, 컴퓨터 및 인터넷 사용을 할 수 있어야 한다.

3) 노인사이버상담의 동향

노인 관련 문제를 대상으로 하는 사이버상담은 노인복지관, 사회복지기관 중 노인 관련 업무분야, 지방자치단체의 노인 관련 부서 홈페이지, 노인복지 관련 단체의 홈페이지에서 사이버상담실을 운영하면서 제공한다. 또한 국민건강보험공단 내 노인장기요양보험 홈페이지에서는 장기요양업무에 관하여 사이버상담을 신청하도록 되어 있으며, 보건복지부콜센터(전국 129)에서는 노인뿐만 아니라 모든 대상자를 위하여 실시간 인터넷채팅상담을 운영하고 있다(http://www. 129.go.kr).

〈그림 10-2〉 인터넷채팅상담 절차

지방자치단체인 부산시의 어르신상담센터는 60세 이상 노인과 그 가족에 대하여 면접과 전화상담, 사이버상담(http://8517.sywelfare.or.kr) 등의 방법으로 상담이 이루어지고 있다. 이 센터는 노인과 가족에 대한 위기개입상담 및 여가와 건강한 생활을 위한 종합상담을 실시하고 있다. 이에 따라 변화하는 노인의 신체적·정신적 상황에 대한 가족 간의 이해를 높일 수 있도록 지속적인 상담을 통해 노인문제 발생확률을 줄여 노인들의 건강한 노후생활을 지원하고 있다(부산광역시, 2010).

제 11 장

노인문제상담 Ⅰ : 노인 우울, 자살, 성, 죽음

현대사회는 평균수명의 증가, 조기 정년퇴직 및 생활수준의 향상 등으로 오늘날 우리 사회 노인의 대부분은 과거의 노인들보다 더 건강하게 많은 시간의 노후를 보내게 되었다. 이러한 시대적 흐름을 반영해서 우리 사회에 고정관념화 되어 있는 노인의 문제는 전통적이고 부정적인 이미지를 벗고 새롭게 정의할 가장 중요한 요소이며 긍정적인 자세로 전환되어야 할 영역이다. 노인에 대한 사회적인 통념은 노인의 자아개념에 영향을 미친다. 따라서 본 장에서는 여러 가지 노인문제 중 노인 우울과 성, 웰다잉까지 살펴보고자 한다.

1. 노인우울상담

우울은 슬픔이나 절망 등과 같은 감정으로 인간이 보편적으로 갖고 있는 다양한 감정 중 하나로 노년기에 나타나는 가장 흔한 장애이다. 우울의 심각성 정도는 경미한 것에서부터 아주 치명적인 것까지 범위의 폭이 넓으며 우울한 기분이 일시적인 상태를 넘어 2주 이상 일상생활에 지장을 줄 때 치료가 필요하다. 다양한 스트레스나 생화학적 장애에서 유발되는 우울증은 내적 기분상태가 괴로움, 깊은 슬픔, 무관심, 무기력감, 초조 등의 기분장애이다. 우울증이 있는 경우에는 신체기능이 저하되고 자신의 건강을 나쁘게 인식하며 안녕감도 낮다(Ormelet, 1998). 노인 우울증은 무기력감과 절망감을 특징으로 하고 있다(Osgood, 1992). 무기력이란 개인들이 중요하게 생각하는 생활사건을 도저히 통제할 수 없다는 느낌을 경험하는 특성을 지닌다. 노인들은 타 연령층보다도 무기력감을 많이 받기 쉬운 집단이다. 무기력감을 초래하는 요인으로는 직업, 수입, 신체적 건강, 사회적 역할상실에서 온다.

1. 노인우울의 의미

노년기의 우울은 유전적인 영향보다는 개개인의 체질적인 취약성, 사회경험, 정신적인 스트레스, 생리적인 변화 등 복잡한 관계에 의해 시작되거나 악화된다. 노인에게는 누구나 우울한 경향이 약간씩은 있는데, 이는 노화에 따라 신체적 · 사회적 상실이 증가하므로 어느 정도의 우울증이 생기는 것은 불가피할 수 있다. 모든 사람은 슬프거나 우울한 기분을 느껴본 적이 있을 것이다. 이런 느낌은 우리 인생의 한 부분이다. 예를 들면, 가까운 친구나 가족이 상을 당했을 때 슬퍼하거나 감정이 가라앉는다. 그러나 생활에 방해가 될 정도로 이런 느낌에 오랫동안 빠져 있으면 바로 이런 것이 우울증이다. 특히, 노년기에 접어들면서 어떤 생활사건들을 경험하게 되면서 혹은 뇌 기능의 변화와 관련하여 발생하는 예가 많은데 이를 노년기 우울이라고 한다.

〈표 11-1〉을 살펴보면 부모가 자녀와 동거하는 비율은 2010년 35.3%로 2002년 42.7%에 비해 7.4% 감소했다. 그러나 부모만 따로 살고 있는 비중은 2010년 62.8%로 과거에 비해 증가하고 있는 추세이다(통계청, 2010). 이는 노인우울상담과 밀접한 관련이 있다. 예컨대, 노년기는 신체적, 심리적, 사회적으로 위축되어지는 시기이다. 노인이 되어 신체적 기능이 쇠퇴하면 일상생활에서도 배우자나 자녀 등에 대한 의존도가 높아지고 사회적으로 퇴직과 배우자와의 사별 등으로 사회적 지위와 역할은 축소되며 심리적으로 소외와 고독

을 느끼게 된다. 그러므로 노년기에는 가족관계와 사회적 지지집단이 노인의 행복하고 건강한 노후생활을 결정하는 중요 요인이 되기도 한다.

표 11-1 부모생존 여부 및 동거자(가구주)

(단위 : %)

	계(가구주)	부모[1] 생존	부모의 동거자						
			소계	자녀				부모만 따로살고있음	기타
					장남(맏며느리)	장남외아들(며느리)	딸(사위)		
2002	100.0	62.0	100.0	42.7	24.6	14.5	3.6	56.7	0.6
2008	100.0	61.4	100.0	38.0	20.1	13.0	4.9	60.2	1.7
2010	100.0	60.5	100.0	35.3	17.5	12.3	5.5	62.8	1.9

주 : 1) 부모 중 한 분이라도 생존해 있는 경우임
출처 : 통계청(2010).

자녀와 같이 동거하는 노인의 경우는 가족과 자녀와의 접촉이 빈번하게 이루어지면서 노인의 돌봄과 수발, 경제적 지원까지도 가능하면서 노인의 우울성향도 줄어든다. 그런데 급격한 사회변화로 인한 가치관의 혼재현상은 노인과 자녀세대 간의 갈등을 유발한다.

〈표 11-2〉를 보면 2010년 부모와 함께 살고 있지 않은 가구주가 부모님과 교류하는 빈도를 보면 전화통화는 '일주일에 한두 번' 하는 경우가 44.8%이고 만남 횟수는 '한 달에 한두 번' 이 39.2%로 가장 많았다.

표 11-2 부모님과의 교류(가구주)

(단위 : %)

2010	계[1]	거의 매일	일주일에 한두 번	한 달에 한두 번	1년에 몇 번	거의 하지 않음
부모님과의 전화통화	100.0	14.0	44.8	33.2	5.3	2.8
부모님과의 만남	100.0	5.2	16.9	39.2	36.5	2.2

주 : 1) 부모생존 가구주 중 같이 살고 있지 않은 경우임
출처 : 통계청(2010).

노년기에 나타나는 우울은 상실감이 가장 큰 원인일 수 있다. 신체질환, 거동불능, 은퇴, 경제능력 상실, 열악한 생활환경, 배우자와의 사별, 자녀로부터의 박대 등에 대한 상실감이 자존감 상실과 인격적인 모욕감, 소외감, 외로움 등을 유발하여 우울증을 일으킬 수 있다. 생물학적 원인으로는 신체적 노화와 함께 뇌의 노화까지 진행되어 신경전달 물질의 부조화가 나타나게 된다. 그리고 호르몬 변화가 나타나 우울증이 나타날 가능성이 높아진다. 노년기에 나타날 수 있는 각종 신체 질병은 노인의 우울증과 밀접한 관계가 있다. 심리적 원인으로 노인이 되면 여러 가지 이유로 심리적인 위축이 나타난다. 자기중심적이고, 쉽게 의심을 하며, 보수적인 사람이 되고, 작은 신체적 증상에 집착하고, 융통성이 부족하고 고집이 세지며, 적응력이 저하되는 등 사소한 변화에도 적응하는 데 어려워한다. 사회적 원인으로 노년기에는 노화 과정에서 여러 가지 상실을 경험하는데, 신체기능이 저하되며 가족이나 친구의 죽음을 경험하고 정년퇴직으로 경제력 상실 등 대처하기 쉽지 않은 스트레스를 한꺼번에 경험하게 되면서 노인 우울증의 원인이 된다.

2. 노인우울의 현황

국민건강보험공단에 따르면 최근 5년간(2004~2009년) 건강보험 진료비 자료를 분석한 결과 노인 우울증 환자가 2004년 8만 9천 명에서 2009년 14만 8천 명으로 나타나 최근 5년간 1.7배 증가했다. 특히 65세 이상 노인 10만 명당 노인 우울증 질환자는 남성보다 여성의 경우 더 빠르게 증가하고 있음을 알 수 있다.

표 11-3 건강보험 연령별 우울증 10만 명당 진료환자 수

(단위 : 명)

구분		10만 명당 진료환자 수					
		2004년	2005년	2006년	2007년	2008년	2009년
계	계	18,818	20,080	21,174	23,147	24,001	25,979
	남자	8,261	8,792	9,151	9,875	10,072	10,845
	여자	10,558	11,288	12,023	13,271	13,929	15,133
65-69세	계	4,336	4,500	4,595	4,822	4,868	5,136
	남자	1,440	1,509	1,542	1,592	1,590	1,686
	여자	2,896	2,991	3,054	3,230	3,278	3,451
70-74세	계	4,470	4,668	4,923	5,317	5,474	5,862
	남자	1,732	1,782	1,874	1,964	1,974	2,110
	여자	2,738	2,886	3,049	3,353	3,499	3,752
75-79세	계	4,237	4,577	4,830	5,256	5,585	5,976
	남자	1,903	2,063	2,146	2,272	2,379	2,520
	여자	2,334	2,514	2,684	2,984	3,206	3,455
80-84세	계	3,415	3,743	4,008	4,556	4,747	5,313
	남자	1,768	1,915	1,999	2,239	2,273	2,531
	여자	1,647	1,828	2,009	2,317	2,474	2,781
85세 이상	계	2,360	2,592	2,818	3,195	3,327	3,693
	남자	1,417	1,523	1,590	1,809	1,855	1,998
	여자	943	1,069	1,228	1,386	1,472	1,694

출처 : 국민건강보험공단(2011).

〈표 11-3〉을 전기 노인(65∼74세)과 후기 노인(75세 이상)으로 나누어 살펴보면, 전기 노인의 경우 10만 명당 우울증 진료환자는 남성이 여성보다 2배 가까이 많았으나 후기 노인의 경우는 여성과 남성이 비슷해짐을 알 수 있다. 또한 우울증 환자 중 전기 노인은 2004년의 경우 64,051명에서 2009년 97,212명까지 5년간 1.5배 증가하였으나, 후기 노인의 경우에는 2004년 24,989명에서

2009년 50,509명으로 2배 증가하여 전기 노인에 비해 후기 노인의 우울증이 빠르게 증가하고 있음을 알 수 있다.

남성보다 여성이 우울증이 많은 이유로는 먼저 여성 호르몬의 영향을 들 수 있다. 여성은 월경, 출산, 폐경 등에 따른 호르몬의 변화가 극심한 경우 감정의 흔들림을 경험할 가능성이 커진다. 특히, 중년기 여성들이 폐경 전후에 겪게 되는 호르몬 변화는 자존심 손상, 무가치함, 자신감의 부족 등과 같이 자신을 부정적인 방향으로 생각하게 되는 심리적 요소와 함께 우울과 불안을 초래한다. 또한 대표적인 우울증의 원인으로서 뇌의 신경전달물질인 세로토닌의 감소를 들 수 있는데, '뇌의 세로토닌의 농도가 여성이 남성보다 낮다' 라는 보고가 있다. 이는 생물학적으로 여성이 남성보다 우울증에 취약할 수 있음을 시사한다. 성별에 따른 생물학적인 차이 이외에도 사회적 환경 및 역할의 차이도 여성 우울증에 영향을 미친다. 즉, 여성들은 육아 및 가사와 직장생활의 병행, 시부모님과의 갈등, 남성우위 사회에서의 생활 등으로 남성보다 사회적인 면에서나 또는 가정적인 측면에서 스트레스를 많이 경험한다고 볼 수 있다.

노인 우울증의 경우 후기 노인군에서 우울증의 남녀 비율이 1:1에 근접한다는 결과들이 많이 발표되어 있고 연령별, 성별, 경제적인 능력별로 세분화해서 우울증에 대한 관리를 하는 것은 이상적인 접근이라고 생각된다. 추가적으로 노년기에서 특히 후기 노인으로 갈수록 지적인 기능의 감소가 노화를 통해 추가되고 있어, 교육수준에 따른 접근 또한 중요할 것이다.

따라서 노인 우울증의 치료법에 대해서는 노년기 우울증은 신체적 질환과 동반될 가능성이 높기 때문에 이들에 대한 진단적 평가가 철저하고도 포괄적으로 선행되어야 한다. 즉, 치료에 앞서 중요한 것은 완벽한 신체검사이며, 특히 신경학적 검사, 환자의 최근 약물 복용력, 광범위한 검사실 검사 등에 중점을 두어야 한다. 일단 진단이 내려진 후에는 치료방법을 선택해야 하는데, 대표적 치료방법에는 약물치료와 정신치료가 있다. 이외에도 전기경련요법, 가족치료 등이 있을 수 있다.

3. 노인우울의 증상

노년기에 나타나는 우울의 증상은 본인조차도 자신이 우울증에 걸렸다는 것을 자각하지 못하며 가족이나 주위의 사람들도 노화가 진행된 것이라 생각하며 방치되는 일이 많다. 노년기 우울증에서는 신체 여러 부분의 통증을 호소하는 일이 많다. 예를 들면, 복통, 두통, 흉부통, 관절통 등 아주 다양하다. 통증을 만성적으로 호소하고 특히 식욕부진, 체중감소, 수면장애, 변비, 만성적인 피로 등은 빈발하는 증상이다. 불면을 호소하는 경우에는 빈틈없이 대응할 필요가 있다. 그리고 노인 우울증은 건강염려증적인 호소와 잠들기 어려움, 초조 등을 더 많이 호소하는 반면, 슬픔의 표현이 적다. 또한 집중력과 기억력 저하 역시 노인 우울증의 주된 증상이며 특히 우울증상이 심한 경우에 두드러진다. 노인 우울증은 환각 및 망상 등의 정신병적 양상을 보이는 경우가 흔하며 망상의 주된 내용으로는 죄책감, 건강염려증, 허무주의, 피해망상, 질투망상 등이 있다.

4. 노인우울상담

우울증은 사회적 개입(social intervention)을 통해 완화될 수 있다. 경미한 경우에는 이러한 형태의 지원이 중요하다. 노인우울상담은 노인자살과도 밀접한 관계가 있다. 대부분의 우울한 노인내담자들은 정보처리를 부적응적으로 하기 때문에 인지치료 기술이 필요하고 동시에 역기능적인 대인관계 때문에 대인관계 심리치료상담이나 정신분석적인 심리치료가 요구된다.

다음은 우울증상담 사례를 개입할 때 실천계획의 단계를 간단하게 통합한 개요를 설명한 것이다.

우울증 실천계획 단계

본 사례는 정신 역동적이고 인지적인 방법을 사용하여 기술한 내용이다.

1단계 : 문제 정의하기 – 우울
- 행동기술(증상) : 분노, 불면증, 사회적 고립, 에너지 상실, 희망 없음, 자살하려는 사고, 낮은 자존감, 상실된 욕구

2단계 : 목적 진술하기
- 사회적 지지시스템인 친구의 필요성에 대한 인식을 발전시키는 것

3단계 : 목표 설정하기
- 우울과 분노의 감정 사이에서의 연관성을 언어화하는 것
- 부정적인 왜곡을 지속적으로 기록하는 일

4단계 : 개입 기술하기
- 내담자가 슬펐던 과거의 경험과 분노와 관련된 근원적인 내용들에 대한 토론을 하기 위해 탐구하도록 하는 것이다. 즉, 우울했던 사건이나 왜곡된 사고에 대해 간단한 묘사를 포함하여 교육하는 것을 의미한다.

출처 : Lambert Maguire(2002: 309, 재구성). Clinical social Work: Beyond generalist Practice with Indiuiduals, Groups, and Families.

상담자는 여러 가지 방법으로 우울증을 호소하는 내담자에게 도움을 줄 수 있는데, 상담자는 내담자가 우울증 증상을 깨닫고 찾도록 돕는다. 적절한 의학적 검사와 치료를 받도록 의뢰하고 약물치료나 입원을 권유할 수도 있다. 그리고 스트레스 대처 전략을 발달시키고 자살 위험성을 사정하고 관리한다. 상담자는 우울증에 흔히 수반되는 낮은 자아존중감이나 자기패배감을 극복할 인지 행동적 전략을 발달시키고 내담자의 정서를 이해하고 지지하며 가족상담을 통해 우울증을 촉진시키는 커뮤니케이션 유형을 수정한다.

2. 노인의 자살상담

자살은 경고 신호음이 없이 일어난다. 노인자살을 방지하기 위해서는 상담목표를 위한 자살사고의 위험 수준을 진단하고 파악한 뒤에 진단결과가 자살위험 정도에서 비교적 낮고 긴밀한 상담관계로 내담자의 문제를 다룰 수 있을 때 상담을 진행해야 한다. 상담상황에서라도 내담자의 자살 가능성이 높다는 판단이 서면 우선 내담자의 자살위기를 안정시켜야 한다. 자살에 대한 우울감은 약물치료를 통해 많이 좋아지는 경우가 많다. 따라서 약물치료의 가능성과 방법, 효과에 대한 논의를 하는 것도 아주 중요하다.

1. 노인자살의 의미

자살은 스스로 목숨 끊는 것을 말한다. 일반적으로 노인들이 다른 연령층에 비해 자살률이 높은데 치료되지 않는 노인 우울은 자살을 초래할 수 있다. 노인자살의 독특한 특성 중 하나는 노인들은 대개 충동적으로 자살하지 않는다는 점이다. 그리고 적지 않은 수의 노인들이 조용히 삶을 스스로 포기하거나 그들 자신의 보호를 중단함으로써 죽음을 택한다. 노인들의 자살위험 단서로서는 자살과 삶의 무용성에 관한 잦은 발언이나 심사숙고된 자살계획의 여부, 알코올 남용과 우울증의 전력 등이 있다.

밀(Mill, 1979)에 의하면 노인자살은 스트레스 대처능력과 함수관계가 있다고 본다. 노년기는 스트레스 대처능력이 감소되는 시기로서 한 번에 여러 가지 스트레스성 생애사건(stressful life events)들을 경험하는 시기이다. 노년기의 스트레스는 건강악화, 만성질환, 신체적 능력의 약화 등이 그 원천이 된다. 그리고 소득, 지위, 권력의 상실과 직장, 가족, 지역사회에서의 역할상실, 가족과 친구와의 사별, 육체적 약화로 인한 사회적 고립 등도 스트레스의 원천이 되며 노인에 대한 부정적인 측면을 갖는 문화적 이미지도 그 원인으로 작용한다. 노인의 개인적인 자원, 즉 건강과 수입은 사회적 지지망의 정도에 따라서 효과적으로 스트레스에 저항하는 노인도 있지만 스트레스에 굴복하여 자살을 유발할 수도 있다. 예컨대, 명예퇴직을 했을 경우를 살펴보면 퇴직 같은 스트레스성 생애사건 자체가 어느 노인의 자살을 유발하지 않는다. 단지 개인적이고 사회적인 자원이 부족한 노인들이 다양한 상실을 경험할 때 자살 등의 문제를 초래하게 된다. 노인자살의 심리학적인 접근은 주로 우울증과의 관련성에 초점을 두고 연구가 주로 행해졌다. 에릭슨(Erikson)은 노년기를 노인 자신들이 지금까지 생애를 돌아보며 통합을 이루는 시기로 보고 있다. 그러나 노년기에 도착한 노인들은 이런 생애주기에 경험하지 못한 다양한 삶의 문제들을 경험하게 된다. 한국의 노인들은 자녀양육 이후 직접적인 부양을 받지 못한 데다 서양처럼 연금을 받아 경제적 자립을 할 수도 없는 상황에 처하게 된다. 이에 따른 무기력감과 고독감이 우울증으로 발전하여 노인을 자살로 이끌게 된다.

2. 노인자살의 실태

스스로 목숨을 끊는 노인의 수가 해마다 증가하고 있는데 도시화와 산업화, 핵가족화가 급속하게 진행되면서 노인들이 기댈 곳이 없어졌기 때문이다. 정확한 통계는 없지만 대부분 질병과 경제적 문제, 외로움 때문에 극단의 길을 택하는 것이다. 보건복지가족부에 따르면 60세 이상 한국의 노인사망률은 모든 연령대에 걸쳐서 매년 증가했다.

60~64세 노인인구 10만 명당 자살률은 1995년 17.4명에서 2005년 48.0명으로 늘었으며, 65~69세 노인은 19.2명에서 62.6명으로, 70~74세 노인도 24.8명에서 74.7명으로 늘었다. 이런 추세는 나이가 많아질수록 더욱 늘어나는 추세로 75~79세 노인은 27.5명에서 89명으로, 80~85세 노인은 30.2명에서 127.1명으로 각각 3.2배, 4.2배 증가했다. 그리고 모든 연령대에서 남자가 여자에 비해 자살률이 훨씬 높았다. 70~74세 노인을 남녀로 구분하면 2005년 10만 명당 자살사망자 수에서는 여자는 41.4명에 그친 반면 남자는 125.4명이나 됐다.

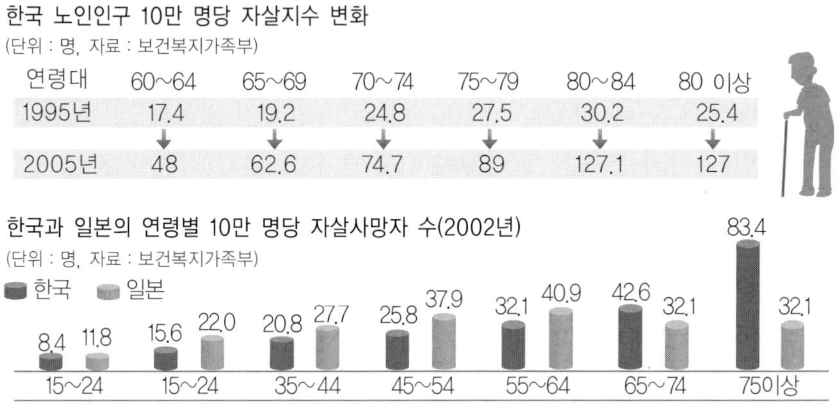

출처 : 보건복지가족부(2010).

〈그림 11-1〉 노인인구 자살지수

노인자살률 증가추세는 일본과 비교하면 더욱 두드러진다. 2002년 자살자 통계를 토대로 5세부터 75세까지 각 연령대를 10살 단위로 나누어 비교했을 때 청·장년층에서는 일본의 자살률이 한국을 앞섰지만 65세 이상부터를 살펴보면 55~64세에서는 일본이 40.9명으로 32.1명인 한국을 앞서던 것이 65~74세에서는 한국이 42.6명, 일본이 32.1명이었고, 75세 이상에서는 한국이 83.4명으로 일본의 32.1명을 2.5배 이상 추월했다.

노인자살률 증가는 경제적, 사회적 인프라와 크게 관련 있는 것으로 추정한다. 이 자료에 기초해 볼 때 노인층, 특히 후기 노인층이 급속하게 증가함에 따라 노인자살률의 증가가 예상된다. 하지만 인구학적 요인만으로는 지속적인 증가를 단정할 수 없다. 향후 우리나라 노인 삶의 수준이 어떻게 전개되느냐에 따라서 증가 또는 감소될 수 있기 때문이다. 그러나 노인인구의 절대수가 점차 증가하므로 노인자살 수는 지금보다 많아질 전망이다.

3. 노인자살 증상

노인자살의 대부분이 노인 우울증과 깊이 연관이 있으며 약 76%의 자살이 의사를 만나고 한 달 이내에 발생하기 때문에 상담자는 노인 우울증세가 심각할 경우 내담자의 자살의도를 반드시 확인해야 한다.

노인의 자살경고 증상은 언어증상, 행동증상, 상황증상 등으로 나타난다.

표 11-4 노인의 자살경고 증상

증상의 종류	증상의 내용
언어증상	'죽고 싶다', '모든 것이 소용없어', '차라리 내가 없는 것이 더 낫지', '모든 것이 다 나 때문이야'
행동증상	시신기증, 사업이나 관계 정리, 유언 작성 및 변경, 연금이나 보험금 수령인 변경, 갑작스런 신앙에 대한 관심 증가나 감소, 이유 없이 의사나 상담자를 찾음
상황증상	배우자의 사망, 말기질환 진단, 가족이나 친지들에게 이유 없이 화를 냄, 우울증 증상, 신체기능에 대한 지나친 관심 (예 변비, 설사, 통증, 어지럼증, 심장증상 등의 빈번한 호소), 자존심 저하, 무가치감, 무시당한다는 느낌, 특별한 이유 없이 공포와 불안 표현 등을 함

출처 : 서혜경(2009).

자살을 하고 싶은 충동이 극에 달하면 자살에 관해 자주 이야기를 하거나 우울과 함께 알코올에 의존하게 된다. 그리고 주위가 산만하거나 짜증이 두드러지며 상황에 대한 절망과 포기를 하게 된다.

4. 노인자살상담

노인자살상담의 범주는 자살을 생각하고 있는 노인들의 예방차원에서 상담이 이루어질 수도 있고 이미 자살시도를 한 노인들에 대한 상담이 이루어질 수도 있다. 또한 가족 구성원의 자살로 인해 느끼는 감정적인 문제들이 상담의 주가 될 수 있다. 특히 가족 구성원이 자살한 경우는 대부분이 학대나 가정폭력 등 이미 다른 문제가 있는 경우에 발생하므로 자살상담 시에는 자살을 상담하는 상담자가 자칫 편견을 가지고 내담자를 대하거나 자살상담의 특수한 상황을 이해하지 못하고 돌이킬 수 없는 우를 범하기도 한다. 따라서 고인의 자살로 가족 구성원이 상담하게 되는 경우에는 〈표 11-5〉와 같은 상담개입이 필요하다.

표 11-5 자살로 인한 유족상담 개입방법

내담자의 생각	상담자의 역할
죄의식	현실근거에 의한 죄의식이 있는 경우 : 내담자 스스로 자신을 용서할 수 있도록 도움 현실적 근거가 없는 경우 : 비현실성을 지적, 내담자 스스로 깨닫도록 함
고인에 대한 이분법적인 생각	고인에 대해 아주 좋거나 아주 나쁜 사람으로 보는 생각에 대해 현실적 이미지를 가지도록 도움
분노	고인에 대한 분노를 적절하고도 충분히 표현할 수 있도록 함
버림받은 느낌	고인으로부터 버림받았다 라는 느낌에 대해서 다루어 주어야 함
가족 신화	고인이 자살을 하지 않았다는 가족 신화가 생기기전에 남은 가족들은 즉시 상담을 받도록 함
부정적 자아상 표출	내담자는 상담 중에 부정적 자아상을 표출하여 문제 행동을 일으켜 상담자에게 저항하는데, 이를 이미 알고 말려들지 않도록 함
기타	자살 생존자들의 집단을 만들어 그들로 하여금 내담자의 고통을 함께 다루도록 가는 것은 좋은 방법이 됨

자살생각이나 자살을 시도하려는 사람을 상담하기 위한 상담 개입인 경우에는 상담자는 내담자의 자살증상에 대한 이해와 관찰을 통해 상담의 목표를 세우고 이것을 구체적으로 실천하기 위한 상담 개입이 필요하다.

먼저 자살에 대해 스스로 탐색하도록 도움을 준다. 자살에 대한 생각을 하고 있는 내담자는 왜 자신이 자살을 생각하게 되었는지 탐색할 기회가 없다. 스스로 탐색할 기회를 제공하는 것이 중요하다. 둘째, 자살사고 가능성에 대해 직접적인 질문을 한다. 예를 들면, 현재 자살시도 계획이 있습니까? 만일 있다면 구체적으로 말씀해 주세요. 과거에 자살시도 경험이 있습니까? 등이다. 특히 노인이 내담자일 경우 질문을 할 때에는 다음 단계를 밟도록 한다.

① 지금처럼 사는 게 의미가 있습니까?
↓
② 죽음을 앞당길 생각이 있으신지요?
↓
③ 빠른 시일 내에 일을 시도할 생각이신가요?
↓
④ 죽음을 어떻게 실행하실 건가요?
↓
⑤ 언제 실행에 옮기실 건가요?

위의 질문 문항을 차례대로 묻되 ②~④의 질문에 '그렇다' 라고 대답을 하면 상담자는 내담자의 안전을 위한 행동을 취해야 한다. 그리고 정신과 전문의와 만남을 주선해야 한다. 셋째, 자살시도를 막는 구체적 차원에서 합의를 하고 이를 실행하도록 도와주는 것이다. 상담자는 자살사고 정도와 가능성 정도를 평가하여 타 기관에 의뢰하여 입원을 할 것인지와 가족 및 보호자에게 알릴 것인지를 결정해야 한다. 그리고 내담자와 함께 자살을 막기 위한 구체적인 약속을 하는데, 이는 꼭 서면으로 상세하게 기록한 후 내담자에게 소리 내어 읽게 한 후 서명하게 한다.

넷째, 알코올이나 약물 문제에 우선적 개입을 하는 것이다. 자살에 대한 의지가 있는 내담자는 알코올이나 약물에 의존하는 경우가 많아 자살에 대한 의욕을 강화시킨다.

다섯째, 감정표현을 격려하며 내담자 스스로에 대한 이해를 도와준다. 즉, 상담자는 지속적인 격려를 통해 노인 스스로 자신의 감정에 닿아서 자신이 무가치하다고 느끼지 않도록 도와야 한다.

여섯째, 자살과 관련된 내담자 사고를 인식하고 탐색하도록 도와준다. 노인 내담자가 스스로 자신이 자살하려고 하는 이유와 현재의 상황들을 자신의 말로 표현할 수 있도록 돕고 이 과정을 통해 노인 자신 삶의 의미와 가치에 대한 개인적인 평가를 긍정적으로 하도록 도와준다.

마지막 일곱 번째, 내담자가 가지고 있는 장점과 자원을 탐색하여 노인내담자의 삶에서 최저점과 최고점을 탐색하여 내담자가 행했던 대처방법을 살펴

봄으로써 내담자가 가지고 있는 자원과 장점을 탐색하여 현재의 가장 어려운 문제를 풀어나갈 수 있도록 돕는다. 내담자가 자살의향을 내비쳤을 때 상담자는 여러 가지 전략을 세워 자살을 예방할 책임이 있다.

노인자살상담 기법으로는 인지도 그리기(cognitive mapping), 회피(avoidance), 도움요청(help-seeking), 최소화(minimizing), 비난하기(blaming), 전환(substitution) 등이 있다.

3. 노인의 성 상담

노인인구의 증가와 함께 노인문제의 심각성 중에 하나가 노인의 성이다. 외관상으로 쉽게 노출되는 문제와는 달리 노인 내면세계의 욕구문제와 관련된 이성교제, 재혼, 성과 같은 정서적인 주제는 학계로부터 많은 관심도 받지 못했다. 이러한 이유는 우리 사회가 유교사상과 전통적 관습이 지배적인 사회적 인식이 크게 작용하였기 때문이다. 노인에게 있어서 적당한 성생활은 생활의 활력소가 될 수 있음에도 불구하고 우리나라의 많은 사람들은 노인의 성생활은 불순하고 주책이다 여겨 금기시하고 있는 것이 큰 문제이다. 즉, 노인들의 성적욕구는 아예 존재하지 않는 것으로 생각하고 무시하는 것이 우리 사회의 지배적인 사회풍조이며 심지어 조소나 비난의 대상이 되기도 한다. 따라서 노인의 성에 대한 욕구를 사회의 부정적인 시각으로만 봐서는 안 되며 노인뿐만 아니라 일반인들을 대상으로 노인의 성인식 변화를 꾀할 수 있는 교육의 필요성이 요구된다.

1. 노인의 성과 욕구

인간은 태어날 때부터 숨을 거둘 때까지 성에 대한 관심과 흥미가 지속된다. 따라서 성은 젊은 층의 전유물이 될 수 없는 것이다. 소외감을 가지는 상당수의 노인 중에는 성을 통해 삶의 존재를 확인하며 젊은이들과 똑같은 욕망, 감정, 욕구 등을 표명하는 노인이 사람들에게 빈축을 사게 된다거나 노인의 성을 추하고 혐오스럽게 바라보는 편견과 오해는 타파되어야 한다.

노인의 성에 대한 부정적인 시각은 기독교의 금욕사상에서 영향을 받아 성행위는 오직 자녀의 출산에 필요한 것이지 폐경이 지난 노인의 성생활은 매우 부정적이고 자연에 대한 죄악으로 간주했다. 우리나라의 경우도 마찬가지였다. 인간의 기본적이고 원초적인 욕구로써 남녀 간의 사랑이나 친밀감으로 보지 않고 성행위는 자녀의 출산을 위한 하나의 과정으로만 성의 의미를 부여했을 뿐이다. 특히 신분제가 있었던 조선시대에서는 성에 대한 욕구를 억제하는 것이 남편에 대한 정조를 지키는 것으로 도덕적 규범을 높이 평가했다. 아직도 전통적인 가치관이 지배적인 우리나라에서는 노인의 성에 대해 논한다는 것 자체가 사회적 규범에 적합하지 않으며, 노인은 성생활과 성적욕구는 전혀 무관하다는 입장이지만 근래의 노인들은 건강한 노인뿐만 아니라 건강상태가 양호하지 못한 노인들까지도 성에 대한 관심이 높다.

2. 노인의 성 실태

노인의 성 상담 분석을 해보면 노년기의 성 고민은 신체적으로 느껴지는 것이 가장 많다. 인구협회 노인 성 상담실 자료를 중심으로 살펴보면 2010년 상담 분석결과 전체상담 2,421건 중에 노인의 가장 큰 고민은 남성의 성 기능 저하(606건)가 가장 많았으며, 부부의 성적갈등(473건), 이성교제(244건), 자위행위(132건) 순이다.

노인 연령별 상담 비율을 살펴보면 60대(1,043건)가 가장 많았으며, 다음으로 70대(745건), 50대(399건), 80대(74건)의 순으로 나타났다. 급격한 성 기능 저하를 느끼는 60대의 상담이 절반에 가깝고 70대에도 성에 대한 욕구와 고민을 가지고 있음을 알 수 있으며 80대에서도 성 상담이 있었다. 성별 상담 비율을 남자가 1,857건을 차지하여 상담자의 대부분이 남성으로 나타났다. 여성은 564건을 차지해 상담율이 남성에 비해 현저하게 적은 것으로 나타났다. 이것으로 볼 때 남성노인이 여성노인에 비해 성에 관한 문제를 해결하고자 더 적극적이거나 성 문제를 의식하는 것을 알 수 있다.

표 11-6 노인 성 상담 내용

(단위 : 수)

상담 내용	50대	60대	70대	80대	50대 이하	총 계
이성교제	13	100	111	14	6	244
재혼	7	40	17	1	5	70
성 충동	12	49	45	3	14	123
성 기능	89	276	216	17	8	606
자위행위	44	46	28	2	12	132
성병	10	30	17	–	2	59
성 가치관	24	23	14	1	12	74
부부 성 갈등	92	218	133	9	21	473
외도	13	53	7	1	3	77
성도착증	2	6	4	–	4	16
약물문제	5	25	39	2	–	71
성매매	1	6	1	–	2	10
성폭행	7	3	4	–	4	18
기타	80	168	109	24	67	448
총계	399	1,043	745	74	160	2,421

출처 : 인구보건협회(2011).

3. 노인의 성 상담

노인의 성을 상담할 때는 노인의 성생활에 영향을 주는 것은 모두 살펴봐야 한다. 과거의 성활동 유형이나 성교 이외의 성활동에 대한 태도, 사회의 태도에 대한 반응, 배우자의 유무, 주거상황 등이다. 노인들에게 성이란 성교 이상을 말한다. 노인의 성은 친밀감, 사랑, 우정, 접촉인 것이다. 노인의 성활동은 접촉이라고 봐도 과언이 아니다. 노인들은 다른 연령의 계층보다 접촉으로 인한 상호작용을 더욱 의존하며 누군가가 자신을 터치해줌으로써 외로움을 덜기도 한다.

상담 사례를 보면 상대방의 신체적, 심리적 변화에 대한 이해부족과 과거로부터 쌓였던 불만, 경제적인 문제를 비롯해서 남성의 가부장적인 태도 등 다양한 요소가 원인으로 나타나고 있다. 남성노인과 여성노인의 상담에도 분명한 차이가 있고 각각의 욕구도 다르다. 하지만 근본적인 것은 상대방과의 대화단절과 몰이해, 의식차이가 공통적인 요소이다.

상담 사례

70대, 남

아내와 주 1회 정도는 성관계를 가지고 싶다. 성욕구가 일정해서 1주일을 넘기면 참는 것이 힘들다. 아내는 가끔 성관계에 응해 주기도 하지만 대부분 아프고, 귀찮다며 거부한다. 아내와 성관계를 못한다는 것이 나에게는 너무 큰 고민이다. 주위 지인들의 말을 들으면 성매매와 성 보조기구가 이 문제를 해결해 줄 것 같다. 상담실에서 성매매와 성 보조기구에 대한 정보를 주었으면 좋겠다.

60대, 여

남편과의 성생활이 싫다. 섹스에 대한 좋은 기억도, 좋은 감정도 없다. 과거 남편의 외도가 마음에 큰 상처로 남았다. 남편은 본인의 요구에 응하지 않으면 신경질을 내며 집안 분위기를 싸늘하게 만들기 때문에 어쩔 수 없이 참고 남편의 요구에 응하게 된다. 다른 부부들은 어떤지, 나에게 문제가 있는 건지 궁금하다.

남성노인의 상담은 주로 상대방의 성관계 거절로 인해 불만이 생기고 갈등이 점점 깊어져서 일상생활에까지 영향을 미치는 것이며, 갈등이 지속될 경우는 외도와 성매매 등으로 해소하려하거나 상대방을 무시하거나 폭력을 행사하는 사례도 있다. 노년기의 성적갈등은 노후생활의 삶의 질과도 연관성을 가진다. 부부의 성적갈등이 심한 경우는 노부부가 각방을 사용하거나 일상적인 대화조차도 잘 나누지 않는 경우가 많다. 이런 경우는 배우자가 왜 성관계를 거절하는지를 몰라 답답해 하지만 개선하고자 하는 적극적인 노력도 하지 않는다. 따라서 상담자는 노인의 성 상담을 개입할 때 내담자의 과거 성활동 유형이나 성교 이외에 성활동에 대한 태도, 사회의 태도에 대한 반응, 배우자의 유무, 주거상황 등을 꼭 사정 후 개입하여야 한다.

4. 웰다잉(Well dying)상담

웰빙(Well being)의 연장선상에서 피할 수 없이 대면하게 되는 '웰다잉(Well dying)' 이 새롭게 번지고 있다. 웰다잉이란 문자 그대로 잘 죽는 법, 인생의 마무리를 밝고 품위 있게, 아름답게 한다는 뜻이다. 죽음이 태어남처럼 자연스러운 순간임을 알고 정신적 · 육체적 고통을 완화시키는 것이라 할 수 있다. 노년기는 살아온 삶을 조망하고 남은 삶을 사람답게 살도록 최선을 다할 수 있는 시기이다. 노년기에 잘 사는 삶이란 죽음의 자리에서 삶을 되돌아보고 다듬거나 과거를 되살펴보면서 안을 더욱 다지는 삶으로 나아가야 한다. 즉, 이제까지의 삶이 이대로 마감할 수 있을 것인지 심각하게 생각해서 잘 사는 삶으로 거듭나기 위해 가꾸어야 하는 시기인 것이다.

1. 죽음의 의미

노인의 보편적인 특징 가운데 하나는 죽음이 그들에게 가까이 와 있다는 사실이다. 죽음은 노화와 특별한 관계를 맺고 있는 삶의 연속 과정의 종착역일지도 모른다. 죽음은 예외 없이 우리 삶의 한 부분인데도 마치 내일이 아닌 양 외면하고 있는 것이다. 우리는 모두 죽음을 준비해야 한다. 죽음을 준비하고 맞이한다는 것은 내가 아직 의식이 있을 때 하던 일을 마무리하고 미처 하지 못한 일은 잘 마무리 될 수 있도록 정리하는 것이다. 노인들이 죽음 앞에 다가가 있기는 하지만 아직 죽은 것은 아니다. 따라서 노인들은 죽음을 준비하고 죽음의 의미를 삶 속에서 지닐 수 있어야 한다.

죽음은 모든 인간에게 적용되는 보편적이며 피할 수 없는 경험이지만 인간 사회에서는 죽음에 대한 두려움을 우선적으로 꼽을 수 있다. 그러나 인간은 죽음이 우리에게 필연적으로 찾아오는 것임을 알고 그와 맞서 싸우기보다는 그를 어떻게 대할 것인지에 대하여 고민하고, 또한 그를 통해 자신의 행복을 어떻게 가꾸어 갈 것인가를 생각하기도 한다.

그러나 죽음을 회피한다고 해서 과연 죽음에 대한 두려움이 없어질 수 있을까? 아마 자신의 삶 속에서 의식적으로나 혹은 무의식으로 남아서 어떠한 영향을 미치는 것은 아닐까? 우리가 죽음을 어떻게 인식하는가 혹은 어떠한 의미를 부여하는가에 따라 우리 삶의 방식이 달라질 수 있다면, 죽음에 대해 어떤 식으로든 나름대로의 의미를 부여하고 삶에 대한 긍정적 영향을 미칠 수 있도록 죽음을 올바르게 수용하는 것은 매우 중요한 일이 될 것이다. 특히 죽음에 가까이 접하고 있는 노인들은 더욱더 그러하다. 그래서 많은 학자들은 노년기에 죽음에 대한 올바른 태도와 준비를 갖추는 것이 성공적인 노화의 필수조건으로 꼽고 있다.

2. 죽음의 과정

죽음은 살아 있는 영역으로 볼 수 없지만 죽어가는 것은 아직도 살아가는 과정이기에 죽음(death)과 죽어가는 것(dying)은 다르다. 죽음의 과정은 건강한 상태에서 정상적으로 임종의 상태로 접어드는 과정을 표현한 '임종궤도'(Trajectory of dying)와 죽어가기 시작하는 시점에서 마지막 숨이 멈출 때까지 지속 기간과 그 진행 과정의 모습인 '죽음의 궤도'로 나눈다. 먼저 임종궤도는 지속 기간(duration)과 형태(shape)라는 중요한 특징으로 구분된다. 지속 기간이란 임종 탄도가 시간을 통해 발생됨을 의미하며, 형태란 임종이 도표로 그려질 수 있다는 것을 말한다. 즉, 어떤 유형의 임종궤도는 지속 기간이 느리게 또는 아주 빠르게 발생한다는 것이다. 예를 들면, 급사나 말기암환자일 경우는 아주 급작스럽게 임종이 찾아온다는 것이다. 또한 형태도 마찬가지로 어떤 것은 계속 내리막길을 나타내고 어떤 형태는 내려가다가 다시 상승하고 또다시 내려가는 형태를 보인다. 임종궤도의 유형은 다음과 같다.

표 11-7 임종궤도의 유형

유형	내용
질질 끄는(lingering) 유형	실제로 죽는 것보다 훨씬 더 일찍 죽을 것으로 기대되는 환자들에게서 잘 나타나며 임종탄도가 완만한 하강 추세를 보이는 유형
단기적 집행유예 (short-prievedbgud) 유형	환자는 기대하지 않던 죽음의 연기 현상을 보이는 유형
급작스러운 놀라움 (abrupt surprise) 유형	회복되는듯하다가 갑자기 죽는 환자의 유형
집행유예 판결 유형 (suspended sentence)	환자가 병원에서 집으로 보내지고 그 후 몇 해를 더 살게 되는 유형
입원-재입원 유형 (entry-re-entry)	환자가 여러 차례 병원에서 집으로, 집에서 병원으로 옮겨 다니면서 서서히 침몰하는 유형

출처 : 허정무(2002).

3. 웰다잉을 위한 준비

좋은 죽음이란 노인이 살아왔던 모습을 집대성한 것이라 할 때 곧 좋은 삶을 말한다. 대부분의 노인들은 나이가 차츰차츰 들어가면서 가족이나 친구의 죽음을 대하거나 질병으로 고통 받는 이들을 보면서 자기 자신도 끊임없이 잘 죽는 방법을 생각하게 된다. 노인들이 선호하는 죽음은 정신적으로 온전한 상태로 자신의 집에서 평화로운 죽음을 맞기 바란다. 사람들은 모두 좋은 죽음을 원하지만 좋은 죽음이 구체적으로 의미하는 것은 특정 사회, 문화적 그리고 역사적 환경하에서 사회화를 통해 개개인이 해석하는 것이기 때문에 현대인들의 좋은 죽음의 의미를 파악하는 것은 중요하다.

표 11-8 좋은 죽음을 맞이하기 위한 조건

- 죽음이 다가오고 있다는 것과 무엇을 기대할 수 있는가에 대해 알고 있어야 한다.
- 일어나는 일들을 합리적으로 통제할 수 있어야 한다.
- 존엄성과 개인성을 보장받아야 한다.
- 고통완화와 다른 여러 증상들에 대해 적절한 통제를 할 수 있어야 한다.
- 어디서 죽음을 맞이할 것인가에 대해 선택할 수 있어야 한다.
- 자신의 상태에 대한 정보나 전문가의 의견이 어떤 종류이건 접할 수 있어야 한다.
- 영적인 후원이나 정서적인 후원이 필요할 때 그것에 접근할 수 있어야 한다.
- 어디에 있든(집, 병원 등) 호스피스나 완화의료적인 돌봄에 접근할 수 있어야 한다.
- 내 곁에 누가 있어야 하고 마지막을 누구와 함께 하고 싶은지에 대한 발언권이 있어야 한다.
- 자신이 원하는 바가 존중된 사전 의료지시서(혹은 유언장)를 만들 수 있어야 한다.
- 마지막 작별인사를 할 시간을 가져야 한다.
- 이 세상을 떠날 시간이 되었을 때 임종을 맞을 수 있어야 하고 삶을 공연히 연장시키지 않을 수 있어야 한다.

죽음은 우리에게서 가족을 빼앗아가며 상실을 경험하게 한다. 그러나 모든 상실이 죽음에서 오는 것만은 아니다. 죽음을 앞두고 있는 환자와 그 가족들 또한 비탄 속에 있으며 죽음을 맞이하기도 전에 큰 상실과 슬픔을 느낄 수 있다. 이제는 이런 사람들에게 어떠한 도움을 줄 수 있으며 어떤 방법으로 도와줄 수 있는지에 대해 생각해 봐야 할 시점이다.

4. 호스피스

호스피스는 죽음을 앞둔 말기환자가 남은 삶 동안 인간으로서의 존엄성과 삶의 질을 유지하면서 평안하게 임종을 맞이하도록 신체적, 정서적, 사회적, 영적으로 돕고 사별가족의 고통과 슬픔을 경감시키기 위한 총체적인 돌봄을 의미한다.

호스피스 서비스는 임종을 맞이하는 사람과 그 가족들, 친구, 그리고 의미 있는 사람들이 함께 있을 수 있는 병원이 아닌 가정과 같은 분위기의 시설에서 제공된다. 주로 지속적인 진행성 질병의 최종단계에 처한 사람들의 고통을 경감시켜 정서적 · 사회적으로 도움을 주며 임종자로 하여금 선종을 해주는 봉사로 주로 말기 암환자나 임종을 앞두고 있는 노인들을 대상으로 하고 있다.

호스피스 활동은 결코 단순하지 않다. 죽음이라는 무거운 주제를 다루어야 하며 늘 현장에서 죽음을 향해 가고 있는 환자와 가족을 돌보아야 하기 때문이다. 호스피스들이 말기환자의 죽음을 지켜보며 환자가 가지는 죽음 이후의 세계에 대한 두려움에서 벗어나 생의 마지막을 평안하게 보낼 수 있도록 도와주기 위해서는 자신의 역할에 대한 확고한 신념과 더불어 죽음을 긍정적으로 이해하고 수용해야만 한다.

5. 안락사와 존엄사

안락사와 존엄사는 서로 혼돈하거나 같은 것으로 이해된다. 하지만 이 두 사안은 유사점이 있으나 근본적으로는 엄연하게 다른 죽음방식이다. 웰다잉상담을 위해서는 안락사와 존엄사에 대한 명확한 이해가 필요하다. 우리 사회에서는 안락사와 존엄사에 대한 개념이해가 분명하게 정립하지 못하고 일부에서는 혼돈하여 사용하고 있다. 이 두 사안이 어떻게 다른지 상담자는 알아야 한다.

안락사는 희망이 없는 질병이거나 정신적으로 소생할 가능성이 없는 환자들에게 얼마나 오랫동안 인위적인 수단과 방법을 사용해야 하는가 하는 '죽을 권리' 에 관한 것으로 안락사는 위법성에 관한 법적인 문제가 야기되는 경우가 있다. 반면 존엄사란 인간으로서 지녀야 할 최소한의 품위와 가치를 지키면서 죽을 수 있게 하는 행위이다.

최선을 다해 의학적인 치료를 다 하였음에도 회복 불가능한 사망의 단계에 이르렀을 때 질병의 호전의 목적이 아닌 오로지 현 상태를 유지하기 위해 이루어지는 무의미한 연명치료를 중단하고 질병에 의한 자연적 죽음을 받아들임으로써 인간으로서 지녀야 할 최소한의 품위를 지키면서 죽을 수 있도록 하는 것이다. 이에 비하여 안락사는 질병에 의한 자연적 죽음이 아니다. 인위적 행위에 의한 죽음이라는 것이다.

안락사의 유형은 시행자의 행위에 따라 적극적 안락사, 소극적 안락사로 분류된다. 환자의 요청에 따라 고통 받고 있는 환자에게 약물 등을 투입하여 인위적으로 죽음을 앞당기는 것이다. 이를 '적극적 안락사'라 한다. 그리고 환자나 가족의 요청에 따라 생명유지에 필수적인 영양공급이나 약물투여를 중단함으로써 환자를 죽음에 이르게 하는 것을 '소극적 안락사'라고 한다. 이 때문에 '소극적 안락사'와 존엄사를 동일시하는 견해도 있다.

안락사와 존엄사는 종교적, 윤리적, 법적, 의학적인 문제들이 복합적으로 얽혀있기에 오랫동안 논란이 계속되어지고 있다. 안락사의 합법화를 주장하는 입장은 불치병으로 고통 받는 환자에게 계속되는 치료를 하는 것은 환자는 물론 가족들에게까지 고통을 주는 것이므로 자비롭게 죽게 하는 것이 그들을 돕는다는 입장이다. 반면, 반대 입장은 어떤 이유에서든지 생명을 인위적으로 끊어버리는 것은 비윤리적인 문제를 발생시키며 생명을 경시하는 풍조를 낳을 것이라는 입장이다.

대부분의 나라에서는 적극적 안락사는 허용되지 않고 있으며 네덜란드와 벨기에, 룩셈부르크는 존엄사와 안락사를 모두 합법화하였고 미국은 오리건 주와 워싱턴 주에서 법적으로 허용하고 있으며 40개주에서는 인공호흡기 제거 정도의 소극적인 자세를 취하고 있다. 일본은 2006년 회복 가능성이 없는 말기환자에 대하여 사실상으로는 소극적 안락사를 허용하는 가이드라인을 제정하였다. 우리나라의 경우 2009년 대법원이 무의미한 연명치료 장치제거 등을 인정하는 판결을 내려서 2007년에 이어 존엄사에 대한 논란이 있었다.

6. 웰다잉과 상담

죽음은 인간에게 자연적인 현상이며, 인생은 죽음을 전제로 한 현상이다. 따라서 죽음은 살면서 경험할 수 없는 현상이기 때문에 '죽음이 무엇이다'라고 단정하는 것은 매우 어려운 문제로 보인다. 그렇기 때문에 죽음에 대한 정의는 철학자, 의사, 신학자, 법률가 등도 죽음에 대한 명백한 해답을 주지 못하며 단지 경험적 이론 견해만 말할 수 있을 뿐이다. 따라서 학문영역별로 다양한 학문분야의 준거에 따라 죽음에 대한 접근방식 및 관심영역이 달라지기 때문에 죽음에 대한 것 역시 매우 다양하다. 이는 웰다잉상담이 중요한 이유이다.

① 말기환자상담

말기환자상담은 내담자들이 공통적으로 죽음에 대한 두려움과 불안을 가지고 있다. 죽음에 대한 두려움, 불안을 완전히 없애는 것은 매우 불가능하기 때문에 죽음에 직면한 노인들의 두려움을 최대한으로 줄이도록 도와주는 것이 상담자의 역할인 것이다. 죽음에 대한 이해와 교육을 시키는 것도 좋은 방법이며 자신의 과거의 삶을 회상해 봄으로써 환자들이 편안하게 죽음을 받아들일 수 있도록 도와주어야 한다.

② 사별노인상담

사별한 노인은 정서적으로 슬픔, 원망, 죄의식, 후회, 상실감, 혼란, 불안감 등이 오며, 신체적으로는 피로감과 불면증이 나타나 평소 지병이 악화되기도 하며 사회적으로는 타인을 기피하거나 과민반응을 보인다. 따라서 상담자는 사별을 경험한 노인이 정상적인 생활을 하도록 도움을 주는 역할을 하여야 한다. 예를 들면, 오랜 질병 기간 동안 고인을 보살핀 것과 병간호의 어려움 등을 강조하여 죄책감에서 벗어나도록 돕는 것이다. 그리고 내담자가 배우자 사별 이후 일상생활을 잘할 수 있도록 생활계획의 설정에 도움을 제공한다.

③ 웰다잉상담

웰다잉상담은 죽음교육이라 볼 수 있다. 내담자는 아름다운 생을 마감하기 위해 자신이 어떻게 할 것인지를 상담한다. 죽음준비 교육은 전 연령층에 필요하지만 특히 노인들에게는 더욱 필요하다. 죽음준비 교육이란 자기 자신이나 가까운 사람의 죽음에 대한 마음가짐을 배우고 죽음을 통해서 생의 의미를 배우기 위한 교육이라고 할 수 있다. 죽음준비 교육의 목적은 삶과 죽음이 서로 연결되어 있다는 것과 삶과 죽음에 대한 결정에 있어서 고려되어야 하는 쟁점을 올바르게 이해하는 것이다. 죽어가는 사람에게 무엇이 필요하며 어떤 다양한 문제들이 봉착하고 있는지 죽음의 6단계 부정, 분노, 타협, 우울, 수용,

기대와 희망을 이해하게 한다. 그리고 자기의 죽음을 인식하고 사색하며 인간의 존엄성을 성취하도록 하며 타인의 죽음을 경험함으로써 슬픔과 괴로움의 과정을 배우게도 한다. 이는 가족이나 친구, 사랑하는 사람을 상실한 경험자들이라면 다른 사람의 슬픔을 알 수 있기 때문이다.

제 12 장

노인문제상담 Ⅱ : 노인 학대와 치매

고령노인 인구의 증가는 저출산과 핵가족화로 인한 노인 단독가구의 증가, 여성의 사회진출과 교육의 대중화, 그리고 사회 구성원의 인식변화로 다양한 사회문제를 발생시키고 있다. 특히, 이러한 사회 · 환경적 변화는 가족에 의한 노인부양을 어렵게 만들고 노인부양의 문제를 사회와 정부의 책임으로 생각하기에 이르렀다. 우리나라의 경우 노인문제에 대한 적극적 관심과 정책적 대응의 역사가 짧고, 효를 중요시하는 문화적 특성으로 인해 노인학대가 표면으로 드러나지 못하고 은폐되는 경향을 보이고 있으며 노인치매로 대상자와 수발자의 고충이 심화되고 있다.

따라서 본 장에서는 노인학대와 노인치매에 대해 언급하고 노인학대와 노인치매 상담에 대하여 살펴보고자 한다.

1. 노인학대상담

현대사회의 노인들은 가정과 사회, 그리고 각종 유용한 정보원으로부터 소외와 단절, 불평등을 경험하고 있을 뿐 아니라 경제적으로도 빈곤하여 매우 취약한 집단으로 전락한 소수집단(minority)이자 주변인(marginal man)이라고 할 수 있다(김선희 외, 2005). 따라서 노인들이 현대사회에서 경험하는 소외감과 상실감을 극복할 수 있어야 하며, 가치 있고 유용한 정보가 제공되어야 삶의 질을 유지할 수 있는 것이다.

노인학대는 2004년 노인복지법의 개정으로 법적 장치가 마련되었고, 노인보호전문기관을 설치하여 노인학대의 피해자를 돕고 노인학대 예방사업을 추진하고 있다. 산업화와 핵가족화 그리고 보건의료의 발달에 따라 급속하게 변화하는 가운데 사회문제로 인식된 노인학대에 대하여 아래와 같이 의미, 유형과 실태, 상담으로 나누어 살펴보고자 한다.

1. 노인학대의 의미

노인학대의 개념은 1975년 영국에서 '매 맞는 할머니(granny battering)' 라는 베이커(Baker)의 논문에서 최초로 소개된 이후 많은 연구에서 나라마다 연구자마다 다르게 정의하고 있다(임병우 외, 2009: 356). 그 이유는 각 나라의 다양한 문화와 가치관의 차이로 그 개념이 달리 표현되는 것이라고 할 수 있다. 우리나라 학자들의 노인학대에 대한 개념정의 또한 외국 학자들처럼 매우 다양하다. 노인학대를 좁게 볼 경우에 여러 가지 유형의 적극적인 학대행위를 지칭하는데 신체적 학대, 심리적 · 정서적 학대, 물질적 · 경제적 학대, 성 학대 등이 포함된다. 노인학대의 범위를 넓게 볼 경우에는 적극적 학대행위 외에도 적극적 방임, 소극적 방임, 자기방임 등이 노인학대에 포함된다(방희명, 2009: 214).

노인복지법(제1조의 2 제4호)에 의하면 노인학대는 '노인에 대하여 신체적,

정신적, 성적 폭력 및 경제적 착취 또는 가혹행위를 하거나 유기 또는 방임하는 것을 말한다' 라고 정의하고 있다. 그러므로 노인학대는 노인의 가족 혹은 타인이 노인에게 신체적, 언어 · 정서적, 성적, 경제적으로 고통이나 장해를 주는 행위, 노인에게 필요한 최소한의 보호조차 제공하지 않는 방임과 자기방임 및 유기를 의미한다.

노인학대는 학대가 발생하는 공간에 따라서 가정학대, 시설학대, 기타로 분류할 수 있다. 첫째, 가정학대는 노인과 동일가구에서 생활하고 있는 노인의 가족 구성원인 배우자, 성인 자녀뿐만 아니라 노인과 동일가구에서 생활하지 않는 부양의무자 또는 기타 사람들에 의하여 행해지는 학대이다. 둘째, 시설학대는 노인에게 비용(무료 포함)을 받고 제공하는 요양원 및 양로원 등의 시설에서 발생하는 학대이다. 셋째, 기타 학대로는 가정 및 시설 외의 공간에서 발생하는 학대를 말한다(보건복지부, 2004: 3).

평균수명의 연장은 중풍과 치매와 같은 만성질환 노인의 증가를 가져왔으며, 노부모에 대한 장기적인 부양은 신체적 · 정신적 부양부담으로 이어져 노인학대의 주요원인으로 작용하고 있다(김형수 외, 2006).

노인학대는 매우 다양하고 복잡한 원인들에 의해 발생하는 것으로 알려져 있는데, 그 내용을 요약하면 다음과 같다(김한곤, 2009: 602-603).

① 성격, 정신장애, 알코올중독, 무기력감 등과 같은 노인의 개인적 특성
② 장애, 질병, 치매와 같은 노인의 의존성
③ 성격, 정서 및 정신장애, 알코올중독, 약물중독 등과 같은 가해자의 개인적 특성
④ 케어제공자의 부양스트레스
⑤ 경제문제, 가족관계의 불화, 제사문제 등의 가정 환경적 요인
⑥ 노인차별, 가치의 변화, 사회보장 및 노인복지서비스의 결여 등 사회문화적 요인

2. 노인학대의 유형과 실태

노인학대의 유형은 노인학대를 어떻게 정의하느냐에 따라 포괄하는 범위를 달리하게 되므로 노인복지법에 근거하여 노인학대의 유형을 분류하고 그에 따른 구체적인 개념을 살펴볼 것이다. 또한 노인학대 실태의 경우, 전국 노인보호전문기관에 신고된 노인학대 사례 수는 해마다 꾸준한 증가를 보이고 있는 실정이다.

2010년 신고 접수된 노인학대를 유형별로 분류하여 살펴보면 정서적 학대가 39.0%로 가장 많으며 신체적 학대가 25.7%, 방임이 17.5%, 노인의 재산을 부당하게 사용하는 등의 재정적 학대가 11.3% 순으로 나타나고 있다. 자료들을 통해서 노인학대의 유형과 실태에 대해서 살펴보고자 한다.

1) 노인학대의 유형

노인학대의 유형은 노인학대를 정의할 때 제시되며 포괄하는 범위에 따라 달라질 수 있다. 그래서 국제기구와 다른 나라에서는 유형을 어떻게 분류하는지를 살펴보았다.

UN의 마드리드 국제행동계획에서는 노인학대와 관련하여 행동권고 사항 107항에서 노인에 대한 유기, 학대 및 폭력은 다양한 신체적, 심리적, 정서적, 재정적인 형태를 갖고 있다고 선언하였다(이윤경 · 김미혜, 2008). 이는 유기, 신체적 학대, 심리 · 정서적 학대, 재정적 학대를 포함하고 있다는 것을 알 수 있다.

일본의 경우 고령자 학대방지법에서 노인학대를 정의하고 있으며 노인학대의 종류는 신체적 학대, 개호 · 도움의 방치 · 방임 · 심리적 학대, 성적 학대, 경제적 학대이다.

미연방정부의 노인복지청(U.S. Administration on Aging; National Center on Elder Abuse) 자료에 의하면 노인학대를 신체적 학대, 성적 학대, 감정적 또는 심리적 학대, 방임, 유기, 재정적 또는 물질적 착취, 자기방임의 일곱 가지로 분류하고 있다.

우리나라의 경우 노인복지법(제1조)에 제시된 노인학대의 정의에 따라 그 유형을 분류하여 살펴보면, 노인학대의 유형은 신체적 학대, 언어 · 정서적 학대, 성적 학대, 재정적 학대, 방임, 자기방임, 유기로 분류된다.

우리나라 노인학대의 유형은 다음과 같다(보건복지부, 2004; 중앙노인보호전문기관).

첫째, 신체적 학대는 물리적인 힘 또는 도구를 이용하여 노인에게 신체적 손상, 고통, 장애 등을 유발시키는 행위이며 폭행, 폭력, 흉기 사용, 감금, 화상 등 신체적 손상을 주는 행위를 말한다.

둘째, 언어 · 정서적 학대는 비난, 모욕, 위협, 협박 등의 언어 및 비언어적 행위를 통하여 노인에게 정서적으로 고통을 주는 행위를 말한다.

셋째, 성적 학대는 성적 수치심 유발 행위 및 성희롱, 성추행, 성폭력 및 강간 등의 노인 의사에 반하여 강제적으로 행하는 모든 성적행위를 말한다.

넷째, 재정적 학대는 노인의 자산을 노인의 동의 없이 사용하거나 부당하게 착취하여 이용하는 행위 및 노동에 대한 합당한 보상을 제공하지 않는 행위를 말한다.

다섯째, 방임은 부양의무자로서의 책임이나 의무를 의도적 혹은 비의도적으로 거부, 불이행 혹은 포기하여 노인의 의식주 및 의료를 적절하게 제공하지 않는 행위이다. 구체적으로 나열하면 필요한 생활비, 병원비 및 치료, 의식주를 제공하지 않는 행위를 말한다.

여섯째, 자기방임은 노인 스스로가 의식주 제공 및 의료처치 등의 최소한의 자기보호 관련 행위를 의도적으로 포기 또는 비의도적으로 관리하지 않아 심신이 위험한 상황 또는 사망에 이르게 되는 경우를 말한다.

일곱 번째, 유기는 보호자 또는 부양의무자가 노인을 버리는 행위를 말한다.

노인학대 유형을 〈표 12-1〉과 같이 살펴보면 정서적 학대가 가장 높고, 신체적 학대와 성적 학대 그리고 자기방임과 유기가 점진적으로 증가하고 있음을 알 수 있다.

2010년의 경우, 정서적 학대가 39.0%(1,981건)로 가장 높게 나타났으며, 신체적 학대가 25.7%(1,304건)이었다. 그 다음으로 방임이 17.5%(891건)를 보였다.

표 12-1 노인학대 유형

(단위 : 건, %)

연도 \ 구분	계	신체	정서	성	재정	방임	자기방임	유기
2008	3,897 (100.0)	874 (22.4)	1,561 (40.1)	20 (0.5)	446 (11.4)	839 (21.5)	117 (3.0)	40 (1.0)
2009	4,588 (100.0)	1,127 (24.6)	1,853 (40.4)	37 (0.8)	554 (12.1)	806 (17.5)	129 (2.8)	82 (1.8)
2010	5,076 (100.0)	1,304 (25.7)	1,981 (39.0)	39 (0.8)	574 (11.3)	891 (17.5)	196 (3.9)	91 (1.8)

출처 : 보건복지부(2011).

2) 노인학대의 실태

노인학대의 실태는 가정 안에서 은폐되어 있거나 시설 안에 은폐되어 있는 경우가 많기 때문에 정확한 실태를 파악하기 쉽지 않지만, 노인학대 실태조사와 노인보호전문기관의 통계자료를 바탕으로 추론한다. 최근 보건복지부에서 전국의 노인을 대상으로 한 노인학대 실태조사에 따르면 노인의 13.8%가 학대를 경험했다고 하였으며 피학대 노인의 72%가 자녀와 자녀의 배우자에게 학대를 받는다고 하였다(Yonhap News, 2010. June 14; 고정미, 2010, 재인용).

보건복지부의 『2009 노인학대 현황보고서』에 의하면, 2009년 한 해 동안 전국 20개 노인보호전문기관을 통해 신고 접수된 총 건수가 6,159건이었고 이 중 노인학대 사례는 43.4%(2,674건), 일반사례는 56.6%(3,485건)로 학대사례의 비율이 일반사례보다 낮았다. 또한 2009년 전체 학대사례 2,674건 중 신고 접수경로는 노인보호전문기관이 직접 학대사례를 접수한 자체접수가 91.3%(2,442건)로 가장 높게 나타났고 보건복지콜센터 129로의 이관 6.2%(165건), 타 지역노인보호전문기관 이관 2.5%(67건)의 순이었다. 신고접수 유형으로는 전화가 84.9%(2,271건)를 차지하여 가장 높았고 이는 노인학대 신고상담전화 1577-1389와 노인보호전문기관의 일반전화로 신고된 경우인 것이다. 발생장소는 가정 내 학대가 전체 학대사례 2,674건 중 2,358건으로

88.2%를 차지하여 가장 높았고, 기타장소가 3.6%(96건), 공공장소 3.1%(83건), 병원이 2.5%(66건)로 나타났다.

학대행위자와 학대피해 노인과의 관계를 〈표 12-2〉 노인학대 주된 행위자(2010)에서 살펴보면, 노인학대는 아들(48.5%)·딸(12.7%) 등 친족에 의해 주로 발생되는 것을 알 수 있다. 이런 결과는 한국의 전통문화로부터 자유로울 수 없는 아들의 부양부담이 노인학대를 발생시키는 요인이라고 생각할 수 있다.

표 12-2 노인학대 주된 행위자(2010년)

(단위 : 건, %)

본인	친족(84.3%)					기타	계
	아들	며느리	딸	배우자	기타		
196 (5.6)	1,686 (48.5)	293 (8.4)	441 (12.7)	347 (10.0)	165 (4.7)	351 (10.1)	3,480 (100.0)

출처 : 보건복지부(2011). 중앙노인보호전문기관.

3. 노인학대상담

「2009 노인학대 현황보고서」(2010: 47-48)에서 살펴보면, 노인학대상담은 접수상담, 진행상담, 종결상담, 사후관리로 분류된다. 먼저 접수상담은 신고접수 시 초기상담을 의미하고, 진행상담은 사례개입을 위해 진행되는 모든 상담을 의미하여 학대피해 노인 및 가족 상담, 학대행위자 및 가족 상담, 관련자 상담, 현장조사 및 방문상담 등이 해당된다. 그리고 종결상담은 사례를 종결하기 위해 실시한 상담을 의미한다. 마지막 사후관리는 종결된 사례에 대해 학대피해 노인이 안전한지, 학대재발 가능성은 없는지에 대해 일정 기간 정기적으로 관리하는 것을 말한다. 사후관리는 전화 또는 직접방문을 하여 재발 여부를 확인하고, 서비스를 의뢰한 연계기관과 협력하여 실시하기도 한다. 시설보호의 경우, 시설 측과의 협의를 통한 지속적인 모니터링을 원칙으로 하고 있다. 사후관리가 어려운 사례에 대해서는 자체 사례회의를 통하여 사후관리 여부를 판단한다.

표 12-3 노인학대상담 구분

(단위 : 회, %)

구분	접수상담	진행상담	종결상담	사후관리	계
횟수	2,838 (6.1)	35,797 (76.4)	2,654 (5.7)	5,566 (11.9)	46,855 (100.0)

출처 : 보건복지부(2010, 2009). 노인학대현황보고서.

〈표 12-4〉 연도별 노인학대상담 횟수에서는 2009년 한 해 동안 전체상담 횟수가 53,789회였으며, 그 중 노인학대상담은 87.1%(46,855회)를 차지하였다. 그리고 2008년과 비교했을 때 노인학대상담 횟수는 32.1%(35,467회 → 46,855회)의 증가를 나타내고 있다.

표 12-4 연도별 노인학대상담 횟수

(단위 : 회, %)

구분 연도	건수			증감		
	학대상담	일반상담	전체상담	학대상담	일반상담	전체상담
2006년	193,092 (86.4)	3,006 (13.6)	22,098 (100.0)	–	–	–
2007년	27,492 (87.3)	3,988 (12.7)	31,480 (100.0)	44.0	32.7	42.5
2008년	35,467 (86.6)	5,485 (13.4)	40,952 (100.0)	29.0	37.5	30.1
2009년	46,855 (87.1)	6,934 (12.9)	53,789 (100.0)	32.1	26.4	31.3

출처 : 보건복지부(2010, 2009). 노인학대현황보고서.

〈표 12-5〉노인학대 피해자 제공서비스에서는 상담서비스가 76.0%(34,575회)로 가장 높게 나타났다. 따라서 노인학대 피해자에 대한 상담서비스는 활성화되어 있음을 알 수 있었다.

표 12-5 노인학대 피해자 제공서비스

(단위 : 회, %)

구분	상담	복지	법률	의료	보호	정보제공	계
빈도	34,575	1,106	136	479	916	8,294	45,506
비율	76.0	2.4	0.3	1.1	2	18.2	100.0

출처 : 보건복지부(2010, 2009). 노인학대현황보고서.

〈표 12-6〉 노인학대 가해자 제공서비스 중에서 상담서비스가 72.0%(6,320회)로 가장 높게 나타났다. 2009년을 기준으로 노인학대 가해자에게 제공된 상담서비스는 6,320회로 노인학대 피해자에게 제공한 상담서비스 34,575회의 약 18.2%에 불과하다. 이는 많은 수의 노인학대 가해자가 학대행위를 부인하고 상담을 거부하는 비자발적인 성향을 가지고 있으며 이들을 강제적으로 상담이나 교육에 참여시킬 수 있는 법적제도의 부재가 가장 큰 원인이라 할 수 있겠다.

표 12-6 학대행위자 제공서비스

(단위 : 회, %)

구분	상담	복지	법률	의료	정보제공	계
빈도	6,320	139	8	140	2,171	8,778
비율	72.0	1.6	0.1	1.6	24.7	100.0

출처 : 보건복지부(2010, 2009). 노인학대현황보고서.

1) 노인학대상담의 필요성

노인학대는 가족의 문제로 인식하여 외부의 도움을 받기보다는 가족 내에서 해결하려는 특성을 가지고 있다. 우리나라 노인학대의 경향은 가정 내에서의 노인학대가 대부분이며 노인학대의 가해자로는 아들이 가장 높은 비율을 차지하고 있다. 이것은 노인의 사회적 지위 하락과 경제력의 상실 등으로 현대사회에서 대부분의 노인들이 정도의 차이는 있지만 심리적 · 사회적 · 정서적 학대를 받고 있음을 짐작할 수 있다. 그리고 노인학대의 대상자는 사회적인 노출의 기회가 적고, 신체적 · 정신적으로 취약하여 사회적 관계망이 제한되어 있는 노인이며 수발을 제공하는 가족이나 타인에게 의존적이므로 방임과 학대는 은폐될 수밖에 없는 것이다.

노인학대 상황에 노출되어 있는 노인은 위기를 경험한다. 위기상태에 있는 노인은 사회적, 경제적, 심리적으로 위축된 약자로서 스스로 위기를 극복하기는 어렵기 때문에 피해노인에 대한 적절한 사회적인 개입과 중재가 필요하며 적절한 조치가 이루어져야 한다. 그러므로 노인학대가 발생했을 때 근본적인 치료의 효과를 위해서 피해노인과 함께 가해자도 상담하는 것이 중요하다. 피해노인의 경우, 상담을 통해 심리적 안정을 꾀하고 정신적 피해를 최소화하거나 치유를 돕는다. 또한 가해자의 경우는 상담을 통해 노인학대의 원인을 파악하여 대처함으로써 노인학대를 예방할 수 있다는 것이다.

따라서 노인학대상담은 무기력한 피해노인들에 대한 위기개입적 특성을 갖고 적극적이고 예방적인 차원에서 이루어져야 할 필요가 있으며 내담자의 자발성보다는 상담자의 계획적이고 적극적인 계획 아래 이루어져야 할 필요가 있다(김선희 외, 2005: 96).

2) 노인학대 피해자와 가해자 상담

(1) 노인학대 피해자와 가해자의 특성

노인학대 피해자의 특성을 살펴보면 남성에 비해 여성이 주 피해자에 해당하며 75세 이상의 고령노인들이 많다. 또한 노인학대 가해자와 함께 거주하고 있으며 노인학대 피해자들은 그들 자신들이 노인학대 원인제공자라고 스스로를 책망하는 등 수동적인 성향을 가지고 있다. 뿐만 아니라 그들은 사회적으로 고립되어 있으며 불만이 많고 다른 사람 특히 가해자에게 잘 복종하는 편이며 의존적이며 유약한 특성을 지니고 있다(조애리 외, 1999; 박미은, 2004; 고보선, 2005; 노애저, 2008; 김한곤, 2009, 재인용). 반면 노인학대 가해자의 특성으로는 대부분의 가해자는 배우자 혹은 자식처럼 친인척이며 노인학대 피해자와 함께 거주하며 알코올이나 약물에 중독되어 있는 경우가 많다. 책임을 다른 사람에게 전가하려는 경향이 있으며 그들의 역할을 혼동하며 화풀이를 가족 구성원들에게 하는 경우가 많다. 또한 자신의 성질을 자제하는 능력이 약하며 성장 과정이나 가정환경이 폭력성을 갖고 있으며 생계유지를 위한 자원이 부족하며 자발적으로 노인을 돌보고 있는 것이 아니라 비자발적으로 노인을 돌보는 경우가 많다는 점이다(한동희, 1995; 이혜영, 1996; 이성희 · 한은주, 1998; 조애리 외, 1999; 박미은, 2004; 고보선, 2005; 조애저, 2008; 김한곤, 2009, 재인용).

(2) 노인학대 피해자와 가해자 상담

노인학대가 발생했을 때 피해노인뿐만 아니라 가해자 역시 중요한 상담대상이 된다. 가해자는 노인을 학대하는 원인과 주변의 상황을 이해하는 것이 문제해결의 시작이기 때문이다. 노인학대가 예상되는 가족의 노인과 가족 구성원들을 동시에 상담함으로써 노인학대가 발생할 수 있는 원인을 사전에 차단하여 노인학대가 일어나지 않도록 예방하기 때문이다(정옥분 외, 2009: 441-442). 노인학대의 경우, 가해자와 피해자 모두 피해자라고 볼 수 있기 때문에 상담자는 피해자와 가해자를 이해하려고 노력해야 하며 상담자의 중립적인 태도를 유지하여 가해자가 상담에 잘 참여할 수 있도록 유도해야 한다.

① 노인학대 피해자의 상담

노인학대 피해자에게 제공되는 상담서비스는 노인학대 피해자 개별상담, 노인학대 피해자 집단상담, 가족상담, 관련자상담, 심리 및 기타검사 등이 포함된다.

상담서비스의 주된 기능은 객관적인 상황판단 및 가족 간의 역동을 파악하여 문제를 진단하고, 개입을 위한 노력을 하며, 일방적이고 시혜적인 서비스가 아닌 가족의 기능을 지원하면서 지속 가능한 해결책을 마련하기 위함이다. 한편, 노인학대 피해자에게 수급권 지정절차, 요양시설정보, 학대행위자 처벌정보 등의 정보를 제공하고 있다(보건복지가족부, 2010: 124-125).

② 노인학대 가해자상담

노인학대 가해자에게 제공되는 서비스는 노인학대 가해자 처벌이라는 법적인 접근보다 상담 · 치료적 접근에 초점을 맞추고 있다. 그러나 노인학대 가해자에게 상담 및 교육 참여를 강제할 수 있는 법적 제도가 마련되지 못하고, 노인학대 가해자에게 제공할 수 있는 서비스가 극히 제한되어, 노인학대 가해자를 대상으로 하는 전문상담 프로그램의 개발 및 보급이 우선 되어야 할 것이다.

3) 노인학대상담의 개입

노인학대상담은 일종의 위기개입 형태이다. 위기개입이란 비정상적이고 돌발적인 일상생활 중의 사건이 개인이나 집단 혹은 지역사회가 감당하기 힘든 스트레스와 불균형 상태를 야기할 때, 이들의 항상성을 회복시키기 위하여 의도적이고 즉각적으로 개입하는 원조 과정을 의미한다(Greenstone & Leviton, 2001; 정옥분 외, 2009: 441, 재인용).

정옥분(2009) 등은 위기를 발달 과정상의 위기와 상황적 위기로 분류하였다. 일반적으로 학대받는 노인들에게는 이 두 가지 위기가 복합적으로 작용하여 나타나게 된다. 첫째, 발달 과정상의 위기는 은퇴나 노화의 과정에서 발생하는 것을 말한다. 둘째, 상황적 위기는 경제력의 상실, 치매 등과 같은 주요질환의 발병, 가족과의 불화로 인한 갈등의 발생 등이 있다. 실제적으로 위기로 인하여 부정적이고 위험한 상황에 놓여 있거나 위기에 노출될 가능성이 큰 노인들에게 상담을 통하여 적극적인 중재와 예방관리가 이루어져야 할 것이다.

따라서 이 영역에서 다루고자 하는 노인학대상담 개입은 먼저 위기개입을 간략하게 다루고 노인보호전문기관에서의 업무수행에 관하여 언급하고자 한다.

(1) 위기개입의 주요원칙(김기태, 1998: 32-36; 김선희 외, 2005: 100-101, 재인용)

위기개입의 실천은 위기사건의 특성, 대상, 방법과 전달 체계가 다양하지만 유사한 특성과 원칙을 갖고 있다.

① 신속한 개입의 원칙

② 행동원칙 : 적극적인 행동과 개입의 원칙

③ 희망과 기대
④ 지지원칙
⑤ 초점적인 문제해결의 원칙
⑥ 긍정적이고 건전한 자아상 확립의 원칙
⑦ 자립원칙

(2) 위기개입 과정

위기개입 과정은 첫째, 위기개입의 4단계 과정과 둘째, 위기개입 6단계 과정으로 나누어 다음과 같이 살펴보고자 한다(Aguilera, 1998: 20-21; 김기태, 2002: 427-428; 김선희 외, 2005: 101-103, 재인용).

1 위기개입의 4단계 과정

가. 사정

- 상담자는 사건 및 위기의 정확한 사정을 위하여 초점화 기술을 사용한다.
- 내담자가 자살 혹은 타살의도를 가졌는지 판단해야 한다.
- 위의 의도가 잠재적이라도 있음이 밝혀지면 정신과 의사에게 의뢰한다.
- 입원이 불필요하면 개입을 시작한다.

나. 치료개입의 계획

- 최소한 위기 이전의 균형상태로의 회복을 목표로 치료를 계획한다.
- 위기발생이 개인의 생활 및 환경에 미친 파괴의 정도를 파악한다.
- 개인이 가진 강점, 과거에 성공적으로 사용되었던 대처기술과 지지자 등을 찾는다.

다. 개입

- 개인이 위기에 대한 인지적 이해를 얻도록 원조한다.
- 개인이 자신의 현재 느낌을 깨닫도록 원조함으로써 내담자의 긴장을 완화시킨다.
- 대처기제들을 탐색하여 내담자가 대안적 방법들을 검토하도록 돕는다.
- 중요한 타인의 상실로 인한 위기였다면 빈자리를 채울 수 있도록 가능

한 사회적 관계망을 보충해 준다.

라. 위기의 해결 및 향후 계획

- 긴장과 불안을 감소시키는 데 성공적이었던 개인의 적응적 대처기제들을 강화시킨다.
- 미래에 관한 현실적 계획을 하도록 돕는다.
- 현재의 경험이 미래의 위기직면 시 도움이 될 수 있도록 방안을 모색하고 논의한다.

② 위기개입의 6단계 과정

위기개입의 전 단계에 걸쳐서 현저하게 활용되어야 하는 전략은 사정(Assessment)이다. 행동 지향적이고 상황에 근거한 위기개입 과정의 방법론은 사정이라는 대전제 아래 각각 2개의 축—듣기와 행동하기—으로 그리고 그 밑에 각각 3개의 하부 과정에 의하여 이루어진다(그림 12-1).

가. 문제의 정의

드러난 문제를 내담자의 관점에서 정의하도록 한다. 공감, 진실성, 긍정적 수용과 같은 듣기기술을 적극적으로 활용해야 한다.

나. 내담자의 안전보장

위기개입의 전 과정을 통하여 내담자의 안전에 대한 욕구와 염려를 보장하고 확신시키는 것은 매우 중요하다.

라. 내담자에 대한 지지제공

위기개입의 전 과정을 통하여 위기상담자는 내담자를 돕고 지지하며 관심을 갖는 사람임을 확신시키도록 노력해야 한다.

마. 대안의 탐색

내담자와 상담자는 모두 내담자가 활용 가능한 대처방안들에 대하여 적극적으로 탐색해야 한다. 유능한 상담자는 가능한 한 많은 대안들을 모색하되 내담자에게는 활용 가능한 최소한의 대안을 제시한다.

바. 계획의 수립

대안을 탐색한 4단계로부터 자연적으로 연결되는 단계이다. 계획은 적어도 다음과 같은 내용을 포함하고 있어야 한다. 즉각적인 도움을 제공할 수 있는 사람, 집단, 기타의 참조인과 내담자가 현재 할 수 있는 구체적이고 긍정적인 대처기제를 포함하고 있어야 한다.

사. 내담자의 헌신과 신뢰확보

내담자와 상담자 모두가 계획된 개입 과정에 적극적으로 참여하고 헌신할 것을 확신한다.

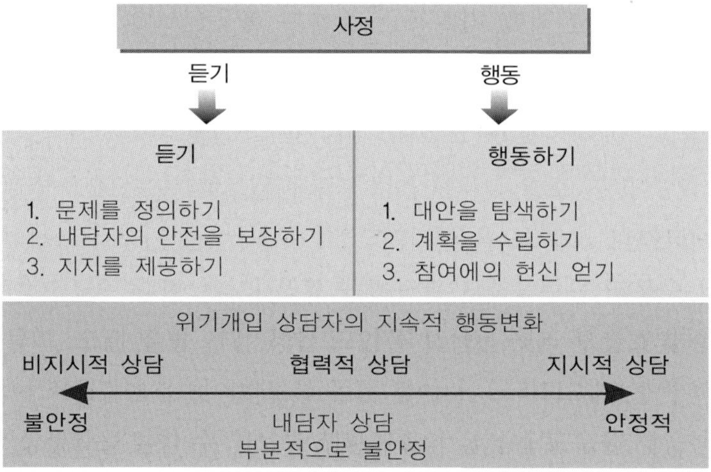

출처 : James & Gilliland(2001: 32). 김선희 외(2005: 103, 재구성).

〈그림 12-1〉 위기개입의 6단계 과정

(3) 노인보호전문기관에서의 노인학대상담

노인보호전문기관에서의 업무수행은 먼저 노인학대상담 전화(1577-1389)를 24시간 운영하고, 학대피해 노인 및 가족을 위한 전문적인 서비스를 제공하며 노인학대 예방 교육 및 홍보를 실시한다. 또한, 노인인식개선 사업을 전개하며 노인보호 인적 자원을 개발하고 육성한다. 업무수행 방법 및 절차는 〈그림 12-2〉와 같다.

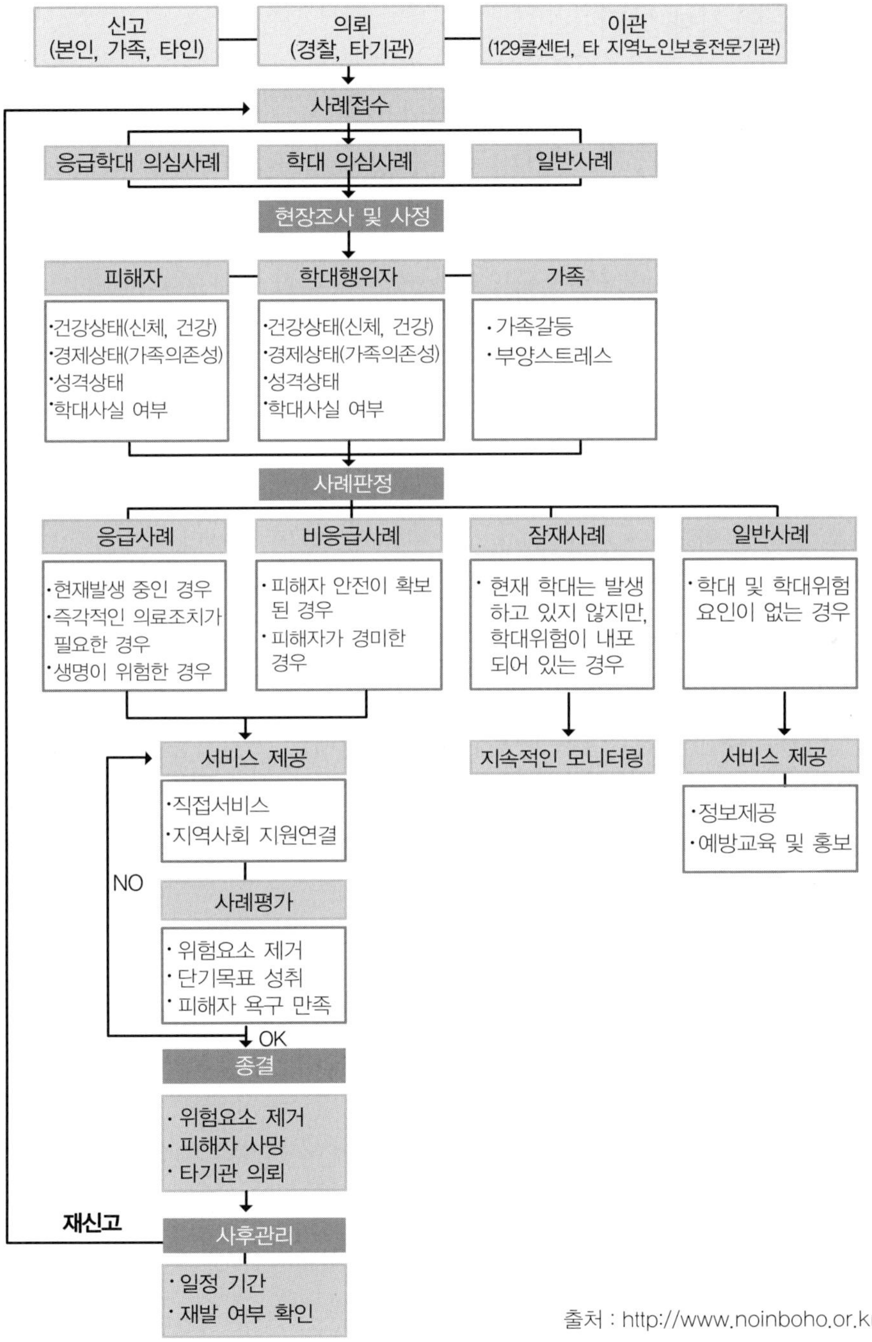

출처 : http://www.noinboho.or.kr

〈그림 12-2〉 노인학대에 대한 업무수행도

2. 노인치매상담

1. 노인치매의 의미

치매는 1800년대 처음으로 하나의 진단분류 대상으로 인식되었으며 얼마 지나지 않아서 20세기 전반부에는 주요한 진단 중의 하나로 부상했다. 사람이 나이가 들수록 치매에 대한 우려감이 높아졌는데, 발병률이 높고 의료분야 및 정신건강 전문가들이 이 장애로 인한 증상을 잘 인식하게 되었기 때문이다. 크레펠린(Kraepelin, 1896)은 치매를 노화로 인한 질병이라고 보았다. 나중에 나온 그의 저술에서는 노인 전 단계의 치매(presenile dementias : 초로기 치매)를 밝혀낸 알츠하이머(Alzheimer, 1898) 및 다른 학자의 저술을 인정하였다. 근래에 이르러서는 치매의 다중적 원인론과 다양한 표출양상에 대해 관심이 높아졌다. 치매는 기억력 문제가 주 특징이다. 또한 하나 이상의 다른 인지적 문제가 동반되는 아주 다양한 장애를 말한다. 치매는 증상의 강도, 경과, 속성, 그리고 원인상으로 아주 다를 수 있다. 치매는 인지기능이 불가역적으로 감퇴하는 것이 특징이지만, 진행성일 수도 있고 아닐 수도 있으며 치료법도 아주 다양하다. 발병 연령은 아무 때나 될 수 있지만, 대부분의 치매는 생애 후반기에 나타난다(이장호 외, 2009: 127).

1) 노인치매의 정의

노인복지법(제1조의 2 제3호)에서의 개념정의는 '치매'라 함은 퇴행성 뇌질환 또는 뇌혈관계 질환 등으로 인하여 기억력, 언어능력, 지남력, 판단력 및 수행능력 등의 기능이 저하됨으로써 일상생활에서 지장을 초래하는 후천적인 다발성 장애를 말한다.

오병훈(2002: 12) 등은 '치매란 정상적으로 성숙한 뇌가 후천적인 외상이나 질병 등의 원인에 의해 손상된 것으로 전반적인 지능, 학습, 언어 등의 인지기능과 행동, 정신 기능의 감퇴를 초래하는 대표적인 신경정신계 질환이다.'라고 정의하였다.

따라서 종합적으로 치매를 정의하면 첫째, 선천적이 아닌 후천적으로 나타나는 현상이며 둘째, 기억, 지능, 인격 및 일상생활 기능의 장애가 전반적으로 있어야 하고 셋째, 의식의 장애가 없어야 한다.

2) 노인치매의 원인

치매의 원인은 칠십 가지 이상의 질환으로 알려져 있다. 흔한 원인적 요인으로는 뇌 조직의 퇴행, 변형 또는 노화, 중추신경계 감염, 독성 대사 장애, 혈관성 장애, 신경계 질환, 산소결핍 후 또는 저혈당 상태이다. 즉, 뇌를 포함한 중추신경계에 구조적 혹은 기능적 이상을 초래하는 모든 질환이 치매를 유발할 수 있다(유수현 외, 2010: 213).

치매유병률 조사(2008)에서 살펴보면, 지금까지 치매를 유발하는 것으로 알려진 질환은 퇴행성 뇌질환, 뇌혈관 질환, 결핍성 질환, 대사성 질환, 중독성 질환, 감염성 질환, 수두증, 뇌종양, 뇌 외상 등이다.

3) 노인치매의 증상

일반적인 치매증상을 살펴보면, 50세 이후에 아주 서서히 발병하여 초기에는 가족들도 병의 진행이나 경과를 모르고 지내는 경우가 많다. 65세 이전에 발병하는 경우는 유사한 치매의 가족력이 있는 경우가 많고 더 빠른 병의 경과를 보이며, 언어실조나 운동실조처럼 측두엽이나 두정엽의 손상양상이 두드러진다. 65세 이후에 발병하는 경우는 병의 경과가 좀 더 느리고 대뇌의 고위피질의 기능 전반에 걸친 장애가 좀 더 두드러진다. 치매의 증상은 인지장애증상과 행동장애증상으로 대별할 수 있다. 인지장애증상으로는 아주 서서히 진행되는 기억, 언어, 시 · 공간적 능력, 인격, 그리고 기타 인지기능의 장애가 특징이다(현외성, 2010: 270-271). 한편 행동장애증상은 먼저 우울증과 비슷한 무기력, 의욕저하, 무관심, 실인증 등의 초기증상과 점차 진행에 의한 충동적 행동과 자기중심적인 행동을 보이며 망상, 환각, 식사장애, 수면장애, 성적 행동장애 등이 나타날 수 있다.

따라서 특징적 증상을 종합하면 기억력장애, 언어장애, 지남력장애, 판단력장애, 시·공간 능력장애, 실행능력장애, 행동장애, 인격의 변화, 추상적 사고의 장애, 정신병적 증상, 신체적 합병증이 있다.

2. 노인치매의 유형과 실태

1) 치매의 유형

치매에 대한 DSM-IV(Diagnostic and Statistical Manual for Mental Disorders, the fourth edition : 정신장애진단 및 통계편람 제4판) 진단기준은 알츠하이머형, 혈관성 치매, 일반적인 의학 상태에 의한 치매, 복합적 원인에 의한 치매로 분류하고 있다.

치매의 원인은 증상이 다양하고, 임상적 경과 또한 매우 다양하기 때문에 대표적으로 신경병리학적 소견에 의한 분류, 원인에 따른 분류, 병변의 진행에 따른 분류 등이 이루어지고 있다. 임상 실제에서 중요한 치매를 분류해 보면 다음과 같다(장필립, 2001: 91-97; 현외성, 2010: 262-266, 재인용).

① 알츠하이머병

치매의 50%를 차지할 정도로 가장 흔하며 원인적 치료가 불가능한 질환이다. 알츠하이머병은 기억, 사고 및 행동에 장애를 초래하는 뇌의 진행성·퇴행성 병변이다. 이 병은 1907년 알츠하이머(Alois Alzheimer)에 의해 처음 기술되었다. 그 후로 많은 연구자들에 의해 특징적인 뇌 조직 변화와 행동이 밝혀졌다. 현재까지 밝혀진 주된 위험인자는 연령, 성별, 치매의 가족력 및 두부손상이다. 알츠하이머병으로 진단된 대부분의 환자들은 65세 이상이지만 40대나 50대에 발병하는 경우도 있다.

② 혈관성 치매

혈관성 치매는 둘째로 흔한 치매의 원인이며 전체 치매환자의 약 20%에서 나타나고 있다. 그 외에 약 15%에서는 혈관성 치매와 알츠하이머병이 같이 있는 혼합형 치매환자이다. 혈관성 치매의 위험인자로는 고혈압, 심장질환, 흡연, 당뇨, 비만, 뇌졸중의 기왕력 등 뇌졸중 자체의 위험인자와 관련되어 있다. 혈관성 치매는 손상된 해부학적 위치와 손상의 정도와 관련이 있으며, 피질하 열공성 뇌경색(subcortical lacunar infarction)이 70% 정도로 가장 흔한 유형이며, 기저핵, 시상, 내포 등에 분포한다. 좌측 각회전, 중뇌동맥 경색, 후두경색, 시상경색 등의 손상이 있는 경우 치매가 자주 동반되며, 그 밖의 다발성 뇌경색, 빈스반거병 등의 손상이 치매를 초래한다.

③ 알코올성 치매

알코올성 치매는 알코올중독으로 입원한 환자의 3% 정도에서 나타나며, 인지장애가 의심되어 검사받는 환자의 약 7% 정도가 알코올성 치매로 추정된다는 보고도 있다. 이 치매의 위험인자로 여성, 50세 이상인 경우, 그리고 지속적 음주 등이 있다. 알코올중독이 많은 한국에서는 심각한 문제로 부각되고 있으며 알코올중독을 조기에 치료하거나 베르니케 뇌증에서 대량의 티아민을 투여함으로써 알코올성 치매의 발생을 예방할 수 있다.

④ 외상 후 치매

외상과 관련되어 나타난 치매의 가역적 원인으로 경막하 혈종이 있고, 비가역적 치매로 직업적 권투선수에게 발생하는 데 반복적 두부외상이 축적되어 나타나는 권투선수치매(dementia pugilistica)가 있다.

⑤ 파킨슨병

파킨슨병은 운동완서(bradykinesia), 톱니바퀴형 경직(cogwheel rigidity), 진전(tremor), 가면성 얼굴(masked face), 자세 이상(abnormal posture) 및 보행장애(gait disturbance)를 특징으로 하는 서서히 진행되는 질환이다. 파킨슨 환자의 20~60%에서 치매가 동반되며 병의 후기에 빈번하다. 파킨슨병에서 빈번하게 우울증이 동반되며 약물치료 동안 정신병적 증상이 발생하기 때문에 정신과 영역에서 중요하게 다룬다.

⑥ 루이체병

루이체병은 임상적으로 알츠하이머병과 비슷하나 차이점은 초기에 환시가 더욱 뚜렷하고 파킨슨병 임상양상을 보이고 증상이 급속도로 나타나며 항정신병 약물에 대해 추체외로 증상(불수의운동, 강직 등)이 잘 나타난다. 조직학적으로 대뇌피질에 루이봉입체(Lewy inclusion body)의 존재가 특징적이다. 최근 들어 루이체병은 현저히 정신병적 증상의 발현과 항정신병 약물에 대한 예민성 때문에 정신과 영역에서 특히 주목을 받고 있다.

⑦ 픽병과 전두엽 치매

픽병과 전두엽 치매는 초기단계에서 인격의 변화, 실행기능의 장애, 감정둔마, 행동적 탈억제, 현저한 언어장애를 특징으로 한다. 기타 기억력장애, 실행증 등의 증상이 동반되기도 한다. 치매가 진행되면서 무감동증(apathy) 혹은 극한 초조증(agitation)이 나타날 수 있다. 픽병은 뇌 양상에서 현저한 전두엽 및 측두엽 위축을 보이지만, 상대적으로 두정엽 및 후두엽은 건재하다. 사후 부검에서 픽 봉입체(Pick inclusion body)의 소견이 나타날 때 확진될 수 있다. 다른 전두엽 치매는 픽병보다 비특이적인 병리학적 소견을 보인다. 이 질환들은 매우 드물기는 하나 정신병적 양상을 동반한다는 점에서 중요하다.

⑧ 헌팅턴병

무도병, 치매 그리고 가족적 발병을 주된 특징으로 하는 특발성 퇴행성 신경질환으로 상염색체 우성으로 유전된다. 평균 발병연령은 40세이고 점진적으로 진행하며 무도증, 성격변화, 정서장애, 치매 등의 임상증상을 보인다. 이 질환에서 보이는 치매는 피질하성 치매의 특징을 보여 운동증상의 동반이 많고 실어증이나 실인증 등의 피질성 치매의 증상은 드문 것이 특징이다.

⑨ 크로이츠펠트-야콥병

크로이츠펠트-야콥병(Creutzfeldt-Jakob disease)은 1920년 크로이츠펠트(Creutzfeldt)가 기술한 이래 정확한 전파경로나 숙주는 알려져 있지 않으나 의안성 전염, 유전성 소인 등이 알려져 있다. 임상양상은 다양한 신경학적 이상과 함께 실어증, 실인증 등의 피질성 치매의 특징을 보이며 추체로 증상 및 추체외로 증상이 모두 나타날 수 있다. 병리학적으로는 신경원의 소실과 변성, 성상세포의 증식, 대뇌피질의 해면양 변성(spongiform degeneration)이 나타난다. 뇌파상의 배경리듬이 느려지면서 특징적으로 주기적 이상파형이 관찰된다.

⑩ 기타 원인에 의한 치매

이상에서 열거된 노인성 치매를 일으킬 수 있는 대표적 질환 이외에도 중추신경계 감염(신경매독, 결핵성 뇌막염, 바이러스 뇌염 등), 뇌손상(만성 지주막하혈종 등), 독성대사장애(악성빈혈, 엽상 결핍증, 갑상선 기능저하증 등), 산소결핍 후 또는 저혈당 후 상태 등에서 치매가 유발될 수 있다.

2) 노인치매의 실태

2008년 치매노인 유병률 조사결과에 따르면, 알츠하이머 치매 유병률이 5.94%로 전체 치매의 70.7%를 차지하였고, 혈관성 치매가 2.05%로 전체 치매의 24.4%를 나타냈으며, 기타 치매의 유병률은 0.41%로 전체 치매의 4.9%였다. 그리고 노인치매 유병률은 연령이 증가할수록, 학력이 낮을수록, 남성보다는 여성에서 높게 나타났다. 치매를 상태별로 분류하면 최경도 치매(28.8%), 경도 치매(39.2%), 중등도 치매(18.5%), 중증 치매(13.5%)로 나누어지고 이 자료를 통해서 최경도 및 경도 치매가 전체의 68%를 차지함을 알 수 있다.

2008년 현재 우리나라 65세 이상 노인 인구에서 치매 고위험군인 경도인지장애 유병률은 24.08%로 전체 노인 인구의 약 1/4로 추산되었으며 치매 전환율이 가장 높은 유형인 기억상실성 다중영역 경도인지장애의 비율이 가장 높아 전체 경도인지장애의 43%를 차지하였다.

65세 이상 한국 노인의 치매에 대한 전반적 인식도 수준은 100점 만점에 60점 수준으로 매우 낮았고, 조사자의 93.7%는 치매에 대한 교육을 받은 적이 없었고 19.1%는 이웃을 통해 비전문적인 치매 지식을 습득하고 있어 치매에 대한 편견과 왜곡된 지식이 많았다. 따라서 치매에 대한 체계적인 교육홍보가 요구된다.

치매환자를 돌보는 수발자의 경우 10명 중 9명이 환자의 가족이었으며 배우자가 가장 많았다. 치매환자를 돌보는 동기로는 가족이라는 의무감이 가장 많았고 수발자의 70%는 환자를 끝까지 돌보고자 하였다. 치매환자를 돌보는 수발자 4명 중 3명은 정신적, 경제적 및 신체적 부담을 경험하고 있으며 우울 증상을 보이는 경우가 많았다. 또한, 전반적인 삶의 질이 저하되어 있었으며 반수 이상이 건강문제를 가지고 있었다.

노인장기요양보험제도 등 기존 치매 관련 서비스 자원에 대한 정보부족이 치매 수발자들의 적절한 자원활용에 가장 큰 걸림돌이었다.

수발시간은 치매 중등도에 따라 큰 차이를 보였는데 경도치매환자의 경우 하루 4시간, 중등도는 하루 8시간, 중증은 하루 7시간을 사용하는 것으로 조사되었다. 흥미로운 점은 중등도 환자에게 소요되는 시간이 중증 환자보다 더 많았다는 점과 중증 치매환자에게는 행동문제의 감독을 위한 수발 시간이 가장 많았다는 점이었다.

〈표 12-7〉 치매노인 수 추계자료에서 살펴보면, 2011년 우리나라의 65세 이상 노인 중 치매환자는 49만 5천 명에 이르고 급속한 고령화로 치매노인의 수도 빠르게 증가하여 2027년에는 치매노인이 100만 명을 넘을 것으로 추정된다.

표 12-7 치매노인 수 추계자료

(단위 : 천 명, %)

구분 \ 연도	2008	2009	2010	2011	2012	2020	2030	2040	2050
65세 이상 인구 수	5,016	5,193	5,357	5,537	5,742	7,701	11,611	15,041	16,156
65세 이상 치매노인 수	421	445	469	495	522	750	1,135	1,685	2,127
치매유병률	8.4	8.6	8.8	8.9	9.1	9.7	9.6	11.2	13.2

출처 : 보건복지부(2008). 2008년 치매노인 유병률 조사결과.

3. 노인치매상담

1) 노인치매상담의 필요성

치매노인은 가족과 사회에 대한 의존도가 아주 높고, 직장 및 사회 활동 그리고 대인관계에 제한을 받는다. 또한 거의 모든 일상생활 영역에서 지속적인 원조를 필요로 한다. 부양자의 경우, 치매노인을 항시 보호해야 하는 심리적 부담과 부모 자식 상호 간의 욕구충족 및 여가선용 등이 부족하게 되어 만성적인 우울, 불안 등에 시달리고 사회적 지지망도 축소된다(강선경, 2009). 이렇게 가족들이 겪게 되는 위기와 갈등은 대개 사회적 영향력, 가족 내부 문제 등과 관련되며 치매노인이 있는 가정은 많은 갈등과 스트레스를 경험하게 된다. 노인의 치매 정도가 심화되어 부양자의 역할수행이 힘들어질 경우 노인에게 비난과 분노의 표현 등 노인학대 및 유기의 가능성도 배제할 수 없다.

사실상 치매노인은 신체적 요인과 더불어 문제 행동과 같은 치매특성상의 문제로 인해 노인학대의 대상이 될 가능성이 높다. 이러한 역기능적 상호작용이 발생되지 않게 하기 위하여 지속적인 가족 간의 대화와 치매노인 간호활동에의 공동참여를 통해서 치매노인 부양태도나 부양방법에 대한 의견차이의 발생을 예방할 필요가 있다. 그리고 가족 구성원들 간에 상호이해의 도모와 역할 재조정을 통하여 가족 내 협동적 분위기를 창출해야 한다. 갈등이 심할 경우에는 가족관계 강화 프로그램에 참여시키거나, 가족상담 · 가족치료를 받음으로써 가족갈등이 만성화되는 것을 예방하고 문제를 조기 해결할 수 있도록 방법을 모색해야 한다.

따라서 노인치매상담은 위기에 처한 치매노인과 과도한 부양부담 등의 문제상황에 처할 수 있는 가족들을 위해 전문적이고 예방적 차원에서 이루어져야 할 필요가 있으며 치매전문상담자에 의해 체계적으로 관리되어져야 할 것이다.

2) 치매노인상담

치매노인의 경우 의학적인 측면의 관리도 필요하지만 심리적이고 사회적인 측면이 중요시되고 있다. 특히, 치매노인에 대한 상담적 개입은 노인과의 커뮤니케이션이 우선시되어야 한다. 상담자는 의미 있는 감성의 접촉을 이루기 위해서 감정이입을 활용한 경험을 통하여 치매노인의 현실에 대한 관심을 발견하려고 시도해야 한다(김철호, 2005: 56). 상담자는 치매노인이나 가족을 상담하여 내담자의 상태와 병력을 상세하게 파악해야 하며 다음과 같이 적절한 치료기법이나 프로그램을 적용한다(이호선, 2005: 280-282).

① 회상

치매는 뇌의 신경세포가 계속적으로 장애를 일으켜 생기는 상태지만 남아 있는 건강한 신경세포가 대신 그 역할을 해 줄 수 있다. 상담자는 치매의 주요 증상으로 나타나는 기억장애에 대해서 노인이 기억할 수 있는 과거 이야기들을 말하게 하고, 그들의 기억 이야기를 들음으로써 기억력 상실을 완화할 수 있다. 이런 회상요법은 노인이 스스로 자신의 과거를 돌아봄으로써 잊고 있던 기억을 재생하고 남은 삶에 대한 긍정적인 평가를 내리도록 돕는다.

② 감정교류

치매노인은 기억이나 지능의 장애로 일상생활이 점차 힘들어진다. 그러나 감정 경험은 비교적 오랫동안 유지된다. 따라서 상담자는 기쁨, 서글픔, 장애 악화에 대한 불안감, 가족에 대한 죄책감 등 내담자에게서 나타날 수 있는 다양한 감정을 듣고 이해해 주며 이들에게 심리적인 안정감과 희망을 주어야 한다.

③ 기본적 욕구충족

생활의 리듬을 잘 지켜 주는 것으로도 치매노인의 이상 행동을 다소 줄일 수 있다. 지나치게 많이 먹거나 강하게 성적인 욕구를 보이는 등 치매노인들이 보이는 일부 증상들은 기본적인 생리적 욕구와 맞닿아 있다

④ 건강상태 파악

상담자는 치매노인들의 건강상태를 파악할 필요가 있다. 치매노인들이 식사를 제대로 공급받지 못하거나 혹은 심각하게 비만해질 수 있기 때문이다. 부양자가 식사를 제대로 공급하지 않는 경우 일부 치매노인들은 심각한 영양결핍이 나타나기도 한다. 영양상태는 치매질환의 정도를 악화시킬 가능성이 높기 때문에 상담자의 영양상태를 포함하여 여러 측면의 건강상태를 살필 필요가 있다.

3) 치매노인의 가족상담

가족상담의 목적은 가족의 잘못된 관계를 정상화하고 구체적으로 문제유발 가능성이 크다고 생각되는 가족 구성원의 문제 행동을 수정하는 것이다. 현실에서 볼 때 가족문제의 해결은 상당히 중요한 과제이다. 특히, 치매노인 가족은 치매노인에 대한 부양부담이라는 문제로 인해 상담의 대상이 되며 슬기롭게 과제를 해결해야 한다.

한국의 치매노인 가족을 대상으로 한 권중돈(1994)의 연구에 의하면, 치매노인 가족의 부양부담은 사회적 활동의 제한, 노인-주 부양자 관계의 부정적 변화, 가족관계의 부정적 변화, 심리적 부담, 재정 및 경제활동상의 부담, 그리고 건강악화라는 6개 차원으로 분류된다(김선희 외, 2005: 19). 이러한 부양부담의 경감을 위한 지원방안은 다음과 같다(권중돈, 2007; 현외성, 2010: 289-292, 재인용).

① 치매가족을 위한 교육 · 지지집단 프로그램

치매가족 교육 · 지지집단은 교육집단과 지지집단의 목적을 동시에 추구하는 집단으로 ① 치매에 대한 의학적 이해, 치매노인의 증상과 기능저하에 대한 대처방법, 환자와의 효과적 관계 형성방법, 자기보존 전략 등에 대한 교육과 정보제공, ② 집단성원이 경험하는 부양부담을 공유하고 상호 지지하는 데 목적을 두고 있다.

② 부양자 가족의 상담과 치료

부양가족은 치매노인의 발병원인, 경과, 예후, 문제 행동의 대처방법, 간호 및 케어 등에 대하여 잘 알지 못한다. 치매노인을 부양하는 과정에서 발생하는 이러한 문제를 해결할 수 있도록 상담과 치료 지원이 매우 중요하고 또한 필요하다. 경우에 따라서는 치매노인을 입소시킬 수 있는 요양시설이나 전문병원에 대한 상담과 문의에 대응할 수 있는 지원도 필요하다.

③ 부양자 휴식서비스 제공

치매노인 부양자는 개인 시간이 부족하고 치매노인을 간호하는 일 이외에 가사활동, 가족부양 등으로 인하여 과중한 역할부담을 경험하는 경우가 많다. 따라서 치매노인 가족을 위한 교육 · 훈련서비스와 병행하여 실시되어야 할 보완적 가족서비스는 휴식서비스(respite service)이다. 가장 직접적인 휴식서비스는 가정도우미나 가정방문간호사를 치매가족에게 파견하여 서비스를 제공하는 것이다. 다른 치매가족을 위한 휴식서비스로는 부양자를 대상으로 한 문화기행이나 다양한 형태의 여가서비스가 있을 수 있다.

④ 자조집단 만들기

부양가족끼리 자신들의 어려움을 함께 나누고 정보를 교환하며, 상호 유익을 위해 자조집단을 만들기도 한다. 경우에 따라서는 사회복지사들이 지역단위로 자조집단을 결성하도록 지원하여 다른 지역의 자조집단과 교류할 수 있도록 개입하기도 한다. 치매가족협회가 대표적인 자조집단의 한 형태이다.

4) 지역사회 치매 관련 기관

① 치매상담센터

치매상담센터는 지역사회 치매관리사업에 대한 원활한 수행과 치매노인등록에 다른 관리 및 이에 필요한 상담 · 지원 등의 서비스를 제공함으로써 치매노인이 건강한 삶을 누릴 수 있게 하는 것을 목적으로 설치되었다. 치매상담센터는 보건소 단위로 설치 · 운영되며 그 주요업무는 다음과 같다(현외성,

2010: 293-296).

① 치매환자의 등록 · 관리
② 치매환자 및 그 보호자에 대한 상담
③ 치매예방 및 치매환자의 간병요령 등에 관한 교육의 실시
④ 재택 치매환자에 대한 방문관리
⑤ 치매환자의 노인전문요양시설 등에 입소 안내
⑥ 그 밖에 치매예방 및 치매환자 관리에 관하여 필요하다고 인정하는 업무

2 노인장기요양운영센터

노인장기요양운영센터는 치매노인을 부양하고 있는 가족이 주로 요양시설이나 재가복지서비스를 희망할 경우, 장기요양인정을 요청하는 곳이다. 즉, 치매노인을 부양하고 있는 부양가족은 요양시설서비스나 재가복지시설서비스를 받고 싶을 경우 센터에 상담하거나 인정을 신청할 수 있다.

3 치매전문병원, 치매요양원, 재가노인복지시설

① 치매전문병원에서는 입원 및 통원치료서비스와 재활서비스를 제공한다.
② 치매요양원은 치매노인에 대한 케어중심의 서비스가 제공되는데, 주로 간호, 요양, 재활서비스를 비롯하여 일상생활서비스가 제공된다.
③ 재가노인복지시설은 치매노인이 자신의 집에 거주하면서 필요한 서비스를 제공받는 시설을 말한다. 이외에도 자활꿈터로서 현행법상 노인요양공동생활가정, 소규모 요양시설 등이 치매노인을 중심으로 서비스를 제공하는 시설로 구분될 수 있다.

제 13 장

노인목회상담

1. 노인목회상담에 대한 이해

1. 노인목회상담의 필요성

노인들은 은퇴 후, 수입단절과 사회생활의 축소로 인해서 빈곤 · 질병 · 무위 · 고독에 시달리고 있으며, 이로 인해서 삶의 질이 매우 낮은 생활을 하고 있다. 빈곤과 질병은 노인들의 자살률과 범죄에 영향을 미치며, 무위와 고독은 우울증, 알코올 및 약물남용을 낳게 만드는 요인으로 작용하기도 한다.

위기에 처한 노인들에게 종교생활은 존재의 가치감과 삶의 의미를 부여하고 행복감을 증진시켜줄 수 있는 중요한 자원이라고 할 수 있다. 따라서 종교 영역에서 노인들에 대한 지지와 돌봄 서비스가 강화되어야 할 것이다.

2005년 인구조사 결과를 살펴보면, 기독교인 가운데 65세 이상 노인이 1백 8만 명으로 나타났다(통계청, www.kostat.go.kr). 따라서 기독교 종교를 지닌 노인들이 지닌 다양한 문제해결과 삶의 질 향상을 위해서 목회상담이 매우 중요하다고 볼 수 있다.

본 장에서는 기독교공동체 안에 있는 노인들을 위한 목회상담에 관해서 다루려고 한다. 사회의 인구고령화 현상과 함께 교회공동체도 점차 고령노인 신자들이 증가하고 있는 추세이므로 교회공동체의 노인들을 돌보는 목회상담(Pastoral care) 모델을 강화시켜 나갈 필요가 있다.

목회상담은 노인들이 새로운 활력과 희망을 지닐 수 있게 하므로 전인건강 유지와 회복에 기여할 수 있는 매우 중요한 분야라고 할 수 있다.

2. 목회상담의 개념

목회상담은 신학과 심리학이라는 2개의 학문전통이 서로 만나 상호긴장과 갈등, 보완관계를 통해서 발전해 가고 있는 비교적 새로운 학문분야이다.

목회상담의 대상은 기독교 신앙을 지닌 신자들을 대상으로 하며, 목회상담자의 관심과 가치에 따라서 일반상담 이론을 다양하게 활용하되 성서와 기독교 전통양식인 기도, 예배, 찬양 등을 활용하며, 하나님과 내담자 사이를 이어주는 역할을 한다.

또한 목회상담은 삶의 압박감과 위기에 적극적으로 대응할 수 있도록 개인이나 가족, 집단을 돕는 보다 전문화된 목회적 돌봄이며, 목회상담의 궁극적 목표는, 내담자가 치유와 학습, 인격적 · 영적 성장을 경험하도록 지원하는 활동이다.

미국목회상담자협회(AAPC)의 규정에서는 '목회상담이란 목회상담자가 신학과 행동과학으로부터 얻어진 통찰과 원리를 활용하여 전인성과 건강을 지향하면서 개인과 부부, 가족, 집단 그리고 사회체계와 더불어 노력하는 과정'이라고 정의하고 있다(AAPC Membership Directory).

베너(D. Benner, 2001)는 "목회상담이란, 고통 받는 사람으로 하여금 하나님의 은총과 신실하신 임재를 깨닫게 하고, 그렇게 함으로 이것들을 실현해 가는 가운데 더욱 넉넉한 삶을 살도록 그들의 능력을 증진시켜 주며, 위로를 제공하는 구조를 가진 시간적으로 제한된 관계설정을 의미한다."라고 하였다.

목회상담의 본질은 고통 받는 사람이 안고 있는 상처, 내면적 투쟁, 불안을 그의 백성에게 놀라운 상담자(The Wonderful Counselor)로 알려진 하나님과의 역동적 치유관계로 인도하도록 돕는 활동이다.

목회상담자는 말과 존재를 통하여 사람들을 움직여 치유하시고, 유지시켜 주시며, 안내하시고, 화해시켜 주시고, 양육시켜 주시는 하나님과의 만남을 갖도록 하는 데 있다.

1 목회상담의 특성

모든 상담은 상담기법과 기본전제와 가정들이나 상담 원리가 각기 다르다고 할지라도, 삶에 부적응문제를 갖고 있는 사람들을 도와서 정상적인 삶을 회복시키려고 노력한다는 점에서 공통점이 있다. 목회상담은 내담자들의 문제해결을 돕는다는 점에서 일반상담자와 같다.

그렇다면 목회상담은 일반상담과 어떠한 차이가 있는가? 목회상담은 일반상담의 특성을 포함하되, 더 나아가서 내담자가 하나님 안에서 영적 성장을 이루도록 돕고, 기독교적인 가치관을 갖게 하며, 인간적인 표준에 의한 삶이 아니라 성서의 가르침에 근거한 삶을 살도록 돕기 위해서 종교전통이나 예식과 같은 독특한 자원들을 활용한다는 점이 일반상담과 다른 목회상담만의 특징이다(박노권, 2001).

목회상담자들은 기독교적인 가치와 이해를 대표하므로, 상담자들 밖에 존재하는 도움과 치유의 근원과 부딪쳐 만나도록 돕는다. 그런 점에서 목회상담자는 언제나 하나님을 상담 과정의 동반자로 보며, 이 동반자 관계는 고통 받는 사람들의 짐을 나눠서 지는 데 수반되는 압박을 상당히 경감시켜 준다.

목회상담을 일반상담과 두드러지게 구별 짓는 또 다른 정체성은 목회상담 과정에서 내담자의 삶의 문제들을 신학적인 관점에서 해석할 수 있는 능력이다. 목회상담자는 내담자의 삶을 하나님의 시각으로 해석할 수 있는 렌즈를 갖고 있는 사람이어야 한다. 특히 내담자의 삶의 의미와 하나님과의 궁극적인 관계회복과 더불어 이웃과 사회와 환경과의 관계에서 사랑과 정의를 실천하도록 도울 때, 다른 상담자들이 다루기 힘든 영역까지 다룰 수 있다는 장점과 자원을 갖고 있다. 목회상담자는 궁극적인 질문에 대답하고자 노력하는 자요, 궁극적인 관심을 가지고 인간을 돌보는 자이다(안석모 외, 2009).

상담자가 내담자의 문제해결을 돕는 과정에서 그들 사이에 현존하시는 하나님이 내담자가 지닌 문제상황을 극복하는 데 적극적으로 참여하여 돕는다고 믿을 때, 그 상담이 바로 '목회상담'이라고 할 수 있다. 좀 더 구체적으로 살펴보자면, 첫째, 상담자와 내담자가 하나님의 현존이 상담 과정과 결과에 중요한 영향을 줄 것이라고 믿을 때, 그 상담이 어떤 내용과 방법으로 진행되든, 상관없이 목회상담이라고 할 수 있다.

둘째, 상담의 관심이 정신적인 문제와 원인을 파악하고, 부적응문제의 원인을 극복하려는 것을 주된 관심사로 두고 상담이 진행되더라도 하나님의 현존이 바로 그 문제를 극복하는 데 도움이 된다고 생각하면 목회상담이 된다.

셋째, 상담에 의해 삶의 장애요인인 정신적 장애와 원인을 제거한 후에라도 내담자는 아직도 하나님이 필요하며, 하나님과의 새로운 관계를 통하여 삶의 길과 진리와 생명을 공급받아야만 진정한 인간회복이 가능하다고 믿고 상담한다면 목회상담이라 할 수 있다. 이렇듯 목회상담은 내담자의 삶의 문제를 돕지만, 더 나아가서 궁극적인 관심을 가지고 내담자의 총체적 회복을 도모하려는 데 목적이 있다(오성춘, 1997).

② 목회상담이 사용하는 자원

목회상담은 궁극적인 관심을 가지고 상담하려고 하기 때문에 상담자가 훈련받은 심리학 이론과 임상적인 지혜와 구체적인 상담기법이라는 자원만으로는 총체적인 인간회복에 어려움이 있다고 본다. 목회상담자는 물론 임상적인 자원들로 훈련을 받아야 하지만 그것만으로는 목회상담이 목적하는 전인적인 인간회복이 부족하다고 생각한다.

목회상담자는 임상적인 자원 외에 기독교공동체 지지체계 안에서 활동한다. 교회공동체는 문제를 지닌 내담자들을 지지하는 영적인 확대가족 역할을 하며 서로의 덕을 세워가도록 권면한다. 그러므로 교회공동체는 목회상담의 실질적인 주체이자 감독자이며, 주관자이다. 교회공동체는 내담자에게 필요한 것들을 보완하며 총체적인 인간완성에 필요한 일들을 목회상담자를 도와 수행한다.

교회공동체 안에서 목회상담자가 활용할 수 있는 자원으로는 성서, 기도, 기독교교리, 예배의식과 성례전 등이 있다.

예를 들어, 기도는 상담자가 내담자를 이해하고 있다는 사실을 내담자에게 전달하는 최상의 방법이다. 상담을 시작하기 전에 하나님께서 상담 과정에 임재하기를 간구할 수 있다. 상담을 끝낼 때는 내담자의 이야기 내용을 요약하고, 내담자의 감정을 있는 그대로 반영하여 내담자가 하나님께 간구하고 싶어 하는 내용을 상담자가 기도하면, 내담자는 상담자와 하나된 것을 경험하게 된다. 즉, 기도는 상담자의 공감을 전달하는 최상의 수단이다.

또한 기도는 내담자의 문제와 상황과 아픔과 혼란 등 내담자를 있는 그대로 하나님께 드리는 상담자의 중보[22]이다. 이것 하나만으로도 내담자는 하나님이 주시는 평안으로 인도 받을 수 있다.

중보기도의 특별한 점은 내담자의 기도를 상담자가 대신하는 것이며, 중보기도를 통해 하나님의 위로와 능력과 생명이 흐르게 되어 내담자를 회복시킨다. 이렇게 기도자원은 목회상담자만이 사용할 수 있는 독특한 자원이다.

또한 성서의 말씀을 치료약(藥)과 병행하여 치유자원으로 활용할 수 있다. 일례로 웨인 오우츠(Wayne E. Oates)는 상담에서 성서의 세 가지 기능을 제시하고 있는데 그 가운데 진단기능을 소개하면, 문제의 진단이 어려울 때에는 "당신이 가장 좋아하는 성경구절은 무엇인가, 당신이 가장 좋아하는 성경의 사건(story)은 무엇인가, 당신이 가장 좋아하는 성경의 인물은 누구인가" 등을 질문하고 그 이유를 물으며 대화를 나눌 때, 내담자의 근본문제가 무엇인가를 발견할 수 있다고 주장한다. 오우츠는 이외에도 성서말씀은 치유기능과 소망과 위로의 기능이 있다고 하였다.

따라서 치유와 힘을 주는 성경구절을 내담자에게 제시하여 암송하게 하는 방법이 정서적인 안정과 영적인 평안에 도움을 줄 수 있으므로, 상담 과정에서

22) 중보(中保) : 하느님과 인간 사이에서 일이 성사되도록 주선하는 사람이라는 의미이다.

내담자의 상황에 알맞은 치유와 관련된 성경구절을 제시하는 것이 유용할 것이다. 오랄 로버츠(Oral Roberts) 목사가 설립한 미국의 오랄 로버츠 대학(Oral Roberts University)의 의과대학 병원에서는 환자들에게 약을 처방할 때, 치유와 관련된 성경구절을 함께 처방하고 있다. 이처럼 목회상담은 임상적 지혜와 기술 외에도 기독교신앙 전통을 자원으로 사용한다는 점에서 일반상담과 다른 독특성이 있다.

3. 목회상담자의 자세

상담자가 상담에 관한 지식과 기술을 숙지했다고 할지라도 상담에 적합한 인격을 갖추지 못했다면, 부적합한 상담자가 될 수밖에 없다. 목회상담자는 지성과 영성을 겸비해야 하며, 자신의 존재 자체가 내담자의 정신건강 회복이나 영적 성장에 중요하다는 사실을 인식하고 자기관리를 잘해나가야 한다. 목회상담자의 자세를 몇 가지 살펴보면 다음과 같다(박노권, 2001).

① 진실성

내담자가 성장을 경험하는 것은 인간 대 인간관계의 맥락 안에서 이루어진다. 만일 목회상담자가 지식과 기술만을 사용한다면, 내담자의 성장을 기대할 수 없을 뿐 아니라 오히려 성장을 가로막을 수 있다. 내담자의 인격적 성장은 상담자와의 진실한 관계에서 이루어진다. 만약 상담자가 단순히 감정을 반영하거나 객관적인 해석과 평가를 내리는 관찰자로 남거나 예견된 역할의 안전장치 뒤에 숨어서 기계적인 기술을 실천하는 인간이라면, 내담자로 하여금 진실성을 향상시킬 수 있도록 조력할 수 없을 것이다.

상담자가 불일치한 행동모델을 보이고 애매모호한 태도로 자신을 위장하려 든다면, 그는 내담자에게도 폐쇄적이며 불신의 태도를 기대할 수밖에 없을 것이다. 만약 상담자가 열려지고, 합당하게 그리고 촉진적으로 자기노출에 참여하여 매 순간 자기를 있는 그대로 보여주어 진실한 모델이 된다면, 내담자도 상담자가 보여준 대로 그러한 성품을 자기 속에 내면화시키고 통합시켜 나갈 수 있을 것이다.

② 치유적인 인간으로서의 목회상담자

목회상담자는 완성한 존재로서가 아니라 치유적인 인간이 되고자 열려 있는 자세를 지녀야 한다. 이런 관점에서 치유적인 상담자의 특성을 살펴보면 다음과 같다.

첫째, 치유적인 목회상담자는 자신만의 스타일을 발전시켜 나가야 한다. 즉 자신의 인격에 독특한 의미를 주는 스타일을 개발하는 과정에 있는 자이며, 그들의 상담스타일은 삶의 철학과 자신의 인격적 삶의 스타일을 표현하는 것이다. 비록 다양한 상담 이론과 아이디어와 기술들을 자유롭게 활용할 수 있는 능력이 있더라도 기계적으로 다른 사람들의 스타일을 모방하는 것이 아니라 창조적으로 재통합하고 자신만의 스타일을 발전시켜 나갈 수 있어야 한다.

둘째, 목회상담자는 자기존중과 자기신뢰감을 가지고 있어야 한다.

셋째, 목회상담자는 열린 마음을 지녀야 하며 이미 알고 있는 세계의 안전을 버리고, 미지의 세계에 도전하는 용기와 의지를 지녀야 한다. 그렇게 함으로써 아직 개발되지 않고 남아 있는 많은 가능성을 개발해 나간다.

목회상담자의 인격과 신앙이 균형 있게 지속적으로 성장하게 될 때, 하나님과 이웃 그리고 자신과의 관계에서 깊은 영성의 삶을 전인적으로 살아갈 수 있으며, 내담자에게 하나님의 임재를 표상하는 대리자로서 진정으로 돕는 관계를 형성할 수 있을 것이다.

4. 효과적인 목회상담을 위한 교훈

효과적인 목회상담을 위해서 목회상담자들이 알아야 할 교훈을 제시하면 다음과 같다(T. Oden, 1986).

첫째, 해를 주지 말라. 때로 목회상담자들이 무지에 의해서건 그릇된 의도에서건, 내담자들에게 해를 끼칠 수 있다. 목회상담자가 내담자들의 영혼이나 그들의 영적 성장에 대한 책임을 맡았다면, 연약한 사람들을 나중 형편이 전보다 더 심해지지 않도록 잘 돌봐야 한다.

둘째, 자신의 문제를 함께 다룰 목회상담자를 선택할 수 있는 교인들의 권리와 책임을 존중하라. 목회상담자는 내담자들에게 영적 친구 또는 영적인 상담자일 수 있어야 하며 특정한 목회상담자의 개입이 어떤 사람에게는 받아들여질 수 있지만, 어떤 사람에게는 거부될 수도 있으므로 사람마다 지닌 미묘한 차이점들에 유의해야 한다.

목회상담자는 내담자들로 하여금 자신의 상담자나 고백상대자, 비밀을 털어 놓을 사람, 또는 영적인 친구를 자유롭게 선택할 수 있도록 돕는 것이 바람직하며 그러한 상대가 언제나 자신이라고 기대해서는 안 된다. 따라서 자신과 잘 맞지 않는 내담자는 다른 목회상담자의 도움을 받을 수 있도록 의뢰할 수 있어야 한다.

셋째, 사람들에게 시간여유를 주어 과거에는 생각할 수 없었던 자아인식 또는 인간관계가 성숙할 수 있는 통찰력에 도달하도록 조력해야 한다. 공감적 돌봄, 충고, 직면, 분석이나 비유, 이야기 등이 어느 때 절실하게 필요한지 잘 알고 있어야 한다.

넷째, 대화 가운데 조용히 경청하거나 적극적으로 개입하는 것이 의무라고 고지식하게 추정하지 않아야 한다. 목회상담자는 매 순간 성령께서 인도해 주시기를 기도하며 상담에 응해야 한다.

넷째, 목회상담자는 내담자의 영적인 인격형성을 단기간의 위기해소라는 관점에서뿐만 아니라 전 인격의 장기적인 성장이라는 점에서 살펴볼 줄 알아야 한다.

다섯째, 영혼을 돌보는 목회상담 과정이 서로 돌보아주는 교회공동체 안에서 진행되도록 하되 독단적인 행동을 하지 않아야 한다. 목회상담은 상처받은 사람들을 사랑 가운데서, 가까운 형제와 가족의 친근함 속에서, 터놓고 지내는 일차적인 관계에서, 구체적인 사회적 인간관계의 접촉을 통해서 돌보아 주는 일을 의미한다.

2. 심방을 통한 목회상담

목회상담자에게는 심리학적 상담가나 정신치료자들에게 부여되지 않은 특별한 기회, 즉 시간이나 장소에 구애받지 않고 교인들을 심방할 수 있는 특권이 주어진다. 환자가 아무리 아프다 할지라도 병원에 찾아가서 진료를 요청할 때까지 의사는 기다려야 하지만 목회상담자에게는 교인들의 집이 언제나 개방되어 있다.

목회자가 방문하면, 대부분 이를 환영하며, 심지어 어떤 사람들은 목회자의 심방이 오랫동안 지연될 때, 자기를 소홀히 여긴다고 생각하기도 한다. 전통적으로 교인들은 목회자에게 무언의 초청장을 주어 그들에게 필요하다고 느낄 때는 영적복지를 위해 목회자가 방문해 주기를 바라고 있다.

목회상담자는 홀로 살거나 병상의 누워 있는 노인들을 방문하며, 고독과 실망 가운데서 우울증에 빠진 노인을 찾아보며, 그들의 쓰라린 문제들을 진지하게 같이 나누며, 슬퍼하는 자에게 위로와 소망을 불어넣어 주며, 죽어가는 노인들에게 안식을 심어줄 수 있다.

1. 심방을 통한 상담의 필요성

기독교신앙은 전적으로 대화의 종교이다. 예수의 사역으로부터 대화를 통하여 영혼을 돌보는 목회방식이 형성되었다. 목회상담자가 교인들이 살고 있는 삶의 자리로 찾아가서 대화를 통해서 그들이 지닌 문제를 발견하고 다루면서 상담이 이루어진다.

심방상담을 통해서 교인들의 닫힌 문을 열고, 감추어진 필요한 것들을 드러내며 닫힌 마음을 열 수 있을 뿐만 아니라 효과적으로 겉치레 속에 감춘 무언의 침묵을 깨뜨릴 수 있다. 이렇게 심방을 활용한 상담은 불안과 갈등, 고독과 절망 가운데 있는 노인들에게 희망을 줄 수 있다.

심방의 목적은 상담 지원을 필요로 하는 사람을 찾아내는 데 있다. 목회상담은 세속적이고 시간에 쫓기며, 상담 비용을 받는 상담자들을 훨씬 능가하는 잠재력을 발휘할 수 있다. 쉽게 접근할 수 있다는 점에서 심방을 활용한 목회상담은 위기가 닥치기 전에 대처할 수 있는 기회를 포착할 수 있으므로 적절할 때에 개입하여 불필요하게 상처받는 일을 방지하고 성장을 촉진할 수 있다. 특별히 거동이 불편해서 혼자서 집안에서 지내는 고령노인들과 병원에 입원한 노인환자들에 대한 적절한 때의 심방은 큰 도움이 될 수 있다.

2. 심방의 실제적인 지침들

심방을 통해서 효과적인 목회상담을 수행하기 위해서는 일정하고 분명한 계획에 따라서 진행할 필요가 있다. 사전에 심방계획표를 작성하여 방문하고자 하는 이들에게 미리 시간을 알려주므로 마음으로 준비하게 할 수 있다. 시간과 만날 장소를 정하는 등 합리적인 계획을 세워 심방하되 심방상담 내용을 기록하여 지속적으로 이루어지는 사례를 관리하는 것이 좋을 것이다.

목회상담자가 심방을 하는 상황은 서로 달라서 일정한 준거지침을 정한다는 것은 쉽지 않다. 심방을 통한 목회상담에 대해서 예민한 감각과 경험이 최상의 지침이지만 도움이 될만한 점을 제시하면 다음과 같다(T. Oden, 1986).

- 성령의 인도하심의 신호일 수도 있는 직감에 귀를 기울이라. 어떤 때는 특정한 사람을 만나고 싶은 강한 충동을 느낄 수 있다. 그 사람을 만나는 일이 계획표에 없을지라도 알맞은 시간에 그를 찾아볼 수 있다.
- 심방상담의 후속조치의 방법으로 간단하게 기록한 메모지를 효과적으로 이용하라. 여러 해 동안 심방을 마칠 때마다 방문한 사람들의 영적인 성장을 기록한 짧으면서도 핵심적인 내용을 메모해서 보내는 것도 좋을 것이다.
- 비밀을 철저하게 지켜야 한다.
- 심방상담은 지루할 정도로 길어서는 안 되며, 형식적인 방문처럼 너무 짧아서도 좋지 않다. 적당한 한도 내에서 상황을 주의 깊게 살피면서 심방할 때마다 그에 알맞은 정도만 머물러야 한다. 혼자 있기 외로운 노인들

과는 오래 머물러 주는 것이 좋다.

- 심방을 가서 얼마 동안 머물든지 항상 그리스도의 이름으로 머물라. 그러나 그리스도께서 함께 하신다는 느낌의 전달은 말보다는 눈길의 마주침과 접촉을 통해서 일어난다. 하나님께서 우리의 마음을 알아주신 것처럼 목회상담자도 신자들과 마음을 같이 한다는 사실이 그들에게 명백하게 전달되는 것은 무엇이라 정의할 수 없는 오묘한 일이다.
- 대화는 심방의 유일한 목적이 아니다. 단순히 찾아보는 것 또는 같이 있는 것이 보다 더 중요하다. 이는 특별히 사귐에서 단절된 두문불출하는 노인들과 허약해서 말도 할 수 없을 정도의 죽어가는 신실한 사람일 경우에는 더욱 그러하다.
- 노인들은 항상 신경 쓰는 이상으로 심방이 필요하며, 때로는 목회상담자를 가장 환영하고 필요로 한다는 사실을 기억하라
- 목회상담자는 방문하는 사람을 위해 중재기도뿐만 아니라 표준적인 긴장이완 기술인 심호흡, 각종 근육의 수축운동, 반사작용, 명상을 통하여 심방에서 오는 불안을 감소시킬 수 있는 기술을 익혀두어야 한다.
- 심방을 마치면서 특별히 목표한 생활의 변화에 대하여 명백하게 밝혀주는 것도 바람직한 일이다.
- 각 개인의 현실에 알맞은 감사기도와 중재기도를 드림으로써 심방을 마친다.
- 심방을 가기 전에 대화를 나눌 내용과 신자가 처한 상황에 알맞은 적절한 성경말씀을 준비해 가는 것도 중요하다.

3. 질병을 지닌 노인과 목회상담

노인들은 만성적인 질병을 앓고 있으므로 목회상담자는 노인들의 신체적, 심리적 건강증진을 위해서 특별히 관심을 가져야 한다. 필요할 때, 환자를 찾아가 이야기를 들어주고 성경말씀을 통해서 질병의 의미를 찾고 내적으로 성

장할 수 있도록 도와야 한다.

또한 가족을 지원하거나 가족들의 결속력 강화를 위해 지지체계를 구축해 주며, 일시적인 지원을 포함한 의료 및 요양 시설정보를 제공하고 지원하는 일과 중재기도와 환자의 투병, 불편, 소원을 하나님께 의탁하는 일 등을 수행해야 한다.

1. 질병의 의미 찾기

기독교신앙은 인간이 경험하는 모든 사건에는 의미가 있다고 가르치고 있다. 질병이 비록 육체적으로 고통을 초래하고 좌절을 유발할지라도 의미가 없는 것은 아니다. 신앙은 우리의 고통 가운데 하나님의 은총이 함께 하며, 시련을 통해서 영적인 성장으로 이끈다는 사실을 강조하므로 목회상담자는 질병의 고통 가운데 있는 노인들이 삶을 긍정할 수 있도록 도와야 한다.

질병을 앓는 노인들은 자신을 쓸모없는 사람이라고 생각할 수 있다. 목회상담자가 병중에 있는 노인들을 대할 때, 절망에 굴복하지 않고 자신에게 의미가 있는 일에 관심을 가지고 활동하도록 격려해 주어야 한다. 노인이 병상에 눕게 되어, 거동이 제한되고, 홀로 의기소침해져서 두려움 가운데 있게 되면, 자기 존재에 대한 무가치감으로 인해 우울상태에 빠질 수 있다. 이때 목회상담자는 노인으로 하여금 심리적인 장애물이나 왜곡된 선입관을 불식시키도록 노력하므로 자아성찰이 깊어지도록 도울 수 있다.

2. 환자와의 목회상담적 대화

목회상담자가 활용하는 대화는 자발적이고, 상황에 어울리며, 주의를 집중시키는 것이고 매 순간에 느끼는 분위기와 일치하는 대화가 되어야 한다. 대화의 목적은 고통과 싸우는 일을 위로하고 고무시키며, 때때로 고백을 통해서 마음의 짐을 덜어주는 데 있다.

대화활용은 육체적으로 고통 가운데 있는 노인들로 하여금 그가 당하는 어려움을 통해서 하나님의 뜻이나 감추어진 목적을 찾을 수 있도록 돕는 것이다. 목회상담자는 질병을 앓는 노인의 기운을 돋아주는 말과 따스함과 즐거움, 긍정적인 감정의 분위기를 만들어줄 필요가 있다.

목회상담자가 병중의 노인들을 돕는 과정에서 몇 가지 질문을 통해서 만남의 깊이를 발견할 수 있다.

- 당신은 진지하게 치료책을 시도해 보았습니까?
- 당신은 생활을 바꾸기 위해 어떤 노력을 해보았습니까?
- 성령께서 그러한 노력을 돕고 계시는 것을 체험한 적이 있습니까?
- 당신은 질병이 영적인 유익이 되도록 노력한 적이 있습니까?

질병을 앓는 노인을 도울 때, 영적인 지지를 하는 것은 중요하지만 의사의 지시를 방해하거나 투약 과정, 일상적인 간호절차를 방해하지 않아야 하며, 영적인 돌봄과 의학적 치료가 균형을 이루도록 주의해야 한다. 질병을 앓고 있는 노인들에 대해서 목회상담자가 취해야 할 몇 가지 지침을 제시하자면 다음과 같다.

- 자주 방문하되 시간을 오래 끌지 말라
- 가능하면 개인적인 대화를 많이 가져라
- 말을 매끈하게 하기보다 기도의 따스함이 더욱 중요하다. 친절하고, 희망적이며, 정직하고, 공감을 주는 자세는 위급한 상황에서의 기도에 잘 어울린다.
- 목회상담자의 말보다도 치유의 능력이 역사하는 성경말씀들을 적절하게 활용하라.

4. 목회상담의 단계(D. Benner, 2001)

내담자의 문제해결을 위한 목회상담의 단계는 만나기, 맞물리기, 끝내기로 구조화하여 진행할 수 있다.

첫째 단계인 만나기는 도움을 구하는 내담자와의 첫 번째 만남에 해당한다.

이 시점에서 목표는 내담자와 개인적 접촉을 통해서 친밀감을 형성하고 상담관계의 경계선 설정, 진단을 수행하며, 상담에서 다룰 목표설정과 다음 회기에 다루어야 할 상담 내용의 초점을 개발하는 것이다.

둘째 단계인 맞물리기는 목회상담자가 내담자와 보다 깊은 상담관계의 공통점을 설정하는 것을 의미한다. 대처와 변화를 위한 새로운 관점과 전략개발은 물론 문제영역과 연관된 내담자의 느낌, 생각과 행동유형을 탐색하는 단계이다.

셋째 단계인 끝내기는 과정, 평가, 필요하다면 남아 있는 문제해결을 위해서 의뢰와 상담관계의 종료를 의미한다.

표 13-1 전략적 목회상담의 단계와 과제

만나는 단계
• 친밀감 형성과 한계 설정하기 • 핵심적인 관심과 관련된 역사 찾기 • 진단 내리기 · 서로 합의된 상담 초점에 이르기
맞물리기 단계
• 문제의 감정적, 인지적, 행동적 국면 탐색하기 • 대처와 변화를 위한 자원들을 확인하기
끝내기 단계
• 진행 평가와 남은 관심 측정하기 • (필요하다면) 의뢰하기 · 상담 끝내기

출처 : David G. Benner, 이정기 역(2001: 74).

1. 만나기 단계

목회상담자는 내담자와의 진정한 만남을 위해서 감정이입, 존경심, 진실성을 지니고 있어야 한다. 감정이입은 다른 것을 경험하고자 하는 개방적 자세이다. 한 사람이 들은 것을 다른 사람에게 반사적으로 되돌려 줌으로써 의사소통이 이뤄질 수 있다. 존경심은 판단하거나 조건적으로 용납하겠다는 태도에서 벗어나 내담자의 가치를 인정하는 의사소통을 말한다. 목회상담의 초기 단계는 내담자에 대한 감정이입, 존경심, 진실성에 근거할 때 튼튼하게 세워질 수 있다.

① 친밀감 형성과 한계 설정하기

목회상담의 첫 번째 과제는 친밀감 형성과 상담범위를 설정하는 것이다. 친밀감 형성은 내담자를 처음 만나는 짧은 시간 동안에 자연스러운 대화를 통하여 마음을 편안하게 만들어주는 것을 의미한다. 이를 위해서 목회상담자와 내담자가 가진 경험의 유사점에서 찾아야 한다. 만약 내담자의 사정을 전혀 모른다면 그가 어디서 살며, 무슨 일을 하는지, 관심사가 무엇인지를 물어보는 것도 좋은 방법일 것이다.

예비적인 대화는 짧은 시간 동안 두세 문장으로 이루어지는 것이 좋다. 한계 설정하기는 상담 시간과 장소, 몇 회기나 진행할 것이지, 내담자가 지켜야 할 규칙과 함께 첫 회기의 목적을 위한 의사소통을 말한다.

② 핵심적인 관심과 관련된 역사 찾기

내담자에게 왜 이 시점에 상담을 받으러 왔는지 말하도록 한다. 내담자가 자신의 이야기를 시작할 때, 주의 깊은 태도로 경청하므로 내담자로 하여금 자아탐구와 표현을 계속하도록 격려할 수 있다. 당면문제에 대해서 듣고 나면 내담자가 지닌 문제에 관한 간략한 역사적 관점을 파악하는 데 도움이 될 수 있다.

문제의 전개와 해결, 문제에 대하여 도움을 얻으려는 내담자의 노력을 탐색하기 위해서 약간의 시간을 할애하는 것이 좋다. 이 시점에서 현재의 삶과 가족관계, 일과 교육적 상황에 대해 파악하므로 내담자에 관하여 보다 넓은 주변적 상황을 탐색할 수 있어야 한다.

첫 면접의 회기에서 내담자가 제기한 문제와 관련하여 역사적이고 상황적인 면을 파악하기 위한 방법으로 제기된 문제가 최근에 겪은 상실의 슬픔이라면, 집착과 상실의 역사가 탐색되어야 한다. 이때 문제에만 초점을 맞추는 것이 아니라 내담자의 강점을 파악하는 것도 중요하다.

③ 진단 내리기

진단은 내담자가 지닌 문제를 확인하고 명명하는 것을 말한다. 책임적인 목회상담은 도움을 구하는 사람이 경험한 문제의 본질에 대하여 진단을 통하여 적절한 판단을 내리는 것을 포함하며, 진단을 통한 판단은 이후에 일어나는 개입을 안내하게 된다.

진단도구는 정신의학과 정신장애진단편람인 DSM-Ⅳ의 준거를 참조할 수도 있으나 목회상담자는 상담 초기단계에서 영적인 건강에 대한 평가를 포함시켜야 한다. 프루이저는 내담자의 영적 기능진단을 위한 일곱 가지 지침으로, 거룩함의 인식과 경외감, 신의 섭리에 대한 감각, 믿음, 은혜 또는 감사, 죄를 회개하는 감각, 다른 사람들과 교제를 가지려는 친교, 소명감을 제시하고 있다(D. Benner, 2001).

브런(W. Brun, 2005)은 내담자의 종교적 · 영적 관심을 이해하기 위한 방법을 찾기 위해 노력할 때, 고려해야 할 점들을 구체적으로 제시하고 있다. 브런이 제안한 종교적 · 영적인 진단을 위한 평가모델은 임상가나 목회상담자에게 개인의 종교적 · 영적 성숙수준을 평가하는 지침을 제공해 준다고 평가할 수 있다.

브런은 '성숙하고 건전한' 종교적 · 영적 특징이나 행동과 구분되는 '미성숙하고 병리적인' 종교적 · 영적 특성이나 행동을 진단하는 평가기준을 열 가지로 제시하고 각 지침을 평가할 수 있는 구체적인 하위내용을 자세하게 제시하고 있는데, 그 내용은 다음과 같다(안석모 외, 2009).

① 거룩함 · 신성함에 대한 의식과 경외의 능력
② 섭리 · 은혜에 대한 인식과 의존의 능력
③ 자연에 대한 올바른 인식과 청지기로서의 능력
④ '자기' 의식과 고독의 능력
⑤ 공동체 · 소속에 대한 욕구와 권위에 대한 존중
⑥ 가치 · 도덕성 · 윤리에 대한 의식과 죄의식 · 회개 · 용서의 능력
⑦ 소명감과 의미의 능력
⑧ 여가 · 자기 돌봄의 욕구와 놀이의 능력

⑨ 교제의 욕구와 친밀한 관계의 능력

⑩ 시간 · 유한성에 대한 올바른 인식과 죽음에 직면하는 능력

이외에도 말로니(Malony, 1985)는 기독교인의 종교적 건강을 평가하는 데 있어서 측정을 필요로 하는 인격기능의 여덟 가지 영역으로 하나님에 대한 깨달음, 하나님의 은총에 대한 용납, 회개와 책임, 하나님의 인도하심에 대한 응답, 교회생활에의 참여, 교제의 경험, 윤리, 믿음의 개방성을 제시하고 있다.

진단은 신앙상태 면접이라는 구조화된 형태로 수행할 수 있으며, 영적 건강 평가는 건강한 종교성과 건강하지 못한 종교성을 식별하는 능력을 포함해야 한다.

④ 합의된 상담 초점에 이르기

목회상담자와 내담자는 함께 다룰 기본적인 문제와 관심에 동의해야 한다. 내담자가 첫 회기에 광범위한 관심과 문제를 이야기할 때, 목회상담자는 무엇이 일차적으로 문제의 초점이 되어야 한다고 생각하는지 물어보아야 한다. 일차적 초점확인은 상담 목표를 명확화하는 데 도움이 될 수 있다.

2. 맞물리기 단계

목회상담자와 내담자 사이의 문제를 다루면서 서로 간에 깊이 얽혀진 상태를 말한다. 이 단계의 주요과제는 대처나 변화를 위한 핵심적인 관심, 새로운 관점, 전략개발과 연계된 내담자의 느낌, 생각, 행동 유형을 탐구하는 것이다.

① 느낌 찾기

목회상담자가 내담자 안에서 처음으로 만나는 것은 분노, 혼돈, 두려움, 상처, 불안, 무관심, 우울과 같은 느낌들이다. 기독교인들은 부정적인 감정을 죄악시하므로 숨기거나 억압하는 경향이 있는데 이러한 태도는 좋지 않다. 효과적인 상담을 위해서는 감정을 솔직하게 드러내야 한다. 내담자의 이야기를 듣고 공감적으로 반응하는 것은 표현을 촉진하는 효과가 있다. 내담자로 하여금 느낌을 표현하도록 격려하는 이유는 그가 가진 짐을 나누도록 하는 것이다.

목회상담자가 감정이입적 자세를 갖는다는 것은 혼란이나 상처, 분열된 느낌을 받아주는 행위이다.

② 생각 찾기

다음 과제는 느낌의 기초를 이루는 생각을 찾는 것이다. 인지적 상담관점에서 보자면 느낌은 비합리적인 신념에서 나온다. 따라서 내담자가 직면하고 있는 문제에 대하여 새로운 이해나 성경적 진리에 근거한 관점을 갖도록 도울 수 있다.

③ 행위 찾기

내담자가 문제에 직면하여 무엇을 하고 있는가를 조사하며, 바람직한 행위의 변화를 확인해 볼 수 있다. 예를 들어서 노인내담자가 만족스럽지 못한 생활로 인해서 가족들에게 불평을 늘어놓거나 교인들과 갈등관계에 처해 있다면, 바람직한 행동으로 대체하도록 도울 수 있다.

이를 위해서 특정한 행위에 대해서 어떻게 느끼고 있는가를 물어볼 수 있다. 그 후에 목회상담자와 내담자가 동의하는 변화 목표가 중요하다는 것을 명확히 하고, 변화를 가능케 하는 구체적인 전략을 설정해야 한다. 변화를 위한 행위의 목표는 구체적이고 실제적이어야 한다.

상담 과정에서 맞물리기 단계의 열쇠는 목회상담자와 내담자가 중심적인 관심으로 확인된 문제를 해결하기 위해 함께 씨름하는 것이다. 목회상담자는 짐을 나누어지고, 새로운 관점을 제시해 주며, 새로운 목표를 형성하는 데 도움을 제공해 주는 역할을 해야 한다.

3. 끝내기 단계

상담관계의 끝맺음은 단순히 목회상담자와 내담자 사이의 만남이나 맞물리기가 아니라 두 사람이 하나님과 더불어 갖는 관계라는 사실을 인정함으로 이루어진다. 상담 과정은 끝나지만 하나님께서 내담자의 삶 속에 자비롭게 임재하실 것이다.

① 진행 평가와 남은 관심 측정하기

마지막 회기는 상담에서 배운 바를 복습하는 것으로 활용하는 것이 좋다. 평가와 밀접하게 관련된 것은 남은 관심들을 확인하는 것이다. 이 단계에서 진행 과정을 평가하고 경험을 반영하며, 목표와 전략을 조정하여 마무리해야 한다. 역할극이나 다양한 형태의 행위연습은 이 단계에서 도움이 될 수 있다.

② 의뢰 준비하기

미해결된 문제가 남아 있다면, 의뢰를 준비할 수 있다. 어느 상담자도 도움을 구하는 모든 사람을 도울 수 없으므로 상담자는 자신의 한계를 알아야 한다. 목회상담자는 교회공동체나 지역사회 안에 있는 자원들에 대한 정보를 잘 알고 있어야 하며, 내담자를 다른 곳에 의뢰하여 더 좋은 도움을 받을 수 있도록 준비할 필요가 있다.

지역사회의 사회복지기관을 통하여 도움을 받을 수도 있다. 목회상담자의 능력 범위를 넘어서는 문제가 나타났음에도 불구하고 의뢰하지 않는다면 잘못된 태도이다. 의뢰는 내담자의 동의를 거쳐서 조심스럽게 이루어져야 한다. 그렇지 않으면 내담자는 상담자가 자신을 배척한다고 오해할 수 있으며 저항에 부딪칠 수도 있다.

③ 상담 끝내기

목회상담자와 내담자가 서로 동의하여 상담을 끝내게 된다. 그러나 이 과정이 내담자가 계속 상담자를 만나기 원하는 욕구가 있을 때는 어려울 수도 있다. 내담자가 상담 과정에서 어떤 종류의 용납이나 정서적 친밀감을 느꼈고 이로 인해서 상담자와의 이별을 두려워한다면 상담을 끝내는 데 어려움이 생길 수 있다. 이를 예방하기 위해서는 상담관계를 시작하면서 한계를 명확하게 설정해야 한다.

5. 노인목회상담의 유형(G. Collins, 2008)

목회상담의 유형은 매우 다양지만, 여기서는 콜린스(Collins)가 제시한 지지적 상담, 교육적 상담, 은퇴상담, 인생회고상담, 영적 상담, 가족상담, 집단상담에 대해서 살펴보고자 한다.

1. 지지적 상담

노인들은 상담자가 진지하게 경청하고 지지해 주면 불안과 염려에 대처하는 능력이 증가하여 용기를 얻을 수 있다. 노인들은 자율성이나 독립심 상실에 대한 두려움이나 미래에 대한 염려를 지니고 있다. 상담자는 노인들이 자신의 문제를 이야기하고 확신을 얻을 수 있도록 도와야 한다.

또한 자신과 다른 사람을 용서하고, 하나님도 용서하고 돌보신다는 것을 알 수 있도록 도와야 한다. 상담자는 의존성을 조장하지 않으면서 노인들이 약하게 느낄 때, 확신과 용기를 주는 지지자가 되어야 한다. 지지적 상담은 전화를 한다든지 격려가 되는 성경구절이나 메시지를 적은 쪽지를 전달하는 방법으로 할 수도 있다.

2. 교육적 상담

노인들은 노년기에 대한 잘못된 개념을 많이 가지고 있다. 상담 과정에서 이런 점을 다루고 노화에 대한 진실을 가르치다 보면 불안이 감소되고 패배자의 태도와 부적응적 행동을 방지할 수 있게 된다. 인지 행동주의 상담기법은 생각이나 행동을 보다 효율적으로 할 수 있도록 학습하는 데 도움이 된다.

예를 들어, 노년기 성생활에 대해서 부정적이거나 신체적인 이유로 불가능하다고 생각하는 노인의 경우, 성생활은 잘못된 것이 아니며, 육체적 만족이 가능할 뿐만 아니라 발기부전 같은 문제는 다양한 방법으로 해결할 수 있으므로 성적만족을 그만둘 필요가 없다는 사실을 알게 하는 것은 노인들에게 도움이 된다.

또한 노년기 주거문제와 관련해서 혼자 살거나 마음이 맞는 동료들과 함께 살거나 혹은 실버타운 입소나 자녀들과 갈등 없이 함께 사는 문제나 재정관리, 사별자의 경우 황혼재혼 등과 같은 실제적인 문제들에 대해서 도움을 제공할 수 있다. 이런 문제들을 검토하기 위해서는 상담자가 관련 분야 전문가들과 협의하여 내담자에게 줄 정확한 정보를 가지고 있어야 한다.

3. 은퇴상담

은퇴에 직면한 사람들은 다양한 태도를 보인다. 은퇴를 즐거움으로 기다리는 사람이 있는가 하면, 두려워하며 저항하는 사람들도 있다. 사람들은 의미 있고 생산적인 일을 하고 싶어 하지만 무엇을 해야 할지를 확실히 모른다. 목회상담자는 이들의 변화를 다루고, 욕구와 우선순위를 재점검하고, 성장하고 베푸는 방법을 찾으며, 새로운 기술을 개발하고 새로운 활동을 찾아 인간관계를 넓혀가도록 잘 도와야 한다.

4. 인생회고상담

과거에는 노인들이 지나간 삶에 대해 반복적으로 이야기하는 것을 무시하거나 경시하는 경향이 있었다. 그러나 최근에는 서로 이야기하는 회상이 노인들로 하여금 과거를 다시 점검하고 실패와 성공에 대해 생각해 보게 하고, 이전의 좌절경험을 처리하게 하여 과거와 미래에 보다 균형 잡힌 관점을 제공하는 데 유익한 기법으로 받아들여지고 있다.

인생회고는 삶을 보다 현실적으로 보게 되어 도전에 대처할 참신한 방법을 발견하고, 앞으로 오는 세월을 유연하게 맞으며, 현실적인 준비를 할 수 있도록 도울 수 있다. 또한 노인들의 영적인 생활을 점검하고, 죽음 이후의 삶에 대한 기대감을 긍정적으로 다룰 수도 있다. 덧붙여서 개인의 결혼과 가족내력, 어린 시절의 기억, 교육과 직장경력, 가장 행복했던 기억과 슬펐던 기억들, 미래를 위한 계획 등도 다루므로 노인들이 자신의 삶을 총체적이며, 전인적으로 재통합할 수 있는 기회를 제공하여 우울을 감소시키고 자존감 향상과 효율적으로 노년기 삶의 질을 유지하고 향상시키는 데 도움이 될 수 있다.

5. 영적 상담

노년기에 접어든 사람들은 보다 종교적이고 영적인 문제에 관심이 많다. 노년기에 갖는 종교적 신앙과 활동은 우울과 불안을 낮추고, 행복감과 삶의 만족을 높이며, 건강에 대해 스스로 더 나은 평가를 내리고, 삶에서 스트레스를 받을 만한 사건을 줄이며, 사회적으로는 보다 활동적으로 만들어 주고, 개인 간의 문제를 감소하는 것과 연관이 있다.

질병을 앓는 노인들은 고통에 대한 이유를 알기 위하여 그리고 어려움을 이겨내기 위해서 종교에 관심을 돌린다. 평소에 종교적이지 않은 노인들도 노년기에 문제를 만나면 영적인 것으로 마음을 돌리는 경향이 있으므로 목회상담자는 노인들과의 상담 과정에서 종교적이고 영적인 주제와 관련된 문제를 다루므로 연로한 내담자가 희망과 위안을 얻도록 도울 수 있다.

6. 가족상담

노인들에게 나타나는 문제는 대부분 가족과 연관되어 있다. 가족 구성원들이 노인을 대하는 태도와 지지 여부는 노인의 적응이나 부적응 행동에 영향을 미친다. 노인이 신체적 질병이나 노인성 인지장애로 인해서 전적으로 의존상태에 처해서 장기적인 돌봄이 필요할 때, 가족 구성원들은 심적 부담감으로 인해서 우울증, 경제적 문제, 스트레스 증가, 개인 간 갈등을 겪게 될 수 있다.

따라서 노인상담은 다른 가족 구성원들과 함께 진행할 때, 가장 효율적일 수 있다. 목회상담자는 세대 간 갈등을 해결하는 데 도움을 주는 중개자 역할을 해야 하며 의료적 치료를 받게 하고 적절한 주거상태를 결정하여 경제를 다루기 위해 필요한 실제적인 정보를 가족들에게 제공해야 한다. 이러한 상담자의 도움을 받아 가족은 현실의 위기에 대처하면서 미래를 위한 계획을 세우고 서로를 지지하고 격려하며 자신의 슬픔과 죄의식에 대처할 수 있게 된다. 특히 노인이 상담 받기를 거부하거나 상담을 받을 수 없는 처지라면, 가족을 통해서 도움을 주는 것이 유일한 방법일 것이다.

7. 집단상담

노인들은 자신의 문제를 집단적 상황에서 다루기를 좋아하지 않지만, 초기 단계에 불신과 의심을 극복하고 신뢰관계가 형성되고 나면, 열심히 참여하는 경향이 있다. 노인집단상담의 목적은 사회적 접촉, 정서적 정화, 통찰력 등이 있지만, 은퇴문제, 개인적 성장, 외로움, 낙담, 가족 또는 인생의 위기, 노인에 대한 편견, 건강한 신앙생활 등 다양한 관심사와 문제를 다룰 때 도움이 된다.

여럿이 함께 만나는 경험이 자신의 문제에 적응하고 수용의 기회를 발견하며, 자신이 지닌 문제가 비정상적인 것이 아니라는 것을 확신하도록 한다. 집단상담은 교회나 지역사회의 기관이 조직할 수도 있지만 무료한 시간을 보내는 노인들이 있는 노인복지시설이나 실버타운, 혹은 노인들이 모이는 곳이면 어디서나 형성할 수 있다.

한국교회는 신도 수가 860만 명이며, 특히 65세 이상 노년층 교인 수가 1백 8만 명으로 종교적으로나 사회 문화적으로 한국 사회에 영향력이 매우 큰 집단으로 성장하였다. 교회는 인구 사회학적, 물량적으로 크게 성장한 이면에 기독교인들의 삶의 태도나 윤리적인 측면에서 덕스럽지 못한 많은 문제를 드러내므로 사회비판에 직면해 있기도 하다.

교인들 역시 신앙적 가치와 현실생활 사이의 부조화로 갈등을 해결하는 데 어려움을 겪고 있다. 특히 노인들은 예전과 달리 사회적으로나 교회공동체 안에서나 경제력이 없고 생산적이지 못하다는 이유로 존중받지 못하고 있다.

교회공동체는 점차 증가할 노인 교인들의 성공적인 노화를 위해서 노인에게서 나타나는 다양한 문제들을 제거하고 그들이 처한 상황과 환경에 만족, 감사하며, 행복감을 느끼도록 심리적, 영적 건강증진과 적응을 도와야 할 것이다.

이를 위해서 노인들이 처한 다양한 삶의 문제와 갈등을 잘 직면하고 해결할 뿐만 아니라 예방하기 위한 측면에서 제도적인 교육체계를 통하여 신학과 심리학, 사회복지학적 배경을 지닌 전문적인 수준의 목회상담자들을 양성해 나가야 하며, 교회공동체 안이나 지역사회 내에 목회상담기관을 열어 교인들의 영적인 복지증진을 위해서 적극적으로 노력해야 한다.

여러 지역교회가 연합해서 지역사회 안에 목회상담기관을 개소하고, 지역교회들이 초교파적으로 재정적 지원과 연계성을 확보할 수 있다면 상담료를 받지 않고도 교인뿐만 아니라 비종교인들에게도 양질의 목회상담서비스를 제공할 수 있으며, 지역사회 정신건강 증진에 기여할 수 있을 것이다.

제 14 장

노인상담과 미술치료

1. 미술치료의 의미와 특성

1. 의미

미술치료의 용어는 1961년 『Bulletin of Art therapy』의 창간호에서 편집자인 울먼(Ulman)의 논문에서 표현되었다. 울먼은 적절한 표현이 없어서 미술치료라는 용어를 사용했다고 술회하면서 '미술치료는 교육, 재활, 정신치료 등 다양한 분야에서 널리 사용되고 있으며 어떤 영역에서 활용되고 있든 간에 공통된 의미는 시각예술이라는 수단을 이용하여 인격의 통합 혹은 재통합을 돕기 위한 시도' 라고 진술하였다(한국미술 치료학회 편, 2000: 33).

그동안 미술치료를 연구해 온 사람들은 미술치료 이론에 대한 지지견해를 가지고 있다. 이 견해는 크게 세 가지로 나눌 수 있으며, 각 견해의 대표적인 사람으로서 나움버그(Naumburg), 크래머(Kramer), 울먼(Ulman)을 들 수 있다. 이를테면 나움버그는 미술치료는 심리치료 과정에서 미술을 매개체로서 이용하는 방법이라고 주장하고 있다. 그러나 크래머 등과 같은 학자는 치료사의 역할을 환자가 만든 작품을 해석하는 것이 아니라 승화와 통합 과정을 도와주는 것이라고 주장하고 있다. 즉, 치료로서의 미술로 생각하고 있다. 그러나 울먼은 미술심리치료와 치료로서의 미술이라는 입장을 통합하는 견해를 취하고 있다.

위의 어떤 입장을 취하든 간에 미술치료는 심리치료의 이론을 바탕으로 하여 인간의 조형활동을 통해서 개인의 갈등을 조정하고, 동시에 자기표현과 승화작용을 통해서 자아성장을 촉진시킬 수 있다. 또한 자발적 미술 활동을 통해서 개인의 내적 세계와 외적 세계 간의 조화를 잘 이룰 수 있도록 도와주기도 한다. 즉, 학자에 따라서 여러 가지 의견이 있을 수 있고, 접근방법이나 적용대상에 따라 심리치료적 미술치료, 재활미술 치료, 레크리에이션 미술치료 등으로 나누기도 하지만 미술치료는 결국 이미지 표출 과정에 있어서 비언어적 의사전달 기법으로써 타 치료기법과 비교했을 때 우위를 차지하고 있다. 미술치료를 반복적으로 시행함에 따라 지금까지 상실, 왜곡, 방어적, 억제되어 있던 언어성과 시각적 이미지로부터 보다 명확한 자기상, 자기 자신의 세계관을 재발견하여 자기 동일화, 자기실현을 꾀하게 된다(이근매, 2008: 11-12).

2. 특성

미술치료는 미술 활동을 통하여 혹은 미술작품의 해석활동을 통하여 사람들이 가진 내면세계를 드러내게 하고 그 문제를 비언어적 방법으로 표출하게 함으로써 진단과 치료를 가능하게 하는 유용성을 가진다. 각종 상담이나 치료와는 구별되는 것이며, 때로는 이들 상담과 치료 방법을 병행하여 미술치료를 활용함에 보다 심층적이고 종합적인 해결책을 도출하는 데 도움이 된다. 이러한 면에서 미술치료가 가지고 있는 장점을 몇 가지로 제시하면 다음과 같다(Wadeson, 1980; 한국미술 치료학회편, 2000: 40-42, 재인용).

① 미술은 심상의 표현이다.

우리는 심상으로 생각을 한다고 볼 수 있다. 즉, 말이란 형태를 취하기 전에 심상으로 사고한다. 미술치료에서는 꿈이나 환상, 경험이 순수한 언어적 치료법에서처럼 말로 해석하기보다는 심상으로 그려진다. 예술 매체는 종종 심상의 표출을 자극하는, 즉 일차적 과정의 매체를 자극하여 창조적 과정으로 나아가게 한다.

② 미술은 방어가 감소된다.

심상과 밀접한 관련이 있는 것이 방어이다. 우리는 어떤 다른 의사소통 양식보다 언어화시키는 작업에 숙달되어 있다. 미술은 비언어적 수단이므로 통제를 적게 받는다. 예상치 않았던 작품이 그림이나 저서에서 제작될 수 있는데 가끔 창작자의 의도와는 완전히 반대가 되기도 한다. 이러한 것은 미술치료의 가장 흥미 있는 잠재성 중의 하나이다. 예상치 않았던 인식은 가끔 환자의 통찰, 학습, 성장으로 유도되기도 한다.

③ 어떤 유형의 자료를 특시 얻을 수 있다.

즉, 눈으로 볼 수 있고 만져볼 수 있는 자료가 환자로부터 생산되는 것이다. 미술의 바로 이런 측면이 많은 의미를 가지는데, 예컨대 환자가 만든 어떤 유형의 대상화를 통해서 치료자와 환자 사이에 하나의 다리가 놓인다. 저항적인 환자들의 경우는 환자를 직접 다루는 것보다 그들의 그림을 통해 접근하는 것이 더 쉽다고 할 수 있다. 또한 환자들의 감정이나 사고 등의 그림이나 조소와 같은 하나의 사물로 구체화되기 때문에 언젠가는 자신도 모르게 자신이 만든 작품을 보고 개인의 실존을 깨닫게 된다. 어떤 환자는 단 한 번의 작품으로도 자신의 감정을 느끼기도 하며, 저항이 강한 사람은 더 오랜 시간이 걸린다.

④ 자료의 영속성이 있어 회상할 수 있다.

미술작품은 보관이 가능하기 때문에 환자가 만든 작품을 필요한 시기에 재검토하여 치료 효과를 높일 수 있다. 때로는 새로운 통찰이 일어나기도 하며, 환자 자신도 이전에 만든 작품을 다시 보면서 당시 자신의 감정을 회상하기도 한다. 즉, 그림이나 조소가 주관적인 기억의 왜곡을 방지할 수 있다는 것이다. 또한, 환자의 작품변화를 통하여 치료의 과정을 한눈에 이해할 수 있으며, 치료 팀의 회의에서도 작품을 통해 그 환자의 생생한 목소리를 들을 수 있다.

⑤ 미술은 공간성을 지니고 있다는 것이다.

언어는 일차적인 의사소통 방식이다. 대체로 한 가지씩 순서대로 나간다. 미술표현은 문법, 통사론, 논법 등의 언어규칙을 따를 필요가 없다. 즉, 본질적으로 공간적인 것이며 시간적인 요소도 없다.

미술에서는 공간 속에서의 연관성들이 발생한다. 이를테면, 우리가 가족을 소개할 때에도 먼저 아버지, 어머니를 소개하면서 두 분의 관계를 얘기하고, 그리고 형제들과 그들의 관계 그리고서 이 모든 식구들과 나와의 관계를 말하는 것이다. 그러나 분명한 것은 우리는 이 모든 것을 동시에 경험하고 있다. 미술의 공간성은 바로 경험을 복제한 것이다. 우리는 나의 가족을 말로 소개하고 그림으로 그것을 동시에 나타낼 수 있다. 가깝고 먼 곳이나 결합과 분리, 유사점과 차이점, 감정, 특정한 속성, 가족의 생활환경 등을 표현하게 되므로 개인과 집단의 성격을 이해하기가 쉽다.

⑥ 미술은 창조성과 신체적 에너지를 유발한다.

미술작업을 시작하기 전의 개인의 신체적 에너지는 다소 떨어져 있지만 미술작업을 진행하고 토론하며 감상하고 정리하는 시간에는 대체로 활기찬 모습을 띤다. 체내의 에너지 정도가 변화한다는 것을 느낀 사람이 많다. 그것은 단순히 신체적인 운동이라기보다는 '창조적 에너지' 의 발산이라고 해석된다. 연극이나 영화에서 역할을 맡은 배우처럼 미술치료는 하나의 작업이라기보다는 놀이와 레크리에이션과 음악과 열정이 있는 창조의 에너지를 발산하는 것이라고 할 수 있다.

2. 미술치료의 진단 및 치료 기법

1. 진단기법

미술치료에서 흔히 사용하는 진단용 기법은 학자에 따라, 치료대상과 매체에 따라 다양하게 발전되어 오고 있다. 미술치료의 기법은 미술치료가 가지는 비언어적 상징적 표출을 장점으로 하면서 치료대상이 가진 내면세계를 적절하게 드러내어 일정한 기준으로 판단할 수 있는 과학적인 기법이어야 한다. 지금까지 사용되는 미술치료 분야에서 사용되는 진단기법을 간략하게 제시하면 다음과 같다. 이는 결국 노인상담과 관련하여 미술치료를 활용할 경우, 노인의 심리상태를 분석하는 과정에서 유용하게 활용할 수 있을 것이라 생각한다.

① 인물화 검사(D-A-P : Drawing A Person)

인물화에 의한 성격진단 검사는 굿이너프(Goodenough, F. L., 1926)의 인물화에 의한 지능검사를 토대로 아동의 성격검사를 위한 투사적 기법으로 발전하게 되었다. 다른 여러 가지 투사검사 중 보다 깊이 있는 무의식적 심리현상을 표현할 수 있어 내담자가 자신과 타인에 대해 어떻게 지각하고 있는가를 알아보는 데 도움을 준다. 매코버(Machover)는 1949년에 인물화에 반대의 성을 그리는 방법을 창안했다. 이 방법은 성격검사로 널리 사용되고 있다.

아동은 물론 성인에 이르기까지 사용 가능하며 그려진 그림에서 직접 해석할 수 있다. 인물화 분석은 HTP나 가족화의 기초가 되므로 깊이 이해할 필요가 있다.

인물상은 자기의 현실상이나 이상상을 나타내며, 자기에게 있어서 의미 있는 사람, 자신의 성적 역할, 일반적 인간을 어떻게 인지하고 있는가를 나타낸다. 인물화는 자기상뿐만 아니라 의미 있는 어떤 사람을 표현하는 경우가 많으며, 특히 아동은 부모의 상을 의미 있는 사람으로 그리는 경향이 있다(이근매, 2008 : 151-152).

② 풍경구성법(LMT : Landscape montage technique)

풍경구성법은 미술치료 혹은 그림검사의 하나로 1969년에 나카이 히사오(中井久夫) 교수에 의해 창안되었다. 이 풍경구성법은 원래는 정신분열증 환자를 주 대상으로 하여 모래상자요법의 적용 가능성을 결정하는 예비검사로서 고안되었으나 독자적인 가치가 인정되어 이론적으로 분석되어 치료적으로도 많이 활용되는 기법이다.

풍경구성법은 용지에 '강, 산, 밭, 길, 집, 나무, 사람, 꽃, 동물, 돌 그리고 그 외 그리고 싶은 것'을 순서대로 그려 넣게 하고 하나의 풍경이 되도록 채색하게 한 다음 그것에 대해서 계절, 시각, 기후, 강의 흐르는 방향, 사람과 집, 밭 등의 관계에 대해서 이야기함으로써 치료 가능성의 평가와 문제점의 추측과 관찰에 특히 유용하며 진단과 치료에 모두 사용할 수 있는 기법이다.

③ 집-나무-사람 검사(HTP) 및 K-HTP

집-나무-사람 검사(House-Tree-Person : HTP)는 심리진단 도구로 많이 사용되며 사전, 사후 검사를 통해 상태의 진행 정도를 파악하기에 유용하다. 4장의 종이에 집(House)과 나무(Tree)를 그리고 나서 사람(Persons)을 그리게 하는데 처음에 자신이 그린 성과 다른 성을 그리도록 한다. HTP를 한 장에다 그리는 통합법도 사용되며, 운동성을 가미한 동적검사 K-HTP(Kinetic-House-Tree-Person)도 개발되어 유용하게 사용되고 있다. 특히 운동성을 가미한 K-HTP는 각각의 그림에서 나타나지 않는 역동성과 내담자의 더 깊은 내면의 세계를 잘 반영해 준다.

④ 가족화(DAF : Drawing-A-Family) 및 동적가족화(KFD : Kinetic-Family-Drawing)

1051년 헐스(Hulse)는 한 명의 인물을 그리게 하는 대신에 가족을 그리게 하는 것이 유익한 정보를 얻을 수 있다고 했다. 이것이 가족화의 시작이다. 가족그림을 통해서 피검자의 심리적 상태와 가족의 역동성을 진단하는 데 도움을 주는 기법으로 가족화와 동적가족화, 동그라미중심가족화(FCCD), 구분할 통합가족화, 동물가족화, 물고기가족화 등이 있다.

동적가족화는 가족화에 움직임을 첨가한 일종의 투사화로 번즈와 카우프만(Burns & Kaufman, 1970)에 의해 개발되었다. 동적가족화는 가족화가 가지는 상동적 표현을 배제하고 움직임을 더하는 것에 의해서 자기개념만이 아니고 가족관계에 다른 감정과 역동성 등을 파악하는 데 더욱 용이하다. 동적가족화는 정신분석학 과장 이론, 지각의 선택성 등과 같은 이론을 기초로 하고 있다(이근매, 2008 : 167).

⑤ 빗속의 사람 그림검사(Draw-a-Person-in-the-Rain test)

빗속에 서 있는 사람을 그리도록 하는 검사이다. 이는 그 사람이 현재 겪고 있는 스트레스의 양과 이를 방어기제의 와해나 퇴행 없이 얼마나 잘 다루고 있는가를 측정한다. 여기서 비는 스트레스를 나타내고, 비의 질은 그 사람이 느끼는 스트레스의 양을 나타내며, 스트레스에 대한 방어기제는 비에 대한 방어, 즉 우산이나 비옷, 혹은 나무로 상징되어 나타난다고 가정한다. 이를 아동들에게 적절하게 응용한 것이 'Draw-a-Pearson-in-the-Rain' 이다. 정신과 환자들에게는 비교적 높은 타당도를 지니는 반면, 일반인들에게는 해석의 타당도가 낮은 것으로 알려져 있다(신민섭 외, 2009 : 20).

⑥ 이야기 그림검사 Draw-a-Story : DAS

실버(Silver)가 만든 것으로 주로 우울한 아동들이나 청소년들에게 많이 사용한다. 본래 실버의 자극 그림들은 1960년대에 수화(manual communication)를 금지하고 있는 농아학교들의 예술 수업시간에 농아 학생들과의 의사전달 수단으로 시작되면서 발전되었다. 수화를 할 수 없었기 때문에 수업에 참여한 모든 사람들은 몸짓이나 손짓을 사용하였는데 그림 그리기를 통해서 의사전달을 할 수 있다는 것을 깨닫게 되었다. 가장 많은 표현반응을 불러일으키는 그림들을 모아서 3인치-5인치 크기의 카드모음으로 만든 결과, 궁극적으로 투사그림도구(projective drawing instrument)가 되었다.

실버의 미술 수업 중 대부분의 아동이 부정적인 주제로 그림을 그린 것은 아니었지만, 예기치 않게 소수의 아동은 죽음이나 절망적인 상황에 관한 그림을 그렸다. 이러한 과정에서 그림 그리기가 우울증을 발견하는 방법이 가능함을 발견하여 이야기 그림검사를 만들게 되었다(Silver, 1993). 규준을 개발하기 위해 학령기 아동에게 SDT(Silver-Drawing-Test)가 제시되었을 때 상상화 과제에 대한 반응이 감추어진 우울증을 사정할 수 있는지 여부에 대한 의문이 제기되었다.

실버가 개발한 이야기 그림검사(DAS)는 대상 간 관계를 부각시켜 표현하도록 할 뿐 아니라 채점에 있어서도 그림에 나타난 정서나 인상에 근거하기보다는 피검자가 진술한 대상 간 관계 내용을 중심으로 평가한다(최지욱, 2008 : 18-19, 재인용).

7 가족체계진단법

가족체계 이론은 개인의 역동이나 행동보다 가족 간의 관계에 주안점을 두고 있기 때문에 가족 구성원 각각의 특성을 단독으로 연구하기보다는 오히려 가족 구성원 간의 상호작용을 연구한다. 가족체계진단의 효과적 방법으로 이용되는 가족미술과제는 치료사와 내담자에게 필수적 탐색도구로 제공된다.

평가단계 동안 미술과제는 가족에게 상호작용을 경험하게 해 준다. 이 기법은 의사소통의 형태를 묘사하는 것으로 일차적으로는 묵언을 통한 가족관계 역동의 과정을 통해, 이차적으로는 언어를 통한 가족관계 역동을 통해 고찰된다. 치료사는 이 과제를 수행하는 동안 가족체계를 형성하는 일련의 사건을 관찰하게 되는데, 가족이 하나의 작품을 창조하는 일에 개입하는 그 순간부터 각 가족 구성원의 행동을 구체적으로 기록한다. 그리하여 치료사는 가족 구성원 개개인을 평가할 수 있다(Landgarten, 1987)

2. 미술치료 기법

미술치료 기법은 실제 치료 과정에서 내담자의 심리상태, 발달단계, 문제의 제반 특성에 바탕을 두고 치료자가 일정한 치료목표를 설정한 후에 다양한 미술 매체를 활용하여 구조적 · 비구조적으로 치료를 진행시켜가는 과정에 사용되는 일종의 전문적 기술이다. 이중에서 일반적으로 구조화된 미술치료 기법으로 여러 가지가 있는데, 그것을 몇 가지만 설명하면 다음과 같다.

① 테두리법

내담자에게 도화지를 제시하면서 내담자가 보고 있을 때 용지에 테두리를 그어서 건네주는 방법이다. 묘화를 자극하고, 공포를 줄일 수 있어 자아가 허약한 내담자에게 많이 사용되고 있다. 테두리를 그릴 때에는 자를 사용하지 않는다. 또한 동그라미나 세모 등의 다른 모양도 그려 주지 않는다. 상황에 따라서는 원을 그려주고 원 안에 그림을 그리거나 채색하게 하여 과잉행동, 주의산만 등을 통제할 수 있다(이근매, 2008: 201).

② 난화이야기법

미술치료 기법의 하나로 진단 및 치료에 많이 활용되는 난화기법에는 여러 가지 유형이 있다. 크게 나누면 도입을 쉽게 하기 위해 단서를 주는 정형적 방법과 자유스런 난화 속에서 의미 있는 사물을 찾아 표현하는 비정형적 방법이 있다. 또한 아동의 수준에 따라 단지 그림으로 표현하고 끝나는 경우가 있으며 서로 이야기를 꾸며 말로 표현하거나 문장으로 쓰게 하며 진행하는 경우가 있다(이근매, 2008: 202).

③ 콜라주 미술치료

콜라주 미술치료는 일본에서 개발되어 최근 급속하게 보급되고 있는 미술치료 기법의 하나로 잡지 등 인쇄물에서 오려낸 조각을 도화지에 붙여서 완성하는 것이다. 이 기법은 간편하고 작품의 보존이 가능하며 내담자에 대한 이해를 깊게 하는 데 도움이 된다.

오늘날 미술치료 기법으로 활용하고 있는 잡지사진 콜라주기법은 1972년 버크(Burk)와 프로벤처(Provancher)가 평가기법으로서 미국 작업치료기에 게재된 것이 최초이며, 이후 일본의 杉浦京子(1994)에 의해 치료기법으로서 연구 개발되어 지금까지 활용되어 오고 있다(이근매, 2008: 201). 콜라주 미술치료의 작성 스타일에 대한 정해진 규칙은 없으며, 내담자의 표현의 자유를 보장하는 것이 중요하다. 다시 말하면 콜라주 미술치료는 예술치료로서의 치료적 의의를 중시한다는 임상심리의 경험이 강조된다(이근매 · 아오키 도모코, 2010: 17).

④ 만다라 활용 미술치료 기법

만다라(Mandala)는 범어(산스크리트어)에서 원(圓)-본질을 뜻한다. 마음의 창 또는 본질을 나타내는 만다(Manda)와 소유 또는 성취를 나타내는 라(la)가 합성된 것으로 마음속에 참됨을 갖추고 있거나 본질을 원만히 한다는 뜻을 가지고 있다.

처음으로 만다라에 심리학적 의미를 부여하고 치료분야에 적용한 사람은 융(C. G. Jung)이다. 융은 만다라를 개인적-전문적으로 연구한 최초의 심리치료사로서 꿈을 꾸는 것이나 만다라를 그리는 것은 개성화의 한 부분으로 보며, 자기를 상징하는 역할을 한다고 말하고 있다. 융은 심리적 성장을 '자기' 라고 하는 정신의 중심을 향하여 반복하여 되돌아가는 것으로 여겼으며, 그것이 곧 삶의 의미를 부여하는 자기원형임을 발견했다.

융은 만다라가 인간의 내적 세계를 비추는 거울이라는 발견을 한 후에 만다라를 의학적으로 그렸으며, 자신이 환자를 치료할 때도 환자에게 만다라를 그리도록 하였다.

미술치료에서는 고대부터 내려온 만다라가 가지는 치유성에 그 의미를 주목한다. 원형이 가지는 내적 성찰, 이것을 동-서양의 역사와 문화를 통합하는 미술치료적인 프로그램으로 재구성하고자 한 것이다. 만다라가 우리의 외부현실을 파악하는 데 필요한 우리의 무의식을 끌어내 주는 데 도움이 되므로 종교적인 것, 치료적인 차원을 넘어 자기 발견의 통로가 되어줄 수 있다.

만다라를 그리게 되면, 조화와 균형이 잡힌 만다라의 구조 때문에 만다라가 주는 에너지의 흐름을 느끼게 된다. 만다라는 만다라 작업을 하는 동안, 일상의 일거리, 근심, 걱정 등을 잊어버리고 편안해지며 그리는 것에 몰두하게 되어 차분해진다. 그에 따라 호흡도 규칙적인 리듬을 타게 된다. 만다라가 지닌 둥근 형태는 자신도 모르게 마음을 원만하게 해주는 특성이 있다. 만다라를 미술치료로서 적용하는 중요한 목적은 인간이 만다라를 통해 분열된 자신의 통합, 삶의 본질, 자신의 중심에 이르는 생활을 영위할 수 있게 하기 때문이다(한국심성교육개발원, 2009: 103-106).

만다라 미술치료를 통한 치료적 효과는 다음과 같이 요약할 수 있다.

- 자신의 중심을 발견하고 그 안에서 나오는 힘을 얻는다.
- 주변의 현실을 새롭게 받아들인다.
- 고요하고 침착해진다.
- 자신을 수용하고 창의적인 에너지를 발견한다.
- 정신을 집중함과 동시에 이완을 할 수 있다.
- 분열된 심상이 하나로 모아진다.
- 여유로움과 민감성을 갖게 된다.

⑤ 집단미술치료 기법

집단미술치료는 미술을 매체로 하여 생활문제 해결에 필요한 태도와 자기관리 능력을 습득하고 대인관계 기술이 향상하게 시켜주는 데 그 목표를 두고, 미술치료의 다음과 같은 장점을 살려 집단치료에 효과적으로 활용하고 있다.

첫째, 자발적으로 많은 경험을 표현하게 한다. 집단초기 집단 구성원 상호간의 친밀한 관계가 형성되기 전에도 사인펜, 가위, 풀 등의 미술재료는 이미 각 개인에게 친숙한 상태이기 때문에 쉽게 경험을 표현할 수 있게 한다.

둘째, 미술치료는 다른 사람을 의식할 필요 없이 먼저 미술재료에 그들의 감정을 표현하도록 하기 때문에 자기표출이 위협적으로 느껴져 회피하는 사람에게 유용하다.

셋째, 작품 자체가 집단과 개인에게 상징적으로 의미를 줄 수 있어 언어적 표현이 어려운 사람에게도 자기표현의 기회를 줄 수 있다.

넷째, 집단 구성원 모두가 동시에 참여할 수 있어 개인적 경험과 집단경험을 함께 제공한다. 즉, 개인적인 작품제작 시간은 사적인 경험의 시간이고 다른 집단 구성원과 서로의 작품에 대한 이야기를 나눌 때는 공적인 경험의 시간이다. 그리고 그 중간단계로 자신의 작품을 감상하는 시간이 있다. 따라서 미술치료 집단은 사적인 세계와 공적인 세계 모두를 포함한다. 이러한 과정에서 작품은 개인과 집단 모두에게 다양한 의미를 주고 집단원 간의 개인차와 보편성을 쉽게 인식하게 한다.

다섯째, 미술은 상호작용을 쉽게 유발시키고, 의식의 검열을 적게 받도록 하기 때문에 문제 행동양식이 빨리 의식되어 집단진행 과정을 촉진시킬 수 있다(한국미술 치료학회편, 2000: 683).

3. 미술치료 과정과 분야

1. 미술치료 과정

1) 초기단계

치료의 초기단계는 내담자와 라포 형성이 매우 중요하다. 라포 형성이 이루어지고 높은 신뢰도가 있는 관계가 되며, 치료적 동맹을 통한 친밀감을 형성하는 것이 무엇보다 중요하다. 이 시기는 목표를 탐색하는 과정으로 치료실에 오게 된 이유나 당면문제 등에 대해 치료자와 내담자가 함께 이야기를 한다. 치료 기간에 대한 계획과 다루어야 할 문제에 대하여 진단한다. 내담자와 치료자가 서로를 탐색하는 과정임으로 치료자는 수용적인 태도를 보이면서 지나친 질문이나 제안, 해석 등은 피하여야 한다.

내담자를 진단함에 있어 가족을 통하여 가정력에 대한 정보를 얻고 내담자를 관찰하여 그림검사나 목록식 검사를 통하여 진단을 한다. 내담자에 대한 그림검사에서 내담자의 작품을 보고 이해한다. 즉, 다음과 같은 영역에서 분석을 한다.

① 형식적인 분석

내담자 작품의 시작과 끝이 중요하며, 내담자가 시작은 어떻게 하는지 관찰하여야 한다. 시작 시 태도, 시작하는 순서, 시작하는 위치, 소요 시간, 크기, 필압과 선의 농담, 불연속적인 선의 성질, 그림의 대칭성, 방향성, 세부묘사,

운동, 원근법, 음영, 투명성, 생략, 절단, 지우기 등을 관찰하여야 한다.

② 내용적 분석

치료자는 내담자 작품에 대한 질문을 내담자에게 한다. 내담자의 설명 속에서 알 수 있는 명백하고 큰 특징을 먼저 다루되 질문에 따라 연상하는 것을 묻는 것이 그림해석에 효과가 있다. 그림의 어떤 특징적인 것이 무엇을 상징하느냐가 중요하며 상징적 의미는 인류 전체에 보편적인 의미를 갖고 있으나 특정한 문화나 개인에게만 통하는 특수한 의미도 파악해야 한다.

③ 전체적 분석

해석은 전체(집단무의식)에서 개별(개별무의식)로 시작하여 전체적인 분석(내용적 분석과 형식적인 분석을 통해 전체적인 분석)이 이루어져야 한다.

그림이 전체적으로 조화로운지를 보며, 특별히 이상한 표현이 있을 때 주목해야 한다. 구조적인 면에서 통합이 이루어지는지 관찰하여야 한다.

2) 중기단계

중기 과정은 치료 과정의 대부분을 차지하는 긴 기간으로 문제의 본질을 이해하고 앞으로 나아갈 방향을 결정하게 된다. 내담자 내부의 감정이 표현되면서 양가감정과의 투쟁, 전이, 역전이 등의 감정들이 표현된다. 치료자는 이런 감정들을 충분히 고려해야 하며, 이 시기를 어떻게 극복하느냐에 따라 치료의 성패가 좌우된다. 또한 내담자는 치료자를 신뢰하게 되면서 점차 깊은 문제들이 노출된다.

3) 말기 및 종결 단계

이 단계에서는 내담자가 자신의 문제를 있는 그대로 수용하고 긍정적인 자기 이미지를 찾게 되며, 불안을 해소하고 자기통제와 자기통합으로 나갈 수 있게 된다. 치료 초기에 가져온 주 호소문제가 해결되면 내담자와 함께 종결을 준비한다. 이 단계에서 종료를 위해서 사전에 계획하여야 하며 내담자와 합의하는 과정도 필요하다. 종료 기간이 얼마나 남았는지 내담자에게 상기시키고 지속 여부에 대한 논의를 하게 된다.

2. 분야

미술치료를 활용하는 분야는 구분의 기준을 어떻게 설정하느냐에 따라 여러 가지로 나누어진다. 연령구분을 사용할 경우는 유아, 아동, 청소년, 성인, 노인 등으로 구분할 수 있고, 치료목적에 따라서는 성장 혹은 성숙을 위한 미술치료, 예방을 위한 미술치료, 문제해결과 치료를 위한 미술치료 등으로 구분할 수 있다. 또 치료방법에 따라서 개인, 가족, 집단 등을 단위로 하여 미술치료를 진행할 수 있으며, 각종 사회복지 현장이나 병원, 학교, 군대, 교도소, 유아원 및 유치원, 직장 등에서 미술치료를 활용하기도 한다. 물론 미술치료 때 사용하는 매체에 따라서 미술치료 분야가 다양하게 구분될 수도 있다.

여기서는 정여주의 구분에 따라 미술치료 분야를 세 가지로 나누어 설명하면 아래와 같다(정여주, 2007: 184-185).

① 자기성찰과 성장목적의 미술치료

자기성찰과 성장을 위한 미술치료 대상자는 미술작업을 통한 자기내면과의 만남으로 대화의 기회를 가지며, 정체성 확립과 자기성장을 도모한다. 이 집단에 속하는 대상자들은 주로 집단미술치료를 통하여 자신뿐만 아니라 다른 사람과도 상호접촉을 하여, 자신들의 모습을 들여다보고 타인을 이해하는 폭도 넓히는 것을 목적으로 한다. 이러한 집단의 참가자들은 창의적 작업을 통하여 자기발견에 참여할 욕구와 의지를 지니고 있다. 특히 아동 및 청소년의 잠재력과 창의성을 개발하기 위한 미술치료도 이러한 집단에 해당한다.

② 예방목적 미술치료

오늘날에는 병과 건강에 대한 경계가 모호해지고 있다고 할 수 있다. 특히 정신건강에 관련하여서는 더욱 그러하다. 이러한 관점에서 예방적 차원의 미술치료는 잠재된 병을 예방하는 역할을 할 수 있다. 특히 정신건강에 관련하여서는 더욱 그러하다. 이러한 관점에서 예방적 차원의 미술치료는 잠재된 병을 예방하는 역할을 할 수 있다.

예방적 차원의 집단에 속하는 대상자들은 일상에서 과도한 스트레스나 정신적 · 심리적 불안, 고통, 분노, 혼란 혹은 이유 없이 계속적으로 불만을 느끼거나 우울한 기분을 가지고 있어, 안정이 필요한 사람들이다. 뿐만 아니라 고통스러운 경험을 억제하고 있거나, 심지어는 자신이 경험한 고통이나 상실에 대한 슬픔을 느낄 수 없는 무감각한 사람도 여기에 해당한다. 그 밖에도 타인과의 관계를 형성하는 데 어려움을 겪는 사람도 예방적 차원에서 미술치료가 필요하다. 또한 현실세계와 오랫동안 단절되어 생활한 출옥자도 실생활에 적응하기 위하여 이러한 미술치료 프로그램이 필요하다고 할 수 있다. 특히 오늘날에는 컴퓨터와 인터넷 세계에 빠져서 자율적인 생활을 찾지 못하는 아동과 청소년들에게도 이러한 예방적 차원의 미술치료가 건강하고 독립적인 자아를 찾도록 도울 수 있다.

③ 치료목적의 미술치료

치료목적의 미술치료 대상자들은 일반적으로 일상생활을 영위하기 어려운 사람들로서, 병원에서 병에 대한 진단을 받았거나 그러한 정도의 증세를 지닌 사람들이다. 또한 장애를 지닌 아동에서 성인까지 미술치료는 일반화되고 있다. 대표적으로 정신분열, 학대아동 및 청소년, 성적 학대 피해자, 에이즈, 우울증, 노이로제, 강박증, 유아기장애, 중독증(약물, 알코올), 대인기피증, 무력증, 장기입원환자, 노인성 질병, 직업병, 정신 · 신체 질환 등이 있다.

4. 노인미술치료와 노인상담

1. 노인미술치료의 의미와 유용성

미술치료가 노인들을 위해 적절한 것은 노인의 심리 사회적 특성을 잘 반영할 수 있다는 사실이다. 우리나라 현재 노인들의 특성은 자신들의 문제나 심리적 욕구를 젊은이들처럼 분명하게 비판적으로 표현하지 않는 점이다. 이들은 유교주의적 문화를 배경으로 양육되고 살아 온 웃어른으로서 노인들은 자신들의 문제나 욕구불만을 표현하는 것이 바람직하지 않다고 생각하기 때문이다. 물론 앞으로 노인이 될 베이비부머들은 새로운 가치관과 생활규범을 가지고 있으므로 그들의 생활방식은 다를 것으로 예측된다.

노인미술치료는 이러한 특성을 가진 현재의 노인들이 직면하고 있는 생활상의 사소한 불만이나 욕구를 미술을 매개체로 하여 비언어적 · 상징적으로 표출하여 환기하거나(vantilation), 문제를 해결하는 데 유용한 장점을 지닌다. 또 미술치료는 노인집단을 대상으로 진행하여 그들이 가진 고독과 소외를 해소함으로써 삶의 활력을 불어넣어 주며, 집단미술치료 활동을 통하여 다른 사람과 친밀한 의사소통을 하고 새로운 사회적 관계를 만들어갈 수 있어 노년기 생활에 활력을 불어넣을 수 있다.

경우에 따라서, 노인들은 미술치료를 통하여 자신의 전 생애를 회고할 수 있고, 그리하여 현재 자신의 상태를 긍정적으로 바라보고 미래를 건설적으로 계획할 수 있는 계기를 만들어갈 수 있다. 미술 활동을 함으로써 노인들은 자아표현, 자기 이해, 자아조절, 자아발견 등의 유용한 심리적 · 정신적 효과를 거두어 현재와 장래에 유익한 기능을 한다.

노인미술치료를 하는 과정에 노인들은 정신적 · 신체적 건강을 회복하고 활력을 회복하는 기회를 갖기도 한다. 미술 활동은 손근육, 대근육, 시지각 활동 등을 필요로 하는데, 그리기, 칠하기, 만들기, 붙이기, 오리기 등은 노인들로 하여금 정신적 · 신체적 재활활동에 유용하다(정현희 · 이은지, 2007: 19).

이상과 같이 노인미술치료의 유용성이 여러 연구나 학자들에 의해서 밝혀지고 있다. 정여주는 노인미술치료의 효과를 아래와 같이 네 가지로 요약하고 있다(정여주, 2006: 58-59).

① 정서영역

- 갈등과 욕구와 소망 등을 비언어적으로 표현할 수 있다.
- 억제된 감정을 표출함으로써 정서적 정화를 경험한다.
- 심리적 안정감과 자신감을 갖는다.

- 자율성과 자기수용력을 갖는다.
- 긍정적이고 개방적이 된다.
- 심리적 긴장감을 이완하고 즐거운 생활을 할 수 있다.
- 삶의 변화를 인정하고 수용한다.

② 인지영역

- 기억력을 자극하고 활성화한다.
- 자기인식과 자기고찰의 기회를 갖는다.
- 미술재료의 사용 및 기법의 활용으로 현실감각을 유지한다.
- 색채감각, 형태감각과 공간감각을 유지하거나 증진한다.
- 아이디어가 증가되며 활동에 대한 평가 및 비판 능력이 향상 된다.
- 갈등이나 문제 해결력이 향상된다.
- 환경과 사물에 대한 민감성을 유지한다.
- 집중력이 향상된다.

③ 감각 및 운동 영역

- 시각, 청각, 촉각, 미각, 후각 자극에 대한 반응이 향상된다.
- 대근육 운동과 소근육 운동의 기능이 활성화된다.
- 감각의 협응이 향상된다.
- 미술 도구나 재료 사용에 대한 통제력이 증가한다.

④ 심리 사회적 영역

- 집단에서 자신을 표현하고 개방할 수 있는 기회를 갖는다.
- 일상적인 생활에 적응할 수 있게 된다.
- 타인과 환경에 대한 수용력과 이해력이 확대된다.
- 삶의 경험을 나눌 기회를 가진다.
- 공동의 관심사를 통한 공동체 의식을 공유한다.
- 사회적 관계에 있어서 통합성을 함양한다.

2. 노인상담과 노인미술치료

노인상담은 일반상담과는 다른 특징이 있는데, 이는 상담의 대상이, 특히 노인이라는 점에서 연유한 것이다. 맥도날드와 하니(McDonald & Haney)는 노인상담이 가지는 특성을 다음과 같이 주장하고 있다(현외성, 2010, 재인용).

① 개인적 문제해결을 위하여
② 중요한 결정을 하는 데 도움을 받기 위하여
③ 그들이 행복하지 못하고 어디로 가야 할지 모르기 때문
④ 어려운 상황을 다루는 법을 배우기 위해서
⑤ 위기를 겪는 동안에 도움과 위로, 지지를 받기 위하여
⑥ 공감적이고 지지적인 누군가와 대화를 하기 위하여
⑦ 그들 스스로에 대해서 더 잘 알기 위해서

또 노인상담에 있어서 대상이 되는 노인들은 감정표현이 일반인들과는 다르다. 그것은 노인이 가진 신체적 · 정신적 · 사회적 특성이 일반계층과는 다를 뿐만 아니라 노인 개개인이 가진 특수한 성격(personality)에서도 연유한다. 무엇보다도 노년기에 접어들면서 상실과 변화로부터 적응해야 하는 노인세대에게 흔히 있을 수 있는 특징으로 보인다. 특히 현재 노인들이 가진 생활의 열악성과 함께 교육수준의 저하, 급속한 사회변동으로 인한 사회적응의 어려움 등이 함께 뒤섞여서 발생할 수 있는 모습이다.

이러한 배경에서 미술치료는 혹은 노인미술치료는 노인들로 하여금 자신의 정체성과 현재의 상태를 적절하게 드러나게 해주고, 그들이 가진 불만이나 미해결된 욕구 불충족을 발견하게 해주며, 이를 바탕으로 문제를 해결하는 데 도움을 제공한다. 더 나아가 건전하고 건강한 노후생활을 영위할 수 있도록 활력소 기능을 할 수 있다. 결국 노인미술치료는 그것 자체로서도 다양한 긍정적인 기능과 효과를 가지고 있다.

여기에 더하여 노인상담 과정에서 미술치료를 적절하게 활용함으로써 노인상담의 효과를 극대화할 수 있는 유용성을 지닌다. 비언어적 상징적인 그림이나 조형물을 통해 노인들이 가진 내면세계와 심리상태를 보다 잘 이해하게 되

며, 이를 바탕으로 노인상담과 치료계획을 수립할 수 있는 유용성을 가진다. 또는 각종 미술 활동을 실시함으로써 노인상담을 효과적으로 진행할 수 있도록 돕는 기능도 있다.

반대로 미술치료 활동에 노인상담을 적용하여 치료목적을 보다 효과적으로 달성할 수 있다. 미술치료 활동은 심리학, 상담학, 사회복지학, 교육학 등에 일정부분 도움을 받고 있으므로, 노인미술치료 역시 이들 학문들의 적용이 미술치료 효과를 극대화하는 데 유용하다. 결국 노인문제의 해결과 노인복지 증진을 위해서 노인상담이나 노인미술치료는 각각의 특성과 기능을 살리면서 상호 유익한 기능을 수행한다고 볼 수 있다. 이런 점에서 다학문적인 협력과 실천이 중요하다고 볼 수 있다.

참고문헌

강선경(2009). 치매부양자의 생활만족도에 영향을 미치는 요인연구: 부양부담, 스트레스 대처 및 사회적 지지를 중심으로. 사회과학연구. 서강대학교 사회과학연구소.

강선경 · 오세숙 · 최원석(2009). 사회복지실천론. 동문사.

경기도노인복지상담실(2005). 노인상담 관련 업무 실태 및 욕구조사. 경기도노인복지상담실.

계명대학교 산학협력단(2009). 2008년도 전국 노인생활실태 및 복지욕구조사 결과보고서. 보건복지부.

고정미(2010). 노인학대에 대한 인식과 신고의향 : 간호사와 노인의 비교연구. 한국보건간호협회

권중돈 · 김동배(2006). 인간행동과 사회 환경. 학지사.

기독교사상 편집부(1999). 한국교회를 위한 목회상담학. 대한기독교서회.

김경호(2010). 사회복지실천론. 양서원.

김계현 · 황매향 · 선혜연 · 김영빈(2004). 상담과 심리검사. 학지사.

김기태 · 김수환 · 김영호 · 박지영(2007, 2009). 사회복지실천론. 공동체.

김동배 · 김유심 · 문수경 · 박인아 · 손의성 · 채수진 · 홍은진(2007). 노년기정신건강. 학지사.

김선현(2006). 임상미술치료의 이해. 학지사.

김선희 외 8(2005). 노인학대 전문상담. 시그마프레스.

김성곤 편저(2003). 심리검사 이론과 실제. 한국가이던스.

김성천 · 강욱모 · 김혜성 외(2009). 사회복지학의 원리와 실제. 서울: 학지사.

김수영 · 성명옥 · 이해정 · 김경호 · 김진선 · 정규석 · 장유리 · 김영미 공저(2002). 건강한 노화. 양서원.

김애순(2004). 성인발달과 생애설계. (주) 시그마프레스.

______(2008). 장 · 노년상담. (주) 시그마프레스.

김영경(2009). 노인상담의 첫걸음. (주) 시그마프레스.

김영환 · 문수백 · 홍상황(2005). 심리검사의 이론과 실제. 학지사.

김원배(2009). 한국노인의 생활만족도 결정요인에 관한 연구. 인제대학교 일반대학원 박사학위논문.

김융일 · 조흥식 · 김연옥(2000, 2001). 사회복지실천론. 나남출판.

김은주(2008). 노인상담 현황과 활성화 방안. 한국노년학회 춘계학술대회 자료집.

김재환(1990). 심리검사의 활용: 심리검사의 윤리. 한국가이던스.

김종서 외(1982). 교육과정. 서울대학교출판부.
김철호(2005). 치매노인의 부양가족을 위한 상담연구. 웨스트민스터신학대학원, 상담학과 석사학위논문.
김태식(2007). 노인상담 서비스전달체계 인식에 관한 연구. 광운대학교 대학원 박사학위논문.
김태원(2010). 노인상담 욕구에 관한 연구. 한서대학교 정보산업대학원 석사학위논문.
김태현(1994). 노년학. 교문사.
______(2007). 노년학(2판). 서울: 교문사.
김한곤(2009). 노인학대 유형에 영향을 미치는 요인: 대구광역시노인학대신고센터 상담사례를 중심으로. 민족문화논총. 영남대학교 민족문화연구소.
김현주 · 김혜숙 · 박숙희(2009). 심리검사의 이해. 교육과학사.
김형수 · 유성호 · 모선희 · 윤경아(2006). 현대 노인복지론. 학지사.
김형태(2005). 21세기를 위한 상담의 이론과 실제. 동문사.
김혜영 · 석말순 · 최정순 · 김성경(2010). 사회복지실천론. 공동체.
김희수 · 홍성훈 · 이은숙(2009). 노인상담의 이해. 양서원.
노안영(2009). 101가지 주제로 알아보는 상담심리.
대한민국정부(2010). 제2차 저출산 고령사회 기본대책(새로마지플랜 2015).
박경 · 최순영(2009). 심리검사의 이론과 활용. 학지사.
박귀영 · 안우상 · 오현숙 외(2010). 노인복지론. 서울: 양서원.
박노권(2001). 목회상담학. 목원대학출판부.
박재간 · 손홍숙 · 서경석 · 박정희 · 이호선 · 최정윤 · 백상창 · 손화희 · 박충선(2006, 2010). 노인상담론. 공동체.
박차상 · 김옥희 · 엄기욱 · 이경남 · 정상양(2005, 2009). 한국노인복지론. 서울: 학지사.
박현주(2009). 미술치료 진단기법의 이해. 양서원.
방희명(2009). 노인학대 인식수준에 영향을 미치는 요인에 관한 연구. 한국정책과 학회
보건복지가족부(2008). 2008년도 치매 노인 유병률 조사. 서울대학교병원.
보건복지부(2004). 노인학대 예방 업무수행지침.
__________(2011). 2011 보건복지부 길잡이 통계.
사회복지교육연구회센터(2010). 사회복지실천론. 나눔의집.
서혜경 외(2007). 실버플래너 교재. 한국노인종합복지관 협회.
서혜경(2009). 죽음학개론. 경춘사.
서혜경 · 정순둘 · 최혜경(2006). 노인상담입문: 이론과 실제. 집문당.
서혜석 · 이혜숙 · 이윤형 · 한경리(2010). 사회복지실천기술론. 양서원.
손화희(2007). 노인상담 현황과 과제에 관한 소고. 한국노년학회 추계학술대회 논문집.
송진영(2011). 노인복지론. 나눔의집.

신경진(2010). 상담의 과정과 대화기법. 학지사.

신민섭 외(2009). 그림을 통한 아동의 진단과 이해. 학지사.

심홍식(2007). 노인상담활성화 방안에 관한 연구: 경로당 이용노인을 중심으로. 명지대학교 사회복지대학원 석사학위논문.

안석모 · 권수영 · 김필진 · 박노권 · 박민수 · 신명숙 · 이관직 · 이정기(2009). 목회상담이론 입문. 학지사.

안태윤(2011). 경기도 노인의 성 의식 조사 및 정책지원방안 연구. 경기도가족여성연구원.

양옥경 · 김정진 · 서미경 · 김미옥 · 김소희(2004). 사회복지실천론. 나남출판.

엄명룡 · 김성천 · 오혜경 · 윤혜미(2005). 사회복지실천의 이해. 학지사.

엄명룡 · 노충래 · 김용석(2005, 2008). 사회복지실천기술의 이해. 학지사.

오병훈 외 10(2002). 치매 : 치매 이해와 치료의 바른 길잡이. 무지개사.

우재현(2006). 심성개발을 위한 교류분석(TA) 프로그램. 정암서원.

유성호 · 김혜경(2003). 유배우자 노인의 성생활 유지 및 성생활 빈도와 관련된 인구사회적 변인. 노인복지연구, 20: 139-155. 여름호.

유수현 · 천덕희 · 이효순 · 성준모 · 이종하 · 박귀서(2010). 정신건강론. 양서원.

윤선오(2008). 사회적 계층에 따른 노인의 상담욕구: 경상북도 구미시를 중심으로. 경운대학교 사회복지대학원 석사학위논문.

윤진(1985). 성인 · 노인심리학. 중앙적성출판사.

윤형진 · 안규리(1997). 신장질환 · 노인의학. 서울대학교출판부.

이건세 · 주지수 · 김정희 · 김건엽(2008). 한국 호스피스 완화의료 기관 현황 및 과제. 한국호스피스 완화의료학회지, 11(4): 196-205.

이근매(2008). 미술치료 이론과 실제. 양서원.

이미자(2007). 노인문제에 대한 교회의 역할과 대처방안. 한일장신대학교 한일신학대학원 석사학위논문.

이석배(2007). 독일의 치료중단기준과 입법론. 형사정책, 19(1): 229-251.

이윤경 · 김미혜(2008). 노인학대 유형화 및 유형결정요인 연구. 한국노년학회.

이윤로(2006). 최신사회복지실천론. 학지사.

이인수(2001). 뇌졸중 노인을 위한 집단상담 사례연구. 노인복지연구, 12: 209-227. 한국노인복지학회.

이인수 · 정관수(1998). 시설거주 노인과의 상담에 관한 연구. 노인복지연구, 2: 159-180. 한국노인복지학회.

이인정 · 최해경(2000). 인간행동과 사회환경. 나남출판.

이장호(2010). 상담심리학. 박영사.

이장호 · 김영경(2006). 노인상담 -경험적 접근-. 시그마프레스.

이장호 · 정남운 · 조성호(2005). 상담심리학의 기초. 학지사.

이장호 · 강숙정 · 김지은 역(2009). 임상노인심리학. 시그마프레스.
이현림 · 배강대 · 정미예(2007). 회상을 활용한 지지적 집단상담이 노인의 자아통합감과 죽음불안에 미치는 효과. 노인복지연구, 35: 31-46. 한국노인복지학회.
이호선(2005, 2006). 노인상담. 학지사.
______(2008). 노인상담과 연구. 신정.
______(2010). 노인상담. 양서원.
인터넷(2010). 코메디닷컴. 2010. 05. 09.
임병우 외 2(2009). 재가복지서비스 이용노인과 일반노인의 노인학대 인식에 관한 비교연구. 노인복지연구, 43: 353-380. 한국노인복지학회.
임춘식 외(2007). 노인복지학 개론. 학현사.
장인협 · 최성재(2002). 노인복지학. 서울대학교출판부.
정여주(2006). 노인미술치료. 학지사.
______(2007). 미술치료의 이해. 학지사.
정옥분 · 김동배 · 정순화 · 손화희(2009). 노인복지론. 학지사.
정원철(2005). 사회복지실천과 상담. 양서원.
정진홍(2008). 삶의 의미 죽음의 의미. 사회복지법인각당복지재단. 삶과 죽음을 생각하는 회
정현희 · 이은지(2007). 실제 적용중심의 노인미술치료. 학지사.
정효정 · 심순애 · 이준희 · 장문규 · 전영택 · 김미숙 · 채소희 · 허린강(2010). 현장중심 상담심리. 파워북.
제라드 이건. 제석봉 · 유계식 · 박은영 역(2003). 유능한 상담자. 학지사.
제석봉(2006). 상담의 이론과 실제. 대구가톨릭대학교 출판부
______(2010). 현대의 교류분석. 학지사.
제석봉 · 이윤주 · 박충선 · 이수용(2008). 사회복지 상담심리학. 학지사.
제석봉 · 최외선(2010). 교류분석의 이론과 실제. 한국TA연구소.
천성문 · 박명숙 · 박순득 · 박원모 · 이영순 · 전은주 · 정봉희(2009). 상담심리학의 이론과 실제 제2판. 학지사.
천성문 · 반숙득 · 배정우 · 박원모 · 김정남 · 이영순(2006). 상담심리학의 이론과 실제. 학지사.
최규련(2010). 가족상담 및 치료. 공동체.
최정윤(2010). 심리검사의 이해. 시그마프레스.
최지욱(2008). 중학생의 우울과 빗속의 사람 그림검사(PITR)및 이야기 그림검사(DAS)와의 관계. 영남대학교 환경보건대학원 석사학위논문.
클라라 힐 · 카렌 오브이런. (주은선 역, 2008). 상담의 기술. 학지사.
통계청(2009). 2008 고령자통계.

통계청(2010). 인구주택총조사.
하순례(2003). 독거노인 전화방문상담의 활성화방안. 단국대학교 행정법무대학원 석사학위논문.
한국노년학포럼(2010). 노년학 척도집. 나눔의 집.
한국노인복지시설협회(2009). 노인요양시설의 직무분석을 통한 업무매뉴얼.
한국노인상담연구소(2010). 노인심리척도집. 학지사.
한국미술 치료학회편(2000). 미술치료의 이론과 실제. 동아문화사.
한국임상사회복지학회(2006). 노인복지론. 양서원.
허남순 · 한인영 · 김기환 · 김용석 역(2004). 사회복지실천 이론과 기술. 나눔의 집.
허대석(2008). 무의미한 연명치료를 거부할 권리. 대한의사협회지, 51(6): 524-529.
허정무(2002). 노인교육이론과 실천방법론. 양서원.
허준수(2004). 고령사회를 대비한 노인복지관의 기능과 역할 모색. 서울시노인종합복지관협회 2004 노인복지세미나 자료집.
______(2004). 지역사회거주 노인들의 생활만족도에 관한 연구. 노인복지연구, 24: 127-151. 한국노인복지학회.
현외성(2008). 21세기의 변화하는 사회적 위험과 노화에 대한 노인상담의 대응. 한국노년학회 춘계학술대회 자료집.
______(2010). 노인복지학 신론. 양서원.
현외성 · 조추용 · 박차상 · 김혜경 · 김용환(1998). 노인상담 이론과 실제. 유풍출판사.
황진수(2005). 노인복지정책론. 한성대학교 출판부.

Bambling, M., King, R., Reid, W., & Wegner, K.(2008). Online counselling: The experience of counsellors providing synchorous single-session counselling to young people, Counselling and Psychotherapy Research, 8(2): 110-116.
Barry Cournoyer(2000). *The Social Work Skills Workbook*(3rd ed.), Belmont: Wadsworth.
Barry Cournoyer. (김인숙 · 김용석 역, 2002). 사회복지실천기술 연습. 나남출판.
Bob Shebib. (제석봉 · 이윤주 · 박충선 · 이수용 역, 2006). 사회복지상담심리학. 학지사.
Bradford Sheafor, C. Horejsi & G. Horejsi. (김혜란 감수, 서울대 사회복지실천연구회 역, 2001). 사회복지실천기법과 지침. 나남출판.
Burlingame, V. S.(1995). Gerocounseilng elders and their families. New York: Springer.
Charles V. Gerkin. (유영권, 1998). 목회적 돌봄의 개론. 은성.
Compton, B. R., & B. Galaway(1984). *Social Work Process*(3rd ed.). Homewood,

IL : The Dorsey Press,

Covey, H. C.(1989). Perceptions and Attitudes Towrd sexuality of the Elderly During the Middle Ages. *the Gerontologist, 29*(1), 93-100.

David G. Benner. (이정기, 2001). 전략적 목회상담. 예영미디어.

Forrest Scogin. (김영경 역, 2008). 노인상담의 첫걸음. 시그마프레스

Gerard Egan. (제석봉 · 유계식 · 박은영 역, 2006). 유능한 상담자. 학지사

Gray R. Collins. (한국기독교상담심리치료학회, 2008). 025 뉴 크리스천 카운슬링. 두란노.

Hepworth, D. H., & J. A. Larsen(1993). *Drect Social Work Practice: Theory and Skills*(4th ed.). Pacific Grove, California: Brooks/Cole Publishing Company.

Joun Evans. (성숙진 역, 2000). 상담의 필수 기술. 나남출판.

Kent D. Richmond & D. L. Middleton. (신민교, 2000). 병원심방과 목회상담. 한국장로교회출판사.

King, Robert., Bambling, M., Reid, W., & Thomas, I.(2006). Telephone and online counselling for young people: A naturalistic comparison of session outcome, session impact and therapeutic alliance. *Counselling and Psychotherapy Research, 6*(3): 175-181.

Klaus Winkler. (신명숙, 2007). 목회상담. 학지사.

M. Hersen & Vincent B. Hasselt 편저(2009). (이장호 외 역). 임상노인심리학. 시그마프레스.

McDonald, L.(1996). Abuseand Neglect of Elders. In Birren, J. E. et al. Encyclopedia of Gerontology(vol.1). New York: Academic Press.

McDonald, P. A., & Haney, M.(1988). *Counseling The older adult*: Jossey-Bass, Inc., Publishers. (현외성 · 하정미 역, 노인상담연습, 2003). 양서원,

Michael Dieterich. (홍종관, 2010). 심리학과 목회상담. 학지사.

Reid, W. J.(1978). *Task-centered System*. New York : Columbia Univ. Press.

Sheafor, Bradford, W. Horejsi, Charles, R. & Horejsi, Gloria, A.(1997) *Techniques and Guidelines for Social Work Practice*(2nd ed.). Boston: Allyn Bacon, 1991; 4th ed.

Smally, R. E. "The Functional Approach to Casework Practice". In R. W. Roberts and R. H. Nee(eds.). *Theories of Social Casework*. Chicago : The University o Chicago Press.

Thomas C. Oden. (이기춘, 1986). 목회신학. 한국신학연구소.

국회법률지식정보시스템 http://likms.assembly.go.kr
노인상담지원센터 http://www.koreapeople.co.kr
미국노인학대센터 http://www.ncea.aoa.gov
보건복지부 보건복지콜센터 http://www. 129.go.kr
보건복지부 홈페이지 http://www.mw.go.kr
부산광역시(2010) http://www.busan.go.kr
부산서부노인보호전문기관 http://1389.bulguto.or.kr
중앙노인보호전문기관. http://www.noinboho.or.kr
통계청 홈페이지. www.kostat.go.kr
한국노인의 전화(2008) http://www.kisca.or.kr
http://unstats.un.org/unsd/demographic/products/dyb/dyb2006/Table02.pdf.
http://unstats.un.org/unsd/demographic

찾아보기

용어

인명

저자소개

현외성

- 서울대학교 대학원 박사과정 사회복지학과 졸업(문학박사)
- 경남대학교 사회복지학부 교수
- 사회복지정책강론, 사회복지법제론, 노인복지학 신론, 자원봉사론 강해 외 다수

정정숙

- 경상대학교 박사과정 임상상담심리전공 박사수료, 영남대학교 대학원 박사과정 가정학과 졸업(가정학 박사)
- 한국국제대학교 사회복지학과(대학원 상담심리치료학과) 교수
- 다문화여성을 위한 집단상담이 자기효능감에 미치는 효과 외 다수

김용환

- 대구가톨릭대학교 대학원 박사과정 사회복지학과 수료
- 창원문성대학 사회복지과 교수
- 영성과 사회복지실천, 장애인복지론, 사회복지학의 이해(공저) 외 다수

윤은경

- 부산대학교 대학원 박사과정 사회복지학과 졸업(사회복지학 박사)
- 동서대학교 사회복지학부 교수
- 한국노인복지학 강론, 노인의 감정조절 어려움이 삶의 질에 비치는 영향 외 다수

최금주

- 대구가톨릭대학교 대학원 박사과정 사회복지학과 졸업(사회복지학 박사)
- 성덕대학 사회복지계열 교수
- 영성과 사회복지실천, 사회복지학의 이해(공저) 외 다수

강환세

- 부산대학교 대학원 박사과정 사회복지학과 수료, 경상대학교 대학원 행정학과 졸업(행정학 박사)
- 경남대학교 사회복지학과 강의전담 교수
- 사회복지학의 이해(공저) 외 다수

김원배

• 인제대학교 대학원 박사과정 사회복지학과 졸업(사회복지학 박사)
• 인제대학교 사회복지학과 겸임교수
• 사회복지학의 이해(공저), 한국노인의 생활만족도 결정요인에 관한 연구

마은경

• 대구가톨릭대학교 대학원 박사과정 사회복지학과 졸업(사회복지학 박사)
• 거제대학교 사회복지과 초빙교수
• 노인일자리사업 수행기관 네트워크의 구조적 특성과 영향요인 연구 외 다수

박선애

• 대구가톨릭대학교 대학원 박사과정 사회복지학과 수료
• 경남여성인권지원센터 소장, 대구가톨릭사회복지대학원, 경남대 외래교수
• 사회복지학의 이해(공저), 실버서비스인식과 선호도에 관한 연구 외 다수

이은정

• 대구가톨릭대학교 대학원 박사과정 사회복지학과 수료
• 마산대학 사회복지과 교수
• 사회복지학의 이해(공저), 사회복지행정론, 사회문제론 외 다수

박은미

• 영남대학교 대학원 박사과정 미술치료학과
• 엠마오 마산미술치료센터 소장, 창신대학 사회복지과 외래교수
• 집단미술치료를 통한 시설노인의 인간관계 향상에 관한 연구

강명희

• 대구가톨릭대학교 대학원 박사과정 사회복지학 수료
• 마산치매요양원(춘추원) 간호사, 희연장기요양센터장 역임
• 가야대학교, 동서대학교, 마산대학 외래교수

이현선

• 대구가톨릭대학교 대학원 박사과정 사회복지학과
• 창녕성 · 건강가정상담소 소장
• 아이돌보미서비스 이용자 가정의 만족도 연구

노인상담론

초판 1쇄 인쇄 2011년 8월 24일
초판 1쇄 발행 2011년 8월 29일

지은이 | 현외성 · 정정숙 · 김용환 · 윤은경 · 최금주 · 강환세 · 김원배
마은경 · 박선애 · 이은정 · 박은미 · 강명희 · 이현선

펴낸이 | 김기섭
편집인 | 박연순
펴낸곳 | 창지사 www.changjisa.com
121-809 서울시 마포구 대흥동 161
전화 (02) 719-2211~3
팩스 (02) 701-9386
등 록 | 1977년 4월 28일 · 제1-421호

ISBN 978-89-426-2227-6 (93330)

값 19,000원